한일문화강좌 1

되돌아 본 한일관계사

한일문화교류기금 편

景仁文化社

발 간 사

한국말과 가장 가까운 말을 쓰는 사람들이 일본사람들이다. 한국 음식과 가장 비슷한 음식이 일본음식이다. 된장과 간장을 함께 먹는 사람들은 한국인과 일본인뿐이다. 겉모습도 거의 같고 생각하는 방식도 가장 비슷하다. 그러면서도 서로 지지 않으려고 벼르는 것도 비슷하다.

"멀고도 가까운 이웃"이라고들 하는 한국과 일본, 한국 사람과 일본사람 사이의 관계를 좀 더 가깝게 만들어야겠다는 생각에서 두 나라 정부가 앞장서서 만든 기구가 한일문화교류기금과 일한문화교류기금이다. 이 두 기구가 조용히 사업을 벌여온 지가 벌써 스무 해가 되었다.

재단법인 한일문화교류기금은 인적교류, 공동학술회의, 청소년교류 등 여러 가지 사업과 더불어 시민들의 일본 이해를 돕는 한일문화강좌라는 공개강좌를 벌여왔다. 지난 스무 해 동안 모두 72회의 강좌를 가졌다. 이 강좌에서 다룬 주제는 아주 다양했다. 역사, 정치, 과학, 문화, 예술 등 모든 문제를 다루었다. 연사로 강좌에 참여해주신 분들도 다양했다. 학술원 회원이셨던 고병익, 이광린 교수 등 석학으로부터 작가, 언론인, 화가 등등 모두 해당분야에서 최고셨던 전문가 중에서 일본과의 관계 개선에 각별한 관심을 가지셨던 분들이 연사로 나서주셨기에 <한일문화강좌>는 수준 높은 시민강좌로 자리를 굳힐 수 있었다. 연사 중에는 일본인도 다수 포함되어 있다. 자원하셔서 일부러 일본에서 오신 분도 계셨고, 이진희 교수 등 재일교포학자들도 흔쾌히 연사로 참가하셨다. 20년의 세월이 흐르는 동안 연사 중에는 이미 세상을 떠나신 분들도 여럿 되시고, 현역에서 은퇴하신 분들도 여러분 계신다.

강좌 때마다 많은 분들이 참석하셔서 좋은 토론을 해주셨고 또한 격려도 해주셨다. 그리고 한번 듣고 잊어버리기에 아까우니 묶어서 책을 내달라는 요청도 많았다. 마침 한일문화교류기금이 창설 20주년이 되기에 그 기념행사의 하나로 문화강좌 발표문을 골라 책으로 내자고 운영위원들이 뜻을 모았기에 이번에 이 책을 상재한다.

책 제목을 <한국과 일본 : 어제와 오늘 그리고 내일>이라고 붙였다. 보다 나은 내일은 오늘에서 잉태되고 오늘은 어제의 뿌리에서 자란 것인데 이 책에 담긴 글들은 모두 이러한 생각에서 쓰인 것들이기 때문이다. 책의 부피가 너무 클 것 같아서 세 권으로 나누었다. 지나온 과거의 역사를 다룬 글들은 제1권 '되돌아본 한일 관계사'로 묶고 일본의 정치, 경제, 사회의 오늘을 다룬 글들을 제2권 '일본의 정치, 경제, 사회'로 묶었다. 그리고 문화 분야의 글들을 제3권 '한국사람, 일본사람의 생각과 삶'으로 묶었다.

이 책을 만드는 일은 쉬운 일이 아니었다. 20년이나 되는 긴 세월 속에서 이어져온 강좌의 원고를 찾아 필자의 수정을 받아 정리하고 분류하고 다시 다듬는 일은 보통 어려운 일이 아니다. 이 궂은 일은 한일문화교류기금의 운영위원이신 강원대학교 손승철 교수가 맡아 해 주셨다. 그리고 기금의 사무국장이신 김수웅 상임이사가 마지막 손질을 해서 책이 완성되었다. 이분들의 열정이 없었더라면 이 책을 세상에 내어 놓을 수 없었을 것이다. 이 자리를 빌려 심심한 감사의 뜻을 전한다.

이 책이 한국인의 일본인에 대한 이해를 깊이 하는데 도움되기를 간절히 기원한다.

2005년 8월 길일
(재)한일문화교류기금 이사장
이상우 씀

목 차

일본국 국보 '스다하치만 신사(隅田八幡神社) 소장 인물화상경(人物畵像鏡)'의 명문(銘文)을 보고

소진철(원광대학교 교수)

Ⅰ. 서　론

일본 와카야마(和歌山) 현 하시모토(橋本)시에 있는 스다하치만 신사 (隅田八幡神社)는 조그마한 신사이나, 일본의 고고학계를 비롯하여 역사 학계에서는 큰 이름으로 알려진 곳이기도 하다. 그 이유는 현재까지 일 본에서 발굴된 금속 명문(銘文)으로서는 가장 오래된 역사를 지닌 것으 로 보이는 한 장의 동경(銅鏡)(일본에서 주조된 것)을 소장하고 있기 때문 이다.

그러나 이 동경을 이 신사가 언제, 그리고 어떻게 해서 소장하게 되었 는지에 대해서는 자세히 알 수 없으나,[1] 1951년 6월 9일 일본 정부는 이를 국보(고고 제2호)로 지정하여 현재는 동경 국립박물관에 안치되어 있다.

고고학계에서 '스다하치만 신사 소장 인물화상경(人物畵像鏡)' 또는 단순히 '스다하치만경(鏡)'이라고 불리는 이 동경은 경배주록부(鏡背周 綠部)에 보기 드문 9명의 인물상과 48자의 명문이 양주(陽鑄)되어 있다. 그런데 이 명문 중에는 간지기년(干支紀年)의 '계미년'과 '대왕년(大王

年)’ ‘사마(斯麻)’와 ‘남제왕(男弟王)’ 그리고 ‘개중비직(開中費直)’ 등, 한·일 고대사에 있어 한번도 찾아볼 수 없었던 중대한 사실(史實)들이 새겨져 있어 이를 보는 이로 하여금 놀라움을 자아내게 한다. 더욱이 명문(銘文)은 한자도 손상되지 않아 학계에서는 이것을 희귀한 고대 금석문의 유례(遺例)로 존중하고 있다.

Ⅱ. 스다하치만경 명문의 판독

1. 타카하시 켄지(高橋健自)의 판독

스다하치만경에 관해서는 이른바 "신공황후(神功皇后)의 삼한 정벌"과 관련된 설화가 있으나, 널리 알려지지는 않았다.[2]

그러나 근세에 와서 일본의 원로학자 타카하시 켄지(高橋健自) 박사는 경의 명문을 가장 최초로 읽고 이를 학계에 소개하게 되어 비로소 널리 알려지게 된 것이다.

타카하시는 1914년(大正 3년) 소문만 듣고 스다하치만 신사를 방문하였다고 하는데, 그는 스다하치만경을 보는 순간, 이는 "참으로 해내무비(海內無比)의 진귀한 자료이고 고사기재(古史記載)의 결함을 보충할 수 있는 극히 유익한 유물이다"라고 감탄하였으며, 어찌하여 그렇게도 훌륭한 물건이 "아직도 국보로 등록되어 있지 않았는지 실로 놀라운 일"로 생각했다고 한다.[3]

스다하치만경의 명문을 통해 "고사기재(古史記載)의 결함을 보충"해 보겠다는 그의 열망에도 불구하고, 명문의 표현이 어렵고, 또한 자체(字體)의 불분명한 것도 더러 있어, 그는 명문의 전체를 판독하는 데는 실패하였다. 그러나 명문의 주요 대목과 연대는 판명할 수 있었는데 그가 판독한 명문은 다음과 같다.

癸未年 八月日十六, 王年□弟王, 在意紫沙加官時 斯麻念長, 奉遣開中費
直, 穢人今州利二人等, 取白上同 二白旱, 作比竟[4]

타카하시의 판독은 경의 제작자와 이것을 수령할 상대를 제대로 판독
하지 못해, 이것으로서는 명문의 체계적인 해석이 어렵게 되었다. 따라
서 그는 간지기년(干支紀年)인 '계미년'에 대해서도 그것이 고대 계미년
의 어느 해에 해당하는 것인지에 대해 명쾌한 해답을 주지 못했다.[5]

2. 후쿠야마 토시오(福山敏男)의 판독

명문 판독에 대한 다카하시의 첫 시도 이후, 약 20년 동안 일본학계에
서는 이렇다 할 연구가 없었다. 그러나 1934년(昭和 9년) 당시 금석명문
의 해석 권위자인 후쿠야마 토시오(福山敏男) 박사는 타카하시의 판독을
토대로 명문 판독에 도전하여, 마침내 체계적인 판독을 이룩하였다.

그가 판명한 명문에는 '대왕년'과 '남제왕(男弟王)' 그리고 '사마(斯
麻)'와 '개중비직(開中費直)' '염장수(念長壽)' 등 타카하시가 풀지 못한
주요 내용들을 모두 판독해 내 명문의 해석을 획기적으로 가능하게 하
였다. 오늘날 일본학계의 통설이라고 할 수 있는 후쿠야마(福山)의 명문
판독은

癸未年 八月日十, 大王年, 男弟王 在意紫沙加官時, 斯麻 念長壽 遣開中費
直 穢人今州利 二人等, 取白上同二白旱, 作比竟[6]

으로 이는 "대왕년(大王年), 계미년(癸未年) 8월 10일에 사마(斯麻)는 의자
사가궁(意紫沙加宮)에 있는 남제왕(男弟王)의 장수를 위하여 개중비직(開
中費直) 예인(穢人) 금주리(今州利)와 다른 한 사람을 시켜 양질의 백동
(白銅) 이백한(二白旱)으로 경(鏡)을 만들었다" 라고 풀이를 할 수가 있다.

그러나 이러한 후쿠야마의 판독법에 대해, 자구나 독법과 관련해서
이론이 없는 것은 아니나, 특히 와다(和田萃) 교수 등 일부 학계 중진급

인사들은 명문 중 '염장수(念長壽)'의 길상구(吉祥句)가 아니라 이는 '염장봉(念長奉)'으로 읽을 수 있다고 하며, 이 경은 사마가 남제왕을 길이 섬기기 위해 만든 것이라는 저의 있는 주장을 하고 있다.[7] 그러나 실제의 자체(字體)로 보나, 또한 이론상으로 보더라도 '장봉(長奉)'으로 읽을 하등의 근거가 없다는 것이 오늘날 일본 학계의 중론이다.[8]

Ⅲ. 스다하치만(隅田八幡)경 명문의 해석

1. 해석에 임하는 일본 학계의 시각

스다하치만경 명문을 정당하게 해석하려면, 먼저 간지기년(干支紀年)인 '계미년'의 연대를 확인하는 문제가 선행되어야 한다. 그런데 연대를 확인하기 위해서는 '사마(斯麻)'와 '남제왕(男弟王)'의 정체가 밝혀져야 하며, 경을 실제로 만들었다는 개중비직(開中費直)의 정체 또한 밝혀져야 할 것이다.

그러나 명문을 해석하는 일본 학계 인사들의 태도는 한결같이 이른바 '황국사관'과 같은 고정관념에 사로잡혀 있어 퍽 경직되어 있다. 그 결과 그들은 경은 사마가 남제왕에게 바친 '공물'일 것이라는 전제 아래, 사상 처음 나오는 명문의 '대왕년(大王年)'은 당연히 남제왕 또는 그의 상왕(上王)이라는 '천황'에게 귀속된다는 것이다.

그렇기 때문에 그들은 이 경을 직접 만든 '개중비직'은 말할 것도 없고, 그로 하여금 경을 만들게 한 '사마'에 대해서도 그가 어떤 인물인지를 알 필요가 없으며, 사마는 당연히 남제왕의 '신하'이므로 곧바로 남제왕만 규명하고, 그것에 따라 '대왕년·계미년'에 꿰맞추는 것이다.

그 결과 일본 학계 인사들이 시도한 명문의 해석은 대체로 "대왕의 어대(御代)인 계미년 8월 10일 남제왕이 의자사가궁(意紫沙加宮)에 있을 때 [그 신하의] 사마가 [대왕의] 장수를 위해서 개중비직과 예인(穢人) 금주리(今州利) 2인을 시켜 백상동(白上銅) 이백간(二白루)으로 이 경을 만들었다"라고 풀이하든가 또는 "계미년 8월 일십대왕(日十大王)과 남제왕이 의자사가궁에 있을 때 사마가 [대왕의] 장수를 염원하여 개중비직과 예인금주리 등을 보내어 이 거울을 만들었다"라고 풀이하고 있어, 사마의 '대왕년'연계는 원천적으로 차단된 것이다.

2. 후쿠야마(福山)·미즈노(水野) 등의 해석

그러면 과연 남제왕(オオトノキミ)은 누구이겠느냐는 물음에 대해 후쿠야마(福山)박사는 그를 『일본서기(日本書記)』 제26대 천황 케이타이(繼體)로 추정했다. 그가 그렇게 추정한 이유에는 고사(古史)에 나오는 케이타이(繼體)의 위(諱)가 놀랍게도 모두 남제(男弟)의 훈인 'オオト'로 표기되어 있기 때문이다.[9] 일본 역사 정서 『일본서기』는 남대적왕(男大迹王:オオト)으로, 그리고 『고사기(古事記)』에는 원본저명(袁本杼命:オホト), 『상궁기(上宮記)』는 호부등왕(乎富等王:オホト), 『축후풍토기(筑後豊土記)』에서는 웅대적천황(雄大迹天皇:オオト)으로 표기되어 있어 한자의 표기만 다른 것으로 보아, 케이타이 천황은 그의 긴 치세 동안 시종 '남제왕'의 칭호만 가졌던 것으로 보인다.[10]

그러므로 후쿠야마 박사는 명문의 '계미년'을 서기 503년으로 단정하였다. 그러나 '대왕년'의 주인이 될 대왕에는 제왕(弟王)인 '남제왕'은 그 성질상 될 수 없으며, 따라서 당시의 정황으로 보아 『일본서기』 제25대 부레쯔(武烈) 천황이나 그의 부왕인 제24대 닌켄(仁賢) 천황을 남제왕의 상왕으로 생각할 수 있으나, 자신은 후자를 택하여 닌켄(仁賢) 천황을 대왕으로 받들었다.[11]

이에 대해 미즈노 유우(水野祐) 교수는, 남제왕이 '의자사가궁(意紫沙加宮)'에 살고 있다는 명문에 착안하여 이는 차음가명(借音假名)으로서 실제의 지명은 '인판(忍坂:オシサカ)'일 것으로 추정했다. 그 결과 『일본서기』 제20대 천황인 인교오(允恭)의 비는 그녀의 위(諱)가 '인판지대중희명(忍坂之大中 姬命)'로 알려져 있어 비의 출신지를 일단 '인판'으로

추정하고, 당시의 혼인 관례로 보아 '의자사가궁'은 그녀의 거처일 것으로 보았다. 그리고 남제왕에 대해서는 그녀의 부왕인 인교오(允恭) 천황의 이모제(異母弟)인 대초향황자(大草香皇子)로 일단 추정하였다.[12]

그러므로 미즈노는 계미년(443년)을 택하였으며, '대왕년'의 주인인 대왕도 자연 인교오(允恭)천황으로 귀착했다. 그런데 그가 인교오를 대왕으로 생각하는 다른 이유는 명문 중 '일십대왕(日十大王)'이라는 그의 독특한 독법으로 이것을 'ジジユウノオオキミ'로 읽고, 신라 2대왕 남해 차차웅(南解次次雄)과 연계하여, 이를 무(巫)에서 말하는 인교오(允恭)의 이름이라는 것이다.[13]

이 두 사람의 대표적인 명문 해석 이외에도, 다른 학자들에 의한 많은 해석이 시도되었다. 그러나 이들의 해석에는 이렇다 할 자료의 제시나 이론의 전개가 없으며, 무리한 가설이나 추측으로서 모두 고대 계미년에 맞추는 해석인데(계미년: 서기 323년 설, 383년 설, 563년 설, 623년 설 등), 이것들은 스다하치만경의 실제 제작 연대와 너무나 차이가 큰 것으로 보인다는 이유로 학계에서 소외되어 있는 실정이다.[14]

3. 해석에 대한 소고

오늘날 일본 학계의 다수설(多數說)이며 또한 유력한 설로 인정받고 있는 후쿠야마(福山)의 해석법은 '남제왕'을 케이타이(繼體) 천황으로 규명하고, '계미년'을 서기 503년에 맞추고 있는데, 이것은 명문 해석에 진일보한 것으로 보인다. 그러나 그는 명문 해석에 있어, 가장 중요한 인물인 '사마'를 단순 처리하여 남제왕의 '신하'로 격하시켰기 때문에 이미 타계한 닌켄(仁賢) 천황을 등장시켜 그를 '대왕년'의 주인으로 추대하는 초명문(超銘文)적인 해석을 초래하는 오류를 범하게 되었다.

후쿠야마의 그러한 무리한 닌켄의 대왕 추정에 대해 와다(和田)는,

> 첫째, 닌켄 천황이 인판궁(忍坂宮)에 있었다는 전승이 기기(記紀)에 보이지 않는다.

둘째, 케이타이(繼體) 천황이 닌켄 천황의 후계자라면 왜 서기(書紀)는
　　　그것을 쓰지 않았나?
셋째, 케이타이 천황은 즉위 전에 벌써 대화(大和)의 대왕 곁에 있었던
　　　것이 되어, 케이타이(繼體)의 신왕조설(新王朝說)은 성립하지 못한
　　　다.[15]

는 몇 가지 모순점을 지적하고 있는데, 이는 적절한 지적으로 보인다.

한편 계미년(443년)을 주장하는 미즈노설은 연대가 좋다는 이유로, 학계 일부의 지지를 받고 있는 것으로 보이나, '서입혼(婿入婚)'을 이유로 '인판궁(忍坂宮)'은 '인판지대중 희명(忍坂之大中姬命)'의 궁정이며, 거기에 부왕인 인교오(允恭) 천황 자신이 '처가살이'를 했다는 주장은 납득하기 어려운 일이다.[16]

고대의 관행 중, 특히 왕이나 수장과 같은 호족 사회에서는 혼인시 비는 그의 출생지의 지명을 자신의 이름으로 하는 것은 사실이다(예를 들면 '신공황후'의 본명이라는 氣長足姬尊과 같이). 그러나 비는 으레 남편의 거처인 '궁'으로 가는 것이지, 남편인 왕 또는 수장이 비의 출생지로 오는 것은 아니라고 본다. 따라서 이 경우 '인판궁'은 인판지대중 희명(忍坂之大中姬命)의 것이라기 보다는 오히려 그의 오빠이자 케이타이 천황의 증조부인 '의부부저왕(意富富杼王:オホホト)'의 것일 가능성이 크다고 보아야 할 것이다.[17]

그리고 미즈노는 인교오 천황의 이모제(異母弟)인 대초향황자(大草香皇子)를 남제왕으로 추정하고 있는데, 이것 또한 무리한 연계이다. 왜냐하면, 이모제(異母弟)인 그가 왜 '인판궁'에 와 있는지에 대해서 그는 합리적인 설명을 결여하고 있다. 그러므로 와다는 그의 '일안(一案)으로서' 케이타이 천황의 증조부인 '의부부저왕(意富富杼王)'을 남제왕의 후보로 추정하기도 했다. 그 이유로는 그는 인판지대중희(忍坂之大中姬)의 혈통자이기 때문에 일시 '인판궁(忍坂宮)'에 체재하고 있을 가능성이 크다는 것이다[18](그러나 여기의 '의부부저왕'은 사마가 말하는 대왕년·계미년의 남제왕이 아닌 것은 분명하다).

Ⅳ. 청동경에 대한 고대인의 생각과 관행:
거울은 '헌상물(獻上物)'이 아니다

스다하치만경을 가지고 그것은 사마가 남제왕에게 헌상한 공물이라고 보는 일본 학계의 공통된 시각은 명문에도 없을 뿐 아니라, 고대 동아시아의 정치 관행으로 보나, 또한 그러한 관행이 아직도 지켜지고 있는 일본의 역사 관행으로 보더라도, 이는 도저히 묵과할 수 없는 반역사적인 해석인 것이다.

1. 경은 '제마구(除魔具)'이며 '권위상징'

고대인들이 부여하는 청동경의 신비는 오늘을 사는 우리들로서는 도저히 이해하지 못할 것이라고 일본의 사가들은 말하고 있다. 특히 상고의 왜인(倭人)들은 그 정도가 그 어느 누구보다도 심했다고 하니 가히 짐작하고도 남음이 있을 것이다.[19]

그들에게 동경은 결코 화려한 청동색의 장신구도 아니며, 또한 영상(映像)의 실용 도구도 아니다. 그들의 소박한 삶에 비친 청동경은, 이상하게도 '신위(神威)'를 받는 것으로서 주술적인 성격이 주어진 것이라고 믿은 것 같다.[20] 그러므로 경은 '제마구(除魔具)'와 같은 것으로서 모든 재앙을 물리칠 수 있는 것이라고 믿어왔으며, 또한 정치 사회의 확대와 더불어 그것은 '권위의 상징'으로서 정치 권력을 창출하는 것으로 믿게 된 것이다.[21]

2. 경은 '신기(神器)'이며 '신임'부여

동경에 대한 고대인의 그러한 믿음은 경을 마치 '신기(神器)'와 같은 보물로 여기게 되었으며 특히 통치자에게 동경의 보유는 필수불가결한 조건으로 되었던 것이다.[22] 그리하여 경은 정치 사회에 있어서 가장 중요한 '통치 도구'와도 같은 것으로 변모하게 된 것이다.

그러므로 고대 동아시아의 정치 사회에서 그와 같은 동경의 수수행위를 상기할 때, 그것은 분명 예사로운 일이 아니었을 것이다. 그것은 필경 엄숙하고도 장엄한 의례행사의 하나였을 것이다. 왜냐하면 그와 같은 경의 수수는 상왕으로부터 부여되는 하나의 '신임'을 뜻하는 것이며 그 '신임'을 통해서 새로운 정치 권력이 창출되기 때문이다.

일찍이 경초(景初) 3년(서기 238년) 위(魏)의 명제(明帝)는 왜왕(倭王) '히미고'의 조공을 받고 그 답으로 동경 100매와 대도(大刀) 두 자루를 하사하면서 "그 곳 사람들이 좋아하는 물품을 사여(賜與)"하니 이 사실을 널리 알려달라고 당부했다고 하는데, 이것은 바로 경의 수수를 통한 위제(魏帝)의 왜왕에 대한 '신임'의 표시라고 보아야 할 것이다.[23]

사실 '계미년' 8월 사마가 남제왕에게 준 '이백간(二百旱)'의 백동경도 이와 같은 맥락에서 이해되어야 할 것이다. 그러나 일본의 명문 해석자들은 이른바 '황국사관'에 사로잡혀, 동경에 대한 그러한 관행과 특수성을 완전히 무시하고 이를 정략적으로 해석하여 스다하치만경은 사마가 남제왕에게 "길이 봉사"하기 위해 바친 공물이라고 주장하고 있는데, 이는 언어도단도 이만저만한 것이 아니다.

논리상으로 보더라도 사마가 제왕(帝王)이라고 부르는 그에게 동경을 헌상한다는 것은 상상도 할 수 없는 일이며, 더욱이 고대 정치 사회의 관행으로 볼 때, 경의 수수는 어떠한 경우에나 '신임'이라는 특수한 의의를 부여하는 것이기 때문에, 그것은 '하사'일 수밖에 없는 것이다.[24] 사실 그러한 경우에만 경에 대한 신비성은 유지될 수 있는 것이다.

3. 일본의 역사 관행 : '3종의 신기(神器)'와 황통(皇統) 승계

이 점에 대해 고대의 관행이 그대로 이어지고 있는 일본의 황통은 바로 그러한 경의 신비성을 현실적으로 보여주는 산 증거라고 할 수 있을 것이다. 천년 이상이나 된다는 이 역사 관행은 왕권 계승의 상징으로,

이른바 '3종의 신기'라는 팔지경(八咫鏡), 초치검(草稚劒) 그리고 팔판경곡옥(八坂瓊曲玉) 등의 보기(寶器)를 선왕으로부터 전수받음으로써, 비로소 신왕의 체통이 확립된다는 것이다. 이것은 말할 것도 없이 '신기'인 경의 수수를 통한 선왕의 '신임'을 뜻하는 것이다.

우리는 근자에 거행된 헤이세이(平成) 천황의 즉위를 지켜보고, '3종의 신기' 중 특히 팔지경의 지체는 다른 두 '신기'보다 훨씬 더 가치가 크다는 사실을 알게 되었다. 그 이유는 천황가의 조상신이자 개국신인 천조대신(天照大神)의 혼과 마음이 이 팔지경에 담겨 있기 때문이라는 것이다.[25] 그렇기 때문에 신왕은 즉위 당일 제일 먼저 어현소(御賢所)에 봉치되어 있는 경에게 자신을 고함으로써 그의 '수호'와 '신임'을 청하는 것이다.

이처럼 일본의 역사에 있어서 청동경의 중요성은 그 무엇과도 비교할 수 없는 것이다. 그런데 명문 해석자들은 대왕년·계미년에 남제왕의 '장수(長壽)'를 위해 만든 수많은 백동경에 대해서는 이를 사마가 그에게 바친 '공물'이라는 등 갖은 이유를 붙여, 이를 반역사적으로 해석하고 있다. 그러나 그러한 왜곡된 해석으로 이른바 '황국사관'의 일시적인 유지는 가능할지 모르지만 다른 한편으로는 자신들의 '자랑'하는 역사의 기본을 송두리째 부정하는 오류를 범하고 있다는 사실을 또한 인식해야 할 것이다.

Ⅴ. 스다하치만경은 백제 무녕왕(사마) 케이타이 천황(남제왕)에게 하사한 거울

1. 사마, 그는 누구인가?

명문의 정당한 해석을 위해서는 남제왕의 실체를 규명하는 문제도 중요하겠지만 더 중요한 것은 사마의 실체를 규명하는 문제이다. 왜냐하면 그는 경의 제작 주체로서 스다하치만경은 그의 뜻에 의해서 제작된 것이며, 또한 경명(鏡銘)은 그가 직접 쓴 것이기 때문이다.

그런데 초기 해석자인 타카하시(高橋)는 명문을 잘못 판독하여 사마를 '사마념장(斯麻念長)'으로 이해하였기 때문에 처음부터 해석의 실마리를 풀지 못했다. 그러나 그 후 후쿠야마는 이를 제대로 '사마'라는 실체로 분리하였기 때문에 그가 누구인지를 알 수 있었을 것인데도,[26] 명문 해석에서는 그를 남제왕의 '신하'와 같은 인물로 격하시킴으로써, 사마는 '대왕년'의 소유주로서 정당한 권리를 주장도 하지 못하고, 역사의 뒷전으로 밀리고 만 것이다.

그러나 사마를 배제한 명문의 해석은 '대왕년'의 남제왕 또는 그의 상왕이라는 천황에의 강제 귀속은 가능할 지 모르나, '계미년'의 실체는 물론이요 '남제왕'의 실체도 제대로 밝힐 수 없는 혼란을 자초하게 되는 것이다. 그 결과 시대가 다른 여러 개의 계미년이 생겼으며, 또한 전혀 다른 여러 명의 '대왕'이 등장하는 등, 스다하치만경의 명문을 둘러싼 해석은 그야말로 '가관'이라고 하지 않을 수가 없게 되었다.

명문의 정당한 해석을 위해 사마의 정체는 꼭 규명되어야 한다. 왜냐하면 그만이 대왕년·계미년의 실체를 정확하게 말해줄 수 있기 때문이다. 1971년 우연하게도, 공주 송산리(宋山里)의 한 고분에서는 동경을 비롯하여 대검과 곡옥(曲玉) 그리고 왕관 등 고대 통치자만이 소유할 수 있는 수많은 유물이 발굴되어, 세상을 놀라게 한 일이 있었다. 그런데 이 때 더 놀란 사실은 그러한 유물과 더불어 발굴된 한 장의 지석(誌石)이다. 이 지석에는 "寧東大將軍百濟斯麻王年六二歲癸卯年五月丙戌朔七日壬辰崩"이라는 글귀가 있어, 이 고분의 피장자는 백제 왕국 제25대 왕 무녕(시호)이며, 그의 위(諱)는 사마이고, 양제(梁帝)가 내려준 작호(爵號)는 영동대장군이라는 사실을 확인할 수가 있게 되었다.

사마왕은 계묘년(서기 523년) 향수(享壽) 62세를 누리시고 붕(崩: 천자의 죽음)하셨으니, 그의 치세는 『백제본기(百濟本記)』에 의하면, 임오년(서기 502년) 춘추 41세의 나이로 왕위에 오르셨다고 하니, 그로부터 21년간 계속된 것이다. 또한 왕은 그의 치세중, 자신의 사년대(私年代)를 쓰지 않고, 시종 간지기년(干之紀年)만을 사용했다는 사실도 지석을 통해 알게 되었으니, 왕세(王世)의 '계미년'은 그가 왕위에 오른 지 바로 다음해의 일이니 그것은 서기 503년이 되는 것이다.[27]

그러므로 사마가 명문에서 언급한 '의자사가궁(意紫沙加宮)'에 있다는 남제왕(オオト)은, 『일본서기』를 근거로 하더라도 그 실체가 불분명한 어린 무열천황(武烈天皇)이 아니고, 서기 507년 대반금촌대련(大伴金村大連)의 개입으로 하내국(河內國)의 '장엽궁(樟葉宮)'에서 즉위를 하였다고 하는 남대적왕(男大迹王: オオト)으로 '계미년'은 그가 하내국에 오기 4년 전의 일로서, 이때 그의 춘추는 53세의 초로에 접어든 때이다.[28]

2. 사마는 케이타이를 '남제왕(男帝王)'으로 불렀다

스다하치만경은 사마가 '의자사가궁'에 있는 남제왕[男大迹王]에게 주기 위해, 개중비직[磯人]을 시켜 만든 수많은 백동경 중의 하나이다. 여기서 사마는 이 경을 수령할 상대인 케이타이 천황을 가리켜 '남제왕' 이라는 직함으로 불렀는데, 이는 제왕(弟王)의 개념으로 사마가 그의 상왕[兄王]이 아니고서는 부를 수 없는 이름이다. 만일 일본 학계에서 주장하는 것과 같이, 사마가 남제왕의 '신하'와 같은 존재라면, 그는 결코 '남제왕'이라는 직함으로 그를 부르지는 못할 것이다.[29]

남제왕의 '남제(男弟)'를 단순한 인명으로 보는 해석자도 있으나, 이는 남제의 의의를 희석시키려는 의도이며, 남제는 문자 그대로 동생의 개념으로 '아랫것'을 뜻하는 고대의 한 정치 관행에서 유래된 것으로 보인다. 일찍이 경초(景初) 2년(서기 238년)의 『위지왜인전(魏志倭人傳)』은 위제(魏帝)의 사신이 본 '사마대국(邪馬臺國)'의 '여왕'과 '남제'에 대해, "한 여자를 왕으로 받들고 있는데, 그녀의 이름은 '히미고'이다. 그녀는 귀(鬼)에 도통하고, 사람들을 현혹케 한다. 나이가 찼는데도 시집을 가지 않고, 나랏일은 '남제(オオト)'가 있어 그가 도와주고 있다"[30]라고 기술하고 있다.

그러므로 여왕을 보필하는 '남제'는 정무나 군무와 같은 전역을 전담하게 되고, 여왕은 모름지기 종무에 종사할 수 있어, '사마대국(邪馬臺國)'의 국가 관리는 여왕과 그를 돕는 '남제'가 공동으로 관리하는 복수 통치의 형태를 유지한 것으로 보인다.

그런데 이러한 '남제'의 개념은 여왕권의 쇠퇴와 더불어 남제왕이라는 실체로 부상한 것으로 추정된다. 따라서 남제왕은 통상의 왕세자나 태자, 황자와 같이 황통의 승계를 기다리는 '후보'가 아니며, 또한 대다수의 명문 해석자들이 보는 것과 같은 왕통을 가진 상왕의 단순한 동생[皇弟]이거나 또는 그의 인척을 말하는 것도 아닌 것 같다.

남제왕 자신은 어디까지나 독립된 통치 실체로서 여왕[上王]을 받드는 제왕(弟王)으로서, 그들의 관계는 형국(兄國:大王國)과 제국(弟國)이라는 질서 속에서 유지되는 특수한 관계라고 보아야 할 것이다.[31] 『書記』에 의하면 男大迹王[男弟王]은 서기 518년 세 번째로 천도한 도읍지를 '弟國[オタラ]'이라고 했는데, 이는 제왕의 나라로서 형왕의 나라에 대응하는 개념으로 수용된다).[32]

그렇기 때문에 상대를 제왕(弟王)인 남제왕으로 부르고 있는 사마는, 남제왕의 형주(兄主)[大王]의 위치에 있기 때문에 그것이 가능한 것이고, 따라서 그만이 명문에 있는 '대왕년'의 주인이 될 자격이 있는 것이다.

3. 사마는 하내(河內)의 왕[開中費直]을 시켜 경을 만들다

명문에 의하면, 도래인[職人] '개중비직[開中費直] 금주리(今州利)'[33]는 사마의 분부를 받고, 백동경을 제작하여 이를 남제왕에게 주었다고 한다. 그런데 그의 지체는 '비직(費直)'으로, 이는 고대 왜(倭)의 국가 형성기(서기 6, 7세기)에 중추적 역할을 한 씨성(氏姓)으로서, 이에 대한 규명은 스다하치만경의 성격을 판가름하는 중대한 열쇠가 될 수 있을 것이다.[34]

일본의 원로학자인 오오다(太田亮) 박사는 그의 저서 『전정 일본 상대

사회 조직의 연구(全訂日本上代社會組織の硏究)』에서 '직(直)'의 중요성에 대해, 직은 최강자인 국조호족(國造豪族)으로 왕 다음 가는 실세로서, 지방의 수장을 뜻하는 것이라 하며, 국조(國造)의 성씨인 직(直)·신(臣)·연(連)·군(君)·공(公) 중에서도 직(直)은 제일 높은 'カバネ(姓氏)'에 속한다고 한다(이 점에 대해 阿部武彦 교수도 전적으로 같은 의견이다).[35]

그러니까 고대 분국 시대에는 직(또는 費直)은 한 지역을 통치하는 왕과 같은 실세를 말하는 것으로 사마가 말하는 도래인 금주리(今州利)는 개중(開中)의 왕과 같은 인물인 것이다. 그런데 '개중'은 고대 하내(河內)의 차음가명(借音假名)이므로, 개중비직은 하내비직으로 읽어야 하므로 도래인 금주리는 바로 하내국의 왕인 것이다.[36]

오늘날 오사카 지역으로 알려진 하내는 지리적 여건이 좋아, 일찍부터 한반도로부터 선진 기수로가 문물을 받아들이고, 이미 5세기경에는 많은 도래인(백제인)이 정착하여 부강한 나라를 이룩하였다고 한다. 특히 기내 5국(畿內五國: 大和·山城·紀伊·和泉·何內)이 중심이 되어, 지역 국가들을 통합하는 6, 7세기에 하내는 그 중추적 역할을 하였다고 하니, 당대의 '하내비직예인금주리(河內費直穢人今州利)'는 분명히 큰 인물이었을 것이다.

그런데 사마는 이러한 하내의 최강자인 금주리를 '견(遣)'하여 절묘한 백동경(白銅鏡) 2백간 분량을 만들게 하는 등 마치 자신의 '신하'와 같이 대하고 있는데, 도대체 이 두 사람은 어떠한 관계에 있기에 그렇게 할 수 있는 것인지 한번 추정해볼 필요가 있다. 이 점에 대해 『백제본기』는 일찍부터 '가하지비직(加下至費直)'이 백제 조정에 내왕한 사실을 기록하고 있어, '하내비직(河內費直)'의 통교 사실은 인정되나, 여타 기록의 결여로 자세한 내용은 알 수가 없다.

그러나 고대 정치 사회에서 가장 중요한 것으로 보이는 동경을 만들게 하며, 그것도 白銅 2백간이나 마련해서 경을 만들어, 그것을 남제왕에게 전해주는 일을 사마가 그에게 '견(遣)'하였다는 사실은 보통의 관계로서는 상상도 할 수 없는 일이다. 이런 일을 시킨다는 것은 사마의

지체가 하내비직의 상황의 위치에 있지 않고서는 불가능한 것이다.[37]

그런데 이러한 사마를, 명문 해석자들은 남제왕의 '신하'와 같은 인물로 보고 있으며, 하내의 왕과도 같은 하내비직에 대해서는 아예 해석에서 언급조차 없으니, 그러한 해석을 가지고 정당한 해석이라고 할 수 있는 것인지 묻고 싶다. 사실 하내비직과 남제왕의 지체만 비교해보더라도, 남제왕의 지체가 하내비직보다 더 높다고 말하기는 어려울 것이다.

왜냐하면 『상궁기(上宮記)』에 나오는 남제왕[繼體]의 휘(諱)를 볼 것 같으면, 그를 '호부등대공왕(乎富等大公王)'으로 표기하고 있는데, 여기의 '대공왕(大公王)'은 남제왕의 출신이 국조성(國造姓) 공[君] 성(姓)이라는 것을 뜻하는 것으로, 사가(史家)들은 그를 '삼국공(三國公)' 또는 '식장공(息長公)'이라고 부르고 있다.[38] 그러니까, 국조성(國造姓) 직성(直姓)인 '하내비직예인금주리(河內費直穢人今州利)'는 어느 모로 보나 국조성 공성(公姓)인 '호부등공(乎富等公)'[男弟王]보다 더 큰 실세였으리라고 추정해도 무리는 아닌 것 같다.

이런 점으로 미루어보아, 하내비직과 남제왕 두 사람은 다 같이 국조의 세를 다투는 실세로서, 사마를 상왕(上王)으로 모시는 입장에서, 사마에 있어 남제왕은 그가 신임하는 제왕(弟王)이며, 예인(穢人) 하내비직은 그가 아끼는 그의 대역(代役)과도 같은 인물이었을 것이다.

4. 사마는 수많은 백동경을 만들어 남제왕에게 주다

스다하치만경의 명문에 의하면 사마의 분부를 받은 예인(穢人) 하내비직(河內費直)은 양질의 백동 '이백간'을 취하여 좋은 백동경을 만들었다고 한다. 이 경은 이미 본 바와 같이 의자사가궁에 있는 남제왕의 장수를 염원하는 뜻에서 만들어진 것이다. 그런데 여기서 문제가 되는 것은 스다하치만경은 중량이 '이백간'이나 되는 백동으로 만든 다수의 경들 중의 하나라는 사실이다.

백동 2백한(二百早)의 '한(早)'은 간(稈)의 생문(省文)으로 보이나, 2백간의 무게가 정확히 어느 정도의 것인지 알기 어려우나, 와다(和田) 교수는 이를 오늘날의 '관(貫)'의 개념과 같은 것으로 볼 수 있다고 한다.[39] 그러므로 그의 개념을 그대로 수용한다면 백동 2백간은 백동 이백관(750kg)이 되는 바 이 정도의 백동의 중량으로 동경을 만들었다고 가정한다면, 그 결과는 스다하치만경(실량 1.43kg)과 같은 모양의 동경 4백개 이상을 주조하게 되는 것이다.

따라서 명문이 시사하는 중량을 토대로 추정을 한다면, 계미년 8월에 사마가 그의 제왕(弟王)에게 '하사'하기 위해 만든 절묘한 인물화상경(人物畫像鏡)은 한두 장이 아니며 수백 매에 이르고 있는데[40] 그러한 경우에도 이것을 사마가 남제왕에게 바친 '공물'이라고 할 수 있는 것인지 명문 해석자들에게 묻고 싶다.

그들의 주장과 같이 스다하치만경은 사마의 '헌상물'이라고 한다면, 사마는 자신이 소유하고 있는 좋은 한경(漢鏡)이나 한두 장 건네주면 될 일이지, 머나먼 하내국(河內國)에서, 그것도 그곳의 왕이나 다름없는 '비직(費直)'을 '견(遣)'하여, 수많은 백동경을 만들어서 그것을 남제왕에게 건네줄 필요성이 있었겠느냐는 것이다.

현재 스다하치만경이 안치되어 있는 동경 국립박물관의 키무라(木村豪章) 연구위원은 최근에 발표한 한 연구 논문에서, 동일 주형으로부터 다량의 경을 주조하는 이른바 '동범경(同范鏡)'(스다하치만경도 이 범주에 속하는 것으로 본다)[41]의 정치적 의의에 대해 상당히 유익한 논증을 제시하고 있다. 그의 주요 논지는 고대 동범경의 원산지를 "정치 권력의 중추인 기내(畿內)에서 제작되어 각지에 보내진 것"으로 보고, 동범경 시대의 개막과 더불어 하내도 그 일부인 기내를 중심으로 중앙 집권적인 정치 권력체가 서서히 형성되었다고 한다. 그리고 이 중앙 집권적인 정치 세력의 통제 수단으로서 "경의 배포는, 수장권(首長權) 승계의 외적 승인을 뜻하는 것"[42]이라고 경의 '신임 기능'을 강조한다. 다시 말해 당대의 경은 오늘날의 임명장이나 신임장과 같다는 것이다.[43]

그러니까 대왕년·계미년 8월에 사마가 그렇게도 많은 백동경을 주조해야 할 필요성도 그와 같은 시대적인 요청에 부응하기 위한 것은 아니었나 생각된다. 사마는 임오년(서기 502년) 백제 땅 웅진(熊津: 지금의 공주)에서 백제 왕국 제25대 왕으로 즉위하였으나, 계미년(서기 503년)은 그가 등극한 지 바로 다음해의 일로서, 그는 자신의 즉위를 제왕(弟王)인 남제왕과 그의 신하들에게 알리고 그들에 대한 변함없는 신임을 다지는 뜻에서 절묘한 백동경 다수를 만들어 남제왕에게 '사(賜)'한 것으로 보인다.[44] 그렇기 때문에 그는 경의 명문에 제왕의 장수를 바라면서 '제국'의 번영과 안정을 다짐하였을 것이다.[45]

Ⅵ. '대왕년'의 참주인은 사마[武寧王] 한 분이다

스다하치만경명(鏡銘) 중 가장 핵심적인 해석은 말할 것도 없이 '계미년'대에 '대왕년'이라는 연대를 쓸 수 있는 정당한 임자인 '대왕'을 찾는 문제이다. 이 문제는 비단 명문 중 가장 중요한 부분의 해석이 될 뿐 아니라, 한·일 고대사 전반에 걸친 기본적인 문제이기도 하다.

그렇기 때문에, 명문을 대하는 일본 학계 인사들의 태도는 한결같이 이 '대왕년'의 주인인 남제왕 또는 그의 상왕이라는 '대화(大和)'의 천황 이외에는 그 누구도 될 수 없다는 강경한 입장이다. 그러므로 명문 해석에 있어서 그들은 이 동경의 직접 제작자이며 하내국왕[費直]의 상왕 [大王]이기도 한 사마를 무리하게 명문 해석에서 배제함으로써 그 목적을 성취하고 있는 것이다.

그러나 사마가 없는 명문의 해석은 해석이 제대로 되질 않아, 그 결과 고대 계미년의 수만큼이나 많은 '대왕'의 후보를 배출하는 모순을 초래하게 된다. 그 동안 일본 학계에서 거명된 대왕으로는 '대왕 오오진(應神)설'(駒井和愛), '대왕 인교오(允恭)설'(水野祐), '대왕 닌켄(仁賢)설'(福山敏男). '대왕 케이타이(繼體)설'(井本進)과 '대왕 스이코(推古)설'(宮田俊彦) 등등 무려 5, 6명에 이르고 있어 '대왕년'의 규명은 세월이 갈수록

요원해지는 것만 같다. 이론상으로나 또는 실제상으로, '대왕년'의 주인인 대왕은 오직 한 분이나, 이처럼 여러 사람의 대왕 후보를 옹립하고 있는 일본 학계의 태도는 일견 이해하기 어려우나, 사실 이것은 그들의 숨은 계략의 하나라고 할 수 있을 것이다. 그들의 계략은 말할 것도 없이 스다하치만경 명문에 대한 정당한 해석의 영원한 '포기'를 뜻하는 것이다.

스다하치만은 그 동안 일본에서 출토된 유물 중 가장 완벽한 것이었으며, 그 명문의 보전 상태나 내용은 타의 추종을 불허하는 아주 훌륭한 것으로, 이 명문의 정당한 해석은 언제나 가능했던 것이다. 그러나 어찌 된 일인지, 일본 학계는 이토록 훌륭한 명문을 가지고, 그것은 명문의 해석이 아니라 오히려 해석이 이루어지지 않도록 하잘 것 없는 '설'이나 만들어내고서 "스다하치만경 명문은 문자의 해설이나 문중(文中)의 인물의 비정(比定)을 둘러싸고 이론이 많다"[46]라는 것을 이유로 '계미년-503년'의 정설화를 저지하고 나아가서는 이 명문을 '棚(ナタ)上げ'하고 있는 것이다.

그러나 "고사기재(古事記載)의 결함을 보충할 수 있는" 스다하치만 경명(鏡銘)에 대한 해석은 꼭 이루어져야 하며 또한 이루어질 수 있는 것이다. 그런데 명문의 정당한 해석을 위해서는 무엇보다도 이 동경을 만든 주체인 사마를 역사의 정면에 등장시켜야 한다. 그가 역사의 정면에 나올 때 명문은 바르게 해석될 것이다. 그러니까 '계미년'은 그의 세(世)의 계미년이요, 그것은 다름 아닌 서기 503년의 일이다.

사마가 스다하치만경의 명문에서 말하는 '계미년'은 서기 503년이며, 따라서 '계미년-503년'은 이제 움직일 수 없는 진실로 승화된 것이다. 그런데 그 동안 일본 학계는 일본의 순고고학적(純考古學的)인 고증으로, 스다하치만경의 제작 연대는 "6, 7세기 전의 것이 아니다."[47]라는 것으로 입증되었으며, 또한 동아시아에 있어서의 백동경의 사용 연대에 대해서도, 그것이 6세기 전의 것이 아니라는 학계의 판명에도 불구하고 '계미년-503년'에 대한 확고한 지지를 하지 않았던 것이다.

그러나 1984년 9월 일본 천황 히로히토(裕仁)는, 당시 일본을 공식 방문중인 한국의 국가 원수에게 "기원 6·7세기의 우리나라[日本]의 국가 형성의 시대"에 다수의 도래인[百濟人]이 와서 도와주었다는 내용의 중대한 발언을 한 바 있었다.[48] 이것은 말할 것도 없이 천황 자신이, 서기 4세기와 5세기에 '대화(大和)'에는 왜왕(倭王)인 '대왕(大王)'이 있었다고 하는 학계의 기본적인 시각을 부정하고,[49] '계미년―503년'을 간접적으로 인정하는 것이라고 할 수 있을 것이다.

그러므로 서기 4세기와 5세기에 근거를 두고 있는 '대왕 오오진(應神)설'이나 '대왕 인교오(允恭)설'은 더 이상 성립의 여지가 없는 것이며, 또한 계미년―623년에 근거를 둔 '대왕 스이고(推古)설'은 이론의 제시가 전혀 없는 데다, 사마의 등장으로 더 이상 논의의 대상이 될 수 없는 것이다.[50]

그렇다면 계미년―503년에 근거를 둔 '대왕 닌켄(仁賢)설'과 '대왕 케이타이(繼體)설'만이 남게 되는데,[51] 후쿠야마(福山)는 '의자사가궁(意紫沙加宮)'에 있는 남제왕은 상황을 모시고 있는 제왕(弟王)이기 때문에, 그는 남제왕의 상왕으로서 닌켄(仁賢) 천황을 추정했는데, 이것은 너무나 무리한 연계라고 생각된다.

왜냐하면, 닌켄(仁賢)은 이미 서기 498년에 타계하였다고 『서기(書記)』는 전하고 있으니, 그를 대왕이라고 하는 것은 사실상 불가능한 것이다.[52] 더욱이 『서기』에는 507년 하내국의 장엽궁(樟葉宮)에서 즉위했다는 남대적왕[男弟王]은 전왕과의 관계가 전혀 없는 것으로 되어 있어, 결국 닌켄(仁賢)이나 무레쯔(武烈)의 대왕 연계는 이론상으로도 성립될 수 없는 것이다.

그런데 어찌 된 일인지 이모토 스스무(井本進)씨는 대부분의 명문 해석자들이 불가능한 것으로 보는 남제왕 자신의 대왕을 주장하고 있는데, 이것은 참으로 납득하기 어려운 일이다. 그러나 그가 대왕―케이타이(繼體)를 주장하는 이유는 그의 독특한 명문 판독에 있다고 한다.

그는 후쿠야마(福山)의 판독법에 따르면서도 이상하게 '계미년 8월 10

일'의 간지기년(干支紀年)은 명문의 맨 끝에 있어야 한다고 한다. 따라서 명문은 "대왕년 남제왕 ……"으로 시작되는데 자신은 이것을 대왕 연남제왕(年男弟王)으로 읽는다고 하며 연남제왕이나 대왕은 논리상 동격으로 볼 수 있기 때문에 '남제대왕(男弟大王)'으로 해석해도 무방하다는 것이다.

그리고 그는 연남제왕은 근남제왕(根男弟王:ネノオオトノキミ)과 같은 의미라고 하며, 이때 근(根)은 '하하노쿠니(母の國:지명)'를 뜻하는 것으로, 그것은 바로 천황의 혈통을 뜻하는 것이라고 한다. 그러므로 그는 남제왕을 후쿠야마와 같이 케이타이(繼體) 천황에 맞추기 때문에 결국 케이타이 천황이 대왕이라는 것이다.[53]

그러나 이모토씨의 주장은 그 발상이나 과정이 너무나 불합리하고 무리한 전후의 연계로 인하여 납득하기 어려운 점이 한둘이 아니다. 엄연히 명문의 앞에 있어야 할 간지기년(干支紀年)을 명문의 끝으로 이행하는 발상이나, 그러면서도 대왕년만은 그것에서 분리하는 점은 합리적으로 이해할 수 없는 것이다. 또한 대왕년 자체에 관해서도 이를 다시 대왕과 년(年)으로 재분리하고 있는데, 어찌하여 그것이 가능한지에 대해 전혀 납득할 만한 해명이 없다. 그렇기 때문에 이 설에 대한 학계의 관심은 별로 찾아볼 수 없는 것이 오늘의 실정이다.[54]

남제왕은 언제나 형왕[大王]을 모시는 후왕(侯王)으로서 그 스스로는 대왕이 될 수 없는 것이다. 남제왕의 대왕[兄王]은 말할 것도 없이 그를 '남제왕'이라고 맞부를 수 있는 상왕이며, 그가 바로 '대왕년'대의 주인인 것이다. 그렇기 때문에 '대왕년'의 참주인은 '백제대왕' 사마이며 그만이 남제왕의 형왕인 대왕인 것이다.[55]

일찍이 송산리 고분에서 출토된 사마왕의 지석에는 그의 사년대(私年代)가 없으며, 거기에는 오직 간지기년(干支紀年)만이 있으니 '대왕년·계미년'은 분명 '붕(崩)'자를 남기고 가신 그분의 것으로서, 그것은 서기 503년의 일인 것이다. 그러므로 스다하치만경의 명문은 "백제 대왕년[또는 斯麻大王年]－계미년[西紀 503년] 8월 10일, 대왕 사마는 의자사가궁(意紫沙加宮)에 있는 제왕[繼體]의 장수를 위해 예인 하내국왕[費直] 금주리(今州利)와 다른 한 사람을 시켜 양질의 백동 2백간으로 이 경을 만들었다"라고 읽어야 할 것이다.

이와 같이 서기 503년 8월 10일 사마와 남제왕 두 사람은 서로 형왕[大王]과 제왕의 사이로서 백동경을 주고 받으면서 관계를 돈독히 하였다. 그러나 그로부터 4년 뒤인 서기 507년 남제왕의 신상에는 중대한 변화가 일어난 것으로 『서기』는 전하고 있다.

사마의 개입으로 보이는 이 일은 서기 506년 '무레쯔(武烈)천황'이 후사없이 어린 나이로 타계하니, 오오토모 카나무라 오오무라지(大伴金村大連)[56]와 하내국의 마사수(馬飼首) 황룡(荒龍)이 당시 '월전(越前)'에 있다는 남대적왕(オオト)을 옹립하여, '개중비직 예인 금주리(開中費直 穢人 今州利)'의 나라인 하내국 장엽궁(樟葉宮)에서 새 조정을 열었다고 한다.[57]

후일 사가들은 그를 『일본서기』 26대 케이타이(繼體)천황이라고 일컬으니, 그의 왕조는 그가 '장엽궁'에 와 오오토모 카나무라 오오무라지의 천거로 맞이한 젊은 수백향황녀(手白香皇女)[58]와의 사이에 태어난 킨메이(欽明)천황의 대에 와 그의 훌륭한 치덕으로 더욱 굳건해졌다고 한다. 그 후에도 남제왕[케이타이 천황]의 왕가는, 계속 번창하여 만세일계(萬世一系)의 전통을 세워가며 근세에 이르러, 명치·대정(大正) 그리고 쇼오와(昭和) 천황을 거쳐 오늘의 헤이세이(平成) 천황의 탄생을 보았으니, '스다하치만 신사 인물화상경'은 참으로 1500년이라는 긴 세월에 일어난 갖은 영욕을 묵묵히 지켜본 산 '증인'이라고 할 수 있을 것이다.

Ⅶ. 결 어

일찍이 일본의 한 원로학자는 스다하치만(隅田八幡)경의 명문을 보고, 이것은 참으로 "고사기재(古史記載)의 결함을 보충할 수 있는 극히 유익한 유물이다"라고 뜻깊은 그의 소견을 피력한 바 있었는데, 그가 그렇게 믿었던 것도 결코 무리한 생각이라고는 할 수 없을 것이다. 왜냐하면 경의 명문에는 경의 제작 연대인 대왕년－계미년이 확실하며, 또한 경을 만든 주체 인물인 '사마'와 이것을 수령할 상대인 '의자사가궁'에 있다는 그의 제왕(弟王)인 '남제왕'이라는 직함도 있어, 이것만 가지고도 대왕년－계미년대의 실상을 아는 데는 큰 어려움이 없을 것 같다.

그런데 경의 명문에는 '사마'의 명을 받고 이 경을 직접 만들었다는 '개중비직 예인 금주리(開中費直 穢人 今州利)'의 이름도 있으며, 그는 '백상동 이백간'으로 이 경을 만들었다고 하는 사실까지 들어있으니, 이는 참으로 놀라운 사실(史實)이라고 아니할 수 없다. 어떻게 해서 이렇게 훌륭한 명문이 1500년이라는 긴 세월 동안 무사히 보존되어 왔는지에 대해서는 잘 알 수 없으나, 사가(史家)들은 이 명문을 가지고 이것은 고대 일본의 '미(謎:ナゾ)－수수께끼－를 풀 수 있는 가장 중요한 사료(史料)라고 하니 참으로 다행한 일이다.

그런데 이와 같이 확실한 명문을 가지고 그 동안 일본의 명문 해석자들은 그들의 편집과 아집 때문에 명문에 대한 정당한 해석을 기피하고, 이해할 수 없는 '설'이나 '견해'만 되풀이하다가, 이제와서는 "오늘날 스다하치만경에 대해서는 정설이라는 것을 찾아볼 수 없다"라는 해괴한 결론을 내리고, 이를 '붕(崩:タナ)上げ' 하고 있으니 스다하치만경은 우리들의 기억 속에서 서서히 사라져가고 있는 것이다.

스다하치만경은 '사마'의 뜻에 의해 만들어졌으며, 그 명문은 그가 직접 쓴 것이다. 그렇기 때문에 명문의 해석에는 의당 그가 주체적인 위치에 있어야 한다. 그러나 일본의 명문 해석자들은 하나같이 명문의 '대왕년'을 선점하겠다는 일념에서, 그를 명문에서 배제한 채 해석하고 있는데, 그러한 해석으로 '대왕년'의 부당한 점유는 가능할지 모르지만 명문의 정당한 해석은 불가능해지는 것이다. 명문의 정당한 해석을 위해서는, 사마가 역사의 정면에 등장해야 한다. 그리고 그의 대왕년－계미년인 '계미년－503년'을 인정해야 한다. 일본 학계가 그렇게 할 때, 이 명문을 통해 '고사기재(古史記載)의 결함'을 '보충'해 보겠다는 한 노학자의 충정은 이루어질 수 있을 것이다.

일찍이 1971년 송산리 고분에서 나온 한 장의 지석(誌石)을 통해 '사마'의 '계미년'인 '계미년-503년'이 확인되었음에도 불구하고, 일본학계는 후쿠야마(福山)의 '계미년-503년설'을 그저 단순한 '다수설(多數設)'이나 '유력설(有力設)'로만 인정할 뿐, 이에 대한 확고한 지지를 주저하고 있다. 그 이유는 말할 것도 없이, 명문의 진실된 해석을 영구히 봉쇄하고, 나아가 '사마'가 명문에서 밝힌 사실(史實)들이 밖에는 널리 알려지는 것을 원치 않기 때문인 것이다.

대왕년-계미년 8월 10일 '사마'가 쓴 48자 명문의 자자구구는 이른바 '황국사관'의 존립을 여지없이 부정하고, 그와 케이타이(繼體)의 사이는 대왕·제왕의 관계라는 이른바 '역황국사관(逆皇國史觀)'의 실체를 말해주고 있으며, 더욱이 '사마'는 이른바 '기내(畿內)'의 실력자라는 예인 '하내비직'을 자신의 신하처럼 대하고 있으니, 이것은 어쩌면 일본 역사의 최대 '미(謎:ナゾ)'라고 하는 고대어 '구다라(クダラ)'어원[59]과도 같은 것으로 보인다. 그러므로 아직도 이른바 '황국사관'을 신봉하고 있는 일본학계가 이 명문의 진실된 해석을 할 수 있으리라고 기대하기는 어려운 일이다.

그 동안 일본 학계의 일부에서는, 고대사 인식에 대한 몇 가지 새로운 움직임을 보이고 있는 것은 사실이나, 스다하치만경 명문에 대한 해석을 '포기'해서는 안 된다. 이 명문에 대한 진실된 해석은, 이 명문을 손수 쓴 '사마'의 고국에서 우리들의 손으로 하는 것이 더 의의 있는 일이라고 생각된다. 우리들의 손으로 이 명문을 해석할 때 명문의 진실은 밝혀질 것이며, 그렇게 함으로써 '사마'의 깊은 뜻을 다시 한 번 성찰하게 될 것이다.

시대에 따라 요구되는 '역사'의 소명은 다르겠지만, 오늘을 사는 우리에게 이 시대의 '역사'가 준 하나의 교훈이 있다고 한다면, 그것은 스다하치만(隅田八幡)경 명문을 둘러싼 이른바 '황국사관'의 막을 벗겨버리고, 명문의 참모습을 우리들의 후손에게 물려주는 일이다. 그리하여 그

들은 선조들의 빛나는 얼을 되새겨가며, 훌륭한 역사적 전통을 이어가
는 문화 민족으로서의 긍지를 길이 간직하게 될 것이다.

주 석

1) 이 동경은 고분에서 출토된 것이나, 어디서 그리고 언제 출토되었는지
   에 대해서는 잘 모르고 있다. 中村貞史 교수는 그의 저서『日本 最高の
   銘文 ‘隅田八幡宮の彷製鏡’』에서 옛 生地龜三郎의 말을 인용하여 이 경
   은 “天保 5年(1834년) 橋本市의 한 촌부가 赤土를 파던 중 이를 발견하
   여 隅田八幡宮에 봉납했다”는 것이다.
2) 隅田八幡神社는 社神으로 ‘神功皇后’를 받들고 있는데, 1838년(天保 9
   年) 紀伊國名所 圖會는 隅田八幡鏡에 대해 아래와 같이 소개하고 있다
   : “古鏡一面寺僧이 전하는 말에는, 神功皇后가 三韓을 정복할 때 그곳
   사람들이 皇后에게 헌상한 鏡이다.” 森浩一,『交錯の日本史』, 大阪, 韓
   日新聞社, 1990년, 90쪽.
3) 高橋健自,「在銘最古日本鏡」,『고고학잡지』제5권 제3호, 大正 3年 10月
   5日 發行(1914년), 103쪽.
4) 高橋健自, ibid., 103~104쪽.
5) 다만 그의 경험을 토대로 해서 본 경의 모양이 서기 5세기의 것으로 볼
   수 있다고 해 계미년(443년)을 생각해 보았다. 그러나 다른 한편으로는
   경의 제작자를 斯麻念長으로 이해하였기 때문에 그가 神功紀에 나오는
   ‘斯摩宿禰’와 같은 인물이 아닌가 하고 서기 4세기의 계미년(323년)과도
   연계를 지어보기도 했다. 그러나 양식과 수법으로 보아 應神天皇代의
   계미년에 만들어진 것으로 본다고 하고 계미년(383년)에 맞추어보았다.
6) 福山敏男,「江田 發掘大刀 及び隅田八幡神社鏡の製作年代について, 日本
   の最古の銘文」,『고고학잡지』제24권 제1호, 31쪽. 隅田八幡鏡이 현재
   안치되어 있는 東京國立博物館도 福山의 판독법에 따르고 있다. 따라서
   필자도 명문 해석에 있어서는 통설이라고 할 수 있는 이 판독법에 따
   를 것이다.
7) 和田萃,『大系 日本の歷史』(東京, 小學館, 1988) 참조. 명문의 판독법으
   로 ‘念長壽’를 주장하는 인사로는 乙益重隆・保坂三郎・山尾辛久・楓本
   社人 등이 있다.
8) ‘長奉’으로 볼 수 없는 근거로는 첫째, 명문의 자체가 ‘奉’이 아니고 ‘壽’
   자의 약자이고, 둘째, 만약 ‘장봉’이라고 한다면 그 자 다음에 ‘遣’자를

쓸 수 없는 것이다. '遣'자를 쓴다는 것은 극히 오만한 것으로 상대를
하수인으로 볼 경우에만 가능한 것이다. 셋째, 고대 사회에서 경은 반
드시 좋은 일이 있을 때 주는 것으로, 不老長壽와 같은 吉祥句는 쓸 수
있어도 '長奉'고 같은 괴상한 어구는 쓸 수 없는 것이다.

9) 福山의 이러한 주장에 대해 和田교수는 남제왕은 'オォト'인데 어떻게
'オホト'인 袁本杼·乎富等과 같을 수 있느냐고 男弟王―繼體를 반대하
나, 훈으로 표기되는 한자는 자연히 발음이 다를 수밖에 없다. 예를 들
면 고대의 성씨 '蘇我'씨의 경우, 당초에는 훈에서 유래한 것으로 보이
는데, 한자로는 曾我·宗岳·蘇賀 또는 嗽加 등 다양한 표기가 있는데,
서로 발음이 약간 다른 것은 당연하다고 할 수 있다.

10) 繼體의 諱가 史書마다 다르게 표기되어 있는 이유를 잘 알 수 없으나,
후대의 史家들이 그의 '男弟王'이라는 호칭을 고의로 史書에서 삭제한
것으로 보인다.

11) 福山敏男, ibid,. 36쪽. 乙益重隆는 계미년(503년)과 男弟王―繼體 등 福
山의 해석법에 따르고 있으며, 또한 명문의 '斯麻'도 백제 武寧王으로
보는 등 특이한 점이 있으나 명문에 "경을 만든 대상이 보이지 않는다"
는 것을 이유로 대왕년의 주인인 대왕이 누구인지 알 수 없으며, 다만
鏡은 斯麻가 "누구인지에 獻하기 위해" 만든 것이라고 주장한다. 乙益
重隆, 「隅田八幡神社畵像鏡銘文の一解釋」, 『考古學硏究』, 11/4, 1965년,
18～23쪽.

12) 水野祐, 「隅田八幡神社 所藏鏡 銘文の一解釋」, 『古代』 13, 1954, 10쪽.

13) 水野, ibid.

14) 현재 隅田八幡鏡이 진열되어 있는 동경 국립박물관에서는 계미년을 '서기
443년 또는 503년' 중 하나일 것으로 추정하고 있다. 이러한 추정은 『일
본대백과사전』 등 주요 자료에서도 같은 현상이다. 그러나 경이 원래 있
었던 隅田八幡神社에서는 계미년―443년을 제작 연대로 쓰고 있다.

15) 和田, ibid.

16) 그러나 고대의 혼인 관행에 대해 森辛一과 水野는 의견을 같이 한다.

17) 福山에 따르면, '意富富杼王'의 표기는 男弟王(オォト)의 훈의 표기로 볼
수 있기 때문에, 繼體의 家系는 그의 증조부 때부터 男弟王으로 '意紫沙
加宮'의 주인이었던 것으로 보인다. 최근 上田正昭 교수는 繼體의 조부
를 가리켜 '意富杼王(オホト)'이라고 하며, 森辛一교수는 '乎弟王(オォト)'
이라고 하는데, 그것이 사실이라면 繼體의 가계는 대대로 男弟王의 가계
임이 더욱 확실하다고 할 수 있을 것이다.

18) 和田, ibid.

19) 森浩一 교수에 의하면 古代 倭人들은 동아시아에서 경을 제일 좋아했다

　　고 한다. 森浩一, 「倭人と銅鏡」, 『邪馬臺國の謎』, 銅鏡, 東京, NHK 편집,
　　1989.

20) 『日本の考古學』(東京, 國立博物館, 1988), 17쪽 참조. 日本大百科全書(4),
　　851쪽 참조.

21) 金元龍 교수는 細文鏡, 방제한식 鏡을 '儀器'라고 하고, 그것들은 "종교
　　에 관계되거나, 권력을 표시하는 莊嚴具"로 보고 있다. 金元龍, 『韓國美
　　術史』(서울, 汎文社, 1969년), 33쪽 참조.

22) 奧野正男, 『邪馬臺國はここだ』(東京, 德間文庫), 1990, 40쪽 참조.

23) 上田正昭, 「邪馬臺國の甕に迫る」, 『プレデント』, 1989, 74쪽.

24) 金井氏(埼玉 資料館長)는 "권위의 상징으로 경이나 기타의 것을 하사하
　　는 관례는 있다"고 한다. 金井塚良, 「前方後圓墳の出現と傳播」, 『歷史讀
　　本』, 1986년 3월, 126쪽. 또한 小林行雄 교수도 "각지에 있는 同范鏡의
　　존재는 畿內의 유력한 신분의 자 특히 塚山古墳의 피장자로부터 하사라
　　는 형태로 분류되었을 것으로 생각한다"고 한다. 齊臟忠, 『日本考古學辭
　　典』(銅鏡, 東京堂出版, 1984), 395쪽.

25) 일본 신화에는 '八咫鏡'은 天照大神이 瓊瓊杵尊(神武天皇의 종조부)을 高天
　　原에서 瑞穗國에 降臨시킬 때 하사하였다고 한다. 『古事記』에 의하면 이때
　　天照大神은 "이 鏡은 나의 혼이 들어 있는 것으로서 내가 앞에서 기도하는
　　것과 같이 모셔라"라고 하였다고 한다. 또한 『日本書紀』에 의하면 天照大神
　　은 "아이들아, 이 보경을 볼 때는 언제나 나를 보는 것 같이 하라"고 하였
　　다 한다.

26) 필자가 그렇게 생각하는 것은 福山博士가 일찍부터 계미년—503년을 주
　　장하였기 때문에 이 시기는 백제 무녕왕의 世와 연계되는데 『日本書紀』
　　에 있는 그의 諱는 '嶋' '島'와 '斯麻王'으로 그리고 『삼국사기』에는 '斯摩'
　　로 되어 있어 그는 충분히 '斯麻'가 누구인지를 알 수 있었을 것으로 본
　　다. 더욱이 斯麻는 銘文에서 河內費直이 穢人이라는 사실을 밝히고 있는
　　데 이것만 보더라도 斯麻는 한반도에 있는 큰 인물로 보여지는 것이다.

27) 山里 고분의 발굴로 斯麻-武寧王의 실체가 확인되었는데도 불구하고,
　　일본 학계는 이를 인정하려 하지 않는다. 그들은 무녕왕과 繼體天皇의
　　동시 등장을 기피하는 입장이다. 이 문제에 대한 和田의 반응은 신경질
　　적이다. "人物畵像鏡에 보이는 斯麻와 일치한다는 것이다. …… 매력적
　　인 생각인데 성립하기는 어려울 것이다. 우선 鏡이 백제에서 만들어졌
　　다고 한다면 백제의 사마왕과 '斯麻'라고만 표기한 것이 이해가 되지
　　않는다. 백제로부터 왜국의 남제왕에게 헌상했다고 한다면, 당시의 국
　　제적 입장이라면 '百濟 斯麻王'이라고 해야 할 것이다"(和田, ibid.). 그
　　러나 필자의 견해로서는 '斯麻'의 표기는 조금도 이상하지 않다고 본다.

사마는 자신의 大王年 연대를 표기했기 때문에 자신을 굳이 斯麻大王 (또는 斯麻王)이라고 할 필요가 없으며, 銘文에 '男弟王'과 '開中直費'의 관직을 표기했기 때문에 자신은 斯麻라는 諱만 쓸 경우, 그것은 上位者 (大王)로서 자연스러운 표기로 보인다.

28) 『百濟本紀』는 繼體를 가리켜 '意斯移麻岐彌(イシヤマノキミ)'로 호칭하고 있으며, 上宮記는 '伊自牟良君(イシムラノキミ)'으로 호칭하고 있는데 이러한 사실만 보더라도 繼體天皇의 '意紫沙加宮' 조정은 확실한 것 같다. 따라서 繼體와 男弟王은 같은 인물임이 분명하다.

29) 男弟王인 繼體의 諱가 『書記』에는 '男大迹王', 『古事記』에는 '袁本杼命', 그리고 『上宮記』에는 '乎富等大公王'으로 다르게 표기되어 있는데 이는 모두 男弟의 훈의 표기로서 男弟王은 평소 두 가지 이름을 썼을 가능성도 있다. 즉 男弟王은 상왕에게만 쓰고, 그의 신하에게는 상기와 같은 다른 이름으로 표기했을 가능성도 배제할 수 없다.

30) 森浩一, 「邪馬臺國の靈に迫る」, 『プレデント』, 1989.7, 74쪽.

31) 일찍이 『書記』雄略紀에는 '吉備臣弟君'의 활약상에 대해, 그가 백제와 교류하고 있다고 하는데 이 '弟君'도 兄君 또는 大君(百濟大王)에 대한 개념으로 받아들여진다.

32) 「弟國」의 지명은 「書紀」繼體紀에 단 한번 나오고 다시 볼 수가 없다. 학계에서는 이 「弟國」의 위치를 京都市 長岡京市 乙訓寺부근이라고 하나 잘 알 수 있다.

33) 대부분의 명문 해석자들은 '開中費直'과 '穢人今州利'라는 두 실체로 해석하고 있는데 이는 잘못이다. 왜냐하면 명문을 그렇게 볼 수 있다고 한다면 '二人等'이라는 글자는 구태여 쓸 필요가 없는 것이다. 『書記』雄略紀 9년 2월조에서 보는 바와 같이 '開中費直 與穢人今州利'라고 해야 될 것이다.

34) 『日本大百科全書』는 費直에 대하 "直이라고 하는 것이 보통이나 上古에는 費 또는 費直이라고 하는 記하다"라고 直과 費直은 같은 개념이라고 한다. 한편 『日本の歷史, 日本のナリタチ』(讀賣新聞社, 1990)는 "이 '開中費直은 河內直을 지칭하고 直이라는 姓이 씌어진 것은 주목된다"고 한다.

35) 新野直吉, 『硏究史國造』(東京, 吉川弘文館, 1981), 94~106쪽. 上田 교수도 "直은 고대의 유력한 氏姓으로 國造層에 많다. 君・臣의 국조층보다도 왕권과의 관계가 직접적인 首長의 姓으로 되어 있다"고 한다. 上田正昭, 『歸化人, 古代國家の成立をめぐって』(東京, 中公新書, 1990), 73쪽.

36) 崔在錫 교수는 하내의 國造에 대해 "사실은 國造가 아니라 小王國의 君主와 같다"고 한다. 최재석, 『日本古代史硏究批判』(서울, 一志社, 1990), 236쪽.

37) 『日本書紀』雄略紀 9년 2월조(서기 465년)에는 雄略天皇(倭王武?)이 '遣
凡河內直香賜與采女'라고 河內費直을 '遣'하는 내용의 기록이 있어 주목
된다. 이것은 斯麻의 '遣河內費直穢人今州利'와 같은 것이다.

38) 大公王에 대해 前川氏는, "이는 별로 보지 못하는 칭호이다. 繼體가 公(キ
ミ)姓 호족으로부터 배출되어서 이것을 지배하는 大王과 같은 뜻인지 모르
겠다"고 한다. 前川明久, 「繼體天皇の出自はどこか」, 『別冊歷史讀本』23호,
166쪽.

39) 和田, ibid. 참조. 그러나 藪田 교수는 桿(旱)은 杆과 같은 것으로서 銅塊
의 개수를 말하는 것으로 二百桿은 二百梃이 된다는 것이다. 藪田嘉一
郎, 「隅田八幡神社藏畵像鏡 銘考」, 『事跡と美術』25권, 2호, 58쪽.

40) 隅田八幡鏡과 같은 모양의 畵像鏡의 출토는 아직은 많은 편이 아니나,
계속 증가하고 있다. 그 동안 출토되었던 것으로는 특히 河內國 中野內
郡高安材大字郡出土鏡, 武藏國比多摩郡佰河町龜古墳出土鏡, 大阪府藤井
寺市澤田 長持山古墳出土鏡 등을 들 수 있다.

41) 隅田八幡鏡은 주형을 통해 주조된 것이 분명하다. 이 경을 자세히 보면,
당초 주조할 때 실수하여 원형의 앞뒤를 혼동하여 정면이 아닌 후면으로
주조하였기 때문에 경의 인물상의 위치가 반대로 되어 있다는 것이다.
특히 川西 교수는 長持山古墳出土鏡을 隅田八幡鏡의 '手本'(原鏡)이 된
경이라고 주장한다. 川西宏幸, 「中期畿內政權論」, 『考古學雜誌』 69-2,
138쪽.

42) 木村豪章, 「古墳時代」, 『日本の考古學』(東京. 國立博物館 發行, 1985), 18
쪽 참조.

43) 小林行雄 교수는 동범경의 신임 기능에 대해 "같이 부장된 三角錄神獸鏡은
각지의 首長이 그 수장권의 승인의 표시로서 大和王權으로부터 하사된 魏의
鏡이다"라고 주장한다. 岩崎卓也, 『古墳時代の知識』(東京, 東京美術, 1984) 6
쪽 한편 讀賣新聞은 同范鏡은 "王權과의 絆을 상징"하여 彷製鏡은 "王權에
보장된 신분을 상징"한다고 한다. Yom uri Special #31, 吉野ケ里, 『藤ノ木,
邪麻臺國』, 讀賣新聞社, 1989년 7월 참조.

44) 川西 교수는 鏡의 下賜에 대하여 "前期에 있어 鏡이나 玉 제품의 分與에
관해 機內정치 권력이 그 세력하에 들어온 지방의 首長에 대한 보상으로서
이들 寶器를 하사하는 것은 상상할 수 있다"고 한다. 川西宏幸, 「中期畿內
政權論」, 『考古學雜誌』 69-2, 135쪽.

45) 그런데 일찍이 斯麻, 武寧王을 주장한 乙益重隆은 斯麻가 이 鏡을 만든
동기를 근거 없이 왜곡하고 있다. 그는 "斯麻王이 未多王(東城王)을 타
도하는 쿠데타에는 일본측의 음모와 원조가 있지 않았나 생각되는데, 그
보답의 뜻으로 왕위에 오른 후 얼마 안 있어 '斯麻 길이 봉사할 것을 염

원'하고 이 鏡을 일본의 조정에 보낸 것이라면 앞뒤가 잘 맞는데, 史料
의 근거는 없다"라고 그의 희망을 토로한다. 乙益重隆, ibid.

46) 『國史大辭典』(スタ), 東京吉川弘文館, 1990년판 참조.

47) Loc cit.

48) 山尾幸久는 일찍부터 일본의 국가 통합 시기는 6세기 이후라고 역설하
고 있으며, 오늘날 학계의 많은 지지를 받고 있다. 山尾幸久, 「古代日本
の國家像」, 『歷史讀本』, 1980, 71쪽.

49) 천황의 발언에 대해 溝上暎氏(朝日新聞編輯委員)는 만약 천황의 발언이
사실이라면, "지금까지 5세기대의 '大王'이라고 한 仁德天皇이나 雄略天
皇이 국가 형성기 이전에 존재한 것으로 되어 '우리나라'의 역사에 포
함되지 않게 된다"라고 비통해 한다. 溝上暎, 「歸化人から渡來人へ」,
『歷史と人物』, 中央公論社, 1984년 12월호, 85~86쪽.

50) 保坂三郎과 宮田俊彦은 大王推古設을 취하고 있는데 그 設의 근거로는,
"古事記의 用字法과 거의 같은 本鏡銘의 문장은 한자 전래로부터 반세기
내지 1세기간에 즉 443년이나 503에 만들어졌다고는 도저히 생각할 수 없
다"는 것이다. 다시 말해 명문이 너무나 훌륭하다는 것이 그 이유이다. 保
坂三郎, 「隅田八幡神社の人物畵像鏡の銘文」, 『歷史教育』 10-5, 1971, 73쪽
; 宮田俊彦, 「癸未年·男弟王·意紫沙加宮」, 『日本上古史研究』 2권 6호,
1958, 104쪽.

51) 乙益重隆은 癸未年-503년과 男弟王·繼體 등 福山의 해석법에 따르면
서도, 대왕의 추정을 '포기'하고 이 鏡은 斯麻가 '누구인지?'에게 헌상한
것이라고 막연하게 결론짓는다. 乙益重隆, ibid.

52) 福山의 주장과 같이 男弟王의 上王으로서의 仁賢이라면, 仁賢의 타계 후
에는 男弟王이 그를 승계하든지, 아니면 新王(武烈)이 등장하여 그가 男
弟王의 새로운 上王으로 됐어야 할 것이다.

53) 井本進, 「隅田八幡宮畵像鏡銘の解讀」, 『日本歷史』 26권, 1950, 55~56쪽.

54) 大王-繼體와 관련 藪田嘉一郎도 계미년-503년과 男弟王-繼體 등 福
山의 해석법에 따르나, 銘文을 "癸未年 八月十六日, 三年 男弟王"으로
특이하게 판독하고 있어 계미년 繼體가 천황이 된 지 3년이 되는 해이
므로 繼體의 대왕이 가능하다고 하나 확실한 견해는 피하고 있다. 藪
田嘉一郎, ibid., 52~58쪽.

55) 일본의 명문 해석자 중 古田武彦 교수만이 그의 저서 『先ワレタ九州王
朝』에서 황국사관의 벽을 넘고 斯麻의 '대왕'을 인정하고 있어 주목된
다. 그러나 그는 동시에 '男弟王'의 '大王'을 인정하는 소위 '大王年併用
設'을 주장하고 있다.
古田에 의하면 銘文上 '斯麻'와 '大王'은 기본적으로 같은 것으로 볼 수

있어 斯麻의 大王은 인정되나 다른 한편으로는 『삼국사기』를 원용하여 한국은 古來로 隣國王에게 경칭을 쓰는 관례가 있어 '大王·男弟王'도 인정된다는 터무니없는 자기류의 해석을 하고 隅田八幡鏡은 '獻上'이나 '下賜'가 아닌 평등지간에 '보내주었다'는 것이라고 주장한다.

이러한 해석에 대해 秦野 교수는 "古田氏의 九州王朝設에 전적으로 찬성할 수는 없으나, 古田設만큼 本鏡銘文에 앞뒤가 통하는 설명을 읽은 일이 없다"고 감탄한다. 그리고 그는 "本鏡을 위시하여 江田船山古墳出土의 大刀, 石上神宮의 七支刀, 好太王碑, 任那日本府設 등 기본적인 사료라고 생각되는 것들이 오늘날 큰 의문과 논쟁을 불러일으키고 있어, 사상누각이 무너질 날이 멀지 않을 것이다"라고 황국사관의 붕괴를 예언하고, "앞으로 새로운 시각에서 더욱더 열심히 학습해 갈 것이다"라고 말한다. 秦野昌明, 「隅田八幡鏡神社所藏の人物畵像鏡について」, 『歷史學徒』, 1976, 26～28쪽.

56) 『書紀』에 따르면 그는 仁賢·武烈·繼體 3대에 걸쳐 세도를 누렸던 호족이다. 후일 史家들은 그를 백제와 '내통'한 자라고 규명하는 것으로 보아 그도 사마가 명문에서 말하는 '穢人'으로 보인다.

57) 『日本書紀』 繼體 元年條에는 繼體의 즉위 광경을 말하면서 "大伴金村大連이 꿇어 앉아 천자의 鏡, 劒의 璽符를 올리고 재배하였다"고 한다. 그러나 천황은 다섯 번이나 사양한 후 "大臣·大連·장상·제신이 모두 과인을 밀고 있다. 과인은 배반하지 않겠다고 하고 璽符를 받았다"고 한다.

58) 『書紀』는 手白香皇女를 仁賢天皇의 딸이라고 하나, 文定昌 교수는 그를 武寧王의 딸이라고 주장한다. 그러니까 繼體天皇은 그의 사위이며, 欽明天皇은 그의 외손자라는 것이다. 文定昌, 『百濟史』(서울, 인간사, 1988), 199～200쪽.

59) 일본어로 'クダラ'는 고대 倭人이 한반도 3국 중 '백제'를 부르는 말인데, 3국 중 유독 '백제'의 이름만이 이와 같이 특이한 점을 日本史家들은 하나의 謎(ナゾ)라고 한다. 'クダラ'의 어원에 관해, 『국사대사전』(東京, 吉川弘文館, 1990년판)은, "일본의 고전에는 많이 백제라고 쓰고 'クダラ'라고 읽는데, 그 유래는 아직도 알려지지 않고 있으나, 바로 그 점에 일본과 백제의 역사적 관계의 謎가 숨어 있을지도 모른다"라고 서술하고 있다.

(제21회 발표, 1992년 5월 8일)

『일본서기』의 '천황 붕(崩)' '백제왕 훙(薨)'은 날조
─ 무녕왕의 서거는 대왕의 죽음: '붕(崩)'

소진철(원광대학교 교수)

Ⅰ. 머리말

서기 720년경에 성립되었다고 하는『일본서기』는, 그 동안 일본이 자랑해온 역사 '정사(正史)'로서, 총 30권이라는 방대한 내용을 수록하고 있다. 일본학계는 이것을 가리켜, "중국 다음가는 세계 제2의 역사 서술의 보고" 라느니, 또는 "일본의 정사(正史) 제1호인『일본서기』는 중국의 정사 제1호인『사기(史記)』에 버금가는 것" 이라는 등 이를 과장 선전하고 있다.

그러나 그것도 알고 보면 그리 대스러운 것만은 아닌 것 같다. 왜냐하면,『일본서기』는 그 성립 연대가 불확실하고, 또한 그 작성자가 누구인지를 잘 모르는 모호한 것으로서, 이것을 사료로 이용하기에는 문제가 있는 것이다. 그런데 더 큰 문제는, 오늘의『일본서기』는『서기』편자들에 의해 자행된 조직적이고 또한 계속된 '가필'과 '변개(變改)' '조작' 등으로 꾸며진 것이라는 데 있다.

『일본서기』의 정체가 그러함에도 불구하고, 그 동안 일본의 '관학파'

들은 이것을 '신성시'해왔고, 나아가서는 『서기』에 적혀 있는 기록의 '진실성'을 우리에게 강요해왔던 것이다. 또한 그들은 '군국주의자'들에 의해 자행된 한반도의 침략과 식민화 정책의 정당성을, 이 『일본서기』에서 찾아냈다고 하니, 이는 역사의 '진실'에 대한 모독이며 또한 묵과할 수 없는 만행이라고 하지 않을 수 없다.

전후 일본 학계의 일부에서는, 『일본서기』에 대한 다양한 분석과 새로운 해석을 시도하고 있다는 것으로 알고 있으나, 본고는 제한된 범위에서, 1971년 충남 공주에서 출토된 무녕왕릉의 지석(誌石)을 통해서, 『일본서기』의 '날조'된 실체를 규명하고, 아울러 이의 시정을 촉구하고자 한다.

II. 『일본서기』의 성립배경

1. 『서기』의 성립 시기

『고사기(古事記)』와 『일본서기』는 일본의 제일 오래된 '관찬정사(官撰正史)'로서 쌍벽을 이루고 있는 고서이다. 『고사기』 권두의 「서문」에는, 찬수자(撰修者) 야스마로(安萬侶)[1]가 텐무(天武) 천황의 소(詔)를 받고, '제기(帝紀)'와 '구사(舊辭)'의 내용 중 잘못된 것을 고치는 일을 했다고 한다. 그리고 그는 화동(和銅) 4년 9월에, 원명(元明) 천황의 재소(再詔)를 받고 이 일을 계속하여, 다음해인 화동 5년 정월(712년)에 『고사기』 3권을 완성했다고 한다. 그러나 『일본서기』에는 그러한 찬문이 없으며, 또한 발문과 같은 것도 없어서, 그 성립 연대를 점치는 일은 쉬운 일이 아니다.

일본 학계는, 『일본서기』의 원본이라고 하는 『일본기(日本紀)』에 관한 기사가, 『속일본기(續日本記)』 권8에 있다고 해서, 그것을 통해 『일본기』의 성립 연대를 추정하고 있다. 연력(延曆) 16년(797년)판 『속일본기』의 양로(養老) 4년 5월조에는, "이것보다 앞서, 일품(一品) 사인친왕(舍人

親王)이 칙(勅)을 봉하고『일본기』를 만들었다. 오늘 일을 다 마치고 이를 진상한다.『기』30권과『계도』1권(系圖一卷)" 이라는 내용이 적혀 있어, 이것으로써『일본기』의 성립 연대를 양로(養老) 4년(720년)으로 추정하게 된다.

그런데『속일본기』에는,『일본기』에 대한 다른 기사가 전혀 없어, 그 것만으로서는『일본기』가 어떻게 해서 성립되었는지 그 경우를 알 수가 없다. 다만『일본서기』천무기(天武紀) 10년(681년) 3월조에는, "천황이 태극전에 나가 카와시마오 노오지(川嶋皇子)・오시카베 노오지(忍壁皇子)와・타케다(竹田)왕과 쿠와타(桑田)왕 …… 대산하평군(大山下平郡) 신자수(臣子首)에게 소(詔)하여 제기(帝紀) 및 상고(上古)의 제사(諸事)를 기록하고 정리하게 하였다" 라는 대목의 기록이 있어, 그것으로써『일본기』도『고사기』와 같은 시기에, 그 편찬 작업이 시작된 것은 아닌가 하고 추정하기도 한다.[2]

그러할 경우『일본기』와『고사기』는, 모두 텐무(天武) 천황의 재위중 그 편찬이 시작되었을 것으로 보고,『고사기』찬수자인 야스마로(安萬侶)는 자연『일본기』의 편찬에도 관여하였을 것으로 추정한다. 그리고『일본기』는 총 30권이 넘는 방대한 내용을 수용하고 있는 것으로 미루어보아, 그 편찬에는 야스마로 외의 다른 사관들의 참여도 불가피했을 것으로 추정된다.

2.『서기』의 성립 사료

『일본서기』[3]가 선택한 사료들이 어떠한 것인지,『서기』에는 찬문이 없어서 잘 알 수가 없다. 거기에다『서기』의 원본이라고 하는『일본기』의 내용마저 알 길이 없기 때문에, 도대체 이 두 책이 어떤 사료를 찬수하였는지 추정하는 일은 쉬운 일이 아니다. 그러므로 여기서는,『일본서기』(寬文版, 1669년)의 내용을 중심으로 해서, 거기에 동원된 사료들을 살펴볼 수밖에 없다.

『일본서기』는 그 원본이라고 하는『일본기』에서,『계도(系圖)』를 제외한 총 30권으로 구성되어 있다고 하는데, 1권과 2권은 신대기(神代紀) 신화로서 이른바 '대화 8주(大和八洲)'의 창업을, 그리고 3~30권은 '신무(神武)'로부터 지토오(持統)에 이르는 역대 '천황'[4]의 치세와 '붕년'(崩年)을, 편년체로『사기』본기의 서체에 따라서 기록하고 있다. 그런데 여기에는 초고왕(肖古王) 이후의 백제왕들의 즉위와 '훙년(薨年)'도 기재되어 있는데, 이것은『고사기』와 크게 다른 점이다.

『일본서기』는 중국의 사서체에 따른 이른바 '정사'의 체제를 취하고 있기 때문에, 거기에는 많은 문장을 차용하고 있으며(예를 들면, '닌토쿠[仁德]' '킨메이[元明]'의 덕치와 선정, 그리고 '무레쯔[武烈]'의 악정), 또한 '일서왈(一書曰)' '일서운(一書云), '일본운(一本云)' '혹본운(或本云)' '별본운(別本云)'과 '차운(此云)' 등과 같은 분주를 가지고 있기 때문에, 여기에 동원된 사료가 다양하다는 것을 쉽게 알 수가 있다.[5]

『서기』에 인용된 사료로는, 먼저『고사기』의 원자료라고 하는『제기(帝紀)』와『구사(舊辭)』를 들 수가 있다.[6]『서기』에 보이는 '천황' '황비(皇妃)' '황자녀(皇子女)' 들의 이름과 그 계보는,『고사기』의 것과 비슷하다고 하여, 특히 신대기(神代紀)의 '물어(物語)'나 '어부(語部)'는 기본적으로『구사(舊辭)』를 인용하였다고 한다.

다음으로『서기(書紀)』가 많이 인용한 사료로는, 이른바 백제 3서(百濟三書)라고 하는『백제기』『백제신찬(百濟新撰)』과『백제본기』를 들 수가 있다.『서기』편자들이 제일 중요시한 것으로 보이는 이 백제 3서는, 본문 구성에는 물론이고 분주에도 많이 인용하고 있다.[7] 진다이(神代)기와 오오진(應神)기는『백제기』를, 유우라쿠(雄略)기와 무레쯔(武烈)기는『백제신찬』을, 그리고 케이타이기와 킨메이기는『백제본기』를 각각 인용하였다는 것이 학계의 통설이다.

이 밖에도『서기』는,『사기』를 비롯해『위지왜인전(魏志倭人傳)』과『한서(漢書)』및『후한서(後漢書)』와『삼국지』등 중국사료를, 문장으로 쓰거나 또는 분주로 인용하고 있다. 특히『위지왜인전』의 경우,『서기

(書紀)』편자들은 진구우(神功) 황후라고 하는 가공의 인물을 성립시키기 위해서, 이른바 '사마대국(邪馬臺國)'의 여왕인 '히미코(卑彌呼)'를 변신시켜, 그녀를 '진구우(神功)'로 대신하고 있다.

끝으로『서기』는, 불교 경전이나 사원의 연기(緣起)와 같은 불교계 사료와 당시 유행한 사가(私家)의 수기(예를 들면『伊吉達傳得書』『難波吉士男人書』와『高麗沙門道顯』『日本世紀』등), 그리고 조정의 문서까지 동원해서 만든 경우도 있다.

Ⅲ. 『일본서기』는 '변개' '조작'된 것

1. '조작'의 핵심은 '진구우(神功)기'

서기 720년에 성립되었다고 하는『일본기』와는 전혀 다른 성질의 것으로 알려진『일본서기』는 실존하지도 않은 가공의 '진무(神武)' 천황을 제 1대의 기원으로 하고 있다.[8] 그리고 이른바 '대화(大和)'의 천황들은, 제 41대의 지토오(持統) 천황에 이르기까지, 1,300년이 넘는 긴 세월을 대를 이어가면서, '대화8주(大和八洲)'를 통치하고, 나아가서는 바다를 건너 한반도까지 진출하여, 그곳의 여러 나라들을 '복속'해왔다는 것을 그 주축으로 하고 있다.

역사상 존재하지도 않은 가공의 인물인 '진구우(神功) 황후'가 한반도 제국을 '복속'하였다고 하는 이른바 신공기(神功紀)는, 바로『일본서기』의 핵심을 이루고 있는 것으로,『서기』편자들은 이를 위해, 그 출자(出自)도 알 수 없는 허상의 '기장족희존(氣長足姬尊)'[9]이라는 여인을 등장시켜, 그녀로 하여금 제 13대 '츄우아이(仲哀) 천황'의 황비인 '진구우(神功) 황후'라고 명명하고, 그녀를 『일본서기』역사에 있어서 가장 위대한 '영웅'으로 부각시킨 것이다.

츄우아이기(仲哀紀) 9년 10월조에 있는 이른바 '진구우'의 '삼한정벌'은 '진구우(神功)'가 부왕인 '츄우아이(仲哀)'의 사후에, 만삭의 몸으로서 바다를 건너 신라를 치는데, "풍신(風神)이 바람을 일으키고 해신(海神)이 파도를 일으켜, 바닷속의 큰 고기들이 떠올라 배를 떠받쳐"주어 무사히 신라 땅에 도달했다는 것으로써, 두 나라의 싸움은 그쳤다는 것이다.[10] 이때 옆에서 이를 지켜보고 있던 백제와 고구려도 "스스로 머리를 땅에 대고, 금후는 길이 서번(西蕃)이라 믿고 조공을 그치지 않겠다"는 맹세를 함으로써, 이른바 '진구우(神功)'의 '삼한정벌'은 막을 내리게 된다.

이와 같은 허무맹랑한 '설화'는, 『서기』 편자들이 나당(羅唐) 연합군에 의해 무너진 백제와 고구려를 대신해, 한반도에 새로 등장한 신라를 염두에 두고 꾸며낸 '조작'으로 보이나, 이것은 동시에 'クダラ(百濟)'라고 하는 그들의 오래된 '종국(宗國)'의 멍에를 벗어버리고, 그 대신 백제를 '일본'의 '신속국(臣屬國)'으로 전락시켰다는 데 더 큰 의의를 찾을 수 있을 것이다.

2. '헌(獻)' '공(貢)'만으로는 '신속(臣屬)' 관계 불성립

'진구우(神功)'의 이른바 '삼한정벌'은, '진구우(神功)'를 비록 나이 어린 '오오진(應神)'의 섭정자(攝政者)라고는 하나, '대화 8주'의 통치자이자 한반도에는 '후왕(侯王)'을 가진 '대왕'으로 가공한 것이다. 그러므로 『서기』편자들은, 섭정자[11]인 그녀는 물론이고, 다른 '천황'의 몰년(歿年)을 모두 '붕어(崩御)'라는 '천자'의 죽음으로 표기하는가 하면, 백제왕의 경우는, 이것을 '훙거(薨去)'라는 '신속'용어로 표기하게 된 것이다.

그리고 그들은 백제(クダラ)-'왜'의 교류·교환 및 왕래를, 모름지기 이를 백제가 왜에 '헌' '공' '조(調)'나 '질(質)'을 한 것으로 표기하고 있으며, 때로는 '왜'가 백제에 '사(賜)'한 것으로 표기하는 등, '왜'를 주체로 한 일방적인 표기로 일관하고 있다.[12] 그러나 그러한 표기는 어디까지나 『서기』편자들에 의한 단순한 용어의 구사에 불과할 뿐, 그것으로써, 사실에도 없는 '신속'관계가 간단하게 생기지는 않는 것이다.

예를 들면, 칠지도(七支刀)와 칠자경(七子鏡)의 경우, 이것은 분명 백제왕이 '왜'에 있는 자신의 '후왕(侯王)'에게 하사한 것인데, 진구우기 52년 9월조는 이것을 백제 초고왕이 '진구우'에게 '헌상'한 것이라고 주장하고, 나아가 백제왕이 "매년 계속하여 '조공'을 올리겠다" 는 것을 맹세까지 했다고 한다.[13] 그런데 상대(上代)의 경과 검은 '신기(神器)'로서, '신임 부여'의 기능을 가지고 있는 것이기 때문에, 이것은 언제나 위로부터 '하사'되는 것이지 결코 '헌상'하는 것은 아니다. 츄우아이기 9년 4월조에는, "진구우 자신이 부왕인 츄우아이의 사후에, '다게우치숙이(武內宿禰)'를 불러 검(劍)·경(鏡)을 받들고 신저(神祇)에 기도를 했다"고 하는데, 이것은 바로 검과 경이 '신기'라는 사실을 증명해주는 것이다.

또한 유우라쿠(雄略)기 21년 3월조는, "천황이 백제가 고구려에 의해 파멸되었다고 듣고, 구마나리(久痲那利)를 문주왕(文洲王)에게 '사'하고 그 나라를 다시 일으켰다" 라고 하며, 또한 동 23년 4월조는, "백제의 문주왕(文洲王)이 훙(薨)하여, 천왕이 곤지왕(昆支王)의 5인의 아들 중 제2 미다왕(未多王)을 …… 그 나라의 왕으로 '사(使)'했다"고 한다. 그러나 이러한 일들이 사실이었다고 한다면, '왜'는 '구마나리'를 백제왕에게 '하사'할 것이 아니라, 오히려 그곳에 '일본부(日本府)'와 같은 관가(官家)를 설치했어야 할 것이다. 이와 같은 허무맹랑한 주장은, 백제가 '왜'를 오랜 세월 복속 지배했다고 하는, 엄연한 역사적인 사실을 반전시키려고 하는『서기』편자들의 대담한 도전으로 보이나, 오늘날 이런 주장을 믿을 사람은 그리 많치 않을 것이다.[14]

한편 케이타이(繼體)기 7년 6월조는, 무녕왕이 '케이타이(繼體)'에게 말하기를 "반파국(伴跛國)이 신(臣)의 나라인 기문(己汶)의 땅을 빼앗았습니다. 아무쪼록 천은을 내려 본국으로 돌려주십시오" 라고 상소하고, 오경박사(五經博士) 단양미(段揚爾)를 '공(貢)'하였다고 한다. 그리고 같은 케이타이(繼體)기 10년 5월조에는, 오경박사 단양미의 '상번(上番)'으로 다른 오경박사 한고안무(漢高安茂)를 '공(貢)'했다고 한다. 그런데 이들 오경박사는 흠명기(欽明紀) 15년 정월조의 역박사(易博士)·역박사(曆博士)·의박사(醫博士) 그리고 채약사(採藥師)와 더불어, 상대 율령사회(律令社會)의 '최고 행정가'이자 '최고 관리자'와 같은 중요한 인물로서, 이들의 존재는 어디까지나, 'クダラ(百濟)'의 통치 행위의 확대와 관계가 있는 것으로 보아야 할 것이다. 무녕왕과 성왕이 이들 오경박사와 역박사(曆博士) 그리고 의박사(醫博士) 등을 대거 대왕국의 '직할령(直轄領)'에 보냈다고 하는 사실은, 거기에는 이미 '기내(畿內: 大王直轄領)'와 '기외(畿外: 九州, 侯王의 나라)'라는 '예기(禮記)'의 율령 체제가 확립되어 있어서, 이들 '전문 율사(律士)'들이 참여를 필요로 했던 것으로 보아야 한다.[15]

Ⅳ. '붕'과 '훙'의 차이는 '대왕'과 '후왕'의 차이

1. '붕 · 훙'은 '신속'관계의 상징

『일본서기』는 역대 천황의 즉위와 몰년[沒年 · 干支]을 같이 기록하고 있는데, 거기에는 동시에 백제왕의 즉위와 몰년도 같이 기록하고 있다. 진구우(神功)기의 '조작'으로 말미암아, '천황'의 몰년은 '붕어(崩御)'로 표기하게 되고, 백제왕의 것은 '훙거(薨去)'로 표기하고 있는데, 이렇게 두 나라의 '제기(帝紀)'와도 같은 것을, 이른바 한 나라의 '정사'속에 수록하고 있는 것은 보기 드문 예이다.

그런데 이러한 『서기』의 기재 방식을 가지고, 일본의 저명한 관학자(官學者)인 스에마쯔 야스카즈(末松保和)는 "백제왕의 즉위 · 훙거에 관한 기사를 『일본서기』에 수록하고 있는 것은, 백제가 일본국의 신속국의 원칙"[16] 때문이라고 주장하고 있다. 다시 말해 그의 주장은, '신속'관계나 '복속'관계와 같은 한 역사 체계나 정치 체제에 있어서는, '붕(崩)'과 '훙(薨)'은 언제나 같이 기록되어야 한다는 것이다.[17]

스에마쯔(末松)의 그러한 주장은, 『일본서기』에 실려 있는 '천황'들이, 사후에도 정당하게 '붕'이라는 자를 사용할 수 있는 신분의 소유자라고 한다면, 더 이상 할 말이 없을 것이다. 왜냐하면 그것은 상대 율령 사회

에서 행하여진, 율법과도 같은 엄한 규율이기 때문이다. 일찍이 공자는
4서 중의 하나인『예기(禮記)』에서, 사람의 죽음에 대해서, "천자사왈붕
(天子死曰崩), 제후왈훙(諸侯曰薨), 대부왈졸(大夫曰卒), 사왈불록(士曰不
錄), 서인왈사(庶人曰死)" 라는 교시를 내린 바 있다. 그러므로 '붕'자는
어떠한 경우에도 천자[大王]의 죽음에 한하여 쓰게 되어 있으며, '훙'자
는 그의 후왕(侯王)들의 죽음에 쓰도록 했던 것이다. 그리고『예기』는
또한 천자[大王]가 '붕'했을 때는, 사관(史官)으로 하여금 "천왕이 붕했
다(崩曰天王崩)" 라는 기록을 남기도록 교시하였다.

  이러한『예기』의 교시는, 후일 사마천이 그의 불멸의 역작『사기』(太
史公自序)에서 역대 중원의 통치자들의 죽음을 '황제붕(皇帝崩)' '진시황
붕(秦始皇崩)' '주왕원방훙(周王元方薨)' 그리고 '공자졸(孔子卒)'과 같이,
각각 다르게 표기한데서부터, '붕'과 '훙'이 차지하는 지체의 차이는 그
누구도 소홀히 할 수 없는 것으로 존중받게 되었다.[18] 그렇기 때문에 '천
황 붕'과 '백제왕 훙'이라는 표기가『일본서기』에 자리잡고 있는 한, 야
마오오유기히사(山尾幸久)와 같이 "일본 천황은 백제왕의 왕 즉 대왕이
다" 라고 주장하거나, 또는 "무녕왕부터 의자왕, 부여풍(扶余豊)까지의
자손, 즉 백제왕의 후예 씨족이 '천황·신료(臣僚) 관계'에 편성되어 있
다" 라고 주장해도 더 할 말이 없을 것이다.[19]

2. 무녕왕의 서거는 대왕의 죽음: '붕'

  그러나 1971년 7월 충남 공주의 한 고분에서 나온 한 장의 지석(誌石)
에는, 고분의 주인공은 백제 25대 사마왕(斯麻王:武寧王)이며, 그는 계묘
년(523년) 5월 7일 62세의 향수(享壽)를 누리고 '붕'하시었다라는 사실이
확실히 기록되어 있었다.[20] 그리고 왕은 을사년(525년)에 3년간의 복상(服
喪)을 마치시고 안장되었다는 사실도 왕의 사관(史官)들은 기록하고 있으
니, 사마왕의 서거는 분명 상대 율법에 따른 '대왕'의 죽음 바로 그것인
것이다.[21]

그와 같이 무녕왕의 서거는 『예기』에 있는 '천자'의 죽음으로서의 '붕'인 것이다. 그러므로 무녕왕의 서거는, 『서기』 편자들이 주장하는 것과 같은 '케이타이(繼體)'의 '후왕(侯王)'으로서의 '훙거(薨去)'가 아니고, 그의 상왕[大王]으로서의 '붕'인 것이다. 따라서 『일본서기』 케이타이(繼體)기 17년 5월조에 보이는, '백제무녕왕훙(百濟武寧王薨)'은 위작이라고 보아야 하며, 동기(同紀) 25년 2월조의 "케이타이천황붕(繼體天皇崩)"은 오기라고 보아야 할 것이다.[22]

한 역사 체계나 정치 체제에서는 오직 한 분[大王]의 서거만이 '붕'이고, 그 외의 다른 것은 '훙'이나 '졸'자로 표기되어야 한다는 상대 율법은, 이 경우에도 예외가 될 수 없는 것이다. 더욱이 '케이타이(繼體)'의 몰년(丁未, 時八十二)은, 다름아닌 백제측 사료인 『백제본기』에 근거하고 있다는 것이, 학계의 공통된 인식이고 보면,[23] 백제 사관(史官)들이 작성했다고 하는 『백제본기』에, 그의 몰년을 '붕'으로 표기하고 반대로 왕의 서거를 '훙'으로 표기했을 리는 만무할 것이다.[24]

우리는 이미 일본국 국보 '스다하치만경[隅田八鏡]'의 명문을 통해서, 무녕왕[斯麻]과 케이타이[繼體] 천황[男大迹王]의 관계를 본 바 있다.[25] 총 48자로 된 이 동경의 명문에 의하면, "대왕년─계미년(503년) 8월 10일, 사마(斯麻)는 개중비직[河內費直] 예인[도래인] 금주리"를 '견(遣)'하여, '의자사가궁'에 있는 그의 제왕(弟王)인 '오오도왕[男大迹王]'을 신임하였는바, 그는 그로부터 4년 후인 기묘년(507) 정월에 26대 천황으로 즉위하였다고 『일본서기』는 전하고 있다. 오오도왕(男大迹王)의 새 조정은 '개중비직(開中費直)'의 나라인 '하내(河內)'의 '장엽궁(樟葉宮)'이라고 하며, 거기에 그는 오오토모 가내무라 오오무라지(大伴金村大連)의 천거로 젊은 '수백향황녀(手白香皇女)'를 맞아 어린 '흠명천황(欽明天皇)'을 얻었다고 한다.

이와 같이 '케이타이(繼體)'의 출자(出自)는 그 누구보다도 확실한데도 불구하고, 『서기』 편자들은 그를 있지도 않은 '대왕'의 자리에 앉히는가 하면, 반대로 무녕왕의 경우는 『서기』의 내용은 물론이며 백제측 사료마저 '조작'해가면서, 그가 평생을 누려온 '대왕'의 자리를 탈취하고 그를 역사의 뒷전으로 밀어버리고 만 것이다. 그러나 상대(上代)의 비밀을 간직한 채, 1,500년이라는 긴 세월을 말없이 땅속에 묻혀 있던 사마왕(斯麻王)의 지석(誌石)은, 대왕의 화려했던 옛 영화를 우리에게 말해주고 있는 것이 아닌가? 대왕의 서거는 '훙'이 아니고 '붕'이시다. 그는 케이타이(繼體)의 후왕이 아니라, 그의 상왕[大王]으로 생애를 마치신 것이다.

아직도 『일본서기』 케이타이(繼體)기나, 킨메이(欽明)기[26] 그리고 그 후대의 기록에 그대로 남아 있는 여러 사실들은, 비록 그것이 윤색되고 왜곡되거나 또는 변개되어 있는 것은 사실이나, 우리에게 대왕의 화려했던 옛 발자취를 더듬어볼 수 있게 한다. 케이타이(繼體)기 7년(514년) 6월조에는, 무녕왕이 '왜'에 오경박사를 보냈다고 하며, 그 후에도 역박사(易博士)·역박사(歷博士)·의박사를 보냈다고 한다. 그리고 그의 아들 성왕은 그곳에 불상과 불경, 그리고 고승(高僧)들을 보냈다고 하는데, 이런 일은 사상(史上) 처음 있었던 것으로서, 이것은 'クダラ(百濟)'의 통치 행위의 새로운 면모를 보여주는 것이라고 할 수 있다.

'왜'에는 오래 전부터 백제대왕이 '사(賜)'한 성씨인 군(君)(公)·비직(費直)·신(臣)·연(連)·반(伴) 등이 자리잡고 있었던 것으로 보아, 이들 오경박사, 역박사(歷博士) 등의 존재는 율령 체제인 '천자[大王]의 나라' '기내(畿內)와 기외(九州)'의 존재를 말해주는 것이며, 그 효과적인 경영을 위해서 오경박사 등이 와 있다고 보아야 할 것이다. 그러므로 백제 태자(軍君·斯我君 등)들이 '후왕'[27]으로 와 있는 대왕국의 직할령인 '기내(畿內)'에는[28] '백제의 땅'이 여기저기 있으며, 백제궁과 백제대사(百濟大寺)가 있고, 거기에서 '케이타이(繼體)'와 '킨메이(欽明)'의 자손들은 '천황'으로 즉위를 했다고 하며(빈타쯔[敏達], 죠메이[舒明], 쿄오쿄쿠[皇極] 등), 또한 사후에는 그곳에 '백제대빈(百濟大殯)'을 차리는 등, 이른바 '대화(大和)'의 '천황'들은 평생을 '백제 대왕년'인 '원가력년(元嘉曆年)'과 더불어 그 생애를 마치는 것이라고 한다.[29]

V. 맺음말

『일본서기』에는 왜왕인 '천황'의 몰년을 '붕'으로, 그리고 같은 시대의 백제왕에 대해서는 이를 '훙'으로 표기하고 있는데, 이것은 상대의 신분을 나타내는 중요한 표기로서, 일본의 한 저명한 학자는 이러한 표기를 "『일본서기』에 수록하고 있는 것은 백제가 일본국의 신속국이라는 원칙" 때문이라고 말하고 있다. 그의 주장은 '붕'으로 표기되어 있는 왜왕인 '천황'은, 그의 생전에 백제왕을 '후왕'으로 가진 '대왕'이라는 것인데, 이러한 주장을 '진실'된 것이라고 믿고 있는 일본 사람들은 아직도 많이 있는 것 같다.

그러나 백제왕(クダラ王)이 '천황'의 '후왕'노릇을 하였다고 하는『일본서기』의 주장은,『서기』이외의 다른 어떤 사서나 또는 사료에서도 그러한 흔적을 찾아볼 수 없는 것이다.『일본서기』에 있는 '천황 붕' '백제왕 훙'은 전혀 사실과 다른 것으로서, 이는 역사의 '진실'을 은폐하고 사실을 '오도'하려는,『서기』편자들의 계획된 '음모'로서 꾸며진 하나의 '역사 작품'에 불과한 것이다. 1971년 7월 충남 공주의 한 고분에서 나온 한 장의 지석(誌石)에는, 지난 세월을 말해주듯, 백제 사마왕[武寧王]의 서거는 '대왕'의 죽음인 '붕(崩)'이라는 사실을 왕의 사관(史官)들은 기록하고 있었다.

사마왕의 평생은 결코 순탄한 일생은 아니었다. 왕은 재위 중에 선왕대(先王代)의 실지(失地)를 회복하고, 나아가 영토 확장에 진력하였으며, 국내는 물론이고, 바다 건너 멀리 '왜'에서도 그 이름을 크게 떨치시다 계묘년(523년) 5월 향수(享壽) 62세를 누리시고 '붕'하셨다. 대왕은 생전에 여러 '후왕'을 두신 것으로 전언되어 왔는데, 그 중에는 멀리 '하내(河內)'의 '장엽궁'에서 서기 507년 즉위를 하였다고 하는 '남제왕[男弟王]'의 존재를, 일본국 국보 '스다하치만경[隅田八幡鏡]'은 말해주고 있다.

사마왕의 서거를 '붕'으로 표기하고 있는 왕의 지석은, 하나의 확실한 금석 명문으로서 그 유례를 보기 드문 귀중한 유물이다. 그러므로 이것은 어떠한 경우에도, 하나의 훌륭한 사료로서 존중되어야 한다고 생각한다. 지석의 명문과 같이, 케이타이(繼體)기 17년 5월조의 “백제무녕왕훙(百濟武寧王薨)”은 사실이 아니므로 “백제무녕왕붕(百濟武寧王崩)”으로 고쳐져야 할 것이며, 또한 케이타이(繼體)기 25년 2월조의 “천왕붕어(天王崩于) 반여(磐余) 수궁(穗宮)”도 “천황훙어(天皇薨于) 반여(磐余) 수궁(穗宮)”으로 고쳐 써야 마땅할 것이다. 『일본서기』에 그와 같은 역사의 ‘진실’이 다시 찾아왔을 때, 『일본서기』는 그간의 누적된 ‘불신’과 ‘증오’의 오명을 씻고 새로 태어나는 계기를 맞이하게 될 것이다.

주 석

1) 太朝臣 安萬侶는 서기 723년 奈良에서 歿하였는데(당시 從四位下 勳五等의 벼슬), 「多神宮注進狀」과 「弘仁私記」 그리고 그의 墓誌를 통해서 그가 백제유민 多姓氏라는 것을 확인할 수 있었다.

2) 그러나 山尾幸久는 “天武 10년부터 수년 후에 완성된 것은 『原古事記』이고, 『書紀』는 7세기말이나 8세기 초부터 약 20년간 쓴 것이다” 라고 주장한다(山尾幸久, 「日本書紀と 百濟系史料」, 『百濟硏究』 제17집, 1986년 8월 2일).

3) 江戶時代의 저명한 학자인 伴信友는, 『日本紀』에 ‘書’자가 첨가되어 『日本書紀』라는 이름으로 부르게 된 것은, 弘仁年代(9세기초)부터라고 한다(『別册歷史讀本』 제11권 1호, 1988년 8월, 257쪽 참조).

4) 『日本書紀』가 그 원본이라고 하는 『日本紀』와 내용이 다르다는 것은 ‘천황’의 시호만 보아도 알 수가 있다. 『日本紀』가 편찬된 서기 720년에는 ‘神武’와 같은 시호가 없었다는 것이 학계의 통설이다. ‘천황’의 시호는 丹海御船이 처음 作號하였다고 하는데, 그는 서기 721년에 출생했으며, 785년에 歿하였다고 한다.

5) 伴信友에 의하면, “『書紀』의 ‘分註’와 ‘引用文’은 모두 후세인이 써넣은 것이다” 라고 한다(『別册歷史讀本』 제11권 1호, 1988년 8월, 257쪽).

6) 『書紀』 編者들은 『古事記』의 원문에도 ‘加筆’을 했다고 한다. 津田左右吉은 安萬侶가 쓴 『古事記』도 “후세의 적지 않은 潤色이 있었다”고 한다(津田左右吉全集, 別卷 1, 『古事記』·『日本書紀』의 硏究, 1966, 489쪽).

7) 『書紀』 編者들이 백제 3서의 원본에도 ‘加筆’하여 그 내용을 ‘變改’하고

‘조작’까지 한 것으로 보이는데, 일본 하계의 다수는 그러한 가능성을 부정하고 있다. 그러나 津田左右吉은 『日本書紀』를 개조하는 과정에서, 編者들은 백제 3서에 대한 “원문의 개변이나 윤색”을 하였다고 주장한다(津田左右吉, 『日本古典の硏究(下)』, 1972, 213~214쪽).

8) 水野祐는 ‘神武’ 紀元의 허구성을 아래와 같이 비판한다: “기원전 660년이라면, 일본 열도에는 아직 金屬器라는 것을 알지 못했던 신석기・繩文時代이다. 그런데 그러한 때, 大和 분지에 수도를 짓고, 적어도 西日本 전역을 통일 지배한 통일 국가의 출현은, 채집 경제의 단계에 머무른 사회로서는 생각할 수 없는 것이다.” 그러므로 “적어도 『日本書紀』의 紀年에는 660년 이상이나 되는 오차가 있다”(水野祐, 「大和朝庭 成立の謎」, 『歷史讀本』, 1982년 12월, 48쪽).

9) ‘氣長足姬尊’이라는 ‘神功’의 이름은, 舒明天皇의 본명인 息長足目廣額과, 齊明天皇의 본명인 天豊財目足姬의 일부를 빌려 작명한 것으로 보인다.

10) 津田左右吉은 일찍이 “神武紀부터 仲哀紀까지는 史實”이 아니라고 ‘仲哀’의 실체를 부정하기 때문에, 그는 ‘神功紀’를 대체로 인정하지 않는다. 津田左右吉全集, 別卷 1(『古事記・日本古典の硏究』, 1966, 16~17, 268쪽. 池內宏도 “神功의 신라 정벌은 쉽사리 믿기 어려운 것”이라고 이를 부정한다(池內宏, 『日本上代史の硏究』, 1947, 44~49쪽 참조). 井上秀雄도 “神功皇后의 신라 정벌 기사는 지금 새롭게 논의할 필요가 없는 것으로, 이는 후세의 조작인 것이다”라고 한다(井上秀雄, 「日本書紀の外國觀」, 『靑丘學術論集』 제1집, 日本, 東京, 1991년 2월, 39쪽 참조).

11) 『書紀』의 편자들은 ‘진구우’를 같은 섭정자인 ‘聖德太子’와 다르게 취급하고 있어 주목된다. ‘聖德太子’의 경우, 그의 죽음을 ‘천황’과 버금가는 것으로 기록하고, 그는 ‘聖德法王帝’라고 부르면서도, 그의 죽음을 ‘薨’으로 표기하고 있다.

12) 『書紀』의 편자에 의해 만들어진 무분별한 표기의 예: 應神紀 14년 2월조(貢), 동 15년 8월조(貢); 仁德紀 12년 7월조 (貢)(獻); 武烈紀 6년 10월조(調); 欽明紀 12년 3월조(賜); 推古紀 5년 4월조(貢); 舒明紀 3년 3월조(質).

13) 肖古王의 在位와 神功紀年은 전혀 맞지 않는 것으로, 이 기사는 『書紀』 편자들이 만든 무책임한 작문이다. 池內宏은 “이 기사는 机上에서 案出된 것이다”라고 이를 부정한다(池內宏, 『日本上代史の一硏究』, 1947, 63쪽).

14) 津田左右吉은 “久痲那利(지금은 공주)가 일본의 영토였다는 흔적이 티끌만치도 보이지 않는 이상, 일본의 권위와 은혜를 보이려고 하는 취지에서 만든 문장이고, 윤색이라기보다는 오히려 허구의 설화”라고 한다(田溶新, 『完譯 日本書紀』, 1989, 254쪽 참조). 池內宏은 ‘久痲那利’의 기사는 하나의

'조작'으로 보는 데 반해, 末松保和는 이를 단순히 '윤색'이라고 하고, 때로는 "문헌상의 조작에 불과하다" 라고 한다(池內 宏, 『日本上代史の一研究』, 1947, 87, 134쪽 참조; 末松保和, 『日朝關係』, 1963, 62쪽 참조).

15) 敏達紀 6년 2월조는, 백제 威德王이 "經論若干卷, 幷律師, 禪師, 比丘尼, 呪禁師, 造佛工, 造寺工"들을 '헌상'했다고 한다. 그런데 '민달'은 수년 전 'クダラ(百濟)의 大井'에서 '즉위'를 하였다고 하니, 백제왕이 그에게 '헌상'을 한다는 것은 전혀 앞뒤가 맞지 않는 이야기가 된다.

16) 末松保和, 『日本書紀』 上, 1967, 612쪽.

17) 崔在錫 교수는 "『日本書紀』가 중국의 왕이나 고구려와 신라왕의 거취에는 관심이 없고, 유별나게 백제왕의 것에는 관심을 가지고, 이것을 기록하는 것은 大和倭가 백제가 경영하는 속국 내지 屬領이기 때문"이라고 한다(崔在錫, 『日本古代史硏究批判』, 1990, 284쪽).

18) 『古事記』와 『日本紀』의 撰修者인 安萬侶(723년 沒)의 경우 묘지에는 "次癸亥年 七月 六日卒, 養老 七年 十二月 十五日 乙巳"라고 있어, 그의 죽음은 '大夫'의 죽음인 '卒'이라는 사실을 알 수 있다(이 사실은 『續日本記』 靈龜元年條에도 "太安萬侶 養老七年七月七日卒"로 표기되어 있다). 또한 서기 762년에 歿한 蘇我氏의 직계손인 石川年足의 묘지에는, 그의 죽음을 '훙'자로 표기하고 있는데, 당시 그는 '正三位'로 천황의 '侯王'으로 한 지역을 다스리다 歿한 것 같다.

19) 山尾幸久, 「日本書紀と百濟系史料」, 『百濟硏究』 제17집(1986), 197쪽.

20) 왕비의 誌石에는 妃의 서거를 "百濟國王大妃 壽終"이라고 기록하고 있다. 이것은 『禮記』에 따른 것으로, 왕비의 경우는 '崩'자나 '薨'자를 쓰지 못하는 것이다.

21) 誌石의 銘文에 있는 '崩'에 대한 이병도 박사의 논평은 적절하다: "왕의 崩御年代는 史記와 일치하여 별로 새로운 자료가 되지 아니하나", "여기 나타나는 '崩'자에 있어서는, 우리의 흥미와 주의를 끌게 한다. 말할 것도 없이 중국에서는, 고대로부터 소위 '天子'의 죽음에 있어서야 崩자를 쓰는 것이 실례로 되어 있다. 그러므로 무엇보다도 그들의 주체 의식을 드러낸 것이라고 보지 않을 수 없다"(李丙燾, 『韓國古代史硏究』, 1976, 560쪽).

22) 武寧王의 재위중(514년)에 '畿內'에서 서거한 것으로 보이는 太子 淳陀의 죽음을 繼體紀 7년 8월조는 "百濟太子 淳陀薨" 으로 표기하고 있다. 이것은 태자가 일찍이 '斯我君'으로서 대왕인 부왕의 '侯王'으로 그곳에 와 있는 몸이기 때문에 극히 타당한 것이라고 할 수 있다. 그러므로 '斯我君'의 부왕인 斯麻王의 서거는 이론상으로도 '薨'이 될 수 없는 것이다.

23) 李基東, 「武寧王陵出土誌石과 百濟史硏究의 新展開」(未發刊 論文, 1991

년 10월), 32~33쪽 참조 ; 前川明久, 「繼承天皇の出自はどこか」, 『別册 歷史讀本』 제23호, 166쪽 참조.

24) 『百濟本記』를 인용한 것으로 보이는 『三國史記』는, 武寧王의 서거를 『書紀』와 같이 '王薨'으로 표기하고 있어 주목된다. 그러나 이러한 표기는 무녕왕에 한한 것이 아니고, 삼국의 왕을 모두 '薨'으로 표기하고 있는데 반해, 같은 시대에 같은 사료를 쓴 것으로 보이는 『三國遺事』는, 삼국의 왕의 서거를 모두 '崩'으로 표기하고 있어 대조를 이루고 있다. 『三國史記』의 撰修者가 왜 '훙'자만을 사용했는지 그 이유를 잘 알 수는 없으나, 이 시대에 '崩'과 '薨'에 대한 역사적 의식은, 상대의 그것과는 달랐던 것으로 판단된다. 이에 대해 이병도 박사는, "高麗·李朝의 제왕들은 '薨'이라고 쓰는 게 통례"였다고 한다(경향신문, 1971년 7월 23일자 참조).

25) '隅田八幡鏡'의 銘文에 대해서는 筆者의 拙論을 참조(蘇鎭轍, 「일본국 국보 隅田八幡宮 所藏鏡의 銘文을 보고」, 『외교』, 한국외교협회, 1991, 9호 및 『コリアメ』, 한국국제문화협회, 1991, 冬季號).

26) 欽明紀 2년 4월조와 5년 정월에는 "夫建任那者, 愛在大王之意"와 "大王爲建任那, 觸情曉示"의 두 기사가 있는데, 여기의 '대왕'은 武寧王의 太子인 聖王을 가리키는 것이다.

27) 『日本書紀』는 百濟太子(君)의 존재를 모두 '質'로 표기하고, 이들을 '大和' 조정에 끌려온 포로와 같이 취급하고 있는데, 이느 '大和'가 백제를 '臣屬'화했다는 전제하에서 꾸며진 것이다. 그런데, 『禮記』는 『君』에 대하여, "天子의 九州에 각각 長을 두어 백성을 통솔한다. …… 州의 長은 자기가 맡은 州의 밖에서는 侯라고 일컫고, 자기 州안에서는 君이라고 일컫는다"라고 정의하고 있다. 그러므로 율령 체제에서의 '君'은 한지역을 통치하는 임금과 같은 인물을 말하는 것이다.

28) 欽明紀 13년 10월조(551년)는 聖王이 佛像과 經典을 보내면서 이것들을 '畿內'에서 유통(奉傳帝國, 流通畿內)시키라고 명하시었다고 한다.

29) 백제의 멸망을 기록한 天智紀 2년(663년) 9월조는, 백제가 나당 연합군에 의해 완파되었다는 소식이 '畿內'에 전해지자, 그곳의 '國人'들이 이제는 다시 '조상의 묘소'를 찾지 못할 것이라고 통곡하였다고 하는데, 이들 '國人'은 무엇을 뜻하는 것일까? 상대의 '國人'은 '地元の人(原住民)'이라는 뜻이라고 하니, 天智의 朝庭이 있다는 지금의 奈良(磐余)는 온통 백제 사람만이 살고 있던 고장으로 보아도 좋을 것 같다.

(제21회 발표, 1992년 5월 8일)

七支刀 명문의 새로운 해석
─ 倭王 旨는 百濟「骨族」─

소진철(원광대학교 교수)

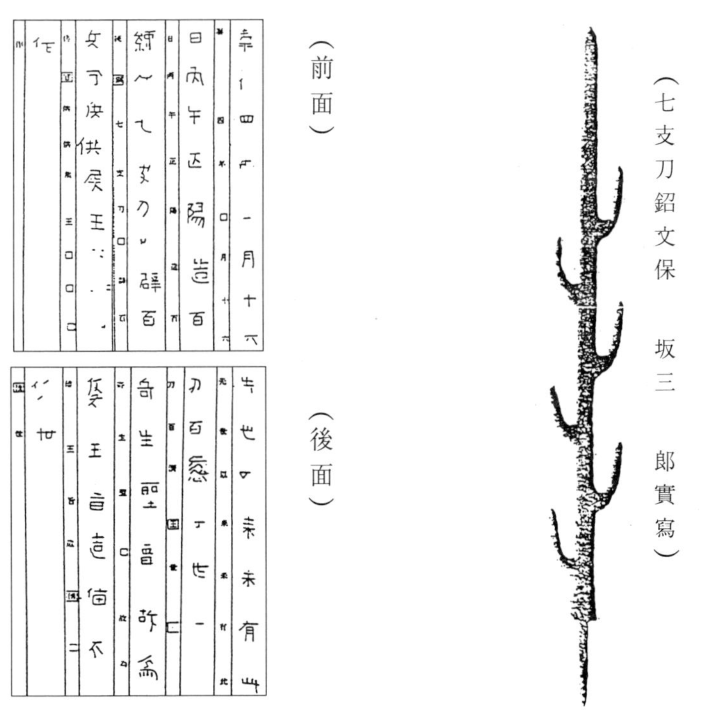

七支刀(일본 천리시 아소노카마산궁 소장)

Ⅰ. 서 언

일본 奈良縣 天理市의 石上神宮에는, 上古로부터 전해 오고 있는 한 자루의 희귀한 칼이 있는데, 그 이름은 七支刀라고 한다.[1] 이 칼에는 主刀身 양 옆에 각각 세 개의 枝刀가 있는데, 그것은 보는 사람에 따라서는 사슴의 뿔과도 같고, 또는 나뭇가지 모양의 창과도 같은, 이상한 형태의 칼이나[2] 지금은 그 유례를 찾아보기 힘들다고 한다.[3]

오래된 역사를 간직하고 있는 것으로 보이는 이 칼은, 원래 百濟王이 멀리 가는 그의 侯王(倭王 旨)에게 하나의 증표로서 賜한 것이다. 刀身의 길이는 75cm나 되며, 도면 앞과 뒤에는 정교한 金象嵌으로 새겨진 銘文이 있는데, 학계에서는 이것을 가장 가치 있는 유물로 보고 있다. 특히 福山敏男과 같은 저명한 학자는, 이것을 가리켜 「여러가지 뜻에서 기준이 되는 중요」한 것이라고 평가하고 있어 주목되는 바이다.

일본학계가 이 칼을 그렇게도 중요시 하고 있는 이유는, 말할 것도 없이 그 칼의 명문에는 한·일 고대사에 처음 등장하는 「百慈王」이라고 하는 백제왕의 호칭이 있으며, 「倭王 旨」와 「侯王」 그리고 「泰□四年」과 같은 년대도 있어, 한 시대에 존재했던 정치제도를 말해주는 기록과도 같은 것이 있기 때문이다. 그러기 때문에 이 銘文을 해석하는 일본학계의 태도는 매우 경직된 고정관념에 사로잡혀 무리한 해석으로 일관하고 있다.

필자는 제한된 범위에서, 그동안 인위적으로 가려져 그 빛을 보지 못한 상고의 한 정치적 「실체」를 규명하기 위해서 칠지도 명문을 「자주적」이고 또한 「역사적」인 관점에서 해석하려고 한다.

Ⅱ. 칠지도 명문

1. 명문을 처음 본 管 政友

明治時代의 저명한 관학자 管 政友(1824~1897)가, 칠지도를 御神體로 모시고 있는 유명한 石上神宮의 大宮司로 임명된 것은 1873년(明治 6年)의 일이다. 그의 돌연한 大宮司 임명은 그럴만한 시대적인 요청에 의한 것으로 이해되는데 그는 그곳에 부임한지 1년이 되는 1874년 8월 칠지도 명문과 대하게 되었다.

1874년 8월 대궁사 관 정우는 문부성의 허가를 받아, 아직껏 외부인의 침범을 허용한 일이 없다고 하는, 신궁 안의 「禁足地」에서 검과 곡옥 등을 찾아냈고, 또한 근처에 있는 「神庫」에서는, 칠지도를 찾아내는데 성공하였다. 그런데 이 칼에는 녹이 많이 슬어 있었다고 하며, 이것을 제거하는 과정에서, 刀面에 金象嵌으로 새겨진 글자가 있다는 사실을 그는 알게 되었다고 한다.[4]

그러나 칼이 워낙 오래되었고, 금상감 자체도 상처를 입고 있어, 그 명문이 무엇인지를 잘 알아 볼 수가 없었다고 한다. 다만 명문을 통해서 그가 느낀 것은, 「이 칼이 三韓에서 만들어진 것은 의심할 여지가 없으나, 年號의 글자는 흐리게 보여 알수가 없었다」고 한다. 그리고 그 연호의 「첫째 글자는 「泰」자이고, 둘째 글자는 人偏으로 보이나 확실치는 않아, 「始」자의 반이 남은 것」으로 보았다고 한다.[5]

2. 명문의 판독

그와 같이 불분명한 상태로 세상에 알려진 칠지도 명문은,[6] 그후 여러 학자들에 의한 계속된 조사와 실측을 통해서, 오늘과 같은 명문으로 판독하게 되었다.

(앞면) 泰△四年 □月十六日 丙午正陽
       造百練鋼七支刀 生辟百兵
       宜供供 侯王□□□□作
(뒤면) 先世以來 末有此刀 百慈王世△
       奇生聖音 故爲倭王旨造 傳示後世[7]

칠지도 명문의 금상감은 상대의 것으로는, 비교적 정교한 편이라는 것이 학계의 공통된 의견인데, 명문은 도면 앞면에 34字, 그리고 뒷면에 27자 도합 61자이나, 그중 7개자는 글자의 훼손이 심해 전혀 字體를 알아 볼 수 없으나, 다른 8개자는 字劃이 확실치 않을 뿐 字體는 그런데로 알아 볼 수가 있다.

그런데, 이 불분명한 글자 중의 일부는, 관 정우 자신이 도면의 녹을 제거하는 과정에서, 고의로 삭제한 것이라고 하는데, 그것은 칠지도의 제작연대와 관계가 있는 연호인 「泰」자 다음의 글자(泰△四年)와 칠지도제작과 관련이 있는 것으로 보이는 「侯王」 다음의 4개자(「侯王□□□□作」)라고 한다.[8]

3. 명문은 「下行文」 형식

그와 같은 명문의 중요한 부분에 대한 훼손으로 말미암아, 명문에 대한 완벽한 해석을 기대하기는 어렵게 되었다. 그러나 칠지도의 제작연대를 확인하는 문제 이외의, 다른 모든 해석은 가능한 것으로 보인다. 그 이유는, 명문에는 칠지도의 제작주체인 「百慈王」이라고 하는 백제왕의 표기가 있으며,[9] 또한 이 칼을 받은 「倭王 旨」[10]라고 하는 그의 侯王의 이름도 있어, 이것만으로도 상대의 한 역사적 「실체」를 밝히는데에는 별 어려움이 없을것으로 보인다.

그러므로 일본의 저명한 사학자인 上田正昭는 이 명문을 보고, 「명문의 형식이 下行文의 형식이고, 上位者가 下位者에게 내리는 문언을 취하고 있다」고 하면서,

이 칼은 百濟王이 侯王에게 준 것이다. 銘文 어디에 獻上, 貢獻, 奉함, 贈함의 의미가 있는가. 獻上한다는 상대를 우선 倭王이라고 부를 리가 없지 않은가. 百濟王이 倭王에게 下賜한 칼이라고 나는 보는 것이다.[11]

라는 명쾌한 해석을 한 바 있다.[12]

한편 명문해석에서 이른바「東晋下賜說」을 주장하고 있는 栗原朋信은,「명문에 경어가 포함되어 있지 않을뿐 아니라」,「문장이 下行文書의 형식으로 上位者가 下位者에게 下賜하는 형식으로 되어 있다」고 上田와 같은 입장을 취하면서도,

"이 칼은 百濟의 궁상을 도와준 倭王의 功勞를 높혀서, 百濟의 宗主國인 東晋皇帝(海西公)가 百濟를 통해서 倭王 旨에 보낸 것"

이라고 백제왕의 칠지도 下賜를 인정하지 않은 해괴한 해석을 하는 경우도 있다.[13]

Ⅲ. 일본학계의 칠지도 명문 해석

－칠지도는 백제왕의 獻上－

칠지도 명문의 해석에 있어서, 일본학계 대다수 인사들은 한결같이 명문이 훼손되어 잘 알 수 없는 칠지도의 제작연대부터 확정해야 한다고 한다. 그리고 그 연대의 추정에 있어서는, 아무근거도 없이「泰△」를 중국황제의 연호라고 단정하고, 그것으로서『日本書紀』神功紀에 꿰맞추는 불합리한 해석을 하고 있다.[14]

1. 管 政友 등의 초기 해석

칠지도의 제작연대의 추정에 있어서, 초기해석자인 관 정우는「泰」자로 시작되는 명문의 연호는, 西晋武帝의「泰始」로 보아야 한다고 하고,

「泰始四年」은『日本書紀』神功紀 52年條의 「七支刀獻上」과 관련이 있을 것으로 보았다. 그러나 「泰始四年」은 서기 268년이고, 神功 52년은 서기 252년의 일로서, 칠지도는 만들기도 전에 헌상되었다고 하는 우스운 결과가 되므로, 결국 그는『書紀』를 근거로한 「七支刀 獻上」은 성립시키지 못했다.[15]

관 정우에 의한 그와 같은 시도는, 그의 사후에도 星野 恒(七支刀考), 高橋健治(在銘最古日本鏡) 및 末永雅雄(日本上代の武器)와 喜田貞吉(石上神宮の神寶七支刀)등등 당대의 원로학자들에 의해 계속되었다. 그러나 그들도 이렇다할 성과 없이, 관 정우가 제시한 西晉年號인「泰始」와 「泰初」의 범주를 벗어나지 못하고 終戰을 맞이하게 되었다.

2. 福山敏男 등의 해석(일본 통설)

그러나 종전후, 칠지도 명문 해석에 새 바람을 불러일으킨 사람은, 말할 것도 없이 金石銘文 해석의 대가로 알려진 福山敏男이다. 그는 1951년에 발표한 한 논문(石上神宮の七支刀)에서, 그동안 판독이 어려웠던 「侯王」과 「倭王」이라는 두 어휘를, 새롭게 읽을 수 있도록 하였다. 또한 연호 문제에 있어서도, 그는 그동안 학계의 「고민」거리였던 西晉年號의 벽을 넘어, 東晉의 「太和」라는 새로운 연호를 끌어 들여, 해석의 폭을 넓히는데 기여를 하기도 하였다.[16]

연호의 문제에 있어서, 福山은 한자의 「泰」와 「太」는 같이 통용되는 것이 상례이므로, 명문의 연호는 「泰和」로 보아야 하기 때문에, 이것은 東晉의 「太和」로 보아도 무방하다는 것이다.[17] 그러므로, 칠지도의 제작 연대는, 東晉 海西公의 「太和四年」으로 추정하게 되는데, 이것은 서기 369년의 일로서,「日本書紀」神功紀의 「七枝刀獻上」(서기 372)은 干支二運만 끌어내리면 잘 들어맞게 된다는 것이다.

福山의 이와 같은 기발한 「東晉太和說」은 무엇보다도 연대가 좋다는 이유로 학계의 큰 호응을 받게 되었으며, 지금은 일본 「통설」로 군림하고 있는 형세이다. 그가 시도한 명문의 釋文은 아래와 같다.

> 泰和四年 正(혹은 四, 五)月 十一日(혹은 十六日)의 純陽日中의 때에 百
> 練의 鐵로 七支刀를 만든다. 이것으로써 百兵을 辟除하고 侯王의 供用에
> 마땅하고 …… 作
> 先世이래 아직 본일이 없는 이 칼을, 百濟王과 王世子는 같이 生을 御恩
> 에 依倚하고 있기 때문에, 倭王의 上旨에 의해서 만드니 길이 後世에 전할
> 것이다.[18]

이와 같이 명문에도 없는 기발한 해석으로, 칠지도는 「百濟王과 王世
子」가 「生을 御恩(倭王)에 依倚하고 있기 때문에」, 「倭王의 上旨에 의해」
[19]공동으로 「獻上」한 것이다 라고 주장하는 福山의 다음 작업은 『書紀』
와 명문을 「기술적」으로 연결하는 문제이다.

그는 먼저, 『書紀』의 七枝刀는 銘文의 七支刀와 같은 것이며, 百濟王
은 銘文의 百慈王으로 되어 있어, 神功紀의 七枝刀獻上 기사와 잘 부합
된다」는 것을 전제하고,

> 『書紀』에 의하면, 獻上한 것은 百濟 肖古王의 世子 貴須와 흡사하다. 따
> 라서 七支刀도 百濟에서 만들어진 것은 서기 369年 (東晋 太和 4年)이고,
> 大和朝廷에 獻上된 것은, 3年뒤인 372년(神功 52年)의 일로 볼 수 있다[20]

라는 것으로써 일단 결론지었다.

Ⅳ. 일본 「통설」을 반박한다.

1. 「泰□四年」은 중국 연호가 아니다.

福山의 일본 「통설」은, 처음부터 명문은 고사하고, 있지도 않은 중국
연호를 끌어들여, 그것으로 『書紀』 神功紀를 합리화하는 超銘文的인 해
석으로 일관하고 있는데, 그러한 주장은 史實에도 없을뿐더러, 전혀 근

거도 없는 「상상」에 불과한 것이다.

일본 국보 隅田八幡鏡의 명문에는, 百濟武寧王(斯麻)의 연대인 [大王年·癸未年]서기 503년)이 있으며, 또한 1971년 공주 宋山里 고분에서 나온 王의 誌石에는, 백제사마왕의 崩年인 「王崩·癸卯年」(서기 523년)이라는 史實이 있는데, 이것들을 통해서 볼 때, 무녕왕은 60평생(461년~523년)을 통해서 오직 자신의 「大王年·干支紀年」과 더불어 在世하였다는 것이 입증된다. 왕의 이와 같은 「대왕년·간지기년」은 왕의 후세들도 계속 사용하였으며, 그것은 백제가 唐나라에 의해 멸망하는 날까지 존속되었던 것이다.[21]

그러나 왕의 선세인 蓋鹵王 이전의 연호가 어떠한 것이었는지는 사료의 결여로 알 길이 막연하다. 다만, 무녕왕의 간지연대는 그의 선세에도 있었던 것으로 보이는데[22], 이러한 간지연대는, 「시대적 요청」으로 말미암아 그동안 지속되어온 사연호로부터 전환된 것으로 보인다.[23] 백제에서의 간지연대 이전에 사연대의 존재를 추정하는 이유로는, 4세기 고구려의 年号가 독자적인 사연대라는데 있다.[24] 광개토왕 훈적비문에는 「영락」이라고 하는 호태왕의 사연대(391년~412년)가 있는데, 당시 고구려와는 오랜 「숙적」관계를 지속해온 백제에 있어서도, 그와 같은 독자적인 私年代制를 가졌을 것으로 추정하게 된다. 이점에 대해, 이병수도 「칠지도명문의 「泰」자 아래자가 무엇이든간에, 그것은 중국연호가 아닌 「백제연호」라고 단호한 주장을 하고 있다.[25]

2. 『일본서기』의 칠지도 「헌상」은 加筆

「통설」은 칠지도 명문의 해석에서 명문과는 아무 관계가 없는 『書紀』 神功紀 52년조의 한 기사를 들고 나오는데, 그 이유는 「久氏들이 千熊長彥에 따라왔다. 七枝刀一口, 七子鏡一面 및 각종 重寶를 獻했다」라는 기록이 있기 때문이다. 그러나 『일본서기』에는 신공기의 그러한 기사 말고도 다른 여러군데에, 백제왕이 검과 鏡, 그리고 重寶 등을 「헌」하거나 또는「貢」하였다고 하고, 때로는 五經博士와 曆博士, 醫博士, 그리고 불경까지도「헌」하였다고 한다. 또한 거기에는, 백제 태자들이 왜왕에「質」로 와있다고 하는 기사도 있다.[26] 그런데, 이런 것들은 모두 後代人이 역사의 필요성에 의해 조작한 것으로 보이는데 그중 특히 神功紀에 대해서는, 총체적으로 조작된 것이라고 하는 것이, 일본의 저명한 사학자 津田左右吉의 말이다.

『日本書紀』기사의 많은 부분이, 後代人에 의해 변조나 개조되었다고 하는 것은, 津田의 말을 빌리지 않더라도,[27] 무녕왕릉 출토의 誌石에는,「寧東大將軍 百濟斯麻王」이 62세의 壽를 누리시고,「癸卯年 五月·崩」하시다라는 史實이 적혀 있는데, 여기의「崩」은 말할것도 없이 天子나 大王의 죽음을 뜻하는 것으로, 그것은 한 歷史體系나 政治體制하에서는 오직 한분만이 쓸 수 있는 표기인 것이다.[28]

그런데『일본서기』繼體紀 17년조에는, 무녕왕의 서거를「百濟王武寧薨」으로 기록하고 있는데, 이것은 왕이 繼體(男弟왕)의「후왕」으로 서거하였다는 것으로「격하」한 것이며,[29] 또한『서기』계체기 25년조에는,「天皇崩于磐余」라고 하는데, 이것은 그의 서기를「대왕」의 죽음으로「격상」한 것으로서 크게 잘못된 표기이다. 이러한 중대한 史實의 조작으로 말미암아,『일본서기』에 있어서의 주·객체의 위치는 완전히 전도되고, 그 결과「신공기」와 같은 가필이 가능해지며, 나아가 모든 표기는 당초의「백제왕·賜」에서「헌」이나「공」으로 뒤바뀌게 되는 것이다. 그리고 통치행위와 관련이 있는 백제태자들의 왜국행도 모름지기「질」로 전락하게 되는 것이다.[30]

그러므로『일본서기』에「백제왕·훙」·「천황·붕」이라고 하는 날조된 기록이 그대로 자리잡고 있는 한, 거기에 있는 표기상의「헌」이나「공」또는「질」과 같은 신속용어는 사실상 별 의미가 없는 하나의 낱말에 불과한 것이며, 그 진실은 그 반대의 사실로 해석해도 무방할 것이다.[31]

V. 칠지도 명문의 새로운 해석
-칠지도는 백제왕의 하사-

1. 명문의 釋文

칠지도 명문에는 「泰」자로 시작되는 백자왕의 연호가 확실치 않으며, 다른 몇 개의 글자도 훼손이 심해 잘 알아보기 어려운 점이 있으나, 명문을 읽는데 큰 문제는 없는 것 같다. 이 명문은 「하행문서」의 형식을 갖추고 있기 때문에, 칼을 만든 백자왕을 주체로 한 「하행」해석을 하게 되면, 정당한 해석이 되는 것이다.

그러나 福山의 일본「통설」은 「하행문서」인 이 명문으로 「상행」해석을 하고 있어, 명문의 체계적인 해석이 불가능해지며, 또한 명문 내부에는 큰 혼란이 야기되고 있다. 백제왕을 주체로 한 해석만이 명문의 참 뜻을 밝혀 줄 수 있을 것이다.

> 태□4년 □월16일[32] 병오일의 정오에
> 무쇠를 백번이나 두들겨서 칠지도를 만든다.
> 이 칼은 百兵(재앙)을 피할 수 있다.
> 마땅히 후왕(旨)에게 줄만하다.
> 先世이래 아무도 이런칼을 가진 일이 없는데,
> 백자왕은 세세로 奇生聖音「吉祥語」 하므로[33]
> 왜왕 지를 위해서 이칼을 만든다. 후세에 길이 전할 것이다.

2. 백자왕은 「대왕」, 왜왕 지는 후왕[34]

「통설」의 주장과 같이, 백자왕이 중국의 연호나 사용하는 「천자」의 「제후」와 같은 존재라고 한다면, 그는 결코 왜왕 지를 그의 후왕이라고 부르지를 못할 것이다. 왜냐하면, 오직 왜왕 지의 상왕인 대왕만이 그를 후왕이라고 부를 수 있기 때문이다.

최근 상고의 「후왕」에 대해서, 山尾幸久 등 일부 인사들은, 그저 「일반적인 상용의 길상어」나 또는 「특별한 해석을 필요로 하지 않은 보통명사」와 같은 것으로 밖에 볼 수 없다고 하나,[35] 이것은 어디까지나 신분용어로서 대왕의 뜻을 받드는 신하를 뜻하는 것이다. 그러므로 명문에서 백자왕이, 왜왕 지를 자신이 후왕이라고 부르고 있다는 그 사실만으로도 그는 중국연호와는 무관하다는 것이 입증되는 것이다.

그러하므로, 명문의 「백자왕세□」의 독법에 있어서도, 「통설」은 「백자왕세자」나 「백자왕·세자」로 판독하고 있는데, 그것은 잘못된 것이다.[36] 「백자왕세자」가 왜왕 지를 그의 후왕으로 부르지 못한다는 것은 『禮記』에 있는 것으로, 오직 그의 부왕인 「대왕」만이 그렇게 부를 수 있을 것이다. 「백제왕·세자」의 경우도 마찬가지로, 만일 명문이 그렇게 읽을 수 있는 것이라고 한다면, 명문은 의당 「百慈王與世子」와 같이 써 있어야 할 것이다. 따라서 칠지도명문의 경우는 앞·뒤의 표현을 참작해 볼 때, 「세□」는 「세세」로 보는 편이 더 합리적인 독법이라고 할 수 있을 것이다.[37]

3. 백자왕이 칠지도를 하사

「통설」은 『일본서기』 신공기를 근거로, 칠지도를 백제(한성백제)에서 만든 것은 서기 369년(동진 태화 4년)의 일이고, 이것을 백제사신 「구씨」 등이 「왜의 출병으로 고구려의 침입을 막게 되어 감사하다는 표시」로서, 대화조정에 「헌상」한 것은 서기 372년(신공 52년)의 일이라고 말하고 있다.[38]

그러나 명문 어디를 보아도, 칠지도가 그와 같은 복잡한 과정을 거쳐서, 「왜」에 보내졌다고 하는 흔적은 찾을 길이 없다. 만약 「통설」의 주장이 사실이라고 한다면, 「명문」 어디엔가에는, 그러한 경위가 적혀 있어야 할 것이다. 전술한 바 있는 隅田八幡鏡銘에는, 「사마」(무녕왕)가 銅鏡을 만들기 위해, 「開中費直 穢人 今 州利 二人等」을 「견」하였다고 하는

사실이 기록되어 있는데, 칠지도 명문에는 그러한 언급이 전혀 없는 것
이다.[39] 그러한 점으로 미루어 보아 칠지도는 백제(한성백제)땅에서 만들
어졌고, 또한 거기에서, 백자왕이 직접 그것을 그의 후왕(왜왕 지)에게 사
한 것으로 보아야 할 것이다.

그런데, 천자로부터 그의 후왕에게 주는 무기 등의 성격에 대해서,
『禮記』는 「方伯의 후는 천자로부터 弓矢를 받은 다음에야 逆徒를 징벌
할 수 있고, 또한 鐵鉞을 받은 후에야 殺戮을 할 수 있다」라고 규정하고
있는데, 여기의 무기의 「하사」는 다름아닌 정벌권이나 통치권과 같은
권력을 부여하는 의식행위라고 보아야 할 것이다. 이로 미루어 보아, 백
자왕으로부터 칠지도를 하사받은 왜왕 지의 경우도, 필경 그와 같은 권
능과 권력을 부여 받고 크게 기뻐하면서 봉지(왜)로 떠났을 것이다.[40]

Ⅵ. 「왜왕 지」 그는 누구인가

칠지도 명문에서 「왜왕 지」를 후왕이라고 부르고 있는 대왕은, 자신
을 「백자왕」으로 미화하고 있으며, 또한 후왕에게는 「선세」니 「후세」,
그리고 「세세」와 같은 王家宗親 사이에서나 쓰는 언어로 대하고 있다.
거기에다 백자왕은 아직까지 아무도 가진 일이 없다고 하는 절묘한 칠
지도를 그에게 사하고 있으니, 이것을 받은 후왕(왜왕 지)은 도대체 어떠
한 인물인지 궁금해진다.

백자왕과 후왕 사이에 일어난 이 모든 일들은, 역사의 현장에서 흔히
볼 수 있는 일은 아니다. 이런 일들은 오직 대왕과의 혈연적 연계가 있는
특수한 신분사이에서나 있을 수 있는 일이다. 그런데, 上代 중원사회의 지
배질서라고 할 수 있는 「천자-제후」의 군신관계는, 다름아닌 「자제종친」
의 관계라고 하는데,[41] 이러한 관계는, 이들 백자왕과 그의 후왕인 왜왕
지 상이에도 존재하고 있는 것으로 칠지도 명문은 시사하고 있다.

칠지도 명문에서 보는 「왜왕」의 이름은 「지」라고 하는 단자명 왕명인

데, 이것은 역대백제왕가의 단자명 왕명인 余句(近肖古王), 余映(典支王), 余毗(毗有王), 余慶(蓋鹵王)과 余昆(左賢王)과 같은 것으로, 그는 다분히 백제왕가의 성원의 한 사람으로 보인다.[42] 그가 백자왕과 어떠한 종친관계에 있는지는 자세히 알 수 없지만,[43] 그는 백제「骨族」[44]의 신분으로서, 「余旨」라고 하는 이름으로서 행세한 인물이었을 것이다. 그리고 그가 백자왕의 후왕이라고 하는 사실로 미루어 보아, 그는 「여지」라는 외자 이름 외에도, 『일본서기』에 나오는 백제태자들의 이름과 같은 「加須利君」, 「軍君」과 「斯我君」이라고 하는 「君」의 호명도 마땅히 가지고 있었을 것으로 보인다.[45]

한편, 5세기 중국사서에는, 이른바 「倭五王」이라고 하는 「왜왕 찬」을 위시한 「珍」, 「濟」, 「興」과 「武」등 5왕의 이름이 나오고 있는데,[46] 이들의 이름은 한결같이 백제왕의 후왕인 것이다. 그러므로 이들 「왜5왕」과 「지」와의 관계를 생각해보지 않을 수가 없다. 이들 모두는, 「지」와 같은 백제왕가의 단자명 왕명인데다, 「왜왕」이라고 하는 공통된 국명의 왕호까지 가지고 있어, 「왜5왕」은 「지」와 같은 백제 「골족」으로 보아야 하며, 「지」의 뒤를 이어 백제왕의 후왕으로서 재위한 것으로 보아야 한다.

이점에 대해 文定昌은, 「왜왕 무」의 역사적 활동과 그의 성이 부여씨라는 점에서 「왜5왕은 백제계이다」라는 주장을 한 바 있는데,[47] 그것은 적절한 지적이라고 생각한다. 서기 478년 「무」는 한통의 상표문(백제구원서)을 서둘러 宋 순제에게 보냈는데, 그 서식과 내용은 蓋鹵王이 472년 북위에 보냈다고 하는 것과 유사하고,[48] 또한 「무」는 475년 漢城백제에서 일어난 不運한 일들을 다 알고 있는 것으로 보아, 그는 백제와 깊은 관계를 가지고 있는 인물로 여겨진다. 특히 상표문에서, 그는 고구려의 백제침공을 가리켜 「句麗無道」하여 「우리를 집어 삼키려고 한다」고 백제와 왜의 일체감을 강조하고 있으며, 「망하는 백제를 생각하여」 백만대군을 동원하는 계획을 세웠다고 한다. 그러나 「갑자기 句와 형이 죽어」 백만대군을 동원하는 계획을 중단했으나, 이제 때가 되어 「죽은 아버지와 형의 유지를 받들어」 고구려를 치겠다는 결의를 다짐하고 있으니, 이를 보고 그를

백제인이 아니라고 할 사람은 그리 많지 않을 것이다.[49]

「무」는 분명 백제 「골족」으로서,[50] 같은 신분인 그의 선세 「讚」이나 「진」 그리고 「제」, 「홍」과 더불어, 백자왕이 태□ 4년 「지」에게 사한 칠지도를 이어 받아 가면서 5세기 「왜국」을 통치한 인물로 보인다. 그러므로 4세기에 재위한 것으로 보이는 왜왕 지는, 마땅히 이들 「왜5왕」의 선세왜왕으로서, 왕국의 왜국 통치의 기틀을 다진 인물로 역사는 기록해야 될 것이다.[51]

VII. 결 어

일본국 국보 석상신궁의 칠지도는 아득한 그 옛날 백제왕이 「封土」로 떠나는 그의 후왕(왜왕 지)에게 신임의 증표로서 하사한 칼이다. 이 칼을 「지」의 후세들은 대를 이어가면서 소중히 여겨 왔으며, 후대인들도 대왕의 참뜻(傳示후세)을 새겨, 오랜 세월 석상신궁의 「御神體」로 모셔온 것이다. 그러나 100년 전 大宮司 管 政友는 칠지도 명문을 세상에 처음 알리게 되었는데, 이로 인해서 칠지도는 제 2의 탄생을 맞이하게 된 것이다.

61자나 되는 金象嵌의 칠지도 명문은, 보존상태가 양호하여 글자의 判讀이 가능한 상태이나, 불행하게도 명문의 일부가 그 발견자에 의해 훼손되어, 칠지도의 제작연대를 확인하는 문제는 어렵게 되었다. 그러나, 다행히도 이 칼을 만든 제작주체인 「백자왕」이라고 하는 백제왕과, 이 칼을 수령할 상대인 백자왕의 「후왕」인 「왜왕 지」의 이름은 그대로 남아 있어서, 칠지도 명문은 고대 한·일 간의 「수수께끼」를 풀어주는 결정적인 사료로 등장하게 된 것이다. 일본의 한 원로 사학자의 말과 같이, 칠지도 명문은 「여러가지 면에서 기준이 되는」 중요한 것으로, 이 명문의 해석은 「백자왕」의 세계뿐만이 아니라, 학계가 말하고 있는 이른바 「수수께끼」를 한꺼번에 풀어줄 수 있는 중요한 사료라고 할 수 있을 것이다.

　따라서 명문의 해석은 어디까지나 진지하고도 신중해야 할 것이다. 칠지도 명문은 전형적인 「하행문」이고 「명령문」의 형식을 갖추고 있기 때문에, 그 해석은 이 칼을 만든 「백자왕」을 주체로 하는 것이라면, 충실한 해석이라고 할 수 있을 것이다. 그런데, 「통설」은 명문의 정당한 해석에서 야기되는 위기감과 급박감에 사로잡혀, 恣意로 제작 연대를 만들고(동진 태화사년), 또한 제작주체를 위장하여(왜왕의 상지) 명문을 크게 오도하고, 그것으로써 『일본서기』의 한 기사(신공기 52년조)에 꿰어 맞추는 해석을 하고 있는데, 그것은 『일본서기』의 충실한 해석은 될지언정 칠지도 명문의 해석은 아닌 것이다.

　「통설」이 주장하는 「칠지도 헌상」은 어디까지나 초명문적인 것이며, 또한 반역사적인 것으로, 그것은 마땅히 시정되어야 한다. 그리고 통설도 이제는 당당히 역사의 정도에 서서, 명문의 정당한 해석을 시도해야 할 것으로 생각한다. 「통설」이 그렇게 할 때, 칠지도 명문은 우리에게 1600년 전 이 칼을 만든 백자왕의 충정을 다시 한 번 말해 줄 것이다.

주 석

1) 石上神宮에서는 이 칼을 「六叉鉾」라고 부르고 있으며, 『日本書紀』에는 「七枝刀」로 기록하고 있다.
2) 李丙燾는(韓國古代史研究, 1976), 中國에는 아직 七支刀와 같은 칼이 없다고 한다.
3) 1971년 1월 일본 栃木縣 小山市의 한 古墳(五世紀추정)에서는 제2의 七支刀가 나와 학계에 큰 과제를 남기고 있다.
4) 管 政友에 의하면, 칼은 「까맣게 녹슬어 있으며, 金色이 은은하게 보이는데, 이상히 여겨 칼에 묻은 녹을 하나하나 제거하니, 처음으로 글자가 나왔다」고 한다(管 政友 全集, 雜稿一〈大和國石上神宮 寶庫所藏 七支刀〉참조).
5) 管 政友 全集, 雜稿一, 雜稿三과 任那考 참조.
6) 管 政友가 判讀했다는 銘文:「泰始四年 □月十日 丙午正陽 造百練□七

支刀　□避百兵□供□□□□□作　先世以來　未有此刀　百□□□□□
生聖晋　□爲□王□造　傳示□世.

7) 保坂三郎, 古代鏡文化の硏究(東京, 雄山閣, 1986년) 141～142쪽 참조.

8) 李進熙(李基東譯), 『廣開土王碑의 探究』, 一潮閣, 1982, 153쪽, 樋本杜人, 朝鮮の考古學(東京, 同朋舍 出版), 1980, 273～281쪽 참조, 保坂三郎, 前揭書, 142쪽 참조.

9) 福山敏男은 「滋 또는 慈는 濟와 음이 가까워, 百濟를 百滋 또는 百慈로 쓸 수 있을 것이다」라고 말한다(福山敏男, 石上神宮の七支刀(美術硏究＃158), 132쪽).

10) 「倭王 旨」에 대해서는 후술 16～17, 21～23쪽 참조.

11) 上田正昭, "石上神宮の七支刀", 日本のなかの朝鮮文化＃9, 1971년, 9, 14쪽 참조.

12) 한·일 학계에서 「七支刀 下賜」를 최초로 주장한 사람은, 북한학자 金錫亨이다. 그는 1966년 발견된 「古代 朝·日關係史」에서, 「銘文에는 스스로를 天子라고 칭하는 百濟王이, 그의 侯王인 倭王에게 준 것으로 쓰여져 있다」라는 통쾌한 해석을 한 바 있다. 이러한 金錫亨의 주장에 대해, 井上秀雄은 「지금까지 釋文된 것을 볼 것 같으면 「金錫亨說」이 이해하기가 쉽다」고 한다(井上秀雄, 日本における百濟硏究, 馬韓百濟文化 ＃7, 1984년, 54쪽).

13) 栗原朋信, 七支刀の銘文よりみた日本と百濟, 東晋の關係, 歷史敎育 18－4, 13～18쪽.

14) 일본학계가 연호문제에 있어서, 百濟年號의 독자성을 인정하지 않은 이유는, 무엇보다도 명문에 있는 「百濟王」과 「侯王」(倭王 旨)과의 관계를 단절하고, 나이가 「百濟王」 스스로를 중국황제의 「侯」로 전락시키려고 하는 저의라고 본다.

15) 관 정우는 「宋明帝의 泰始四年(서기 468년)은 雄略天皇 12년에 해당하나, 시간이 너무 떨어진 것」 같아 西晋의 「泰始」를 擇하게 되었다고 하는데, 「泰始四年(서기 268년)은 六月 十一日, 八月 十二日과 九月 十三日이 丙午가 되므로, 이해의 것이라는데 의심할 여지가 없었다」고 한다(管 政友 全集, 雜稿 一. 三 참조).

16) 福山敏男, 전게논문, 128～129쪽 참조.

17) 福山의 주장과 같이, 漢字의 「泰」와 「太」는 서로 뜻이 통하기는 하나, 金石銘文에서 四劃이면 될 「太」를, 구태여 十二劃이나 되는 「泰」자로 쓸 이유는 없는 것이다. 十二劃이나 되는 「泰」자로 표기 했을 때는, 「太」로는 표기할 수 없는 이유가 있기 때문에 그렇게 한 것으로 보아야 한다. 金錫亨에 의하면, 「泰和」라는 年號는 中國에 없었다고 한다. 그러나 栗

原朋信은 東晋 海西公의 초기 年號는 「泰和」이나, 후일 「太和」로 변한 것이라고 주장하나, 근거의 제시는 없다(金錫亭, 『초기 조·일 관계연구』, 1966, 195쪽, 栗原朋信, 전게논문, 14쪽).

18) 「故爲倭王旨造」의 「旨」를 인명으로 보느냐 또는 福山등과 같이 하나의 品詞로 보느냐는 것은 七支刀 銘文 해석의 최대 爭點이다. 「旨」는 문서의 형식상 당연히 人名인데도 불구하고, 福山은 이것을 「一應 人名으로 생각되나, 오히려 「指」와 通用해 「志」로 읽고 「意」의 의미인 天旨, 聖旨, 詔旨, 勅旨, 令旨 등의 旨」로 보는 것이 좋다고 해, 그 뜻을 「倭王의 上旨」로 비약시켜 銘文上 새로운 제작주체로 등장시키는 것이다. 그리하여 「下行文書」라고 하는 七支刀 銘文은 「上行文書」로 둔갑되는 것이다.

19) 「故爲倭王旨造」의 「旨」를 인명으로 보느냐 또는 福山등과 같이 하나의 品詞로 보느냐는 것은 七支刀 銘文 해석의 최대 爭點이다.
「旨」는 문서의 형식상 당연히 人名인데도 불구하고, 福山은 이것을 「一應 人名으로 생각되나, 오히려 「指」와 通用해 「志」로 읽고 「意」의 의미인 天旨, 聖旨, 詔旨, 勅旨, 令旨 등의 旨」로 보는 것이 좋다고 해, 그 뜻을 「倭王의 上旨」로 비약시켜 銘文上 새로운 제작주체로 등장시키는 것이다. 그리하여 「下行文書」라고 하는 七支刀 銘文은 「上行文書」로 둔갑되는 것이다.

20) 福山의 상기 주장은 李進熙가 요약한 것을 참작함(李進熙, 전게서, 161쪽).

21) 한편, 문정창과 岡崎 敬은, 충북 중원군출토 「建興五年銘金銅如來像」에 있는 「建興」을 백제의 사연호(위덕왕)로 보고 있어 주목된다. 그러나 학계 다수는 이를 고구려의 것으로 보고 있어 앞으로의 검토가 필요하다(문정창, 백제사, 서울 인간사, 1988, 129쪽 참조, 岡崎 敬, 三世紀より七世紀の大陸における國際關係と日本, 日本の考古學Ⅳ, 1976, 631쪽).

22) 백제의 干支年代은 5세기에 와서 본격화 된것 같으며, 이는 「元嘉曆年」의 도입과 때를 같이 하는 것으로 보인다.

23) 필자의 소견으로는, 백제가 和年代로부터 「干支紀年」으로 전환한 이유는, 연호의 독자성이 계속 유지되고, 또한 隅田八坂幡鏡銘이나 江田船山 대도명에서 보는 「대왕년」이나 「대왕세」와 같은 표기가 가능해, 「대왕」이나 「대왕국」의 존재를 강조할 수·있는 장점이 있기 때문에 그렇게 한 것으로 본다.

24) 고구려의 그와 같은 사연대는 그 후에도 오래 지속되었으며, 고구려 멸망시까지 존속하였다.

25) 이병도, 전게서, 524쪽 참조. 金廷鶴도 「백제는 東晋 성안 2년 이래 중

국과 빈번한 교류를 하면서도 기이하게 생각되리만치 중국연호를 쓰지 않았다고 한다(김정학, 석상신궁소장칠지도의 眞僞 대하여, 백제연구 #17-1986년, 77쪽 참조). 또한 김정배(칠지도연구의 새로운 방향, 1980년)와 이기동(한국 고대사의 수수께끼)도 「泰和」를 동진의 연호가 아니라고 한다.

26) 『書紀』 神功紀 14年 2月
  條(貢)
  欽明紀 12년 3月條(獻)
  仁德紀 12年 7月條 (貢, 獻) 欽明紀 12年 10月條(獻)
  武烈紀 6年 10月條(調) 欽明紀 3年 3月條(質)
  繼體紀 6年 4月條(貢, 調) 堆古紀 5年 4月條(貢)
  한편 『三國史記』도 百濟太子들의 倭國행을 모두 「質」로 표기하고 있다.

27) 津田左右吉에 의하면 肖古王 처음 日本과 交涉했다고 하는 기사가 있는 것을 보고 이것을 기초로 해서 机上에서 만든 說話」하고 한다(津田左右吉, 百濟に關する『日本書紀』の記載, 滿鮮地理歷史硏究報告 #8, 1920년 3月刊 참조).

28) 「禮記」에는 사람의 죽음을 신분에 따라 표기하고 있는데, 「天子死曰崩, 諸侯曰薨, 大夫曰卒, 士曰不綠, 庶人曰死」으로 표기하고 있다.

29) 『삼국사기』도 「백제무녕왕홍」으로 표기하고 있다.

30) 『서기』 웅력기 5년조에는 무녕왕이 (461년) 筑紫에서 출생했다고 하며, 武烈紀 4년조에는 왕위에 (501년)올랐다고 기록하고 있다. 무녕왕은 왕위에 오르기 전까지 「왜」에 있었던 것으로 보이는데, 그에게는 「質」로 와 있다는 기사가 없어 주목된다(昆支君은 質로 왔다는 것을 시사하고 있다).

31) 『서기』 편자들에 의한 『일본서기』의 조작에 대해서는, 필자의 拙論 "『일본서기』의 「백제왕·薨」·「천황·崩」은 날조-백제무녕왕의 죽음은 붕-"을 참조 할것(한일문화강좌 #21(92. 5), 한일문화교류기금, 1992년 5월).

32) 칠지도 제작연대인 「태□ 4년 □월 16일 병오」가 언제인지 정확히 알기는 어려운 일이다. 현재로서는 추정할 수밖에 없다.
  1. 管 政友는 명문과 광개토왕비문은 같은 서체로서, 이것은 1~4세기 중국에서 쓴 것이라고 한다. 따라서 이두 유물은 같은 시대의 것으로 볼 수 있으며, 칠지도를 4세기 제품으로 보아도 무방할 것 같다.
  2. 1971년 일본 관동지방의 한 고분에서는 제2의 칠지도가 나왔는데, 학계는 이 고분을 5세기의 것으로 추정하고 있으니, 왜왕지의 것은 4세기의 것으로 보아도 좋을 것 같다.

   3.「태□4년」은 백자왕이 즉위한지 4년이 되는 해로 보이는데, 이것이
   언제인지 잘 알 수 없다. 그런데 「일본서기」에는 많은 사실기사(王
   仁博士, 五經博士, 불경 등의 來倭)가 있는데, 그것들은 대체로 사실
   과 부합되는 경우가 많은 것 같다. 그러므로 「신공기」에 있는 肖古
   王과 칠지도, 七子鏡의 기사는 관계가 있는 것으로 보고, 「태□4년」
   을 이를 肖古王 즉위 후 4년이나, 또는 근구수왕 4년의 해로 잠정 추
   정하고자 한다.

33)「奇生聖音」은 당대에 쓰인 길상어로 보이나 오늘날 그 뜻을 이해하기는
   어려운 것 같다. 이도학은 이것을 「백제왕 治世時에 귀하게 생겨남(奇生)
   이 있으니, 聖上의 말씀(聖音)으로 짐짓(故)으로 풀이한다. 그리고 「백제
   왕 치세시에 기묘하게 얻은 성스러운 소식이 생겨난 까닭에」로도 풀이
   하고 있다. 이도학, 백제칠지도명문의 재해석, 한국학보 60, 1990, 78쪽
   참조.

34) 전술과 같이 福山등은 「왜왕 지」의 독법에 대해 異論을 제기하고 있으
   나, 上田, 栗原, 三品, 佐伯, 이병도, 김석형 등 적지 않은 인사들이 그를
   반대하고 있다. 김창호에 의하면, 백제문서의 관행에는 인명표기에 있어
   「관등이 인명앞에 온다」는 것으로, 「왜왕지」의 「지」는 인명일 수밖에
   없다고 한다(김창호, 백제칠지도 명문의 재검토, 역사교육논집 제13·14
   집, 14쪽 1~146). 사실 상대문서에는 반드시 인명이 있어야 한다는 것
   이 법칙이고, 더욱이 상왕이 후황에게 내리는 문서에는 그의 이름이 반
   드시 있는 것이다. 그러므로 명문의 「후왕」의 경우에도, 다음 글자는 「
   지」로 보이나, 불행히도 훼손되어 알 수가 없다.
   『예기』에는 「侯」가 천자를 알현할 때 「臣某侯某」로 고한다는 격식이
   있는데, 이때 「왜왕지」의 경우는 「臣倭侯旨」로 해야 된다.

35) 山尾幸久는 「후왕은 신분이 높고 裕福한 사람(고위고관, 고귀한 사람)
   을 말하는 일반적인 상용어이다. 이것은 거의 확정된 개념일 것이다」라
   고 주장한다(山尾幸久, 古代の日·韓關係, 동경, 塙書房, 1989년, 173쪽
   참조).

36) 김석형에 의하면, 삼국시대에는 「왕세자」라는 것은 없었고, 태자로 통
   용되었다고 한다(김석형, 초기 조·일 관계연구, 196쪽).

37) 명문의 「世□」를 「世世」로 보는 이유는, 명문에는「先世」와 「後世」라는
   왕가의 계통 표기가 있고, 또한 「宜供供」과 같은 복합표현도 있어, 그
   렇게 읽는 편이 자연스럽게 보인다.

38) 최근 학계 일부에서는 칠지도 「헌상」을 반대하고 있어 주목된다. 특히
   山尾幸久는 「결론적으로 칠지도는 백제왕의 왜왕에 臣屬이나, 백제왕에
   의한 왜왕의 봉건도 같이 의미하는 것은 아니다」라고 주장해, 칠지도의

평등자간의 授受를 강조하는 것 같다(山尾幸久, 전게서, 173쪽 참조).
39) 隅田八幡鏡銘의 해석에 대해서는 필자의 拙論 "일본국 국보 隅田八幡神
社所藏銅鏡의 명문을 보고"를 참조할 것(蘇鎭轍, "금석명문을 통해서 본
백제무녕왕의 세계"한일문화강좌 #21(92.5), 한일문화교류기금, 1992.5).
40) 이도학은 「斧鉞이나 刀劍의 賜與는 하위자에 대한, 상급자의 信標로서
의 성격이 강한 만큼, 복속의례라는 측면을 간과해서는 안된다」고 한다
(이도학, 전게논문, 81쪽 참조).
41) 宮崎는 「천자의 왕자는 어렸을 때부터 왕으로 봉해 후왕으로 領國을 통
치하는 관습이 있다」고 한다(宮崎市定, 謎の七支刀, 中公新書(#703),
1990년, 89쪽).
   이춘식도 周왕실의 경우, 「제후는 주왕실의 자제 또는 근친을 포함한
일족과 동맹족장들로 구성된다」고 한다(이춘식, 중국고대사의발전(서
울, 신서완), 1986년, 94쪽).
42) 고대문서에 나오는 후왕의 이름은, 보통 단자명의 표기로 하는 것이 관
례이나(例曾侯乙, 魯侯某), 「지」의 경우는 그가 백자왕의 종친이기 때문
에, 백제왕가의 단자명, 왕명이라고 보아야 할 것이다.
43) 고대왕실(천자, 대왕)이 「후」를 혈연적 신분질서로 확립하는 이유로, 무
엇보다도 「후」를 통해서 천자의 「조상신」을 모시는 제사를 주관하는게
그 이유의 하나이다.
44) 『서기』 무렬기에는 무녕왕이 「마나군」을 왜왕에게 「조」했다고 하는데,
「골족」이 아니라는 이유로 거절했다고 하는 「구절」이 있다. 여기의 「골
족」은 신라의 골품제에서 말하는 「聖骨」과 같은 것을 뜻하는 것 같다.
45) 『예기』에는 「천자의 九州之長」에 대하여, 「밖에서는 후라 하고, 안에서
는 군」으로 호칭토록 했다. 그러므로, 「가수리군」 계로왕)이나 「군군」
(곤지왕)은 백제왕의 후왕으로서 왜왕위에 있었던 인물로 보인다.
46) 학계는 「왜5왕」을 천황인 履中, 反正, 允恭, 安康과 雄略에 각각 비정하
고 있는데, 여기에 대한 근거의 제시가 없어 믿기 어렵다.
   小和田은 「讚이나 진이라는 한자—名인 것으로 보아 일본인의 이름 같
지 않다」고 한다(小和田哲男, 日本の歷史がわかる本(동경, 삼립서점),
105쪽)
47) 문정창, 상게서, 128쪽.
48) 蓋鹵王은 472년의 상표문에서 「臣祖須」라고 자신의 조 「余須」는 국위
를 크게 떨친 조상이다라고 했는데, 「무」는 「自昔祖禰」라 하여 누가 자
신의 조상인지는 잘 모르겠다. 두 상표문의 비교는, 이영식, "오세왕 倭
王の稱號の解釋をめぐる視覺", 近代移行期朝鮮の 國家と 社會(조선사연
구회논문집, 제27호)(東京, 綠蔭書房), 1990년 3월, 195~196쪽 참조.

49) 「무」의 478년 상표문은 「송서」 왜국전에 있음.

50) 학계는 「무」를 웅략에 比定하고 있는데(통설), 그럴 경우 웅략(444~484)
   으로서는 478년의 상표문을 합리적으로 해석할 수 없다. 특히 「무」가 말
   하는 475년경 「갑자기」죽었다고 하는 자신의 부와 형이 누구인지에 대해
   웅략으로서는 설명이 불가능하다. 그들이 죽었다고 하는 시기로 보아, 이
   경우는 삼국사기와 「일본서기」에 기록된 개로왕과 그 왕자의 비참한 죽
   음을 뜻하는 것으로 보아야 한다. 또한 그렇게 볼 때 죽은 부형의 유지를
   받들어 고구려를 다시 치겠다고 하는 「무」의 결의는 이해되는 것이다. 그
   러므로 필자는 상표문의 「무」는 461년 各羅島에서 태어났다고 하는 개로
   왕의 태자인 사마왕의 소년시절의 인물로 보고자 한다. 그러니까, 그의
   나이 17, 18세의 소년으로 그는 왜왕위에 등극한 것이며, 「무」는 그로부
   터 약 20년 간 재위한 것으로 되어 있어, 사마왕의 501년 또는 502년 고
   국 환국과 때가 맞는다.

51) 「왜5왕」과 「왜왕 지」의 관계에 대해, 三品彰英과 西田長男은 「왜왕 지」
   를 「왜왕찬」에 비정하고, 「왜왕찬」을 응신천황으로 보려고 한다.
   이에 대해 栗原朋信은 「왜5왕」에 대해 6왕설을 만들어 왜왕 지는 〈송
   서〉에 나오지 않은 왜왕이라고 한다. 그러나 그도 왜왕 지를 응신천왕
   에 비정한다(三品彰英, "石上神宮の七支刀", 「일본서기」 朝鮮關係記事
   考, 上, 1961, 194쪽 참조), (율원붕신, 전게논문, 16쪽 참조).

(제30회 발표, 1994년 4월 15일)

倭王武의 上表文 (四七八年)

「宋書倭國傳」

<資料 1>

將軍號詔並聽二十年倭國王濟遣使奉獻復以爲安
東將軍倭國王二十八年加使持節都督倭新羅任那
加羅秦韓慕韓六國諸軍事安東將軍如故并除所上
二十三人軍郡濟死世子興遣使貢獻世祖大明六年
詔曰倭王世子興奕世載忠作藩外海禀化寧境恭修
貢職新嗣邊業宜授爵號可安東將軍倭國王興死弟
武立自稱使持節都督倭百濟新羅任那加羅秦韓慕
韓七國諸軍事安東大將軍倭國王順帝昇明二年遣
使上表曰封國偏遠作藩于外自昔祖禰躬擐甲冑跋
涉山川不遑寧處東征毛人五十五國西服衆夷六十

（乾隆四年校刊）　宋書卷九十七　列傳　十九

六國浸平海北九十五國王道融泰廓土遐畿累葉朝
宗不愆于歲臣雖下愚忝胤先緒驅率所統歸崇天極
道遙百濟裝治船舫而句驪無道圖欲見吞掠抄邊隸
度劉不已每致稽滯以失良風雖曰進路或通或不臣
亡考濟實忿寇讎壅塞天路控弦百萬義聲感激方欲
大舉奄喪父兄使垂成之功不獲一簣居在諒闇不動
兵甲是以偃息未捷至今欲練甲治兵申父兄之志義
士虎賁文武効功白刃交前亦所不顧若以帝德覆載
摧此彊敵克靖方難無替前功竊自假開府儀同三司
其餘咸假授以勸忠節詔除武使持節都督倭新羅任

邪加羅秦韓慕韓六國諸軍事安東大將軍倭王
荊雍州蠻槃瓠之後也分建種落布在諸郡縣荊州置
南蠻雍州置寧蠻校尉以領之世祖初罷南蠻併大府
而寧蠻如故蠻民順附者一戶輸穀數斛其餘無雜調
而宋民賦役嚴苦貧者不復堪命多逃亡入蠻蠻無徭
役彊者又不供官稅結黨連羣動有數百千人州郡力
弱則起爲盜賊種類稍多戶口不可知也所在多深險
居武陵者有雄谿㵲谿辰谿酉谿舞谿謂之五谿蠻而
宜都天門巴東建平江北諸郡蠻所居皆深山重阻人
跡罕至爲前世以來屢爲民患少帝景平二年宜都蠻

（乾隆四年校刊）　宋書卷九十七　列傳　二十

帥石寧等一百二十三人詣闕上獻太祖元嘉六年建
平蠻張離之等五十八七年宜都蠻田生等一百一十
三人詣闕獻見其後沔中蠻大動行旅殆絕天門溇
中令宗僑之徭賦過重蠻不堪命十八年蠻田向求等
爲寇破溇中爲零百姓荊州刺史衡陽王義季遣行參
軍曹孫念討破之獲生口五百餘人免僑之官二十四
年南郡臨沮當陽蠻反縛臨沮令傳僧驥荊州刺史南
譙王義宜遣中兵參軍王諶討破之先是雝州刺史劉
道產善綏諸蠻前後不附官者莫不順服皆引出平土
多緣沔爲居及道產亡蠻又反叛及世祖出爲雝州蠻

〈資料 2〉

(卄年多, 高麗王大發軍兵, 我盡百濟, 爰有少許遺衆, 聚居倉下, 兵粮旣盡, 憂泣玆深, 於是, 高麗諸將, 言於王曰, 百濟心許非帝, 臣每見之, 下覺自失, 恐更蔓生. 請逐除之. 王曰, 下可矣, 寡人聞, 百濟國者爲日本國之官家, 所由來院久矣. 又其王入仕天皇. 四隣之所共讖也　遂止之.

百濟記云, 蓋鹵王乙卯年冬, 拍大軍來, 功大城七日七夜.

王城降陷, 送失暐禮. 國王及大后, 王子等, 蓋沒敵手

「日本書紀」雄略紀二十年條(475년)

(百濟 尉禮城 陷落「國王 大后 王子 蓋沒敵手)

〈三國史記〉 百濟本紀 蓋鹵王 二十一年條(475年)

(麗將 傑婁等 王(蓋鹵王)을 「縛送 於阿且城下將)

倭王 武의 上表文(478년)을 보고
― 雄略天皇의 倭王 武 比定은 成立되지 않는다 ―

소진철(원광대학교 교수)

Ⅰ. 서 언

5세기 「倭國」에는 「倭五王」이라고 하는 실체가 있었는데, 이들이 그 나라를 다스렸다고 하는 <宋書>의 기록이 있다. 이것은 참으로 귀중한 史料라고 하지 않을 수 없으며, 특히 일본 고대사에 있어서의 이른바 「謎의 5世紀」라고 하는 한 시대를 찾아내는 데에 있어서 결정적인 사료인 것이다.

그러므로 일본학계는 이들 五倭王(「讚」, 「珍」, 「濟」, 「興」, 「武」)을 재빨리 天皇系譜에 편입시켜, 「倭五王」은 다름 아닌 천황과 같은 실체라고 주장하고 있다. 그러나 문제는 학계가 거론하고 있는 天皇系 人物 그 누구 하나도, 比定되는 「倭五王」의 실체와 합치되지 않는다는 데 있다.

어쩌면 그것은 당연한 귀결이라고 할 수 있을 것이다. 왜냐하면, 「天皇」과 「倭王」은 서로 그 系譜를 달리하고 있는 다른 사람들이기 때문이다. 사실 「倭五王」은 七支刀 銘文에서 본 倭王 旨와 같은 계보의 인물로서, 그들은 「旨」와 같은 百濟王家의 단자명 왕명을 가지고 있으며, 또한

「倭王」이라고 하는 공통된 왕호까지 가지고 있기 때문에, 「倭五王」은 당연히 「旨」의 後世人物로 보아야 할 것이다.

필자는 제한된 범위에서, 倭王 武가 남기고간 上表文을 가지고, 雄略天皇을 倭王 武로 比定한 일본 「통설」의 부적절함을 규명하고, 아울러 「武」의 正體도 밝혀 그가 어떻게 해서 5세기 격동기를 대처하였는지에 관해서도 알아보고자 한다.

II. 〈宋書〉에 보이는 「倭五王」들

현존하는 일본 古史書인, 『古事記』(712년)와 『日本書紀』(720년)에는, 전혀 언급된 바 없는 이른바 「倭五王」이라고 하는, 5세기 倭國을 통치한 五人의 倭王의 이름(讚, 珍, 濟, 興과 武)이 〈晋書〉 安帝紀나 〈宋書〉倭國傳과 같은 중국 史書를 통해서 전해져 왔다.[1] 비록 記·紀에는 그들에 대한 언급은 없지만, 중국 史書에 그들의 행적에 관한 자세한 내용이 수록되어 있기 때문에, 일본학계는 이들 「倭五王」을 記·紀가 이들의 존재를 무시하였다고 한다면, 記·紀의 信憑性에 대한 중대한 도전이 예견되기 때문이다.

그런데, 『書紀』系天皇과 전혀 그 系譜를 달리하는 것으로 보이는 이들 「倭五王」을, 5世紀 天皇系譜에 比定한다는 것은 처음부터 잘못된 발상으로 보인다. 왜냐하면, 『書紀』系天皇들은 모름지기 긴 「諱」를 가지고 있는데 반해, 이들 「倭五王」들은 七支刀 銘文에서 본 倭王 旨의 이름과 같이, 百濟王家이 단자명 王名을 가지고 있어, 서로는 一見에 다른 系譜의 人物이라는 사실을 알 수가 있다.[2] 그러나 학계는 「倭五王」을 天皇系譜에 편입시켜, 記·紀의 信憑性을 획기적으로 높여야겠다는 일념으로, 전혀 합리적인 근거나 이론의 제시가 없는, 무리한 比定으로 일관하고 있다.[3] 학계가 가장 확실한 比定이라고 생각하고 있는 雄略天皇의 倭王 武 比定만 보더라도, 거기에는 전혀 이론의 제시가 없는 아주 단조로운 것이다.

그들의 주장에 따르면, 『書紀』에 기재된 雄略의 「諱」는 「オハツセノ ワカタケ(大泊瀬幼武)」라고 하는데, 그 이름의 끝자인 「タケ」는 武와 「表儀上同一語」로 볼 수 있다고 해, 결국 雄略과 倭王 武는 同一人이라는 것이다. 그러니까, 雄略天皇의 긴 「諱」에서, 끝자인 「タケ」를 武로 볼 수 있다는 것을 근거로,[4] 雄略을 倭王 武에 비정한 「통설」은, 이것을 기준으로해서 雄略의 先代天皇들을 차례로 倭王에 比定하고 있다.[5] 그러므로, 『書紀』에 기재된 순서에 따라서, 雄略의 異腹兄인 安康을 「興」으로, 그리고 雄略과 安康의 父王이라고 하는 允恭을 「濟」로 비정하고, 나아가 反正을 「珍」으로, 또한 仁德을 「讚」으로 비정하고 있는데, 학계는 이러한 비정을 가지고 「통설」이라고 한다.

Ⅲ. 倭王 武의 上表文

倭王 武가 478년(昇明 2년) 宋順帝에게 奉呈한 上表文은,[6] 그리 長文의 것은 아니다. 그러나 거기에는, 실로 엄청난 역사적 사실이 기록되어 있어, 이것은 5세기 百濟・倭의 관계뿐 아니라, 동아시아 제국의 관계까지도, 이해하는데 있어서의 필수적인 史料라고 할 수 있을 것이다.

475년 高句麗 長壽王의 大攻勢로 말미암아 百濟의 都城(慰禮城)은 무너지고, 그후 왕(蓋鹵王)과 大妃 그리고 왕자 등 백제왕가일족이, 고구려 장수에게 붙잡혀 무참하게 살해되는 등, 백제는 최악의 위기를 맞게 되었다. 왜왕 무의 상표문은, 바로 이와 같은 급박한 상황에서, 백제를 지원하기 위한 애절한 呼訴인데,[7] 이것은 472년 蓋鹵王의 생존시, 왕이 고구려의 공격을 받고 魏 高祖에게 보낸 구원의 상표문과 같은 것으로서,[8] 그 형식과 내용에 있어서 양자 간에는 비슷한 점이 있는 것이다.[9]

「무」는 이 상표문에서 자신의 「倭國」을 (백제의) 「봉국」이라는 개념으로 소개하고 있으며, 그는 밖의 「藩」이 되겠다고 다짐했다. 특히 자신의 조상(祖禰)들은, 옛적부터 빛나는 군사적 업적을 거두어, 무려 250이 넘는 주변의 大小國들을 평정해, 지금은 그「畿」를 크게 넓혀,「王道는 融泰」하다고 했다.

封國偏遠[10] 作藩于外 自昔祖禰 躬擐甲冑 跋涉山川 不遑寧處 東征毛人五十五國 西服衆夷六十六國 渡平海北九十五國[11] 王道融泰 郭土遐畿 累葉朝宗 不愆余歲

그리고 자신은 비록 우직하지만, 先代를 이어 나라를 평안하게 하고,「天極」을 다하여 왔다고 했다. 백제로 가는 길은 멀어(道遙百濟), 배를 타야되는데,「句驪」는「無道」하여 우리를 집어 삼키려 하고,「邊隷」를 약탈해, 매사는 지체되고, 왕래가 어렵게 되었다고 한다.

臣雖下愚 添胤先緒 驅率所統 歸崇天極 道遙百濟 裝治船舫 而句驪無道 圖欲見呑 掠抄邊隷 虔劉不已 每致稽滯 以失良風 雖通或不

그래서 그는「亡하는 백제를 위해(臣亡孝濟)」고구려의 侵寇에 결연히 대처하는 것이라고 했다. 그러나, 갑자기 닥쳐온 자신의「父兄」의 죽음으로 말미암아,「武」는 喪을 입게되어, 대군의 출동도 중지하고, 긴 세월을 居喪中에 있게 되었다고 한다. 하지만 이제는 때가 와서 다시「兵甲」을 가다듬고, 亡父의 유지에 따라「敵」의 강토를 무찌르겠으니, 陛下의 큰 은덕이 있기를 간청하는 바라고 했다.

臣亡考濟[12] 實念寇讐壅塞天路 控弦百萬 義聲感激 方欲大擧 奄喪父兄 使垂成之功 不獲一簣 居在諒闇[13] 不動兵甲 是以偃息未捷 至今欲練甲治兵[14] 申父兄之志 義士虎賁 文武效功 白刀交前 亦所不顧 若以帝德覆載 摧此疆敵 克靖方難 無替前功

끝으로「武」는 先代 倭王들이 한것과 같이 자신의 倭王位 등극을 계기로, 자신과 신하들의 官爵을 요청하고 있는데,[15] 順帝는 이를 윤허하여,「

武」에게는 파격적으로 「安東大將軍」을 除授했다고 <宋書>는 기록하고
있다. 그러나 그가 자청한 「開府儀同三司」의 官號는 叙任되지 않았다고
한다.

竊自假開府儀同三司[16] 其余咸假授以勸忠節 詔除武使節都督 倭·新
羅·任那·加羅·秦韓·慕韓·六國諸軍事·安東大將軍·倭王

Ⅳ. 상표문을 통해서 본 倭王 武
- 雄略天皇의 倭王 武 比定은 재고되어야 한다 -

왜왕 무가 478년(昇明 2년) 順帝에게 奉呈한 상표문은 위기에 처한 백
제의 구원을 목적으로 한 것이다. 그러나 그 문중에는 아직껏 잘 알려지
지 않은 몇가지 중요한 사실들이 기록되어 있는데, 이것을 토대로 해서
雄略天皇의 왜왕 무 비정을 검토한다면 「통설」은 중대한 문제에 봉착하
게 될 것이다.

첫째, 「倭王 武」와 雄略天皇의 卽位年度는 서로 다르다는 것이다. 「武」
의 상표문에 의하면, 「武」는 서거한 것으로 보이는 先王인 왜왕 興의 뒤
를 이어 새 왕위에 등극해, 그의 선세 왜왕들이 한 것과 같이, 그도 황제
의 새 官號를 요청한 것으로 보인다. 「武」의 自請 官爵에는 전래에 드문
백제를 포함한 諸軍事管轄權을 요구하고 있는데, 그의 先世 왜왕들은 오
래전부터 왕위에 오르게 되면, 의례히 백제왕의 중개로 독자적인 官號를
받아 왔다고 한다.

그러나 倭王 武로 比定된 雄略天皇의 경우, 그는 『書紀』에 의하면,
458년 제21대 천황으로 즉위해, 그로부터 약 20년간 재위하다 479년에
서거 했다고 한다. 그는 천황 재위중 황제로부터 官號의 除授를 받거나,
또는 황제에게 이를 요청한 사실이 없다고 한다. 더욱이, 그의 즉위년도
는 458년의 일로서 그것은 「武」의 先代인 「興」의 경우(460년경으로 추
정)보다도 앞서는 것으로, 雄略의 왜왕 무 비정은 사실상 성립되기 어려

운 것이다.[17]

둘째, 왜왕 무와 웅략의 부왕은 그 몰년이 서로 다르다는 것이다. <宋書>의 系譜에 잘 부합되고 있는 것으로 보여, 학계는 雄略의 왜왕 무 비정은 물론이고, 安康의 「興」과 允恭의 「濟」의 비정까지 상당한 근거가 있는 것으로 보고 있다.[18]

그러나 「武」는 상표문에서 자신의 「父兄」은 475년경 갑자기 죽었다(奄喪父兄)고 하고[19] 그로인해 백제 지원군의 출동도 좌절되었다고 한다. 이와 같이 「武」의 父王이 475년경 갑자기 죽었다고 하는 사실은 雄略의 天皇系로서는 도저히 해명할 수 없는 문제인 것이다.[20] 왜냐하면 웅략의 부왕인 允恭天皇은 411년 즉위하고 42년간 재위 하다가 453년에 이미 서거한 것으로 『書紀』는 기록하고 있기 때문이다. 더욱이 「武」는 갑자기 죽은 「父兄」의 유지라고 하면서 「敵高句麗」를 무찌르겠다고 하니 이는 百濟王家系譜에 속해있는 사람이 아니고서는 그렇게 말할 수 없는 것이다.

셋째, 왜왕 무와 웅략의 歿年은 서로 다르다. 『書紀』에 의하면, 웅략천황은 418년 允恭天皇과 忍坂大中姬사이에서 태어났다고 하여 456년에 異腹兄인 安康을 물리치고 왕위에 올라 479년에는 춘추 62세를 일기로 서거하였다고 한다. 그러므로 「통설」은 이 상표문은 웅략의 서거 일년전의 것이라고 하며 「武」도 웅략과 같이 다음해인 479년에는 서거한 것으로 추정하고 있다.[21] 그렇기 때문에 「통설」은 「武」가 479년(建元元年) 南齊 高帝로부터 받은 「鎭東大將軍」이나 502년(天監元年) 梁 武帝로부터 받은 「征東大將軍」은, 사실상 당사자가 없는 架空의 인물에 주어진 하나의 의례적인 것이라고 주장한다.[22]

그러나 그러한 주장은 근거가 없는 것이며, 「武」는 478년 이후에도 계속 재위한 것으로 보아야 한다.

그 이유는 만약 「통설」의 견해와 같이 「武」도 479년에 사망했다고 한다면 그의 후대 왜왕은 그가 누구이든 간에 반드시 새 官號의 요청이 있었어야 하는데, 그러한 기록은 어디에서도 찾아볼 수가 없다. 또한 웅략

의 서거후 즉위했다고 하는 천황계의 淸寧(480~484년), 顯宗(486~487년)
그리고 仁賢(488~498년)등 諸天皇은 아무도 황제에게 官號를 요청했거
나 또는 除授된 사실이 없는 것으로 미루어 보아,「武」의 왕위는 큰 변
동없이 약 20년간 지속되었던 것으로 보아야 할 것이다.

Ⅴ. 倭王 武 그는 누구인가?
-「武」는 소년 「嶋(斯麻)君」-

상표문을 통해서 본 왜왕 무는 天皇系에 속해 있는 웅략천황과는 무
관한 사이가 되며, 그보다는 백제왕가 계보에 속해 있는 인물이라는 사
실을 알게 되었다. 그에게 백제의 아픔은 자신의 아픔이 되며, 또한 백
제의 不運은 자신(倭國)의 不運으로 이어지는 백제와의 일체감을 가지
고 있는 그러한 인물인 것이다. 그러므로 동북아 격동기에「倭國」을 통
치했다고 하는「武」의 정체를 밝히는 일은, 참으로 중대한 과제라고 하
지 않을 수가 없다. 그런데, 이 시대의 史料는 극히 제한되어 있기 때문
에 연구에 어려움이 많은 것은 사실이지만, 다행히도 우리에게는「武」
가 직접 쓴 상표문이 있기 때문에 이것을 토대로 해서 검토한다면 머지
않은 장래에「武」의 정체는 규명될 것으로 보인다.

첫째,「武」는 상표문에서 백제에 대한 고구려의 공세가 그 절정에 이
르렀을 때(475년경), 자신의「父兄」이「갑자기」죽었다고 하는데, 그로
인해 大軍의 동원도 좌절되었다고 한다. 그런데, 이 무렵에「倭」나 百濟
에서「갑자기」죽은 것으로 보이는 王과 王子는,『삼국사기』와『日本書
紀』에 기록된 百濟蓋鹵王과 그 大妃 그리고 그들의 왕자의 비참한 최후
를 논하지 않고서는 다른 누구도 생각해 볼 수 없는 것이다. 두 사서에
의하면, 475년 겨울 고구려대군의 7일간에 걸친 공세로 慰禮城은 무너지
고, 왕(蓋鹵王)과 大妃 그리고 왕자는 고구려장수에 의하여 阿且城에서
무참하게 살해되었다고 한다.

그러므로「무」가 말하는「奄喪父兄」은 다름아닌 백제 蓋鹵王과 그 왕자의 비참한 최후를 말하는 것으로 보아야 하며「무」는 바로 살해된 蓋鹵王의 태자인 것이다.[23] 그래서 그는 상표문에서 죽은 부왕의 居喪을 가리켜 천자의 죽음에 비유되는「居在諒闇」으로 표기하는 등(「諒闇」은 「崩」자를 쓰는 경우에만 쓴다) 父王에 대한「대왕」으로서의 禮遇을 잊지않고 있는 것이다. 특히 그의 마음속 깊숙이 자리 잡고 잇는 고구려에 대한 증오감과 복수심은 다름아닌 父王과 兄의 유지라고 하니, 그가 蓋鹵王의 태자인 斯麻君이 아니고서 누구이겠는가?

둘째, <宋書>에 의하면 478년(昇明 2년) 順帝는「무」가 자청한「安東大將軍·倭國王」을 除授했다고 하며, 그 다음해인 479년에는 南齊 高帝가「鎭東大將軍·倭國王」을 그리고 20년 후인 502년(天監元年)에는 梁 武帝가「征東將軍·倭國王」을 각각 武에게 昇爵하였다고 한다. 이와 같은 官號의 昇爵 除授를 통해서 볼 때,「武」의 倭王位는 적어도 20년은 지속되었던 것으로 보이는데, 그렇게 보았을 때, 이 사실은『삼국사기』와『일본서기』에 기록된 斯麻王의 百濟王 즉위와 시기상으로도 잘 부합되는 것이다. 두 史書간에는 1년이라는 시차는 있으나, 斯麻王은 501년 또는 502년「倭」에서 還國해 백제 제 25대왕이 된 것으로 보인다.[24]

역사가 전하는 斯麻王의 생애는 참으로 다난했던 것으로 그는 10대의 소년 몸으로「무」라는 이름으로 倭王位에 등극했으나 멀리서 부왕의 비참한 최후를 접하는 悲運을 당했으며, 40대 壯年期에 이르러 百濟王으로 還國해 父王의 遺志를 받들어 백제 중흥을 꾀하다, 523년 5월 62세를 일기로 지금의 公州에서 붕어하신 것이다.[25]

셋째,「일본서기」武烈紀 6년조(加筆된 것)에는 斯麻王이 504년「麻那君을 보내 공물을 바쳤다」고 한다. 그러나 다음해인 505년 천황은「麻那君은 백제의 骨族」이 아니라는 것을 이유로 그를 拒否하므로, 왕은 다시「斯我君을 보내 天皇을 섬기게 했다」고 한다.

그런데 여기의「斯我君」은 다름아닌 斯麻王의 태자를 말하는 것으로, 그는 불행히도 젊은 나이에「倭」에서 서거 했다고 하는데[26]『서기』

는 그의 왕자「法師君」을 가리켜 그가「곧 倭君의 先祖이다」라고 한다. 왜,『서기』가 法師君을「倭君의 先祖」로 추대했는지 그 배경을 잘 알수 없지만, 法師君이「倭君의 先祖」라고 하는 사실은, 그가 곧「倭王의 先祖」라는 것과 같은 것이다.[27] 그러므로, 法師君이「倭王의 先祖」라고 한다면, 그의 父王인「斯我君」이 한때「倭」에 있었다고 하는 사실도, 倭王位에 오르기 위한 것이었다고 보아야 할 것이다. 그리고「法師君」의 祖父인 斯麻王의 경우도, 그가 461년「各羅島」에서 탄생하고, 502년 還國전까지「嶋君」의 신분으로「倭國」에 있었다고 하는 사실도, 倭王位에 있엇던 것으로 보아야 할 것이다.[28]

넷째, 사마왕은 523년 붕어후 백제 무녕왕이라는 諡號를 갖게 되는데, 그는 이 諡號로서 더 잘 알려진 인물이기도 하다. 그의 諡號인 무녕은 왕의 태자인 明王(諡號·聖明王)이 父王의 위덕을 기리는 뜻에서 제정한 것인데, 斯麻王에게「武寧」이라는 諡號가 지니고 있는 의의는 참으로 큰 것이라고 할 수 있을 것이다.

武寧王의 인품됨에 대해『삼국사기』는 그를「키가 팔척이고 용모가 그림과 같고, 성품이 인자하고 관후하여, 민심이 잘 귀부하였다」라는 것으로 묘사하고 있다. 이런 점으로 보아, 그가 소년시 왜왕위에 등극 하였을 때도, 그의 부왕은 그를「무」라고 명명한 것으로 보이는데, 왕의 死後 그의 태자인 명왕도 부왕의 시호를 제정함에 있어서, 부왕과 인연이 깊었던 것으로 보이는 그의 소년시의 이름인「무」자에다「寧」자를 결합한 것으로 보인다.[29]

그런데 이「무」자 다음의「녕」자는 다름아닌 왕이 60세의 환갑을 맞이하는 521년 梁帝로부터 除授된 최후의 관작이자 그에게는 최고의 것이었다고 할 수 있는「寧東大將軍·百濟王」의 머리글자인 것이다. 이와 같이「무」와「녕」자는 사마왕에게는 무엇보다도 유서깊은 글자로서 그의 諡號 武寧은 영원히 빛나는 시호로 남게 될 것이다.

Ⅵ. 결 어

5세기 중국사서에 기록되어 있는 이른바 「倭五王」의 존재는 일본 고대사에 있어서의 「謎의 5世紀」라고 하는 「缺史」시대를 규명하는데 있어서 없어서는 안될 인물들이다. <宋書>가 이들에 관한 기록을 그토록 잘 보존해온 사실은 참으로 다행스러운 일이라고 하겠다.

「倭五王」에 관한 기록은 생생한데다가 왜왕 무가 宋帝에게 奉묘한 상표문까지 있기 때문에 우리는 칠지도 명문에서 본 왜왕지의 존재는 물론이고 나아가 「旨」의 후대들이 어떻게 해서 「倭國」에 있어서의 역사를 어어 나갔는지에 관해서도 알 수 있게 되었다. 바로 그러한 이유 때문에, 일본 「통설」은 명문에도 없는 「칠지도 獻上」을 주장하는가 하면 성립이 불가능한 天皇系의 웅략을 왜왕 무에 比定해, 「天皇」은 바로 「倭王」과 같은 존재라고 하면서, 고대의 실체를 크게 왜곡하고 있다.

그러나 「천황」과 「왜왕」은 전혀 그 계보를 달리하고 있는 다른 실체로서, 왜왕 무가 남기고 간 상표문은 이러한 사실을 여실히 증명하고 있다. 「무」는 백제·고구려의 大會戰이 있었던 475년 어느 날, 자신의 「부·형」은 「갑자기」 죽었다고 하며, 그로 인해 백제지원군의 출동은 중단되었다고 한다.

이 사실 하나만 보더라도 웅략의 천황계로서는 그러한 사실에 대한 적절한 해명이 불가능 할 것이며, 따라서 웅략을 중심으로 해서 이루어진 다른 천황들의 왜왕 비정도 자연히 그 근거를 상실하게 되는 것이다. 雄略天皇과 倭王 武는 전혀 다른 실체들이다. 웅략의 父王은 서거한 지 이미 오래전의 일이나, 「武」의 부왕은 475년경 싸움터에서 「갑자기」 죽었으며, 그리고 그 부왕의 유지는 다름 아닌 敵·高句麗를 쳐 원수를 갚는 것이라고 하니 그는 475년 겨울 阿且城에서 비명에 간 백제 蓋鹵王의 태자인 어린 「嶋君(斯麻)」이 분명하다.[30]

┌주 석┐

1) 石上神宮의 七支刀 銘文에는, 「百慈王」이라고 하는 百濟王이, 그의 侯王인 「倭王 旨」를 위해 칼을 만들었다고 하는 字句가 있다. 이것을 통해서 볼 때, 「旨」와 같은 이름의 「倭五王」들은, 「旨」의 後代 倭王으로 보아야 한다(蘇鎭轍, 七支刀 銘文의 새로운 해석 — 倭王旨는 百濟 「骨族」 — (未發刊 論文, 圓光大馬韓·百濟文化研究所, 1993년 6월 참조).

2) 그러나 坂元義種은 「일본의 倭五王의 단자명은, 中國과 교섭을 벌이고 있는 百濟나 高句麗의 王名에 맞추기 위한 것이다」라고 한다. 그는 倭王들도 본래는, 天皇의 「諱」와 같이 긴 이름이었을 것으로 추정한다(坂元義種, 五·六世紀における東アジアの樣相における古墳文化と朝鮮半島(福岡縣 敎育委員會編, 學生社) 1989년, 135~136쪽).

3) 石部正志는 「倭五王」과 天皇을 連結하는 결정적 증거는 하나도 없다」고 한다(石部正志, 仁德天皇と巨大古墳の謎(別册, 歷史讀本, 16卷, 18號) 참조). 元老學者 池內 宏(日本上代史の一研究, 1947년)도, 「倭五王」을 天皇에 比定하는 것에 회의적이다. 그는 雄略의 倭王 武 比定은 맞는것 같은데, 그 외의 것에는 自信이 없다고 한다.

4) 그러나 『書紀』보다 먼저 쓰여졌다는 古事記에는, 雄略의 漢字名을 「大長谷若健」으로 표기하고 있다.

5) 文章家 沈約이 488년에 편찬한 『宋書』에는, 「倭五王」의 系譜를, 두 번째인 「珍」은 「讚」의 동생으로, 그리고 네 번째의 「興」은 「濟」의 아들로, 또한 「武」는 「興」의 동생으로 각각 표기하고 있다.

6) 「武」의 上表文의 접수 및 윤허 일자는 478년 5월로 되어 있으나, 실제 「倭」에서 발송된 일자는 477년 11월로 보는것이 옳은것 같다(橋本增吉, 東洋史上より見たる日本史研究(東京, 東洋文庫) 1956년, 398쪽 참조).

7) 志水正司는 「왜왕 무의 상표문은 慰禮城의 함락과 관계가 깊다」고 한다(志水正司, 倭の五王に關する基礎的考察, 史學, 39卷 2號, 1966년, 170쪽). 國學者 新井白石도 「高句麗王이 백제를 侵寇한 것이」, 상표문 발송의 직접요인이라고 한다(笠井倭人, 研究史 倭の五王(東京, 吉川弘文館), 1977년, 22쪽 참조).

8) 藤間生大는 「日本과 백제의 관계로 보아 상표문의 제작기술은 共通이었을 것으로 본다」고 한다(笠井倭人, 상게서, 153쪽 참조).

9) 蓋鹵王의 상표문에는, 백제를 「臣立國東極」이라고 했는데, 「武」는 倭國을 「封國偏遠」이라고 했다. 그리고 자신들의 조상의 偉業에 대해, 개로

왕은 「臣祖須」를 들었는데, 「武」는 그저 「自昔祖禰」라고만 했다. 또한
두 상표문은 같이 고구려를 극구 비난하면서, 백제를 지원해주면 그
은혜를 잊지 않겠다고 했다.

10) 「封國偏遠」의 해석에 있어서, 학계는 이를 宋帝의 「封國」으로 보고 있
    는데, 그것은 그렇게만 볼 것은 아니다. 원래 「封國」의 개념은, 「侯」를
    낸 宗國과의 관계를 말하는 것인데, 당시의 고구려나 백제, 또는 倭는
    宋帝의 「侯」는 아닌 것이다. 만약 倭王 武가 송제의 「후」라고 한다면,
    그는 처음부터 이러한 상표문의 奉呈이 필요 없을 것이며, 또한 「若以
    帝德覆載」니 「無替 前功」과 같은 표현은 쓰지 못할 것이다. 따라서 여
    기의 「봉국」은, 이미 칠지도 명문에서 본 바와 같이, 백제왕의 侯가 있
    는 왜국을 지칭하는 것으로 보아야 할 것이다.

11) 「渡平海北九十五國」의 句節에 대한 해석은 중요한 의의가 있는데, 학계
    는 그저 이를 「왜」가 오늘의 현해탄을 건너서 北上해, 한반도 남부를
    제압한 것으로 해석하고 있다. 그러나 당시 한반도 남부에는 90여 개나
    되는 나라도 없었으며, 또한 「倭」가 그리했다고 하는 기록은, 『日本書
    紀』를 제외한 다른 史書에서는 찾아볼 길이 없다. 그러므로 이 句節은
    九州지방의 「왜」가 그 勢를 확대해, 지금의 關門海峽과 瀬戸內海를 따
    라 本州南部와 四國을 제압하고, 그 「畿」를 지금의 關西까지 확대하였
    다고 해석해야 될 것이다. 그렇기 때문에 「武」는 「郭土遐畿」라는 표현
    을 쓴 것으로 본다.
    이에 대해, 千寬字는 「倭軍이 백제군을 따라서 북상한 경과점의 修辭的
    표현이 아닌가 생각한다」고 했다「千寬字, 廣開土王의 征服活動〈韓國史
    市民講座〉 제3집, 一潮閣, 1988년) 참조).

12) 학계다수는 「臣亡考濟」를 「신의 죽은 아버지「濟」를 생각해서」라고 해석
    하고 있는데, 그것은 잘못이다. 왜냐하면, 황제에 奉呈하는 문서에 자신
    의 亡父의 이름을 부르지 못할 뿐 아니라 더욱이 그를 「亡濟」라고는 하
    지 못한다. 또한 그렇게 해석하면 上表文中 제일 중요한 부분인 「奄喪父
    兄」에 대해서는 전혀 해석할 여지가 없게 된다. 그러므로 여기의 「濟」는
    백제의 略字로 보아야 한다. 따라서 「망하는 백제를 위해서(또는 생각해
    서)라고 해석해야 될 것이다.(笠井倭人, 전게서, 154쪽 참조).

13) 「武」는 亡父의 喪中에 있다는 것을, 「居在諒闇」으로 표기하고 있는데,
    이것은 「임금이 先帝의 거상중에 있다」는 것으로, 「武」의 亡父는 「大
    王」位에 있는 人物임을 알 수가 있다.

14) 「武」가 478년 현재 「至今」이라고 한 것으로 보아 그의 王家는 3년간의
    居喪慣例에 따르고 있는데, 이것은 『禮記』의 교시이고, 또한 백제의 慣
    行이기도 하다. 「至今」이라고 한 것으로 보아, 「武」의 亡父의 사망시기

는 대체로 475년으로 보아야 할 것이다.

15) 「讚」이래의 왜왕들은 대대로 황제(주로 宋帝)에게 官爵을 요청하고, 또한 除授받아 왔는데, 그동안 百濟는 이 일을 代行했다고 한다. 歷史研究會偏, 講座日本史 I (東京大學出版會, 1989년), 201쪽 참조. 또한 日本全史(講談社, 1991년) 71쪽 참조.

16) 「開府儀同三司」의 官號는 당시 고구려만이 가지고 있었다고 한다. 坂元義種, 古代東アジアの日本と朝鮮(東京, 吉川弘文館, 1978년)참조.

17) 학계일부에서는 雄略의 즉위년도를 460년경으로 인정하면서도 웅략은 즉위 즉시 황제에게 문안을 드리지 않다가, 478년 처음 조공을 바치는 것이라고 한다.

18) 「통설」은 允恭天皇을 왜왕 濟로 比定하고 있는데, 서로는 歿年이 비슷할 뿐, 아무것도 합치되는 사실이 없다. 한편, 「濟」를 「興」과 「武」의 父王으로 추정하고 있는 〈宋書〉도, 새로운 검토를 요할 것으로 본다. 왜냐하면, 「武」의 상표문은 이를 뒷받침하지 않고 있기 때문이다.

19) 전술과 같이 학계다수는 「臣亡考濟」를 允恭天皇(「濟」로 比定)의 서거로 해석하기 때문에, 「奄喪父兄」에 대해서는 따로 해석을 하지 못하고 있다. 「武」의 아버지와 형은 이미 죽은 것으로 믿고 있기 때문이다.

20) 天皇系에서는 반드시 先王(父王, 先王)의 서거후에 新王이 계승하게 된다. 그러나 상표문의 「武」의 경우는 자신의 왕위와 관계없이 「父兄」은 별도로 생존하고 있는데(백제에), 이것은 바로 그가 父王의 「侯」라는 사실을 말해주는 것이다.

21) 사실 웅략과 「武」는 전혀 다른 사람이다. 478년 현재 웅략은 이미 60이 넘은 고령자이나, 「武」는 그의 「父兄」이 어디엔가에(백제에) 살고 있는 少年의 몸이다.

22) 川西宏幸, 考古學雜誌, 卷 71-2號, 160쪽 참조.
    그러나 久未邦武는 502년의 武의 進號는 사실이므로 웅략의 479년 歿年은 잘못된 것이라고 주장한다(笠井倭人 전게서, 86쪽 참조).

23) 蓋鹵王의 태자인 武寧王의 出自에 대해「書紀」雄略紀 6년조는, 그가 「倭」에서 탄생했다고 아래와 같이 기록하고 있다.
    「임신한 부인은 과연 加須利君의 말대로 筑紫의 各羅島에서 출산하였다. 그래서 그 아이의 이름을 嶋君(백제 斯麻王)이라 하였다. 그래서 軍君은 배한 척을 마련해 嶋君을 그 어머니와 같이 백제로 돌려보냈다」.

24) 斯麻王은 502년에 還國해, 20년 후인 521년 梁帝로부터「寧東大將軍 · 百濟王」의 爵號를 처음 받은 것으로 기록되어 있는데, 이것은 이례적인 일이다. 그는 백제왕즉위후 爵號를 요청하지 않은것 같은데 검토해볼 문제다.

25) 1972년 공주외곽 송산리의 한 古墳에서는 한 장의 誌石이 나왔는데, 거
     기에는 斯麻王의 殁年이 있으며, 놀랍게도 그는 「崩」자를 남기고 가셨
     다. 이로 미루어 보아, 「嶋君」의 倭王位는 확실한 것으로 보인다.

26) 文定昌 日本古代史(서울, 柏文堂, 1970년), 355쪽 참조.
     「斯我君의 殁年에 대해『서기』에는 아무 기록이 없는데,『서기』繼體
     紀 7년조에는 「백제태자 郭陀薨」의 기사가 있다. 郭陀는 斯我君의 다른
     이름(法名)으로 보인다.

27) 崔在錫, 日本古代史研究批判(서울, 一志社, 1990년), 241쪽 참조 ; 柳田
     敏司偏, 鐵劍を出した國(東京, 學生社, 1980년), 99쪽 참조.

28) 이 시대의 「君」은 禮記에도 있는것과 같이 대왕의 「侯」로 보아야 한다.
     따라서 「嶋君」, 「加須利君」, 「軍君」, 「斯我君」 모두는 백제왕의 후왕으
     로 「倭」에 있었던 것으로 보아야 한다.

29) 武寧王과 聖明王의 경우, 그들의 시호에는 왕의 생존시의 왕명이 포함
     되어 있는것 같다. 武寧의 경우는 「倭王武」이나, 聖明의 경우는 「百濟
     明王」이 그것이다.

30) 우리가 잘 알고 있는 일본 국보 隅田八幡宮鏡의 銘文도 斯麻王이 환국
     전 倭王位에 있었다는 사실을 시사한다. 斯麻가 이 銅鏡을 만든 것은,
     그가 502년 환국 후 그 익년(癸未年)의 일인데, 이때 그는 「河內費直」
     을 「遣」하여 이것을 만들었다고 한다. 그런데 이 시대에 「倭」에서(특
     히 畿內에서) 「河內費直」과 같은 인물을 「遣」할 수 있는 사람은 한사
     람 「倭王」만이 가능했던 것이다. 「河內費直」은 「倭王」에게만 奉仕하는
     臣下인 것이다(『書紀』 雄略紀九年二月條를 참작할 것).

(제30회 발표, 1994년 4월 15일)

'군왜(群倭)'와 기화요초(琪花瑤草)
― 조선통신사의 일본관 ―

고병익(한림대학교 교수)

Ⅰ. 머리말

조선과 일본과의 접촉은 근세 조선조에 들어와서는 극히 제한되어 있었고, 아마도 옛날 삼국 시대나 통일 신라 시대의 인원·물자의 내왕에 비하여도 훨씬 줄어들었다고 보여진다.

임진왜란을 겪은 뒤의 양국 관계가 소원했을 것은 말할 나위가 없다. 침략과 살육과 파괴를 통해서 양측이 소원하게 되었을 것은 물론이지마는, 그것 이외에 양국이 다 쇄국적인 정책을 추구함에 따라서 더욱 멀어지게 된 것이다. 조선과 일본과의 관계는 조선과 중국과의 관계보다도 더 소원하였다. 이주민은 말할 것 없고 서로의 사적인 여행자 상인 유학생은 물론 일시적인 내왕도 전혀 없었다(졸고, 「조선인의 외국관」, 『백산학보』 8집, 1970년, 이는 다시 고병익, 『東亞史의 전통』, 1976년에 수록됨).

이러한 쇄국적인 환경 속에서 조선이 일본 및 일본인에 관해서 지견을 얻을 수 있는 원천이나 경로는 두 가지가 있을 따름이었다. 왜관(倭館)과 통신사가 그것이다.

왜관은 본래 14세기초에는 서울과 삼포(三浦)에 설치되었던 것이나 임란 후에는 부산 한 곳만이 되었다. 이곳은 일본으로부터 파견되어오는 사자(使者)들이 머무는 객관이 있어서 조선측과 외교적인 교섭을 벌이는 장소로 이용됨과 동시에 대마(對馬) 출신의 상인들이 정기적으로 개시(開市)하여 무역하는 장소이기도 하였다. 일본인의 거류지가 된 이 왜관에는 17세기말에는 장기 거주자 즉 '항거왜(恒居倭)'가 오륙백 명이 있었으며 정기적으로 선박이 출입하였고 이들을 관할하기 위해서 대마번(對馬藩)에서 나온 관수(館守)[統轄], 재판왜(裁判倭)[交涉官], 서승왜(書僧倭)[文書管掌]등의 관(官)이 수년 교대로 상주하고 있었다(李進熙, 『江戶時代の朝鮮通信使』, 동경, 1987, 240~246쪽).

부산의 왜관은 주위와는 격리된 구역이었기 때문에 일반 조선인들이 이 속의 일인들과 접촉할 기회는 적었다. 이는 일본 나가사키(長崎)의 화란인·중국인의 상관(商館)이 그래도 일본인들과 약간의 접촉을 갖게 되었던 데 비해서도 훨씬 상이한 존재였었다. 더구나 임란 후 조선조의 지식층에서는 일반적으로 일본인에 대한 증오심과 모멸심을 강하게 품고 있었기 때문에 이 왜관의 존재에 대해서 어떠한 관심을 보인 흔적이 없다. 그러니 이를 통해서도 일본에 관한 지견(知見)을 넓히는 계기가 마련되지는 못하고 말았다.

일본에 관한 知見은 주로 조선통신사의 왕환(往還)에 의해서 얻어질 수밖에 없었다. 중국처럼 사행(使行)이 매년 정기적으로 있는 것도 아니고 거의 수십년 만에 특별한 계제에 특별한 요청에 의해서 파송(派送)되는 것이며 임란 이후로 1811년의 마지막 사행까지 도합 12차밖에 없었던 것이다. 그러나 한 번의 행차에 약 오백 명의 일행이 수로와 육로로 9·10개월을 걸려서 往還하는 것이기 때문에 그런대로 접촉이 이루어질 수 있기는 했다.

통신사 일행은 언제나 여행의 기록을 남겼다. 본고에서는 이런 기록을 주자료로 해서 이들이 일본과 일본인을 보는 입장과 시각을 고찰해 보고자 한다.

Ⅱ. 일본 여행기의 성격

조선통신사의 일본 기행은 상당한 분량이 전승되어 오고 있다.

물론 사행(使行) 회수가 중국과는 비교가 안 될 만큼 적기 때문에 『조천록(朝天錄)』 또는 『연행록(燕行錄)』이라고 일컬어지는 중국기행의 수보다는 훨씬 적지마는 그래도 『해사록(海槎錄)』 또는 『동사록(東槎錄)』이라고 불리는 이 통신사 기행들은 현재 알려진 것만으로도 사행들이 지녔던 일본관을 개관하는 데에는 부족함이 없는 분량이 된다.

어느 통신사행도 다 여행 기록을 남겼지만, 어떤 경우에는 정사(正使)·부사(副使)·종사관(從事官)·제술관(製述官) 중의 몇 사람이 각기의 기행문을 남기기도 하였고, 또 역관 등이 남긴 경우도 있다. 이런 일본 사행 기록들은 일찍이 하나의 총서로 묶여졌었다. 영조시(英祖時)의 상서(尙書) 홍계희(洪啓禧)가 이들을 널리 수집하여 『해행총재(海行摠載)』라고 이름하였으며, 부제학 서명응(徐命膺)이 이를 다시 편집하여 『식파록(息波錄)』이라고 제목 붙여 모두 61편을 만들어 사행들의 '고열지자(考閱之資)'로 삼았는데 그가 체임(遞任)하게 될 적에 이를 모조리 조엄(趙曮)에게 넘겨주었던 것이다(조엄, 『海槎日記』, 계미 10월 초6일조). 홍계희는 그 자신이 무진년(1748)의 정사(正使)로 임명됨에 참고의 필요로 이런 기행문의 수집을 했던 것이며, 임무가 끝나자, 갑신년(1764)의 정사가 된 조엄에게 이를 넘겨주었던 것이다. 이 귀중한 수집은 일제시대인 1914년에 조선고서간행회에서 『조선 군서 대계』의 일부로 활자본으로 간행하였으며 이때 조엄의 『해사일기』가 추가되었다. 그 후 근년에 들어와서 민족문화추진회에 의해서 국역되면서 근대 19세기 후반의 일본 시찰기들까지 포함시켜 함께 『국역 해행 총재』(전 12책, 1974~77)의 명칭으로 간행되었다.

이 『해사록』들은 그 약술 목적이 저자의 문화적 재능을 나타내기 위하거나 신기한 사실들을 독자에게 전달한다거나 하는 데에도 있기는 했으나 기본적으로는 사행으로 가는 사람들에 대한 참고 자료로 하기 위한 것이었다. 출발에서 귀환까지의 전 노정을 일기로 적어서 해로와 육로의 역참(驛站)과 거리와 지형과 기후를 상세하게 기술하여 놓음으로써 후래자들이 더 자신있게 갈 수 있게 하는 것이었다. 예컨대 해로에서 항구의 유숙 후 아침에 풍파가 있을 때 떠날 것이냐 마느냐를 결정함에 있어서 길 안내를 하는 대마도주(對馬島主)의 의견이 주가 되기는 하나 사행 자신들도 풍세 등을 감안하고 『해사록』 전례를 상고해서 의견을 낼 수도 있으며, 또 하천을 건너는 데 물의 불어남과 빠짐을 감안할 때 계절과 전례들을 참작해서 노정을 조절할 수도 있게 되는 것이다.

그러나 이러한 지리적인 조건들에 관한 참고 자료로서보다는 일본측과의 범백의 교섭 절차 등에 관한 참고 자료로서의 가치가 훨씬 컸다고 하겠다. 통신사행(通信使行)은 막부측(幕府側)의 요청에 의해서 조선측이 피동적인 자세로 간 것이어서 일본측에서 대체로 최대한의 우대를 하였다. 막부는 몇십 년 만에 있는 장군의 습직(襲職)과 같은 중요한 계제에 특별히 초청해서 사행을 맞이하는 것이기 때문에 인력과 비용을 아끼지 않는 우대를 하려고 했던 것이다. 부산의 왜관으로부터 이미 길 안내를 시작 했으며, 대마도에서부터는 대마번의 도주가 앞장서서 일행의 에도(江戶)까지의 全往還途程을 수행 안내하며, 가는 곳마다 당해 지방의 태수[藩主·大名]가 일행 전체 인원에 대한 숙식의 공급(지공[支供])을 담당하게 되어 있었다. 이리하여 특별히 관사를 새로 짓고 침구를 마련하고 도중 곳곳에 휴식을 위한 다옥(茶屋), 변소[雪隱] 등을 설치하고 혹은 대하를 건널 때에 5, 60척의 주선(舟船)과 부교(浮橋)를 제작하고 수천 명의 농민들을 동원하여 도하(渡河)를 돕게 하였다.

이러한 우대 노력에도 불구하고 곳곳에서 양측은 긴장된 절충을 벌여야 할 경우가 많았으니, 그것은 주로 상호의 예절상의 격식 문제 때문이었다. 사실 이런 문제에 있어서는 중국으로 갔던 사행(使行)들보다 일본 갔던 사행이 여러 면에서 훨씬 복잡한 용려(用慮)와 예민한 반응을 보였음이 기록으로도 엿보인다.

　기해년(1719)의 통신사행에서 제술관(製述官)으로 갔던 신유한(申維翰)은 사행 첫머리인 대마도의 부중(府中)에서 그 도주의 초청을 받았을 적에 도주와 서로 어떤 예를 하는가를 가지고 절충을 하다가, 앉아 있는 도주에게 서서 절을 해야 한다는 전례를 믿을 수 없다 하여 그런 예를 할 수 없다고 고집하자 마침내 도주는 나오지 않고 그도 돌아오고 만 일이 있는데 바로 이 '전례'가 서로 운위되었던 것이다(신유한,『海遊錄』, 기해년 6월 31일조). 이것은 하나의 예에 지나지 않고 사행의 도중에서 각번(各藩)의 관원들과의 만남, 주고받는 선물, 각종의 의례의 진행 또는 대접받는 음식의 종류 등등에 있어서 서로의 의견이 맞지 않을 경우 대개는 '전례'가 어떠했는가를 주요한 준거로 삼고서 논의하였다. 따라서『해사록』『동사록』 등의 이 일기체 여행기는 무엇보다도 사행의 행차에 관한 사실을 그대로 기록해둠으로써 후래자나 다른 관계자들에게 참고 자료가 되게 하는 것이 그 목적이었다.

　두 번째 목적으로는 일본의 사정을 기술한 보고서로서 국가 정책에 참고가 되고자 하는데 있었다.

　외국에 나간 사행들은 귀국하고서는 으레 사행 도중에 듣고 본 바를 요약 기술한 문견별단(聞見別單)을 정부에 바치게 되어 있었으니 이는 모두 상대국에 관한 정보를 얻어두자는 데 목적이 있었다. 일본에 갔다 온 통신사들도 문견록(聞見錄)을 올렸으며 이것을 또 각기의 여행기의 말미에 부재(附載)하는 것이 보통이었다. 이 문견록들은 내용이 사항별로 분류되어 요약 서술되어 있는 것이 보통이며, 대개 지리·물산·관제·풍속·인물 등을 서술하나 일본의 경우에는 특수 사정을 반영해서 '왜황(倭皇)의 대서(代序)' '관백(關白)의 차서(次序)' 그리고 '대마도주(對馬島主)의 세손(世孫)' 등 직접 관계깊은 사항을 따로 기재하는 것이 보통이었다. 이렇게 따로 된 요약 서술인 문견록은 물론 보고용이지만 일기체로 된 기행 서술도 나날의 사실 외에 사행들이 문견한 일본의 사정과 일본인의 생활상이 구체적으로 기술되는 경우가 많았기 때문에 결국 이 일기 부분도 보고의 성질을 띠게 되는 것이었다.

『해행총재』에 수록된 일본 기행문들은 그 목적이 위와 같기 때문에 일반 지식인들이 읽어볼 수 있는 기회는 적었던 것으로 짐작된다. 주로 관부에 수송되었고, 또 제한된 사람들 사이에서만 초사(鈔寫)로서 통행되었으며, 그것이 일반인 독자를 위해서 인쇄되어 간본으로 통행된 일은 드물었던 것으로 보인다. 앞에서 언급한 바와 같이 홍계희가 정사로서 일본에 사행가게 됨으로써 이전까지의 일본 기행문들을 묶어서 참고로 삼으려 했고, 이것을 다음 사신인 조엄이 또한 초록하여 유포가 된 것이다.

기행문들이 이렇게 주로 참고용 자료로서 또는 보고용 기술로서 쓰여지는 것이기 때문에 그 서술 내용은 자연 공적인 자세와 견해를 반영하는 것이 되었다. 개인적인 특이한 견해나 감정은 드물 수밖에 없었다. 사행의 정사(正使)·부사(副使) 및 종사관(從事官)의 이른바 삼사(三使)의 이름으로 된『해사록』『동사록』은 이리하여 개인적 감정이 되도록 억제된, 말하자면 획일적인 내용을 가진 것이 많다. 이에 비해서 그 아랫사람들의 기행에는 분방한 서술도 더러 나올 경우가 있으니 문장으로 이름있던 제술관 신유한이 쓴『해유록』은 이미 그 책명에도 사행을 뜻하는 '사(槎)'자가 없이 '유(遊)'자를 넣었거니와 도중의 풍물 습속의 묘사도 생생하고 오사카(大阪) 등지에서의 여색에 관한 서술 등은 타서에서 찾아보기 어려운 생동감을 보여준다.

일기류에 부재된 문견별단 또는 문견잡록들은 제도 문물을 요약해서 서술한 것으로서 중요한 지견을 제공하는 것이기는 하나, 전차(前次)의 것을 그대로 전사한 부분이 허다히 있음은 인지해야 할 일이다. 그러나 이런 문물이 시기적인 변화가 별로 없는 것이기 때문에 있을 수 있는 일이라고 볼 수도 있다.

Ⅲ. 군 왜

일본과 일본인을 '왜(倭)'라고 부르는 것은 고대 중국에서 비롯되었는데, 그 기원은 고대 일본인들의 자칭 명사가 '와''왜'의 음을 가졌고 여기에 왜(倭)라는 자면(字面)이 배당되었을 가능성이 있다. 중국 측의 사서(史書)에는 3세기의 '왜인(倭人)'에 관한 서술이 나오고 일본 자체의 고사기(古事記)에도 왜라는 용어가 쓰이고 있다. 8세기 무렵에 당과의 접촉에서 일출처(日出處)를 뜻하는 '일본'이라는 국호를 자칭하게 된 이후에도 자타가 모두 왜라는 호칭을 관용하고 있었던 것이다.

그러나 왜라는 문자는 왜소(矮小)하다는 뜻도 들어 있기 때문에 모멸적인 느낌을 면하기 어려웠고, 특히 왜구(倭寇)들이 동아시아해안 지역들을]노략질한 이후로는 증오하는 감정까지 포함된 명칭이 되었다. 조선에서는 임진왜란을 거치면서는 왜(倭)라는 글자에는 더욱 강한 증오·모멸의 뜻이 담겨지게 되었다.

조선조에서는 공식 명칭으로 왜를 사용하는 경우도 많이 있었다. 왜인(倭人)·왜선(倭船)은 말할 것 없고 제도로서도 '왜관(倭館)'이나 '왜학(倭學)'이 있었으며 일본서 파견되어오는 사신을 '차왜(差倭)'라고 불렀었다. 그러나 왜자는 일본인 자신들은 아순(雅順)하지 못한 모욕적인 명칭으로 받아들였고, 일반적으로는 '대화(大和)' '화(和)' 또는 '일본'의 호칭을 사용했었다. 따라서 부산포의 왜관도 그들은 '화관(和館)'이라고 표기하였었다.

그러나 조선의 통신사 일행은 일본으로 들어가서도 상하 모두가 입에 익은 왜의 표현을 썼었고 일본이라 부르는 경우가 오히려 극히 드물었다. 사행의 기행문에도 그러하였다. 본래 통신사행이 일본 들어갈 적에 사신이 사행 역원들에게 타일러 주의시킨 속에서도 저들을 함부로 멸시·조소하지 말라고 주의까지 주고 있다(曉諭員役文,「一. 彼人切勿輕侮嘲笑 待以忠信誠心 呼以日本人 亦勿爾汝斥呼事」, 趙曮, 『海槎日記』,

筵話, 癸未8月初3日條).

그런데도 사행의 기록에서도 일본이라는 자면이 나오는 일이 거의 전무하며, 서울인 교토는 '왜경(倭京)'이고 사행에게 시중들든지 접촉하는 일인 직원들은 모두 '관(官)'이나 '인(人)'자 대신에 '왜'자를 붙여서 부르고 있다(大差倭·裁判倭·護行倭·禁徒倭·支持倭·都船主倭·格倭·卒倭·下倭 등등). 일인 남녀를 일반적으로 일컬을 적에도 '남왜(男倭)' '여왜(女倭)'로 하는 것이 오히려 보통이었다.

이에 대하여 일본인들은 적지 않은 불만을 품었었다. 숙종 45년(1719) 통신사에 제술관으로 갔던 신유한의 기록에도 그가 에도 객사(客舍)에 있을 적에, 대마도번의 유자(儒者)로서 사행에 수행해 온 조선어에도 능통한 아메노모리 호오슈우(雨森芳洲)가 조용히 말하기를 귀국인의 문집 같은 데서 일본을 언급한 것을 보면 반드시 '왜적' '만추(蠻酋)' 등의 자를 써서 형언할 수 없이 모욕하고 있다고 항의하자 신유한이 도요토미 히데요시(豊臣秀吉)로 인한 종사(宗社)의 수치와 재난에 대한 원한에서 나온 것이라 대답하자 아메노모리는 다시 그것은 이해되나 오늘에 이르러서도 사행의 종자들이 우리나라 사람들을 반드시 왜인이라고 부르고 있으니 하배에게 명해서 일본인이라 부르도록 해달라고 요청하고 있다(『海遊錄』, 附聞見雜錄).

단순히 '일본 사람들'이라는 것을 중인(衆人)·제인(諸人)이라고 해도 될 것을 기행문에서는 거의 언제나 중왜(衆倭)·제왜(諸倭) 또는 군왜(群倭) 등으로 표현하고 있다. 신유한은 학문과 문장이 뛰어나서 제술관이었고 삼사(三使)와는 달리 더 자유롭게 관찰·서술할 수 있었기 때문에 그의 유려한 기행문인 『해유록』은 일찍부터 박지원의 『열하일기』와 더불어 기행 문학의 쌍벽으로 손꼽혀져왔거니와 근년에 이것이 일본어로 번역 출판되어 널리 읽히고 있다. 이 속에서 신유한이 항상 '군왜(群倭)'라는 표현을 사용한 것은 일본인들을 마치 짐승으로 간주하여 군견(群犬)·군우(群牛) 등과 같은 표현을 쓴 것이라고 일본인 독자들의 놀리움을 자아냈었다(司馬遼太郎, 『長安から北京へ』, 1976, 113쪽 및 鮮于煇

· 司馬遼太郎 등, 『日本理解への道』, 東京, 1983, 첫머리).

‘군왜’라는 표현은 신유한만이 쓴 것도 또 그에 의해서 비로소 씌어진 것도 아니고 일찍이 강항(姜沆)이 『간양록(看羊錄)』에서 사용해왔던 표현이다. 정유재란(丁酉再亂) 때 피로(被擄)되어 일본으로 끌려가서 온갖 고생 속에서 여러 가지 활동을 하다가 돌아온 그가 이 표현 속에 증오와 적개심을 담았다고 볼 수는 있다. 단순한 관용어로 별다른 생각없이 사용할 수도 있기는 하나, 군왜·중왜 라는 흔치 않은 표현에는 역시 어떤 가치 평가의 관념이 들어 있다고 볼 수 있다.

사실 통신사 일행이 일본에 와서 목격하게 되는 생활 풍습 속에는 유교적인 예절과 논리에 젖어 있는 면목에서는 도저히 참기 어려운 현상들이 보였던 것이다.

사행의 행렬을 구경나온 군중들 속에서 남녀가 서로 상열(相悅)하면서 조금도 부끄러워하는 기색이 없는 것이 해괴하고, 도시의 창루(娼樓)에서 기녀(妓女)들이 얼굴 붉히는 교태를 부리면서 호객하는 모습도 괴상하고, 특히 사촌간에도 남녀가 혼인을 한다든가 또는 형이 죽으면 아우가 그 형수를 처로 삼는다든가 하는 것은 “음예지행(淫穢之行) 변동금수(便同禽獸)”(『해유록』)라고 할 밖에 없었다.

사람들이 갖가지 귀신을 많이 숭상하고 전국에는 신사(神社)·불사(佛寺)가 수없이 깔려 있고 관·혼·상·제는 거의 불교식을 따르는 바가 많아 주자가례(朱子家禮) 같은 것은 찾아보기 어려웠다. 가족 의례뿐 아니라 국가 의례도 어처구니없었다. 광해 9년(1617)의 사행에 종사관으로 갔던 이경직(李景稷)이 교토에 있을 적에 천황의 아버지가 41세 때에 전위(傳位)하고 있다가 마침 어젯밤에 49세로 죽었는데 거애(擧哀)하는 절차가 없고 관직자들도 한번 가서 조문하고 분향할 뿐이며 관백(關白)도 또한 찾아가는 예의가 없고 다만 궁중에서 하룻동안 복(服)을 입을 뿐이라 하니 그 ‘금수지역(禽獸之域)’임을 이것으로 알아볼 수 있다고 극언하였다(『扶桑錄』, 8월 27일조).

그리고 영조 40년(1764)의 사행에 서기로 수행했던 김인겸(金仁謙)이

지은 장편인 「일동장유가」에는 일본의 번성함과 도중의 사인(士人)들의 한시(漢詩) 요청이 성화 같음에 놀라면서도 일본인을 언제나 '예놈' '왜놈'이라고만 부르고 있는바(蘇在英, 「18세기의 일본 체험 — 日東壯遊歌를 중심으로」, 『崇實大學校 論文集』 제18집, 1988), 이는 일본인들의 생활 관습과 예절이 유교적인 기준에서 너무도 어긋난데 대한 비칭(鄙稱)의 뜻이 깃들인 것이었다.

결국 군왜라는 표현까지 나오게 된 '왜'자 고집의 배경에는 세 가지의 요인이 있었다고 보여진다. 첫째로 종래 실용되어오던 자면으로서 공식 명칭인 일본보다 더 간단하고 편의했다는 점, 둘째로는 왜구와 임진왜란 이래로 겪은 파괴·살육·모욕에 대한 증오와 원망의 표현이고, 셋째로는 일본인의 생활 풍습에 보이는 유교 관점상의 부도덕성에 연유한 멸시의 관념이다. 이런 결합으로서 왜의 호칭은 비단 통신사행 때에만 행하여졌던 것이 아니라 사실상 현대에 이르기까지도 존속하였으며, 병자수호조약 이후 근대 국교가 시작되어서야 倭字를 버리게 되었다. 김기수(金綺秀)의 『일동기유(日東紀遊)』(1876), 박영효의 『사화기략(使和紀略)』(1882) 등 수신사의 일본 기행문에서는 책명에서도 종래와는 다른 변화가 보인다.

Ⅳ. 의구(疑懼)와 갈등

통신사행은 일본측의 강한 요청에 의해서 조선측이 오히려 마지못해 허락해줌으로써 이루어지는 사행이었기 때문에 조선 사행은 일본에서 극진한 대우와 융숭한 대접을 받는 것이 보통이었다. 그럼에도 불구하고 사행은 처음부터 끝까지 위구감(危懼感)과 긴장감을 벗어나지 못하였으니 그것은 이른바 경파(鯨波)의 해로 위험 때문뿐 아니라 일본측과의 응대 절차상의 끊임없는 갈등 때문이었다. 고래로 사행은 군명(君命)을 욕되게 하지 않는 것이 최상의 목표이었는데, 조선측이 중앙 집권적인 단일한 관료 체제를 가진 데 대해서 일본은 대마번이라는 중간 매개에서부터 시작해서 각 태수[大名]들을 거쳐 막부 관백에 이르는 복잡한 체제를 갖고 있었기 때문에 이에 대응하는 적절한 의절(儀節)의 설정이 극히 까다로운 일이었다.

이리하여 의절상의 사소한 듯한 불일치가 커다란 문제로 확대되는 예가 비일비재하였다. 예컨대 임진왜란 직전에 황윤길(黃允吉)·김성일(金誠一)의 사행이 대마도에 이르렀을 적에 전상(殿上)에 앉아 있는 조선 사행 앞에 대마도주가 정문을 통해서 가마를 타고 직접 계전(階前)까지 와서 내리는 모습에 분개한 부사 김성일이 자리를 박차고 나와서 문제가 되어 결국 이 일은 대마도의 교군(轎軍)의 잘못으로 돌려져서 그를 처형하는 가혹한 조치로서 일단 매듭되었고, 그 뒤에도 에도에서의 관백의 접견에서의 배례 문제, 국서(國書)의 문면의 문제 등등은 더욱 중요한 일로서 끝없는 갈등을 빚어냈던 것이다.

한편 일본측의 환대에 대해서도 이를 그대로 받을 수 없는 갈등을 사행들은 느꼈을 것으로 보인다. 본래 사행을 요청한 의도의 하나는 일본의 부력(富力)과 무위(武威)와 기예(技藝)를 대내·대외적으로 과시하려는 것이었고, 따라서 훌륭한 관사를 신축하고 길을 넓히고 새로 닦았음은 물론이고 되도록 사행을 고대(高大)한 사원이나 호화판 저택으로 관광시키려고 온갖 노력을 하였다. 인조 14년(1636)의 통신사(정사 任絖, 부사 金世濂)에 대해서 도쿠가와 이에미쯔(德川家光)는 니꼬(日光)의 동조궁(東照宮)을 관광토록 강권하였는데 이 동조궁은 막부의 초대 장군 도쿠가와 이에야스(德川家康)를 제사 지내기 위해 호화를 극한 장식으로 지은 신궁(神宮)이었으며 이 해에 막 완공하였던 것이다. 사행의 도중의 숙박처로서 새로 일광산(日光山) 아래 보리밭을 없애고 수백 칸의 집을 수만 냥을 소비해서 지어놓았기 때문에 강권에 못 이겨 이를 구경하고 온 사행에게 백금 80매를 선사했는데 물론 사양하였다. 또 이 사행이 귀국하는 길에 에도에서는 사람을 보내어서 황금 70정(錠)을 보내왔는데 이는 사행이 남겨놓은 쌀과 찬물(饌物)을 현금으로 다시 바꾼 액수인 것이다. 이것을 받느냐 않느냐의 대립된 의견들이 있었으나 결국 이를 받기는 하되 얕은 강물에 던져넣기로 결정하였다. 이리하여 며칠을 가서 하마마츠(濱松) 근방의 '금절하(今絶河)'에 이르러 역관과 군관을 시켜 물 속에 던져버렸으니, 이는 수행하는 대마도인들로 하여금 "우리가 물건에 연연하지 않음을 알게 하고 동시에 유용한 물건을 헛되이 버리지는 않음"을 알게 하려는 의도에서였다(金東溟, 『海槎錄』, 정축년 정월 10일조).

이 행위는 이후의 통신사행에 대해서 하나의 교훈이 되었으며 이 강은 '금절하(今絶河)'로 불려져서 뒤의 사행들의 시제(詩題)가 되어왔다 숙종 8년(1682)의 정사(正使) 윤지완(尹趾完)의 역관으로 수행하였던 김지남(金指南)의 『동사일록(東槎日錄)』에도 (임술 8월 13일조) '금절하'에 다달았는데 여기는 옛날 우리 사신들이 회환(回還)시에 받은 금품을 모조리 강에 던졌다 해서 속칭 '투금포(投金浦)'라는 이름도 생겼다고 기술하고 있다. 다만 황금을 하천에 던져 넣었다면 그것들이 그뒤 누구에 의해서 건져져 어떻게 사용되었는지도 언급이 되었어야 할 일이었다. 그러나 사행이 명분을 얼마나 소중히 하는가를 단적으로 보여주는 예라 하겠다.

떳떳하지 못한 선물의 문제보다 더 심한 갈등은 도요토미 히데요시(豊臣秀吉)와의 관련에서 왜경(倭京)에 있는 대불사(大佛寺)를 관람하는 문제에서 일어났다. 광해 9년(1617, 정사) 오윤겸(吳允謙)이 통신사로서 교토에 다달아서 거기의 후시미성(伏見城)으로 장군 도쿠가와 히데타다(德川秀忠)를 찾아가서 상면하고 이어서 대불사로 갔었다. 여기에는 장군이 일행 하인들을 위해서 음식을 마련해놓았으니 잠깐 들러 하인들을 공찬(供饌)하고서 가도록 하였다는 것이다.

거기의 대불상은 고(高)가 10여 장, 광(廣)이 4, 5장이요 한 손바닥의 크기가 방 한 칸은 되는 것이고 기타 불상과 전우(殿宇)가 극대하여 실로 일기관(一奇觀)을 이루어서 사신들을 놀라게 하였다. 그런데 사전(寺前)에는 고분과 석탑이 있는데 도요토미 히데요시가 임란시에 잘라온 조선인의 이비(耳鼻)를 묻는 곳이라 하니 일행은 통분함을 이기지 못하였다. 이날 장군 히데타다(秀忠)를 배(拜)하고 또 이총(耳塚)에 끌려나오고 해서 사행의 종사관 이경직은 "후시미성에 다녀오니 기운이 곤할 뿐 아니라 이 원수들을 만나니 처음 몰랐던 것은 아니나 억울함이 사무쳐 내음이 놀라고 쓸개가 찢어지는 듯, 돌아와 먹기를 그쳤다"(『扶桑錄』, 丁巳 8월 26일조)라고 한탄하고 있다.

대불사의 관광 요청은 그 후에도 문제가 되었다. 효종 6년(1655, 을미)의 통신사 조행(趙珩)의 사행(使行)도 대불사의 거대한 좌불과 장곽(長廊)에 배립하는 3만 3천 3백 33금불을 보고 왔는데 이것은 도쿠가와 이에야스(德川家康)가 도요토미 히데요리(豊臣秀賴)로 하여금 재부(財富)를 마손(摩損)시키기 위해서 유인해서 창건시킨 것이라는 소문을 들었을 뿐(南龍翼, 『聞見別錄』, 倭京條) 별달리 임란시의 분욕스러운 관련이 있다는 데에는 언급이 없다. 이 이총과 대불사 방문에 관해서는 강항의 『간양록』에도 그렇게 분한 사연이 몇 차례 언급되어 있으니 후의 사행들이 몰랐다고는 할 수 없을 것이다.

또 숙종 8년(1682, 임술) 윤지완이 사행갔을 적에도 대마도주는 전대의 사행들이 모두 가보았다는 전례를 들고 대불사를 가볼 것을 요청하여 구경하고 돌아왔는데 역시 거대한 불상이 있다는 사실 이외에는 다른 언급이 없다(金指南, 『東槎日錄』 및 洪禹載, 『東槎錄』의 壬戌 9월 26일조).

그러나 숙종 45년(1719, 기해) 홍치중(洪致中)이 사행으로 갔을 때에는 드디어 대불사 관람이 말썽이 되었다. 왜경(倭京)에 도착했을 때 일본측은 "옛부터 사행이 돌아오는 길에는 반드시 대불사에 들르는데 관백이 미리 지방관으로 하여금 주찬(酒饌)을 준비케 하였으니 내일 아침에 왕림해달라"는 요청이 왔다. 그러나 이번 사행은 "우리가 본국에 있을 때 평소 들으니 대불사는 히데요시(秀吉)의 원당(願堂)이라 하나 이 적은 우리나라 백년의 원수로서 의리상 하늘을 함께 질 수 없는 터인즉 어찌 그의 절에서 술을 마실 수 있겠는가. 후의를 사절하겠다"고 거절하였다.

이에 당황한 일본측은 원당 사실은 모르는 일이라고 우기면서 종일 간청하였으나 사행은 완강히 거절을 거듭하였다. 이에 일본측은 다음날 『일본 연대기(日本 年代記)』라는 비장의 일본사적(日本史籍)을 들고 와서 거기에 대불사가 도쿠가와 이에미쯔(德川家光) 때에 와서야 중건되었다고 기술된 것을 증거로 해서 도요토미 히데요시와 관계가 없다는 것을 제시하려고 했다. 대마도 유자(儒者) 아메노모리 호오슈우(雨森芳洲)까지 이 설득에 적극 가세하였다. 정사와 부사는 이리하여 다음날 대불사를 구경하였으나 종사관 이명언(李明彦)만은 불가하다고 끝내 거절하였다(申維翰, 『海遊錄』, 乙亥年 11월 1일~3일조).

대불사를 반드시 사행들에게 관람기키겠다는 일본측의 의도에는 단순히 거대한 불상과 큰 사우(寺宇)를 자랑하겠다는 뜻만은 아니었던 것은 분명하다. 은연중에 임란 때의 위세를 보이려는 속셈이었음에 틀림없다. 교토의 동산록(東山麓)에 있는 대불사 즉 방광사(方廣寺)는 도요토미 히데요시의 소원에 의하여 1586년 이래로 조영(造營)되어왔으며 지진 등으로 크게 파손되었다가 도쿠가와 이에야스가 도요토미 히데요리(豊臣秀賴)에게 권유해서 재건을 시켜 1611년에야 대불전이 다시 등장했는데 이는 도요토미 히데요리(豊臣秀賴)의 원당임이 틀림없다(上田正昭, 「朝鮮通信使と雨森方洲」, 『江戸時代の朝鮮通信使』, 東京, 1979 所收). 아마 비장의 사서(史書)라는 『일본 연대기』라는 책도 어디서 어떻게 나왔는지 의심스러우며 따라서 종사관은 끝내 이를 인정하기를 거절했고, 그리고 정사·부사는 혹은 그 연대기의 기술이 가짜인 것을 짐작을 하고도 모른 척하면서 관람 강권을 타협적으로 받아들인 것이 아닌가 하는 의심도 든다.

아메노모리 호오슈우 자신도 후년(1728)에 생각을 달리하여 『교린제성(交隣提醒)』이라는 책을 써서 그 속에서 조선 사신에게 대불사를 들러보게 할 필요가 없음을 주장하였는데, 이를 보면 이때까지 일본측의 본의도가 무엇이었던가를 짐작케 한다. 아메노모리는 "한가지 목적은 이총을 보여주어서 일본의 무위를 나타내려는 것으로 들었사오나, 모두

표일(飄逸)한 견해라고 하겠습니다. …… 부처님의 공덕은 불상이 크다고 해서 더 많은 것이 아닐 터인데 유용한 재화를 소비하여 무익한 대불을 만든 사실은 이것 또한 [조선 사신이] 조소하는 일단이 되오며 이총(耳塚)이라 하더라도 도요토미(豊臣) 가(家)에서 명분 없는 전쟁을 일으켜서 양국의 무수한 인민을 살육하였던 것이기 때문에 공연히 그 포악만 다시 나타낼 뿐으로 자랑 [華燿] 하는 데에 보탬은 되지 않고 모두 아국(我國)의 불학무식(不學無識)만 나타내는 것밖에 되지 않습니다.” 라고 주장하였던 것이다(上田正昭, 上引論文 所引 및 李慧淳, 「申維翰의 海遊錄硏究」, 『崇實大學校 論文集』 제18집, 1988).

기해년(1719) 사행 때의 대불사 관광은 억지로 이루어지기는 하였으나 너무 말썽이 되었기 때문에 관백도 이를 듣고 있었으며 다음 사행인 영조 24년(1748, 무진) 홍계희의 사행 때에도 대불사 연향(宴饗)의 절목(節目)을 아예 빼버렸다. 그때의 종사관 조명채(曺命采)는 일본의 책『삼재도회(三才圖會)』를 보고 이총과 히데요시(秀吉) 원당인 대불사를 알고서 전사행(前使行) 때에 호행왜(護行倭)가 간악하게도 ‘위사(僞史)’를 만들어낸 것이라고 지적하고 있는 터였다(『奉使日本時 聞見錄』坤 聞見總錄, 「倭京」條).

주객간의 갈등은 끊임없었고 사행의 각급 사람들 사이에서도 끊이지 않았다. 그 중에서 가장 현저한 사건은 갑신년(1764) 조엄의 사행에서 훈도 최천종(崔天宗)이 피살된 일이다. 정사는 사자(死者)의 장례에 필요한 옷·이불 등 물품은 하나도 왜국품(倭國品)을 사용치 못하도록 하고 거의 1개월을 오사카에 주저앉아서 의구와 초조 속에서도 범인의 색출과 처형을 본 다음에야 귀국길에 오르는 단호한 태도를 보이기도 하였다.

Ⅴ. 은성(殷盛)과 정제(整齊)

어느 사행이고 일본에 대한 인상으로서는 두 가지의 상반되는 측면을 가졌던 것으로 보인다. 일인들의 인간관계와 생활 습속이 유교적인 예절에서 크게 벗어나서 야만과 같은 행동을 하고 있어서 금수와 같다고 하는 극단적인 표현을 서슴없이 사용하는 경우가 그 하나이고, 다른 한편으로는 나라가 은성(殷盛)하고 기예가 정교하고 생활이 질서 있고 청결하다는 등의 찬양적인 서술을 한 경우이다.

물론 일본 것이 더 못하다는 기술도 있다. 임란중에 1596년 명나라 사신과 함께 일본으로 건너갔던 황신(黃愼)은 도요토미 히데요시를 만나 국서를 전달하려고 온갖 헛된 교섭 노력을 하면서도 일본의 대체(大體) 형세에 관한 서술을 하였는데, 왜국의 넓이가 우리나라보다 약간 크지마는 명산대천의 험고(險固)함이 없어 "풍토물산이 모두 우리나라만 못하다(俱不及我國)"라고 단정했다(『日本往還日記』, 말미의 개략 서술). 그러나 여기의 '물산'이라 함은 자연으로 산출되는 곡식·과일 등을 뜻하는 것이어서 이런 것은 우리보다 못하다 하였지마는 다른 일반 현상들에 대해서는 특이점만 객관적으로 약술할 뿐 이렇다 할 평가는 하지 않고 있다.

그러나 다른 사행의 경우는 거의 모두가 일본의 관사(官舍)나 신궁·사원의 건물이 훌륭하고 화려하며 민가도 누층(樓層)을 이루고 깨끗하다는 것을 거듭 말하고 있다. 관우(舘宇)가 수백 칸이 되어 좁은 복도가 끝없이 연결되어 들어가면 길을 잃을 지경이고, 각주태수(各州太守) 아래에서 봉사하는 관리[奉行·裁判]의 집들조차도 극히 거대·화려하여 우리나라의 재산가도 이에 미치지 못할 듯하니, 이는 아마도 일본의 관리들은 세습이기 때문에 그런 것 같다는 풀이도 나오고 있다(조엄, 『海槎日記』, 계미 11월 5일조). 그리고 상하의 제한도 없어서 고관은 물론이고 상인들도 부(富)한 자는 얼마든지 좋은 저택을 갖고 있는 것이 인상적이었던 것으로 보인다. 사원이나 저택의 아름다운 정원에는 이름모를 아름다운 '기화요초'들이 잘 가꾸어져 있다고 감탄하고 있다.

민가의 청정함도 깊은 인상의 하나인 듯 조엄은 민가에 들어가 보아도 매우 정결하고 시원했다고 감탄했는데(갑신 정월 12월조) 조선정사를 맞이하게 한 민가이니만큼 특별히 정결했을 것임은 말할 것 없겠으나 일반 다른 민가도 그렇게 보였다. 방안이 정결하며 더러운 것은 곧 밭에 묻어버리니 더운 여름에도 파리와 모기가 드물다고 놀라며 사람이 들어가 누울 수 있는 모기장을 치는 것도 신기하였다. 특히 사람들이 목욕을 좋아해서 겨울에도 목욕을 하고 거리에 공중탕이 있어 돈 내고 들어가며 민가에도 변소 옆에 목욕탕이 있어서 사후에 씻도록 하는 것이 깊은 인상을 주고 있다.

기율과 질서가 엄하다 함도 또한 주목할 만한 일이었다. 조선통신사의 일행이 지나가는 것은 백성들로서는 일생에 두 번 못 볼 구경거리이기 때문에 오사카(大阪)・교토(京都)・에도(江戶) 등의 큰 도시에서는 원근에서 모여든 수많은 구경꾼이 길 양측에서 구경하는데 시끄럽게 떠드는 일이 없다. 정사 조엄은 에도에 들어갈 적에 구경나온 사람을 몇십만 명으로 추산하였으며 이들이 모두 침묵하여 떠드는 자가 없음을 이상히 여겼다. 수일 후에 관백(關白)에게 우리 국왕의 명을 전하는 의식을 거행할 적에 우리 원역(貟役)들에게 특별히 신식해서 지금까지 우리 일행의 상하가 분잡하고 떠들썩한 폐단이 많았는데 이번에는 문란한 행동을 해서 비웃음을 사는 일이 없도록 하라고 당부하였으나 과연 좋은 효과가 있을지는 알 수 없다고 자신없는 소리를 하고 있는 형편이었다(갑신 2월 16일 및 26일조).

조선통신사가 지나가는 지역의 주민에게는 일본측은 특별히 엄명을 내려 집앞 청소와 정리, 열려 있는 대문 안에 막과 병풍 등을 치고, 2층에서 구경할 적에는 발[簾]을 치고 안에서 볼 것이며, 구경꾼은 성장(盛裝)하고 나오되, 손가락질이나 웃는 일이 없도록 특히 단속하였던 것이다(芳賀登, 『日本文化交流史の硏究』, 東京, 1986, 129~30쪽 및 142~57쪽에 1682년 및 1748년의 고시문이 소개되어 있음).

사신 일행은 해로로 오사카에 도착해서 육로로 가기 때문에 복선(卜船) 50여 척에 싣고 왔던 공사예단(公私禮單)은 따로 에도로 탁송하는데 인삼과 비단 같은 값진 것도 들어 있으나 왜인들은 전례로 보아 신뢰할

만하여 염려가 없으니 이런 점은 우리의 간민(奸民)들이 미치지 못한다
고 고백하였고 그 뒤 에도에 도착해 보니 과연 하나도 유실함이 없으니
왜인들이 비록 불가신(不可信)이나 이런 점에서는 그 기율의 엄함을 알
수 있다고 탄복하고 있다(갑신 정월 23일 및 2월 17일조).

  기율의 엄혹함은 행동에도 나타나서 상급자에 대한 엄한 부복(俯伏)
언동이나 또 형벌에 태장(笞杖)이 없이 참사(斬死)가 예사라는 데서도 나
타난다. 그리고 백성들이 간혹한 규율 속에서도 불만이 적은 것은 농민
들이 조세만 바치고 나면 그 밖에는 빼앗기는 것이 없고 모든 노역에는
값을 지불해주며 통신사행을 위해서 집을 짓고 길을 닦고 짐을 나르고
도하시(渡河時)에 수천 명씩 동원될 적에도 모두 품삯을 받기 때문에 기
율이 지켜진다고 보고 있다.

  일본인들은 체력으로는 우리의 최하자(最下者)와 비해서도 못한 편인
데도 우리 땅을 짓밟은 것은 단지 칼과 총에서 우리보다 나아서일 뿐 아
니라 그 법령이 엄혹해서 물불도 가리지 않고 뛰어들게 하는 것이니 우
리의 오합지병(烏合之兵)이 적수가 못된 것도 이상할 것 없다는 견해를
숙종 37년(1711)의 부사 임수헌(任守軒)은 개진하고 있다(『東槎日記』
『海外記聞』).

  규격이 일정하고 정밀함도 여러 사행들이 지적하고 있다. 영조 24년
(1748)의 종사관이었던 조명채(曺命采)는 일본이 외국 내침의 우려가 없
고 옥야천리(沃野千里)하여 "가위 낙토낙국(樂土樂國)"이라고 하고서 "그
네들의 하는 일이 정정연(井井然)하여 모두 법도가 있으며" 도·량·형
이 전국이 하나 같고 "촌무기회(村無棄灰) 분예불견(糞穢不見)"이라고
칭찬하였다(『奉使日本時 聞見錄』). 이 점에 대해서 신유한의 『해유록』
은 더 자세하게 언급하여, 궁실지제(宮室之制)가 극히 정치하며 집의 미
닫이도 규격이 같고 방 한 칸마다 돗자리 석 장을 깔아서 조금도 어긋남
이 없으니 미닫이와 돗자리가 떨어진 것이 생겨도 다른 곳의 것으로 보
충하더라도 부절(符節)을 합한 것처럼 맞으니 "나라 안에서 쓰이는 물품
의 척도가 정확한 것을 알 수 있다"라고 감탄하였다. 이보다 일찍이 남

용익(南龍翼)은 궁실(宮室)의 건조 방식까지 간단히 언급하면서 민가에서도 규격이 일정하고 반침 욕실 등이 잘 되어 있음을 말하였다(『聞見別錄』, 1655). 이렇게 전국의 규격이 동일하다는 장점에 대해서 『해유록』을 읽은 정다산은 신유한이 일본의 정교한 방롱(房櫳)의 제도에 대해서 더 자세하게 서술하지 않음을 안타깝게 여기고 있다(『丁茶山全書』上(一集四卷), 詩文集, 跋申維翰 海槎聞見錄).

Ⅵ. 서적의 보급

일본인들 사이에 문자의 보급이 넓다는 것에 대해서도 의견이 일치한다. 일찍이 신숙주가 일본과 유구(琉球) 등의 국세(國勢)에 관해서 저술한 『해동제국기(海東諸國紀)』(1471)에서 "無男女 皆習其國字 惟僧從讀經書如漢字"(『國俗』)라고 하였는데 남녀의 구분 없이 그 국자(國字)를 익힌다는 사실은 당시로서는 하나의 경이였을 것이다. 다만 한문은 승도(僧徒)만이 읽지마는 그러나 그들의 '가나(假名)'문자는 누구나가 읽는다는 말이다. 그 2백년 뒤 효종 6년(1655)에 종사관으로 사행갔던 남용익이 남긴 『문견별록』에서는 한걸음 더 나아가서 "無男女貴賤 皆習其國字"라고 해서 남녀와 귀천의 차이 없이 누구나가 우리나라 언문과 같은 오십 개의 일본자를 가지고 기록하지 못하는 말이 없고 모두가 익히고 있다 하였다. 그러나 한문을 아는 자는 오직 승도와 몇몇 문사들이며 그들의 한시는 아주 졸하다고 보았다. 그런데도 백성 누구나 서화를 좋아하여 회화는 잘 그리고 글은 아국인(我國人)이 쓴 것이면 편자척구(片字隻句)도 보배로 생각하며 심지어 통신사 일행의 하배들이 흘려쓴 초서까지도 다투어 얻으려 한다고 하였다.

그런데 인조 14년(1636)의 부사 김세렴(金世㻩)(東溟)은 그의 『문견잡록』에서 "其俗 自天皇至庶衆 不識字 凡百文書 惟僧主之"라고 하였는데, 이 '불식자(不識字)'라는 것은 한문을 하지 못한다는 뜻이며 '가나'까지 포함하는 것은 아니었다. 그들의 '가나'의 사용은 넓었으나 한문의 보급은 극히 제한되어 있었던 것이다.

그런데도 서적과 출판의 보급은 놀랄 만하였다. 강항(姜沆)이 본 바로는 일본의 장사들 가운데는 문자를 해(解)하는 자가 하나도 없는데도『무경칠서(武經七書)』는 누구나 인본(印本)을 수장하고 있으나 반행(半行)을 통독한 자도 없는 실정이었다(『看羊錄』). 그러나 30여 년 후에 사행갔던 김세렴은 "일본 장사들은 반드시『무경칠서』를 배우며 언문으로써 번역한다" 하였으니 역본으로 읽었음을 알 수 있다(『문견잡록』).

일본에서는 자국 서적의 출판이 성했음은 물론이고 타국 서적의 구득(求得) 그리고 복간(複刊)도 성했음을 통신사행들 여럿이 기술하고 있다. 남용익의『문견별록』에서도 "일본에서는 중국의 서적들은 거의 모두 유포되고 있으나 이해하는 자는 절소(絶少)하다"고 하였고, 신유한이 귀국할 적에 일본서 '한당서(漢唐書) 백 권'을 사서 가져온 바도 있다(『海遊錄』, 경자 정월 1일조).

타국서의 출판에는 우리나라 책도 많았다. 김세렴은 일본의 인행책판(印行册板)으로서 우리나라 책을 복각한 것이 많았고 그 태반은 임진왜란의 침략했을 때에 얻은 것이며, 거리의 서점에도 이런 것이 차 있다고 하였다. 또 우리나라 책은 수백 가지이고 남경의 상인들을 통한 것이 수천 가지이며, 고금의 이서(異書)와 백가(百家)의 문집으로서 민간에서 간행된 것이 우리나라의 십 배도 넘는다고 하였다(『聞見雜錄』).

출판 사업의 기민함에는 놀랄 수 밖에 없었다. 신유한이 도중에서 삼서기(三書記)와 더불어 日僧 탄 쵸오로오(湛長老)와 시를 창화(唱和)했었는데 그 후 에도를 다녀서 귀로에 들렀더니 이미 오사카에서 이 시편들을 인행하여『성사답향이권(星槎答響二卷)』이라는 책이 되었다고 보여주는 것이었다. 계산해보니 한 달 안에 인행이 된 셈이다. 또 도리야마(鳥山頭輔)라는 사람이 자기가 지은 시집인『지헌집(芝軒集)』을 보여주어서 서문을 청하기에 그 사람됨과 시재(詩才)를 보고서 서문을 써주었더니 여기 귀로에는 이미 각판(刻板)이 되어 나왔고 이 책이 그들의 천

황에게도 보여지는 영광을 얻었다고 자랑하는 편지를 보내왔었다. 이리
하여 "오사카(大阪)의 서적지성(書籍之盛)은 실로 천하장관(天下壯觀)"이
라고 단정하고 있다(기해 11월 4일조 뒤).

　일본은 자기네 책을 재빨리 간행할 뿐 아니라 중국·조선의 책도 없
는 것이 없었다. 오사카에는 "유지헌(柳枝軒)이다 옥수당(玉樹堂)이다 하
는 간판(看板)을 붙인 서림(書林)·서옥(書屋) 등이 있어서 고금백가(古
今百家)의 문적(文籍)을 저장하여 이를 印刊해서 팔며 쌓아두고 있고 중
국의 책과 우리나라 제현(諸賢)이 찬(撰)한 것이나 문집들이 없는 것이
없다"고 하였다(기해 9월 초4일).

　조선의 책으로서는 오사카에서는 『퇴계집』만큼 존숭을 받는 것이 없
어서 가가호호가 다 이를 외우며 제생(諸生)들이 필담할 적에는 반드시
『퇴계집』속의 어구를 가지고 제일로 삼을 정도였다. 그런데 가장 통탄
스런운 일은 김학봉 『해사록』이나 유성용의 『장비록』이나 강항의 『간
양록』 등의 책과 같이 양국간의 비밀스런 정황을 많이 담은 책까지 모
두 오사카에서 간행되어 이는 엿보는 적(賊)에게 실정을 고하는 것과 다
름없으며 역관들이 밀무(密貿)함이 한심하다고 개탄하고 있다(11월 4일
조). 이런 개탄은 신유한에서뿐 아니라 30년 후의 사행(1748) 때의 조명
채도 기록하고 있으니 "일찍이 들으니 우리나라 책 중에서 『징비록』
『고사촬요(攷事撮要)』『여지승람(輿地勝覽)』등은 전에 이미 일본에 들어
왔다 하는데 이제 들으니 『병학지남(兵學指南)』『통문관지(通文館志)』도
새로 이 땅에 들어왔다 한다. 이는 다 훈도와 별차(別差)들이 뇌물을 받
고서 구해준 것들인데 국법을 두려워하지 않고 이들이 농간하는 폐단이
이와 같으니 몹시 통분할 일이다"(『奉使日本時 聞見錄』, 무진 4월 13일
조). 그리고 임수간(林守幹)도 우리 책의 일본 유입에 대해서는 "왜인으
로서 부산의 왜관에 상주하는 자가 대략 천여 인인데 우리 서적은 야사
(野史)·여도(輿圖)·문집 할 것 없이 사가지고 가지 않는 것이 없다"고
개탄하고 있다(『東槎日記』, 「海外記聞」). 원래 외국에 대해서 책을 함부
로 내보낼 수 없는 일이었고 통신사행이 일본으로 갈 적에도 미리 금지

사항으로 시달되어 있던 터였다. "각양서책병서(各樣書册兵書)와 마땅히 조심해야 할 문자 등을 몰래 흘리고 사통(私通)한 자는 율에 의해서 엄히 다스린다"고 단속되어 있었던 것이다(조엄, 『海槎日記』, 「禁制」條).

그러나 한편으로는 조선 사행은 일본 문물에 대해서는 역시 편벽된 관심밖에 보이지 않았다. 일인들이 시문이 서툴면서도 조선 사신의 시와 서를 열렬히 구하는 모습에 사신들은 우월감을 느꼈을 뿐, 일본의 문물에 대한 관찰은 소홀함을 면치 못하였고 일인들의 저술에는 관심이 적었다. 강항 같은 사람은 피로(被擄) 생활 속에서도 일본의 역사에 관심을 가져 일본의 『국사편년(國史編年)』이나 일본역사책 『오처경(吾妻鏡)』을 연구하였으나, 뒷 시기에 사행으로 간 남용익은 『일본서기』 『속 일본기』 『풍토기』 『신사고(神社考)』 『본조육서(本朝六書)』 등의 서적을 보았으면서도 "怪誕駁雜하여 볼 수도 없다"라고 한마디로 무시해버리는 태도였다(『聞見別錄』, 「文字」條).

신유한의 사행에서 대불사의 관람 문제로 『일본 연대기』가 제시되었는데 이것이 무슨 책인지 분명치 않고 조명채가 지적한 것처럼 기해년의 호행왜(護行倭)가 조출(造出)한 '위사(僞史)'일 가능성이 높지마는 이런 일본 역사책에 대해서 사행들이 제대로 검토해본 것 같지는 않다. 다만 정사 조엄의 서기로 수행하였던 성대중(成大中)같이 "조선의 속(俗)이 협루(狹陋)하여 기휘(忌諱)하는 바가 많은 데 대해서 오히려 일본의 풍류문아(風流文雅)가 더 낫다"는 글을 남긴 사람도 있기는 하나(李元植, 「朝鮮通信使の訪日と筆談唱和」, 『韓』, 東京, NO. 110, 1988, 60쪽), 이런 경우는 오히려 드물었다고 할 수밖에 없다. 이리하여 오사카의 마쓰시타 켄린(松下見林, 1637~1703)이 『이칭 일본전(異稱日本傳)』을 편찬했을 때(1694년간)에는 그 인용서로서 『동국통감』을 비롯한 조선의 주요한 사서·법전·문집 들 15종을 이용하였지만, 이보다 한 세기 뒤의 한치윤(韓致奫)(1765~1814)이 『해동역사(海東繹史)』를 편찬할 때에는 중국서는 523종을 인용하였으나 일본서는 22종 밖에 이용치 않았고 그것도 주요한 것이라기보다 우연히 입수한 주변적인 것이 많았음을 보여준다(黃元九, 「韓致

齋의 史學思想」, 延大『人文科學』제7집, 1962). 다만 부사 임수간 같은 사람이 우리의 중요 서적만 일본으로 흘러들어가는 것을 개탄하여 자기도 사행갔을 적에 "고가를 주고 몰래 그 나라 사기(史記)를 사서 그 나라 흥폐(興廢)의 자취를 대략 볼 수 있었다"(『東槎日記』, 「海外記聞」)고 하는 정도였다.

원래 남의 나라 서적에 대해 관심을 갖는 것은 그만큼 그 나라 문화를 높이 보기 때문이다. 따라서 우리나라 서적이 일본으로 유입된다는 것은 우리의 문화가 그만큼 높이 평가된다는 것이고, 또 일본의 서책에 대해서 우리의 사행이나 식자가 관심이 적고 무래(貿來)하는 것이 적다는 것은 그만큼 일본 문화를 낮게 보고 관련성 적은 것으로 보기 때문이기는 하다. 그러나 상대국의 역사·지리와 국가에 관한 서적들이 일본에서 유별나게 많이 수집·간행되고 있다는 사실은 사행들의 주목을 끌었고, 또 우리나라로 유입되는 얼마 안 되는 일본 서책을 보고서도 성호(星湖) 같은 사람이 그 자판(字版)의 정제(整齊)함에 놀라서 있음은 역시 주목할 만하다.

Ⅶ. 천황의 위치

일본의 역사 문헌들을 조선으로 가져가서 깊이 考究해보려는 의욕은 보이지 않으나, 당면한 문제의 하나인 천황과 관백과의 관계에 대해서는 상당한 관심이 표명되고 있다. 이미 『해동제국기(海東諸國紀)』에서 '천황의 대서(代序)'가 자세하게 열기(列記)되었고 이와 더불어 '국왕의 대서(代序)'도 첨기되고 있으며, 장군은 국내에서는 국왕이라 칭하지 않으며 천황은 국정과 인국빙문(隣國聘問)의 일에는 전연 간여하지 않는다고 양자가 구별되고 있다.

1624년의 사행에 부사였던 강홍중(姜弘重)이 그의 『동사록』에서 천황의 위치와 역할을 간략하게 서술하여 "천황은 본래는 전권력을 장악하고 있었기 때문에 정변이 계속되었으나 미나모토노 요리토모(源賴朝)가 찬탈한 뒤로는 국사에 간여하지 못하고 권한이 없었기 때문에 일성(一姓)이 상계(相繼)하여 4, 5백년이 되었으며 관백이 사람들에게 관직을 주면 천황은 오직 발령인(發令印)을 찍는 일을 하며 그 '답인(踏印)'의 값으로 마(馬)·도(刀)의 명목으로 백금 수십 매씩을 받아서 일용에 쓰도록 한다. 천황은 매월의 전반부는 제계(齊戒)하여 제천(祭天)의 의(儀)에만 전념하고, 후반부에는 음락유희(淫樂遊戲)로 세월을 보내며 장자를 제외한 다른 자(子)들은 승(僧)으로 삼아 각사(各寺)에 보내어 승과 니(尼)를 만든다"(『聞見總錄』)고 하였다.

이런 서술은 그 후의 사행들이 대체로 그대로 답습하여 1636년의 부사 김세렴의 『해사록』에서도 거의 같은 내용이 있고(『聞見總錄』), 또 1711년의 임수간(부사)의 『동사일기』에서도 아무런 추가 기술없이 그대로 답습되고 있다.

그러나 1748년의 조명채의 기술에서는 종래의 피상적인 설명보다는 훨씬 한걸음 나아가서 실제 상황을 얻어들어서 이를 서술하였다. 그에 의하면 왜경(倭京)의 인사들은 문예를 숭상하면서 관백이 국정을 전달하고 천황이 호위(戶位)에 있음을 깊이 분통하게 여기고 있으나 에도의 무력이 워낙 강하고 막부 장군이 전국 "66주를 통제하여 각주태수(各州太守)들은 일년 건너마다 에도에 입번(入番)해야 하고 또 처자를 거기에 두어야 하기 때문에 감히 분노를 나타낼 수 없고 또 민간의 호걸지사(豪傑之士)가 없는 것은 아니나 왜직(倭職)은 모두 세습이기 때문에 수하에 병력을 갖지 못하고 있다. 그러나 태수들이 모두 노하고 거국(舉國)이 모두 분해하니 조만간에 국내에 변이 꼭 일어나지 않는다고 누가 장담하겠는가"라고 하였다(『奉使日本時聞見錄』, 「倭京」편). 또 조엄도 에도에서 관백에게 국서를 전달한 날짜의 일기(甲申, 1764년 2월 27일조)에 우리가 관백을 '일본대군(日本大君)'이라는 군(君)도 신(臣)도 아닌 부정한 명칭으로 상대하고 있으나 본래는 왜황(倭皇)을 상대했어야 하는데 한심한 일이라고 개탄하고서, 일본의 지각 있는 자 중에는 천황을 위해 울분해하고 관백을 비웃는 말을 하는 자도 있으나 과연 변혁이 있을 수 있는지는 알 수 없다고 하였다. 막부 관백에게 사행시 이국(異國)의 사신으로서 천황 측의 인물과의 접촉은 어려웠을 터인데 이런 정황을 포착 기술한 것은 그만큼 큰 관심을 가졌던 때문이라 생각된다. 그리고 또 18세기에 천황 존숭의 사조가 그들의 '국학' 흥기의 영향 등으로 점점 커져가고 있었다는 반영이기도 할 것이다.

일본에서 천황에 대한 충성과 막부 장군에 대한 불만이 고조되고 있다는 관찰은 조선에 전달되어서 이익(李瀷, 1682~1763)이 「일본충의(日本忠義)」라는 일편(一篇)을 쓰게 된 것은 아마도 이 조명채의 『문견록』을 보고서의 일로 짐작할 수 있다. 성호 이익은 여기에서 일본에 관해서 상당히 견식 있는 서술을 전개하였다. 서책을 두루 구비해서 우리의 『동국이상국집(東國李相國集)』조차 그들에게서 얻어 와서 복간했으며 그들의 간행 서책은 우리 책보다 자획들이 훨씬 정제하다. 대마도인은 간사하지만 일본 본토인은 정직하며 교활하기는 오히려 우리나라 사람들이 더할 것이다. 근래에도 장군의 세력이 강하고 교토 천황의 세력이 약한 것을 통분하게 생각해서 일을 일으키려는 충의지사가 있다 하나 힘이 모자란다고 하는데 혹 동북쪽의 하이인(蝦夷人)들과 연결해서 일어나 제후들에 호령하면 응하는 자 있을 수도 있지 않는가. 이렇게 해서 천황이 만약 국권을 장악하게 된다면 저쪽은 천황이고 조선 쪽은 왕국이니 어떻게 상대해야 할 것인지 걱정하였다(『星湖僿說類選』, 論史門).

Ⅷ. 맺음말

조선 시대 사람들이 일본에 관한 지견(知見)을 얻고 전달을 한 가장 중요한 매체는 조선통신사의 사행과 그들이 저술한 『해사록』류의 일기들이었다. 이 기행 문학들은 우리의 하나의 큰 문화 자산이 되는 거이며, 중국·일본에도 이와 비견되는 외국 여행 기록들은 없어 보인다. 그러나 한편 모두가 공식 사행의 일원으로 갔던 사람의 기록이라는 점에서 그 내용에서 틀을 넘어서 자유스러운 견해와 인상의 표명이 적다는 제약도 지니고 있다.

임란 후의 조선통신사들은 일본에 대해서 허심탄회한 자세를 지니기 어려웠던 두 가지가 있었다. 하나는 임란에서 입은 피해로 말미암은 적개·증오의 마음이고 또 하나는 유교적 기준에서 내린 평가에서 나온 멸시·우월의 생각이었다.

이로 말미암아 일본인들의 가족 관계나 관혼상제의 예절 및 제도 가운데서 유교적 기준에 심하게 어긋나는 것에 대해서는 금수와 같다는 등의 극단한 욕설을 서슴없이 퍼부었다. 또 한편 훌륭하고 아름다운 것에 대해서도 전폭적인 찬사를 보내는 데에는 극히 인색하여 호화찬란한 집이나 장식은 낭비가 심하다고 평하고, 사회 계급에 따른 가옥 건물의 차등이 없다는 데 대해서는 상하 질서를 모른다고 논하고, 왕로(往路)에 서로 창화(唱和)한 시가 귀로에는 이미 인행(印行)이 되어 나온 신속한 출판을 보고서는 "희사호명(喜事好名)의 습속"이라고 풀이하는 등이 그것이다. 일본을 낙토낙원(樂土樂園)으로 찬미하고 기화요초(琪花瑤草)들을 즐거워하는 태도도 없지는 않으나, 대체로는 일종의 트집과 같은 감정에서 완전히 벗어나기는 어려웠다. 여기에는 사신들이 사실상 일본 사회를 직접 보고 접촉할 기회를 갖지 못한다는 사실도 작용하였다고 보여진다. 일본의 관원들과의 직접 대화는 일어(日語)를 못 하는 사신에게 물론 불가능하였고, 필담도 보통 한문이 부족한 일인 관원과는 거의 불가능하였다. 따라서 접촉은 전적으로 역관에 의지할 수밖에 없었다.

그런데 수행하는 역관은 10명인데 일어에 달통한 자는 참으로 놀라울 만큼 드물었다. 수역(首譯)의 무리들의 말로는 왜어(倭語)의 물명(物名)을 적은 책이 사역원(司譯院)에도 있었는데 여러 손을 거쳐 전사하는 동안에 잘못이 생겼고 또 왜어 자체도 그 동안 변화되어서 옛날 책대로 말해서는 잘 통하지 않을 때가 많다는 것이다(조엄, 『海槎日記』, 1764, 계미년 12월 16일조).

영·정(英正) 시대에 중국으로 사행 갔던 사람들 사이에서 자기들이 견문한 청조(淸朝)의 실용적인 문물 제도를 배워들이자고 하는 '북학'의 논의가 일어났던 것과 겨눌 만한 그런 일본 문물 도입의 생각은 물론 처음부터 나올 수도 없었다. 정사 조엄이 고구마(甘藷)를 흉년에 대비한 훌륭한 식량으로 도입에 노력하여 자기를 문익점의 목면 도입에 비긴 일이 있고(『海槎日記』, 갑신 6월 18일조), 또 수차(水車)의 제도를 배우려는 시도도 있었으나, 그 밖의 제도 문물은 그저 좋고 훌륭하다고 인정은 하더라도 유교적인 우월감과 편견으로 말미암아 도입할 생각은 하지 못하였다. 그리고 조선조 후기의 대중국 열관들은 근대적인 개화에 적지 않은 공헌을 하였지만(李光麟, 「近世朝鮮政鑑의 諸問題」, 『韓國 開化史의 硏究』, 1969 所收), 일본을 내왕한 역관에게서는 그런 활동을 찾아볼 수 없다.

사행들이 여행 기록들을 쓰게 된 목적은 상부에 대한 보고용이라는 목적이 첫째요, 두 번째로서는 차후의 사행 갈 사람에 대한 참고 대조에 쓰일 목적이었으며 그 다음이 아마도 일반 식자들의 관심과 호기심을 채워주는 일이었을 것이다. 창화시(唱和時) 같은 것은 혹 널리 퍼지기도 하였을 것이고 또 『해사록』 중에서도 몇몇에는 남의 서문까지 있는 것으로 보아(김세렴 것에는 許穆과 또 한사람의 서문이 있고, 조엄 것에도 서문이 있음) 어느 정도 일반에 여본(與本)으로서 유포된 것으로는 보이지마는, 그러나 간인(刊印)되어서 널리 퍼진 동사록류는 없다. 역시 이런 보고·참고용 기행문들은 극히 제한된 일부 관계관과 후일의 사행자 들에게만 알려졌을 따름이며 일반적인 유포는 극히 적었다. 그것은 또 일반 식자가 일본에 대해서 특히 일본의 문물에 대해서는 거의 무관심하였음을 보여주는 것이다. 통신사 일행의 다수인이 일본을 9, 10개월씩 여행함으로써 얻은 문건들이 그대로 봉쇄사장(封鎖死藏)되는 것과 다름이 없었다. 오직 성호(星湖)나 다산(茶山) 같은 견식 있는 학자의 눈에는 포착이 되어 그들의 일본관의 형성에 도움을 주었던 것이다.

(제9회 발표, 1989년 2월 23일)

朝鮮朝 후반기의 한일관계
― 새로운 善隣關係 구축을 위해 ―

이진희(재일사학자)

Ⅰ. 머리말

21세기에 한국과 일본은 어떠한 새로운 관계를 구축할 것인가? 이 문제는 국민적 차원에서도 모색해야 할 긴요한 문제로 제기되고 있다.

그런데 근년에 나타난 원폭피해자에 대한 치료문제, 사할린 동포들의 귀국과 보상문제, 日軍人·군속이었던 한국인에 대한 보상문제, 그리고 정신대로 끌려간 여성들의 문제가 한·일관계를 또 다시 긴장시키고 있다. 이것은 1965년의 한일국교정상화가 일본의 사죄와 전쟁희생자들에 대한 보상 차원에서가 아니라 두 정부의 목전의 정치적 타협에 눈초리가 돌아간 결과, 개인에 대한 보상문제가 새로 제기된 것이다.

말하자면 전후처리가 올바르게 되지 못한 후유증이 이제와서 속출한 셈인데 임진왜란의 경우는 비교적 잘 처리돼 그 후 260여 년간 큰 문제 없이 선린관계가 지속되었었다.

21세기를 눈앞에 두고 우리는 서로 이해하고 양보하며 연대하는 좋은 관계를 구축해야 할 것이다. 이와 같은 오늘의 과제를 위해서도, 임진왜란의 전후처리 과정을 살펴보고 그 후의 선린관계가 두 나라의 정치·경제·문화 발전에 어떻게 기여했는가에 대해 알아보려고 한다.

II. 國交回復을 위한 交涉

임진왜란은 오늘에 까지 기억될 만큼 심대한 상처를 우리나라에 남겼다. 국토는 황폐화되고 인명의 피해도 형용하지 못할 정도였다. 우리는 상처를 치유하는데 1세기 동안 모진 고생을 해야 했었다.

한편 무모한 침략전쟁으로 도요토미(豊臣)정권은 정예병사의 태반을 잃었으며, 패전의 원인을 둘러싸고 무장들의 대립이 격화돼, 1600년 9월 세키가하라(關ケ原) 전투에서 도쿠가와(德川)측에 참패당했다.

세키가하라 전투 직후 도쿠가와 이에야스(德川家康)의 지시에 의해 쓰시마(對馬)의 소오 요시토시(宗義智)가 사신을 보내 화평 교섭을 요청했다. 그러나 일본에 대한 불신감으로 하여 사신을 감옥에 가두어 버린다. 그들이 再侵을 준비하기 위해 우리 政情을 살피러 온 것으로 판단했던 것이다.

宗이 임란 시 납치해 간 前刑曹佐郎 姜沆, 河東의 校生 姜士俊, 하동의 幼學 金光 등을 귀국시키자 그들은 일본 정세의 변화에 대해 朝廷에 보고 했다. 강사준은 關ケ原의 전투결과 도쿠가와의 천하로 변했다고 보고했으며, 김광은 쓰시마에서 僧 玄蘇(임란전의 일본국왕사)와 만나 筆談했고 귀국 후 일본과의 화평의 필요성을 강조했었다. 그는 1604년에는 明나라로 가서 倭情을 설명하기도 했다.

한편 北方정세도 위급해졌다. 여진족의 누르하치의 세력이 강대해 지면서 새로운 위협이 북방에 조성되었기 때문이다. 우리나라는 우선 南方의 倭情에 대해 정확히 파악해야 했었다. 그리하여 孫文彧과 惟政(松雲大師)을 「探賊使」로 파견한다.

1604년 8월, 바다를 건너간 일행은 10개월 후에 귀국, 倭情을 상세히 보고했다. 그들은 종의지, 현소의 안내로 교토 후시미(京都伏見)에서 도쿠가와 이에야스와 아들 히데다다(秀忠)를 만났는데 이에야스는 접대역인 혼다(本多正信)를 통해 다음과 같이 말했다.

나는 임진때 관동에 있었고 이 병사(兵事＝侵略)에는 전혀 관계하지 않았다. 따라서 조선과 나 사이에 讐怨은 있을 수 없다. 和를 通할 것을 청한다(『朝鮮通交大紀』).

명분없는 침략전쟁을 반대했던 이에야스가 전후 처리에 적극적인 자세를 보인 것은 당연한 일로서, 조선왕조와의 국교회복은 新生 도쿠가와 막부(德川幕府)의 정치적 안정에 큰 도움이 되며 국내 경제의 재건에 주력할 수 있게 해주는 것이다. 또한 조선왕조와의 국교는 도쿠가와 막부가 대외적으로 처음 승인받은 것이 되는 것이다.

朝廷에서는 화평하느냐의 여부를 둘러싸고 격론이 벌어졌으나, 일본측이 2개 조건을 수락한다면 화평해도 좋다는 쪽으로 낙착된다. 그리하여 1606년 7월, 禮曹參議 成以文의 명의로 소오 요시토시(宗義智)에게 서한을 보냈다. 서한에서 요구한 2개 조건은 다음과 같았다.

① 두번 다시 침략하지 않겠다고 서약하는 德川家康의 국서를 보내 올 것.
② 임진왜란 때 왕릉(中宗의 靖陵과 成宗 貞顯王妃의 宣陵)을 파헤친 「犯陵之賊」을 체포해 우리측에 넘길 것.

4개월 뒤인 1606년 11월, 다치바나 도시마사(橘智正)를 正使로 하는 사절이 부산포에 들어와 德川家康의 국서와 犯陵之賊 두 명을 넘겼다. 「家康의 국서」에는 몇 가지 의문이 있었다. 그는 이미 1604년 4월에 「征夷大將軍」의 직을 秀忠에게 물려 주었는데 국서에는 「일본국왕」으로 적혀 있었고, 종래 사용한 바 없는 명나라 연호를 사용하고 있는 것 등이다.

국서의 진위 문제를 두고 논의가 있은 것은 물론이다(실은 쓰시마에서 위조된 것이었다). 그러나 2개 조건을 일본측이 받아들인 것을 평가해야 한다는 결론을 보게 된다. 그리하여 1607년 1월, 呂祐吉을 정사로 하는 「회답겸쇄환사」(回答兼刷還使)의 일행(副使 慶暹, 從事官 丁好寬) 467명이 부산포를 떠났다. 사절 명칭을 이렇게 한 것은 德川家康이 보낸 「국서」에 회답하는 조선왕조의 국서를 지참하는 사절이며, 전시에 납치되어 간 사람들을 데려오는 쇄환의 성격을 분명히 하자는 자세가 있었기 때문이다. 여기에도 전후 처리에 대한 우리측의 강한 자세를 엿볼 수 있다.

에도(江戶－오늘의 東京)로 간 일행은 5월 6일, 德川秀忠에게 조선국의 국서를 전달했다. 이어 조선국왕에게 보내는 德川將軍의 국서가 일행에게 전달되었는데, 秀忠은 그 속에서 「권세나 이익을 위해서가 아니라 신의에 바탕을 둔 국교를 맺고 싶다」고 강조하였다. 이리하여 우리와 일본사이에 국교가 회복되어 260여 년간 선린관계가 유지된다. 일행은 귀국 도중, 순뿌(駿府－오늘의 靜岡)에서 家康을 만났고 그는 일행의 노고를 위로하였다. 한편 家康은 명나라와의 국교 회복을 열망하여 우리 나라에 알선을 요청했으나 이루어지지 않았다.

그런데 呂祐吉이 휴대해 온 조선국왕의 국서는 일행이 모르는 사이에 쓰시마에서 개작되었었다. 즉 「조선국왕이연봉복 일본국왕전하」(朝鮮國王李昖奉復日本國王殿下)로 시작되는 서한의 첫머리를 「조선국왕이연봉서 …… 」(朝鮮國王李昖奉書 ……)로 고치고, 그 밖에도 일부를 삭제 또는 가필하였다. 家康이 보낸 국서에 회답하는 서한을 조선국왕이 스스로 보내는 내용으로 개작한 것이다. 이렇게 개작하지 않을 수 없었던 이유는 家康의 국서라하여 조선왕조에 제출한 것이 사실은 쓰시마에서 위작한 것이었기 때문이다.

이미 지적한 바와 같이 우리측이 제시한 화평의 첫 조건은 히데요시의 침략을 사죄하는 家康의 국서를 보내라는 것이었다. 그러나 조선측을 만족시킬 수 있는 내용의 국서를 家康에게서는 기대할 수 없었다. 그래서 宗義智는 重臣인 야나가와(柳川調信)와 外交僧 겐소(玄蘇) 등과 짜고 家康의 국서를 날조하여 보냈던 것이었다. 따라서 조선국왕의 국서는「회답」형식으로 되어 있으며, 그대로 秀忠에게 전달되면 쓰시마에서의「국서날조사건」이 폭로되는 것이다.

여하튼, 국서의 위조·개작과 같은 위험한 줄타기를 하지 않을 수 없을 만큼 쓰시마 소오(宗)씨에게는 국교 회복이 절실한 문제였다. 두 나라의 국경지대에 있는 섬이기 때문에 임진왜란 시 통과하는 일본병사들에 의한 약탈과 파괴가 극심했었고 또한 조선국과의 무역도 단절되고 말았다. 임란직후의 쓰시마의 형편에 대해 아메노모리(雨森芳洲)는「젖빠는 아이로부터 어머니를 떼낸 것 같은 사태」였다고 묘사한 바 있다.

1634년, 쓰시마번(藩)의 내분을 계기로 국서 위조 사실이 탄로나게 된다. 그런데 직접 관계한 야나가와(柳川)와 겐뽀오(玄玄 － 玄蘇의 弟子)의 유형으로 사건은 낙착된다. 藩主인 소오(宗)씨의 책임을 추궁하지 않는 관대한 조치로 된 것은 도쿠가와 막부(德川幕府)에 있어서도 조선국과의 국교회복이 절실한 과제였고 그를 위한 宗씨의 노력이 지대했기 때문이다. 또 이 시기에 와서 宗씨를 처벌하게 되면 조선조와의 외교 실무에 큰 지장이 생긴다고 판단했기 때문이다.

이 사건을 계기로 德川幕府는 교토오산(京都五山 － 天龍寺·相國寺·建仁寺·東福寺·萬壽寺)에서, 승려 2명을 쓰시마에 파견, 교대로 외교문서를 점검, 감독시키며, 사신의 접대에 참여케 하였다. 이것이 以酊庵輪番制로 외교문서상의 불상사를 사전에 방지하자는 의도에서 취한 조치였다. 德川幕府로서는 국교를 맺은 유일한 조선국과 선린관계 유지를 중요시하지 않을 수 없었기 때문이다.

Ⅲ. 東萊府使와 對馬藩主의 役割

외교 실무는 東萊府使와 對馬藩主가 담당하게 되었는데 구체적으로는 1609년 5월에 맺은 을유조약(乙酉條約 － 12개 條項)에 바탕을 두었다. 사절은 다음 표에서 보듯이 德川장군이 새로 습직하게 되면 이를 예조참판에게 보고하는 「관백승습차왜」(關白承襲差倭-일본측은 大慶參判使라 함)가 왔으며, 장군이 사망하면 「관백고부차왜」(關白告訃差倭)가 왔다(일행은 약 130명). 즉 德川장군가의 경조와 조선왕가의 경조를 서로 통보하는 사절이 부산포와 이즈하라(嚴原) 사이를 왕래했고 대마 종가의 경조, 통신사 파견의 요청과 그 환송을 위한 사절도 있었다. 이외 일본에서 일어난 큰 사건(江戶의 큰 火災 등)을 보고, 倭館이전 문제 등 외교상 협의해야할 문제가 발생했을 때 임시로 사절이 파견되었다.

그러나 조선조 전반기(15·16세기)와는 달리 우리측은 그들을 한성까지 올리지 않았다. 그 까닭은 임진왜란 때, 침략군이 15·16세기의 일본사절의 상경로(上京路-三路)를 따라 북상했고 단 20일 만에 한성이 점령당한 쓰라린 경험 때문이었다. 그 대신 「大差倭」의 경우는 한성으로부터 正三品 이상의 접위관(接慰官-조선조 전반기에 宣慰使에 해당)이 부산포로 내려가 그들을 접대하였다. 무역상의 문제, 표류인 송환문제 등 외교상의 문제가 생기면 동래부사와 대마번주가 보낸 사절이 협의하여 제때에 해결하였다. 일본으로부터 파견된 사절은 50여 회, 우리측은 그에 대응하는 사절을 대마 嚴原에 보냈다. 한편 조선조는 북경에 해마다 3회 사절을 보내고 있어, 거기서 입수한 중국의 정치 정세와 학술 문화, 유럽 제국에 관한 정보 등을 그때마다 대마를 통해 덕천막부에 전해 주었다. 예컨대 17세기 초에는 명조와 청조간 교체기의 중국 정세를 상세히 알려 주었고 네델란드인 하멜의 조선 표착 및 탈출에 관한 정보, 18세기의 이인좌(李麟佐)의 반란과 그 결과, 1866년의 프랑스 함대의 강화도 침략과 관련된 정보 등이 그것이다.

<표 1> 釜山浦에 들어온 일본 사절 명칭

	조선측 호칭	일본측 호칭	임무	사절단의 구성	조선측 應接官
大差倭	關白承襲差倭 關白告訃差倭 關白退休告知差倭 關白生子告慶差倭 關白生儲告慶差倭 島主承襲告慶差倭 島主退休告知差倭 圖書請改差倭 通信使請來差倭 通信使護行差倭 通信使護還差倭	大慶使 大訃使 遜位使 慶誕使 立儲使 告襲使 退休使 圖書使 修聘使 迎聘使 送聘使	將軍의 新立報告 將軍의 死亡報告 將軍의 隱居報告 將軍後繼者의 出生報告 將軍養子의 決定報告 島主의 新立報告 島主의 隱居報告 新島主繼位시 新印改給과 要請 通信使의 派遣要請 通信使의 出迎 通信使의 護送	正官　　　　1名 都船主　　　1名 封進押物　　1名 侍奉　　　　2名 伴徒 格倭(水夫) 70 使船以外에 榜船・脚船・水木 船各 1척, 格倭 各 20名	中央의 接慰官
小差倭	陳賀差倭 弔慰差倭 島主告還差倭 島主告訃差倭 漂人領來差倭 裁判差倭	陳賀使 陣慰使 告還使 告訃使 漂着使 裁　判	朝鮮王國卽位의 慶賀 朝鮮王國死亡의 陣慰 島主의 對馬歸國과 報告 島主의 死亡報告 漂流民의 護送 各種의 交涉	正官　　　　1명 押物　　　　1명 侍奉　　　　1명 伴徒　　　10명 格倭　　　40명	慶尙道의 鄕接慰官

　한편 일본에서 발생한 큰 사건들, 江戶의 大火 혹은 18세기 초엽의 형보(亨保)년 간의 대기근 등이 제 때에 통보되었었다. 3개월이면 한성에서 알 수 있는 태세였다. 이와 같은 긴밀한 연계를 통해 260여 년간 선린관계가 유지될 수 있었던 것이다.

　선린관계의 유지를 위해 우리 측은 부산포의 왜관 당사자들과 일상적으로 접촉하였다. 부산 두모포(豆毛浦－부산일보사 뒤)에 설치된 것이 1618년, 이곳은 남풍이 불 때는 선박이 정박하기 불편했기 때문에 외교교섭의 결과 1673년 10월, 草梁왜관으로 이관하였다. 그곳은 오늘의 용두산을 중심으로 동관과 서관으로 나누어지며 부지는 약 10만평이었다. 왜관의 북쪽은 오늘의 大廳路였으며, 남일초등학교 자리에 일본 사절을 접대하는 宴大廳이 있었다. 왜관 관련 업무는 동래부사 책임으로, 그 밑의 부산 훈도가 현지 실무를 담당, 우리측의 시설인 柔遠館, 誠信堂은 지금의 코모도 호텔 동쪽 산밑에 있었다.

초량왜관의 서관에는 東大廳, 중대청, 서대청의 「서관삼대청」이 있었는데, 여기는 일본 사절과 무역선 대표들의 숙소였다. 龍頭山 동쪽의 동관은 500~600명의 일본인들의 거류지로 왜관의 총책임자·「관수관」(館守館)과 외교업무를 담당하는 「재판관」(裁判官), 무역업무를 담당하는 「대관관」(代官館), 외교문제를 담당하는 「서승왜옥」(書僧倭屋·東向寺) 등이 있었다. 오늘의 부산시청 앞은 넓은 광장으로, 그 동쪽에 선착장과 창고, 선원들의 숙소가 있었고 광장서쪽에는 상주 일본인들(2~3년 교대)의 주거 건물들이 있었다.

조선국과의 외교에는 막대한 경비가 필요한데 대마는 조세를 받아낼 농지가 적었다. 그래서 덕천막부는 조선국과의 무역을 대마번에게 독점시켰다. 조선국과의 무역은 1609년의 약조에 대마번의 歲遣船은 20척으로 제한되었었다. 이외에 국교회복에 공로가 있는 야나가와(柳川)와 소오요시토시(宗義智)의 묘소(万松院) 유지 등의 명목으로 渡航회수를 증가시켰다.

무역의 형태는 3종류가 있어 「진상」(進上－뒤에 封進으로 개칭)은 대마번이 조선국왕에 물품을 헌상하여 그보다 많은 양의 물자를 회사받는 형식으로 使船마다 품목과 양이 정해져 있었다. 다음은 公貿易으로 일본에서 가지고 온 상품을 조선왕조가 구입하는 형식이었다. 반입되는 상품은 남방의 梁料와 黑角(水牛), 일본산의 銅·주석(錫) 등이고 17세기 이후 銀이 첨가되었다. 대가로 내준 것은 공목(公木－綿布)이었는데『通文館志』에 따르면 銅 100근에 대해 공목 610필로 환산되었고, 錫 100근에 공목 200필, 胡椒 100근에 송목 100필이었다.

私貿易은 왜관 안의 「開市大廳」에서 동래상인과 일본상인 사이의 무역으로, 매월 3, 8, 13, 18, 23, 28일에 열어 우리측의 관료(訓導·別差)와 일본측(代官)이 입회하였다. 우리측의 수출은 인삼과 중국산의 生糸, 견직물이었고 그 대가는 銀이었다. 대마번은 사무역의 이익이 가장 많았기 때문에 여기에 주력했는데 예컨대 17세기 전반기에는 인삼 1근을 은 1貫 500匁으로 구입하여 에도에서는 10배의 가격으로 판매했다는 기록이 남아있다.

여기서 주목되는 것은 18세기 초량왜관에서 수출되는 중국산 생사로, 해마다 3회씩 북경으로 가는 사절에 수행한 상인들이 구입해 왜관에서 2배의 가격으로 일본 상인에게 넘겼다. 한편 면포의 수출은 일본에서 자급체제가 될 때까지, 즉 18세기 중엽까지 연간 6만 필에 달하였다. 면포는 고급의료였으며 생사는 교토로 운반되어 고급 견직물로 변했다. 그리하여 대마는 한해에 20만량의 무역이익을 보았는데, 그로써 조선외교에서의 경비를 충당했을 뿐 아니라 대마에 새로운 번영을 가져다주었던 것이다.

이상에서 보듯이 선린관계는 경제면에서도 일본에 큰 이익이었으며, 한편 중국 생사무역에서 본 바와 같이 우리나라에도 경제적으로 큰 도움이 되었었다. 그뿐만 아니라 이 기간에 일본으로부터 전해진 담배는 홍삼과 같이 중국 무역의 주역으로 되었다. 담배와 호박, 고추가 전래된 것은 1616~1617년으로 담배 재배는 짧은 시일에 전국으로 파급되었다. 申維翰의 「日本聞見雜錄」(『海游錄』)에 의하면 담배를 南草라 표기하고 속언으로 淡麻古인데 이는 일본말의 「다바고」(多葉粉)에서 나온 것이라 한다. 「다바고」가 「단마고」로, 다음에 「담배」로 변했으며 지방에 따라 「마고초」라고도 한다.

고추는 18세기 이후에 보급된 모양인데 1748년의 통신사 일행(391명)이 江戸에 갔을 때 조미료로 하루에 호초 5근, 간장 1石 5斗, 된장 5石, 소금 3石을 사용했지만 고춧가루는 보이지 않는다. 고구마(甘藷)는 1764년의 통신사 正使 趙曮이 전한 것이며 그는 재배법 등을 대마에서 배워 동래부에서 시험 재배시켜 전국으로 보급하게 했다. 고구마는 속칭으로, 대마 사람들이 말하는 「고오꼬오 이모」(孝行芋)가 어원이다.

대마에 고구마가 재배된 것은 1715년, 1732년의 대기근으로 일본 각지서 餓死자가 속출했지만 대마는 고구마 덕택으로 희생자를 내지 않았다. 고구마는 나이 많은 부모를 아사에서 구출해주었기 때문에 효자우라고 했다는 것이다. 일설에는 가난한 집의 효자가 산에서 이를 발견했는데 이는 하늘이 효자에게 내려준 것이기 때문에 효자우라고 하였다 한다.

아무튼 선린관계가 유지됨으로써 고구마가 우리나라에 전해졌고, 19·20세기의 거듭되는 기근을 이겨낼 수 있었던 것이다.

Ⅳ. 通信使로 가는 길

양국의 선린관계를 상징하는 것은 조선통신사의 파견이었다. 그 회수는 12회로, 처음 3회는 「回答兼刷還使」였고 그후에 9회는 통신사라고 불리었다. 통신이란 말에는 신뢰관계를 높인다는 의미가 들어있으며 일본에서는 「朝鮮信使」로 불리우기도 했다.

통신사가 일본으로 파견되는 절차는 다음과 같다. 새로운 도쿠가와장군이 들어서면 막부는 대마번주에게 「大慶參判使」 우리측은 關白承襲告慶差倭라 함)를 부산포에 보내어 예조참판에게 그를 보고하도록 지시한다. 이어 통신사 파견을 요청하는 「修聘參判使－(通信使請來差倭)」가 부산포로 들어온다. 참판사의 일행은 약 130명으로 구성되었었다.

우리측에서 통신사 파견 요청을 받아들인다는 예조참판의 서한이 전달되면 일본측은 로오쥬(老中－막부 제2위의 관직)를 영접 총책임자[來聘御用掛]로 임명하고 통신사가 지나가는 지방의 藩主들에 대해, 영지로 돌아가도록 지시를 내린다. 그들은 대마번과 긴밀히 연락하면서 통신사 일행의 영접을 위한 준비에 착수하는데 각 번에서는 가로오(家老－번의 최고 관직)가 총책임자로 되어 使館曳의 신축 또는 수리, 警護선단 및 曳引선단의 편성, 항구의 정비에 착수하고 육로에 해당하는 번의 경우는 도로의 정비와 인부와 가마, 말의 조달, 또한 하천에 舟橋를 설치하는 준비에 들어간다. 10만 석을 넘는 번은 그 경비를 자기 번이 부담해야 했었다.

한편 우리측도 일본의 수빙참판사가 돌아갈 때쯤부터 삼사(正使·副

使・從事官)와 수행원의 인선에 들어가며 外航船 6척 건조를 지시한다. 『增正交隣志』에 따르면 정사에는 정삼품상계급의 당상관이 임명되고 부사는 정삼품하계의 당하관, 종사관은 오륙품의 인물을 임명한다. 三使 다음가는 요직은 上上官(2~3명)과 上判事(3명)로 통역이 주임무로 倭學官과 왜학의 敎官이 임명되었다.

　學士(1명)는 제술관으로 외교문서의 초안 작성 등이 담당이지만 종래의 기록을 점검해 일본측과의 외교 형식에 차질이 없도록 해야 한다. 그 다음의 직위인 上官에는 동의학에 정통한 良醫(1명)와 통역관인 次上通事(2명), 글씨에 능한 寫字官(2명), 醫貝(2명), 서기(書記－三使에 수행－3명), 畵貝(1명)이 속했으며 이들은 학술・문화 교류에 대비해 각 분야의 제1인자가 선발되었다.

<표 2> 朝鮮通信使節文人一覽

年代		製述官	書紀	譯官	寫字官	畵貝
西紀	朝鮮 日本					
1607	先祖四〇 慶長一二	學官 楊万世		金孝舜 朴大根 韓德男	書寫貝 卞鐵壽	李弘虬
1617	光海君九 元和三			朴大根 崔義吉 康遇聖 鄭純邦 韓德男	宋孝男	柳成業
1624	仁祖二 寬永元			朴大根 李彦瑞 洪喜男 康遇聖	李誠國 (梅菴)	李彦弘

| 年代 | | 製述官 | 書紀 | 譯官 | 寫字官 | 畫員 |
西紀	朝鮮 日本					
1636	仁祖一四 寬永一三	吏文學官 權伐 (菊軒)	文弘績 文邲	洪喜男 差渭賓 康遇聖 李長生	朴之英 能書官 全榮 (梅隱)	金明國 (蓮潭) (醉翁)
1643	仁祖二一 寬永二〇	讀祝官 朴安期 (螺山)		洪喜南 李長生	金義信 (雪峯)	金明國 (命國) 李起龍 (几隱)
1655	孝宗六 明曆元	讀祝官 李明彬 (石湖)	裴稐 金自輝 朴文源	洪喜南 金謹行 洪汝雨	金義信 柳應發 鄭琛 尹德容	韓時覺 (雪灘)
1682	肅宗八 天和二	成琬 (翠虛)	林梓 李聃齡 鵬溟	朴再興 卞承業 洪禹載	李三錫 (雪月堂) 李華立	咸悌健 (東巖)
1711	肅宗三七 正德元	李礥 (東郭)	洪舜衍 (鏡湖) 嚴漢重 (龍湖) 南聖重 (泛叟)	崔尙㠎 李碩麟 李松年 金始南	李壽長 李爾芳 (花菴)	朴東普 (靑丘子)
1719	肅宗四五 享保四	申維翰 (靑泉)	張應年 (菊溪) 成夢良 姜栢 (耕牧子)	朴再昌 韓後瑗 金圖南	金景錫 鄭世榮	咸世輝

年代		製述官	書紀	譯官	寫字官	畫員
西紀	朝鮮 日本					
1748	英祖二四 寬延元	朴敬行 (矩軒)	李鳳煥 (濟菴) 柳逅 (醉雪) 李命啓 海皐)	朴尙淳 玄德淵 (疏窩) 洪聖龜	金啓升 玄文龜	李聖麟 (蘇齋)
1764	英祖四〇 明和元	南玉 (秋月)	成大中 (龍淵) 元重學 (玄川) 金仁謙 (退石)	崔鶴齡 (居今齊) 李命尹 (華菴) 玄泰翼 (長洲)	洪聖源 (景齊) 李彦佑 (梅窩)	金有聲 (西巖)
1811	純祖一一 文化八	李顯相 (太華)	金善臣 (淸田) 李明五 (泊翁)	玄義洵 (垣垣軒) 玄炡(一遲) 崔昔(菊齊)	皮宗鼎 (東岡)	李義養 (信園)

〈표 3〉 朝鮮通信使一覧

年代			正使	副使	從事官	學士 （讀祝官 ・ 製述官）	總人員 （　）안은 大坂殘留 數	編纂物
西紀	干支	朝鮮 日本						
一六〇七	丁未	宣祖 四〇 慶長 一二	呂祐吉 (稚溪)	慶暹 (七松)	丁好寬 (一翠)		四六七	海槎錄(慶暹)
一六一七	丁巳	光海君 九 元和 三	吳允謙 (楸灘)	朴梓	李景稷 (石門)		四二八 (七八)	扶桑錄(李景稷) 東槎上日錄(吳允謙)
一六二四	甲子	仁祖 二 寬永 元	鄭岦 (鳥川)	姜弘重 (道村)	辛啓榮 (鷟山)		三〇〇	東槎錄(姜弘重)
一六三六	丙子	仁祖 一四 寬永 一三	任絖 (白麓)	金世濂 (東溟)	黃屎 (漫浪)	權伬 (菊軒)	四七五	丙子日本日記(任絖) 海槎錄(金世濂) 東槎錄(黃屎)

年代			正使	副使	從事官	學士 (讀祝官・製述官)	總人員 ( )안은大坂殘留數	編纂物
西紀	干支	朝鮮 日本						
一六四三	癸未	仁祖　二一 寬永　二〇	尹順之 (涬溟)	趙　絅 (龍洲)	申　濡 (竹堂)	朴安期 (螺山)	四六二	海槎錄(申濡) 東槎錄(趙絅) 癸未東槎錄
一六五五	乙未	孝宗　六 明曆　元	趙　珩 (翠屛)	俞　瑒 (潭翁)	南龍翼 (壹谷)	李明彬 (石湖)	四八八 (一〇三)	扶桑錄(南龍翼)
一六八二	壬戌	肅宗　八 天和　二	尹趾完 (東山)	李彦綱 (鷺湖)	朴慶後 (竹菴)	成　琬 (翠虛)	四七五 (一一三)	東槎日錄(金指南) 東槎錄(洪禹載)
一七一一	辛卯	肅宗　三七 正德　元	趙泰億 (平泉)	任守幹 (靖菴)	李邦彦 (南岡)	李　礥 (東郭)	五〇〇 (一二九)	東槎錄(金顯門)
一七一九	己亥	肅宗　四五 享保　四	洪致中 (北谷)	黃　璿 (鷺汀)	李明彦 (雲山)	申維翰 (靑泉)	四七九 (一一四)	海槎日錄(洪致中) 海遊錄(申維翰) 扶桑紀行(鄭后僑)
一七四八	戊辰	英祖　二四 寬延　元	洪啓禧 (澹窩)	南泰耆 (竹裏)	曺命采 (蘭谷)	朴敬行 (矩軒)	四七五 (八三)	日本日記 奉使日本時聞見錄(曺命采)
一七六四	甲申	英祖　四〇 明和　元	趙　曦 (永湖)	李仁培 (吉菴)	金相翊 (弦菴)	南　玉 (秋月)	四七二 (一〇六)	海槎日記(趙曦) 成大中(日本錄)
一八一一	辛未	純祖　一一 文化　八	金履喬 (竹里)	李勉求 (南霞)		李顯相 (大華)	二二六	辛未通信日錄(金履喬) 島遊錄(金善臣)

한편으로 조선국왕이 도쿠가와 장군에게 보내는 국서와 부속 문서[別幅]를 작성하고 로오쥬(老中) 등의 막부 고관, 각 번의 접대 책임자들에게 주는 서한을 준비해야 한다. 그리고 장군과 고상케(御三家－德川가문인 水戶家, 尾張家, 紀州家), 로오쥬에게 보내는 선물, 삼사가 지나가는 지방의 번주와 접대인들에게 주는 선물을 마련해야 하는데 그를 위해 막대한 경비를 투입해야 했었다.

외항선의 건조에 6개월 가까운 시일이 필요했다. 정사선은 길이 21발(1발은 6尺), 폭 5발, 배높이 4발의 크기로, 2개의 돛대와 좌우에 각 10개의 櫓를 설치했다. 부사선은 이보다 다소 작았고 종사관선은 더 작은 배였다. 三使船에는 각 한척의 從船이 따른다.

모든 준비가 완료되면(약 6개월 후) 삼사는 궁중으로 들어가 국왕에게 출발인사를 드린 다음 즉시 장안을 떠난다. 남대문을 지나면 영의정이 주최하는 송별연이 열리는데, 여기에는 三政丞을 비롯하여 六曹의 判書, 參判이 참석한다. 통신사의 파견은 우리나라에 있어서도 국가적 대사이기 때문이다.

일행이 부산포에 집결하면 대마에 마중 나온「통신사호행차왜」[迎聘參判使]의 선도로 출발하게 되는데 조류와 풍향을 고려해야 한다. 때로는 한달 이상 대기한 적도 있지만 조건이 좋으면 이른 아침에 출항하여 해질 무렵 대마 북단의 사쓰나(佐須奈)항에 들어가게 된다. 이때부터 쓰시마번은 일행의 동향을 江戸와 沿海·沿道의 번주들께 알리는 飛閣船을 보내 영접에 차질이 생기지 않게 신경을 쓴다.

이즈하라(嚴原)에서 쓰시마번의 영접행사가 끝나면 번주·소오(宗)씨의 선도로 다음 기항지 이키(壹岐)로 떠난다. 우리 일행을 위해 護行하는 번주는 800명, 이끼섬 다음은 후쿠오카번(福岡藩)이 영접하는 아이노시마(藍島-오늘은 相島)로 떠난다. 여기서 1719년 일행을 맞이하는 후꾸오까번의 경우를 살펴보자. 통신사가 온다는 것이 결정되자 아이노시마에 정사관을 비롯해 24軒을 신축하고 선박장과 사관으로 가는 길을 정비하였다. 그리고 각종 요리에 필요한 물품을 확보하는 책임자를 둔다.「鳥奉行」「八百屋·魚屋奉行」등이 그것이다.

6월 20일, 통신사 일행의 쓰시마 도착이 통보되자, 이 번의 접대책임자들은 28일에 藍島로 건너가서 대기. 일행이 7월 19일 쓰시마를 떠나 다음날 일기섬의 가츠모토(勝本)에 무사히 도착했다는 통보가 있었고 이어 8월 1일 일기섬 앞바다로 나가 아이노시마까지 예인, 경호하였다. 藍島의 使館에서는 다음날부터 화려한 交化교류가 이루어졌다.

藍島의 다음은 시모노세키(下關, 당시는 赤間關)가 기항지인데, 여름철에는 동풍(역풍)이 강하기 때문에 고통이 많았었다. 下關의 다음은 上關, 蒲刈, 鞆浦, 牛窓, 室津, 兵庫에 기항하여 그곳 학자·문인들과 交歡하고 오오사카(大坂)의 요도가와(淀川)하구로 들어간다. 통신사일행은 淀川하구에서 덕천막부가 준비한 河川樓船으로 바꿔타고 오오사까의

使館으로 들어간다. 양쪽 언덕은 구경나온 사람들로 입추의 여지도 없었다. 申維翰은 다음과 같이 묘사하였다.

　　구경나온 남녀들이 양쪽에 담처럼 섰는데 …… 가까운 자는 먼저 강 좌우에 정박해 있는 배를 차지하여 자리를 연달아 폈기 때문에 옷깃이 서로 붙어있다. 배에서 밀려나온 자는 언덕에까지 이르렀고, 언덕에서 밀려나온 자는 人家의 담과 다리의 난간에 이르렀는데, 화려한 자리, 비단 장막을 깔고 앉기도 하고 술·차·밥·음료수 등 여러 가지 음식물을 준비하고 있다(『海遊錄』).

열렬한 환영속에 오사까의 使館에 들어간 일행은 해상 항로의 피로를 풀기 위해 약 1주일 휴식한다. 그러나 製述官 등은 밀려드는 일본학자·문인들의 응대로 밤을 세울 지경이었다. 오사카를 河川樓船으로 떠난 일행은 요도가와를 거슬러 올라 京都 남쪽의 요도(淀)에 상륙, 다음은 에도까지 약 2주일간의 陸路 여행이었다. 경도를 지나 大津를 거쳐 야스(野洲)부터는 비와꼬(琵琶湖) 東岸의 길 따라 북상하게 되는데, 이 길이 「조오센징 가이도오」(朝鮮人街道 약 30km)이다. 1600년 9월, 세키가하라(關ケ原)전투에서 승리한 도쿠가와 이에야스가 이 길을 따라 京都로 올라간 후 일본의 실권자로 되었기 때문에 이 길을 「吉道」라 하여 역대 덕천장군의 上洛시에만 사용하였다. 그러나 朝鮮通信使는 이 「길도」를 지나게 되며 선린우호를 상징하는 의미에서 「朝鮮人街道」라고 불리우게 된 것이다.

　에도까지 육로로 15박 16일. 도중에 있는 하천(揖斐·長良·木曾·天龍·富士·酒匂)에는 주교를 특설하였다. 배를 연결하여 그 위에 판자를 깐 것으로, 기소가와(木曾川)의 경우를 보면 275척의 배를 5.4m간격으로 띄워 그 위에 3,036장의 판자를 깔았다. 그리하여 길이 853m, 폭 2.7m의 주교가 완성되었는데 일행이 귀국하면 즉시 철거한다. 에도 방위를 위해 강들에 다리를 놓는 것을 금지했으나 도쿠가와 장군과 조선통신사의 통과시는 주교를 가설하였다. 이것으로도 도쿠가와 막부가 통신사를 마중하는데 얼마나 정중했던가를 알 수 있을 것이다.

일행이 에도 시가지를 갈 때는 막부의 騎馬 20기(騎)가 선도, 淸道旗手를 선두로 軍官, 악대 그리고 국서를 모신 가마, 삼사가 탄 가마가 따르고 그 뒤에 제술관, 良醫, 화원, 서기 등 370~400명이 正裝으로 위엄있게 나아간다. 마지막은 대마번주 일행 800여 명의 행렬이다. 사관이 있는 아사쿠사(淺草)까지의 연도의 집들은 대문을 열어 단자(緞子)·자견(紫絹)의 장막을 치고 길가에는 홍등을 내걸었으며 환영나온 에도 시민은 수십만명에 달했다.

Ⅴ. 國書傳達과 文化傳達

통신사 일행이 에도에 머무는 동안 막부가 가장 신경을 쓴 것은 화재 예방이었다. 그래서 막부는 여러차례 불조심하라는 경고문을 내며 나졸들을 24시간 순찰시켜 뒷골목까지 샅샅이 살피었다. 또한 화재 발생의 경우를 예상, 통신사 일행이 투숙할 제2의 使館을 마련해 두었다.

일행을 대접하는 요리는 최고급으로, 삼사와 상상관의 아침 저녁상은 「七·五·三」, 점심상은 「五·五·三」이었고 그 외에 삼탕(湯)과 十五菜가 나왔다. 「五·五·三」이란 본상과 곁상에 五종, 셋째상에 三종의 요리가 나온다는 것이다. 상관, 중관, 하관의 상이 격식에 따라 차가 있었던 것은 물론이다.

1655년의 경우(일행 385명), 하루 식사용으로 준비된 재료는 쌀 19石 4斗 4升, 간장과 식초 각 1석 5두, 된장 5석, 소금 3석, 술 8석, 기름 7두였다. 이빡에 닭과 비둘기 각 100마리, 계란 400개, 어린 농어 494마리, 도미 20, 정어리 50, 연어 10, 말린 가다랭이 1천마리, 전복 200개, 冬瓜 100개, 파 100다발, 배추 150포기, 무 2천개, 토란 5두, 송이버섯 100개, 두부 200모, 겨자 1두, 포도 300송이, 후추 5근, 백설탕 5근 등이었다. 재료는 일행이 온 계절에 따라 달랐으며 미나리, 가지, 다시마 등이 추가

되기도 했다.

통신사가 해야 할 가장 큰 일은 장군습직을 축하하는 조선국왕의 서한(즉 國書)의 전달이다. 당일 삼사는 금관, 옥패와 조복으로 정장하고 상상관과 제술관은 흑단령에 사모, 군관은 羽笠 錦袍에 칼을 찬다. 일행은 선도하는 막부의 기마대를 따라 江戶城으로 가는데 길가에는 구경나온 사람으로 인파를 이룬다.

에도성의 正殿大廳에는 막부 고관들과 지방 번주들이 대기하고 있다. 우리 일행의 선두는 국서를 받든 수석 통역관이고 그 뒤를 삼사와 상상관이 따른다. 의식의 절차는 수석 통역관이 국서를 대마 번주에 넘기면 그는 이를 막부의 로오쥬에 넘겨, 로요쥬는 국서를 덕천장군이 앉은 자리 옆 단 위에 놓는다. 그리고 로오쥬와 대마 번주가 국서를 향해 절을 한다.

다음으로 막부 고관이 삼사를 장군앞으로 인도, 삼사가 장군에게 四拜한다. 그다음 장군이 삼사를 위로하는 말이 있고 酒盃가 하사된다. 이어 장군과 막부 중신에 보내는 선물이 전달되는데 덕천장군과 덕천가의 삼대가문인 고상께(御三家-水戶, 尾張, 紀州)에 보내는 선물은 조선국왕의 이름으로, 막부의 로오쥬에게는 예조참판의 명의로 되어 있었다. 그 밑의 지위인 부교(奉行)에게는 예조참의(參議-국장급)의 명의로 보냈고 일행이 숙박하는 지방의 번주에게는 좌랑(佐郞-과장급)의 명의였었다.

선물 전달에 이어 연회가 열리는데 이로써 조선국왕과 도꾸가와 장군과의 신뢰관계를 재확인하는 의식이 끝난다. 그리고 약 2주일 뒤에 덕천장군이 조선국왕에 보내는 국서와 예물, 삼사에 주는 선물이 전달되면 일행은 에도를 떠난다.

통신사 일행이 에도에 머무르는 것은 약 3주일, 양국의 학자, 문인들 간의 교류가 펼쳐진다. 삼사는 대학인 昌平黌의 大學頭(총장)를 만나고 제술관과 서기관(3명)은 각지에서 모여든 유학자, 문인들과 교환한다. 良醫와 醫員은 일본의 漢方醫의 질문에 응하고 畵員은 일본화가들과 만난다. 그들의 교류에 대해 나까무라 에이고오(中村榮孝) 교수는 다음과 같이 지적하였다.

조선의 사절단이 입국하면 일본의 문화인들은 앞을 다투어 같은 문자(문자-漢文)를 사용하는 異邦人에게 면회를 요청하여 漢詩의 唱酬로 즐거움을 나누고 繪畫의 휘호를 청하였다. 또한 필담에 의해 중국과 조선의 政情을 살피고 역사와 풍속을 묻고 經史 등 학문의 여러 분야에 대해 문답을 나누었다(『朝鮮』, 吉川弘文館).

이와 같이 일본 학자들은 오늘날에는 상상도 할 수 없을 만큼 우리나라에 대해 친근감을 품고 있었다. 그 중에서도 유학자들은 退溪學에 대해 깊이 연구하고 있을 뿐만 아니라 退溪의 嗜好와 자손들의 동정에까지 관심이 높았다. 예컨대 1711년의 제술관 李東郭 같은 고명한 유학자도 그들의 질문에 당황할 정도였다 한다. 그들이 통신사의 訪日을 「一世(生)一代의 奇遇」로 기뻐했던 것은 선진문화와 접할 수 있을 뿐 아니라 우리 학자들과 마음을 통하게 하는 절호의 기회였기 때문이다.

학술 교류를 말할 때 東醫學을 무시해서는 안된다. 일본에 네델란드의 의학이 보급되기까지 일본 의원들의 必携書는 우리나라의 『醫方類聚』 『治腫撮南』 『東醫寶鑑』 등이었다. 1723년에 일본서 출판된 『東醫寶鑑』의 해제에는 「서술이 상세하고 정치하며 꾸밈이 없고 더욱이 처방이 명료하여 병을 잘 예방한다. …… 잡다한 의서를 수십 년간 배우는 헛수고가 이 책으로 생략된다」고 찬양하고 있다. 그런데도 이해하기 어려운 구절이 있으면 통신사 방일시 우리측 良醫·醫員과의 필담을 통해 의문을 풀었던 것이다.

조선통신사의 에도 왕복은 6~9개월이란 긴 여행이었고 그들은 에도와 각 지방의 숙박지에서 선진문화, 학술의 전달자 역할을 수행했던 것이다. 그리고 일행이 귀국한 뒤 일본에서는 통신사와의 교류·문답 등을 묶어 책으로 출판했는데 1852년에 편찬된 『通航一覽』에 의하면 백수십권이나 된다고 한다.

VI. 善隣關係의 파탄

19세기에 들어오면서 덕천막부의 재정궁핍 때문에 1811년의 통신사는 쓰시마에서 영접하게 된다. 한편 막부는 9만량(兩)을 지출하여 使館의 신축과 사쓰나(佐須奈), 와니우라(鰐浦) 등 통신사 기항지의 항구 개수, 이즈하라(嚴原)의 시가지를 정비케 하고 에도로부터 제1급의 학자·문화인들을 보내 통신사 영접에 만전을 기하도록 하였다. 이와같이 선린관계를 유지하려는 도쿠가와 막부의 자세는 확고했으며 조선조의 대일외교도 변함이 없었다.

1837년 제12대 장군에 이에요시(家慶)가 취임, 통신사를 오사카(大坂)에서 영접키로 합의되었으나 양국의 국내사정으로 연기하다 결국 실현되지 못했다. 당시 우리나라의 국내사정은 惡政과 흉작의 연속으로 쓰시마와 부산의 草梁倭館에 공급하는 면포와 쌀의 조달도 뜻대로 되지 않았었다. 그럼에도 불구하고 우리측은 선린관계 유지를 위해 그것을 우선시했던 것이다.

제13대 장군 이에사다(家定)의 습직은 1853년 11월이었다. 그런데 그해 3월에는 에도에 큰 지진과 화재가 있었고 6월에는 미국의 페리 함대의 來航, 9월에는 러시아 함대의 長崎 來航등으로 일본의 내외 정세가 매우 소란해졌다. 이와 같은 곤경에도 불구하고 막부는 통신사를 쓰시마에 영접키로 결정, 상호 외교교섭을 통해 10년 후인 1865년에 실현키로 합의되었다. 그러나 그 실현을 보기 전인 1858년 7월, 이에사다가 사망하였다.

제14대 장군 이에모치(家茂)의 습직은 1858년 10월 이 시기 일본은 더욱 큰 외압을 받고 있었다. 그해 6월, 미국과의 사이에 맺어진 불평등조약인 日米修好通商條約의 조인이 그것이고, 9월에는 프랑스와도 修好通商條約을 맺어야 했었다. 한편으로 흉작과 농민폭동 疫病의 유행 등 국내 사정도 어려웠으나, 1866년에 쓰시마에 통신사를 영접하기로 결정,

조선조와 교섭하라고 쓰시마 번에 지시하였다.

이상에서 보듯이 도쿠가와 장군의 습직시에는 반드시 통신사의 초빙을 일본측이 제의하였으나 실현을 보지 못했다. 양국의 내외 政情 불안과 재정악화가 그 원인이었다. 그러나 부산의 초량왜관에는 쓰시마 번의 고급관리가 상주하여 상호 긴밀한 연락을 취했고, 우리측은 국내사정이 어려워도 쓰시마에 대한 면포와 쌀의 공급을 지속시켰다. 예컨대, 좌의정 趙斗淳은 1862년 6월, 쓰시마에 대한 면포와 쌀 공급이 지연되는 사태에 대해 「교린의 政을 좌우」하는 큰 문제라고 지적한 것을 보아도 우리측의 자세를 엿볼 수 있다.

조선조는 중요한 정보를 제 때에 통보해 주었다. 예컨대 1866년 프랑스 함대가 강화도에 침입하자 즉각 그 사실을 통보하고 구미열강의 침입에 대비토록 일깨워 주었다. 1866년으로 말하면 명치유신의 불과 2년 전이다.

새로 수립된 명치유신은 1868년 12월, 쓰시마 번의 가로오(家老) 히구치데츠타로우(樋口鐵太郎)를 파견, 새정부의 수립을 통보했다. 그런데 그가 지참한 書契는 명치천황을 조선국왕보다 상위에 두는 형식으로 되어 있었다. 즉 중국황제만이 허용되는 「皇」「勅」이란 표현으로 종래의 외교관례를 일방적으로 무시하는 문서였다. 이것은 그들이 무식해서가 아니라 국교회복을 거부당했다는 구실로 삼기위한 도발이었다. 그후 부산의 초량왜관을 무대로 교섭이 시작되었으나 우리측은 일보도 물러서지 않았다.

1873년 12월, 민비일파에 의해 대원군이 물러나자 대원군의 강경 외교를 충실히 집행해 온 동래부사 鄭顯德, 왜관담당인 부산훈도 安東晙이 해임된다. 한편 일본은 이 기회를 이용하여 무력으로 개국시키려고 1875년 4월, 거류민 보호의 구실을 내세워 운양호 등 군함 3척을 부산에 파견하여 위협, 동년 9월 강화도에서 「운양호사건」을 도발하였다. 그리하여 1876년 2월, 무력을 배경으로 「강화도 조약」을 강요했다. 일본측이 260여 년간의 선린관계를 일방적으로 짓밟았던 것이다.

「한·일간의 새시대」를 구축하기 위해서도 우리는 지난날의 한일관계사를 냉철히 재검토해 보아야 할 것이다. 조선조 후반기의 선린관계가 두 나라 역사 발전에 무엇을 가져다 주었으며 선린관계를 일본측이 어떻게 짓밟았는가에 대해 더욱 구체적으로 규명해야 할 것이다. 그런데 그 자료 중 가장 귀중한 것은 국사편찬위원회에 있으나 그것을 [對馬文書] 구사할 수 있는 우리 연구자는 한두 사람밖에 없는 것이 실정이다. 우선 연구자 양성이 긴급 과제로 제기되고 있다.

21세기의 새로운 관계 구축을 위해 우리는 일본에 대해 깊이 연구해야 한다고 생각한다. 강화도 조약을 강요당할 때까지 우리는 일본에 대해 아는 것이 없었고 때문에 적절한 대책도 없이 불평등 조약에 조인하게 되었기 때문이다.

(제27회 발표, 1993년 8월 31일)

조선통신사와 21세기 한일관계

손승철(강원대학교 교수)

Ⅰ. 선사·고대의 한일관계

지리적으로 한반도와 일본의 관계를 보면, 3만년전의 동아시아는 기후가 한랭화하여 연평균 기온이 오늘날 보다 7~8도나 낮았고, 당시 일본은 사할린과 한반도를 통해 동북아시아 대륙과 연결되어 있었다. 그리하여 대륙으로부터 북방계 포유류동물이 남하하고, 이를 좇아 사람들도 남하한 것으로 보인다. 기후는 1만 5천년 전부터 온난화하기 시작하여 강수량도 늘어나고 호두와 밤나무 등 낙엽수 숲이 형성되어 식량도 풍부해졌다. 그리고 1만 3천년 경부터는 바이칼호 주변에 살고 있던 사람들이 사할린에서 홋카이도(北海道)로 남하하였고, 다른 한파는 한반도를 통해 규슈(九州)로 들어갔다. 이윽고 기후가 따뜻해지고 빙원이 녹아서 해수면이 상승하면서 육지였던 쓰시마(對馬島)와 이키(壹岐) 사이에 현해탄 해협이 생기기 시작했고, 현해탄에 흑조(黑潮)가 동해로 흐르게 되는 것도 1만전의 일이다. 이와 같이 1만년전을 경계로 쓰시마도 한반도에서 떨어져 나가고, 일본도 열도로 형성되어 대륙에서 완전히 분리가 되었다.

구석기시대 한일교류의 흔적은 細石器문화에서 찾지만 본격적인 교류는 신석기시대부터이다. 일반적으로 일본의 신석기시대를 조몬(繩文)시대라고 한다. 조몬시대의 한일관계는 한반도남부 해안지역인 부산과 규슈(九州)지방에서 출토되는 빗살무늬(櫛文)토기를 통하여 알 수 있다. 물론 이러한 교류가 언제부터 시작되었는지는 알 수 없지만, 적어도 기원전 4세기까지 계속되었다고 한다.

그리고 기원전 4세기경부터는 북규슈지방의 가라쓰(唐津)와 후쿠오카(福岡) 평야지방에 벼농사가 시작되어 세토나이(瀨戶內海)연안으로 이동하여 東北地方에까지 퍼져 나갔다. 이때부터 일본에서는 청동기시대인 야요이(彌生)시대에 접어든다. 일본에 벼농사가 전래한 루트에 대해서는 여러 가지 학설이 있다. 예를 들면, 중국 양자강하류지역에서 대만을 거쳐 오키나와 열도를 타고 일본본토에 들어갔다는 설, 중국 강남지방에서 발해만을 거쳐 한반도 서해안을 통과하여 일본으로 전해진다는 설 등인데, 그 대표적인 유적인 후쿠오카지방의 이타즈케(板付)유적과 카라스의 나바타케(菜畑)유적의 벼알 종자를 보면, 역시 한반도전래설이 정설로 자리잡고 있다. 즉 벼의 종자에는 짧고 통통한 인디카종과 길고 가는 자포이카종이 있는데, 한반도와 일본에서는 주로 자포이카종이 출토되고 있다. 그리고 이때부터 청동으로 만든 細形銅劍·支石墓·銅矛·銅戈·銅鐸 등의 유물이 발견된다. 그 대표적인 유적이 가라스의 우키쿤덴(宇木汲田)·후쿠오카의 이타즈케다바타(板付田端)·요시타케타카기(吉武高木) 등이며, 여기서 출토된 유물들을 후쿠오카 시립박물관에 가면 많이 볼 수가 있다.

그 다음, 기원 후 4~5세기에 해당되는 古墳時代이다. 소위 前方後圓墳이라는 특이한 형태의 고분을 말한다. 이 시기에도 한반도의 高句麗·百濟·新羅로부터 많은 渡來人集團에 의해 鐵器를 비롯하여 여러 가지 기술과 문화가 이전된다. 이 시기는 아직 민족이나 국가의 개념이 없었던 시기로, 일본열도의 토착민들은 한반도로부터의 渡來人들을 '옆마을에서 신기한 文化와 技術을 가지고 이사 오는 기분'으로 맞이했고,

그들과 共生했던 것이다. 또 이때에 儒學과 佛敎과 전래되었으며, 그 대표적인 사례가 王仁博士와 일본국보 1호인 法隆寺의 彌勒菩薩像이다. 이 시기는 한일관계사에 있어 가장 활발했던 문화교류가 이루어진 시기이며, 이를 바탕으로 일본 고대문화가 꽃을 피웠으며, 현재 아스카(飛鳥)문화라고 부르고 있다.

한편 7세기가 되면, 일본의 해외활동이 활발해지는 시기로 중국에는 遣唐使가 파견되고, 한반도의 발해와 통일신라에 貿易使節團이 파견된다. 예를 들면 673년부터 697년까지 30여 년간 일본은 신라에 10회, 신라도 일본에 24회나 사절을 파견했다. 발해와의 경우를 보면, 727년부터 919년까지 190년간 발해에서 일본에 34회, 일본에서 발해에 15회에 걸쳐 사절을 파견했다. 일본에서는 이 사절을 통해 무역을 하는 동시에 많은 留學僧이 한반도를 통해 중국을 왕래했다. 특히 통일신라와의 관계는 도다이지(東大寺)의 正倉院에 보관된 각종의 신라물품을 통해 그 규모를 짐작할 수가 있다.

다음은 헤이안(平安)시대인데, 이 시기는 한국은 고려시대로, 양국간에는 전시대에 비하여 그렇게 활발한 교류가 이루어지지 않았다. 특히 13세기 전반 고려와 일본에 대한 몽골침략으로 동아시아 정세가 매우 불안했기 때문이다. 몽골이 약해지면서 한반도와 일본열도는 모두 정치적으로 혼란기를 겪게 되며, 이때부터 양지역간에는 바다를 사이에 두고 倭寇의 활동이 극심해진다. 고려말기 왜구에 의한 피해는 엄청났다. 『高麗史』에는 1351년 왜구의 기록이 등장한 이래 1392년까지 총 495회의 침입기사가 나오며, 그 지역도 한반도 전역에 걸쳐있다. 그래서 고려에서는 한때 도읍인 개경까지 위협을 받아 개경천도론이 주장되기도 했고, 낙동강을 따라 대구·상주까지 왜구가 출현하자 해인사의 팔만대장경을 예천 보문사로 옮기자는 제안이 나오기도 했다.

〈표 1〉 한·중·일 역사연표

中國	연대	朝鮮				日本
春秋戰國	前500					繩文時代
	400	夫餘	古朝鮮	辰國		
秦	300					
	200					
前漢	100					
	西紀 1					
後漢	100					彌生時代
	200	高句麗	百濟	伽耶	新羅	
三國	300					
東晉 / 五胡十六國	400					
南北朝	500					古墳時代
隋	600					飛鳥時代
唐	700	渤海	統一新羅			奈良時代
	800					平安時代
五代	900					
北宋	1000	高麗				
南宋	1100					鎌倉時代
	1200					
元	1300					南北朝時代
	1400	朝鮮				室町時代
明	1500					戰國時代
	1600					江戶時代
清	1700					
	1800					
	1900	日本植民地時代				明治·大正·昭和
中華民國	1945	北朝鮮	大韓民國			日本

　왜구들은 조창을 습격하여 경제적으로 노략질을 하는 한편 사람을 납치하여 노예로 팔거나 또는 많은 문화재를 약탈해 갔다. 예를 들면 현재 알려져 있는 고려불화는 총 120여 점인데, 한국에는 12점밖에 없고, 일본에 95점이 남아있다. 또 쓰시마와 이키에는 80여 구의 신라·고려 불상과 동종들이 전해지고 있다.

　이러한 왜구의 침략에 대해 고려에서는 船軍을 확충하고, 崔茂宣으로 하여금 화약과 화포를 제조하는 등 적극적으로 대처하면서 朴葳로 하여금 대마도를 정벌하고, 鄭夢周 등을 5차례나 사절로 보내 왜구금지를 요청하기도 했다. 그러나 아시카가 장군에게는 왜구금압 능력이 없던 시기여서 그다지 효과가 없었다. 이즈음 한반도에는 이성계에 의해 朝鮮이 건국되고, 일본에는 아시카카 요시미츠(足利義滿)가 南北朝를 통일하여 무로마치(室町)막부를 열게 된다. 당시 朝鮮王朝와 무로마치막부에서는 倭寇問題를 해결하기 위한 공동의 노력을 기울이게 되는데, 이 과정에서 朝鮮通信使가 탄생되게 된다.

Ⅱ. 조선통신사의 역사

1. 조선통신사와 일본국왕사

　1392년, 새로 건국한 조선왕조에서는 무로마치(室町)막부에 승려 覺鎚를 보내 倭寇를 단속해 줄 것을 요청했다. 이에 대해 장군 아시카가 요시미츠(足利義滿)는 승려 壽允을 조선에 보내 '해적선을 금하고 조선피로인을 송환해서 인교를 다질 것을 염원한다'는 서한을 전달해 왔다. 이렇게 건국초기부터 우호적이었던 양국은, 1404년 7월, 아시카가 요시미츠장군이 '日本國王 源道義'라는 이름으로 조선국왕에게 사절을 파견함으로써, 드디어 정식의 선린우호관계가 성립되었다. 이때 일본으로부터 파견된 사절을 日本國王이 파견한 사절이라는 의미로 '日本國王使'라고 한다. 당시 조선에서는 일본과의 관계를 동아시아국제관계와 연계해서 해결한다는 방침을 세웠고, 그것은 일본도 마찬가지였다. 이 시기 동아 시아세계는 중국이 힘의 축이었는데, 조선과 일본은 각기 1403년과 1404 년에 명의 책봉을 받으면서 명의 책봉체제 안에서 상호간에 국가의 공 식사절을 교환하여 정식의 외교관계를 성립시켰다. 이로써 중국에는 사 대, 일본에는 교린이라는 事大交隣이 외교정책의 기본틀을 확립하게 되 었다.

이때부터 1592년 임진왜란까지 일본으로부터 71회에 걸쳐 '日本國王 使'가 파견되었다. 이에 대해 조선에서는 17회에 걸쳐 사절을 파견했는 데, 처음에는 '報聘使'라고 했으나, 1428년부터는 '通信使'라고 했다. 通 信使라는 명칭이 사용된 것은 이때부터이며, '通信'이란 '信義를 通한다' 는 의미이다. 즉 선린관계를 유지하기 위하여 신의를 통하기 위한 사절 을 파견한다는 의미였던 것이다. 일본국왕사의 파견횟수가 많은 것은 이들 중 상당수가 僞使였기 때문이다.

참고로 조선통신사의 명칭에 관한 문제인데,『朝鮮王朝實錄』에는 일 본에 파견한 통신사라고 해서「日本通信使」라고 기록되어 있다. 그런데 지금 일반적으로「朝鮮通信使」라고 하는 것은 일본 쪽에서 볼 때, 조선 에서 오는 통신사라는 의미로 부르던 것을 그대로 일반화해서 사용하기 때문에「朝鮮通信使」가 된 것이다.

이와 같이 조선과 일본의 중앙정부가 서로 사신을 왕래시키면서 왜구 금지를 위한 교섭을 했지만, 왜구의 활동은 여전하여 외교교섭이 한계 에 부딪쳤다. 그 가장 큰 이유는 막부장군의 지방에 대한 통제력이 약해 변방에 있는 왜구를 통제할 수 없었고, 조선연안 및 조선사절단이 통과 해야 하는 세토나이가이(瀬戸內海)에서는 여전히 해적의 활동이 활발하 여 통신사의 왕래도 장애를 받았기 때문이었다. 그래서 조선에서는 다 시 왜구의 실제적인 우두머리들과 교섭을 벌였고, 신숙주의『海東諸國 紀』에 의하면, 당시 조선에 사신을 보낸 일본 중소영주들의 명단이 나오 는데 총126명에 달하고 있다.

조선은 이들과 다각적인 접촉을 벌여, 이들을 평화적인 통교자로 전환시키기 위한 여러 가지 제도를 만들어 갔다. 그리하여 對馬島主를 중간자로 하여 倭寇를 평화로운 通交者로 전환시키는 貿易體制를 새로이 구축했고, 그 결과 三浦開港(1426)과 癸亥約條(1443)에 의해 일본으로부터의 통교자를 효과적으로 통제할 수 있게 되었다. 예를들면 조선의 통제에 협조적인 왜인들에게 조선의 관직을 주는 受職人制度, 수직왜인에게는 년 1회 조선에 도항하여 무역을 할 수 있는 권한을 주었고, 이들이 받았던 임명장인 告身이 지금도 13장이 남아있다. 삼포개항의 시작은 1407년 무질서하게 내왕하는 왜인들을 통제하기 위해, 1407년부터 富(釜)山浦와 乃而浦(薺浦)를 항구로 지정하여 그 출입과 교역을 허가하면서부터이다. 그 후 1419년 대마도 정벌에 의해 일시 폐쇄하였으나, 그들의 간청으로 1423년에 다시 두 곳을 허락하고, 이어 鹽浦를 추가함으로써 삼포제도를 확립했다. 포소에는 왜관을 설치하여 각기 제포(진해)에 30호, 부산포(부산)에 20호, 염포(울산)에 10호의 항거왜인을 거주하게 하여, 도항왜인의 접대와 교역을 허가함으로써 통교질서를 세웠다. 이들 삼포 가운데 조선후기에는 부산포만이 남아 초량왜관으로 이어졌다.

〈표 2〉 조선전기 조선사절일람표

회수	서기	使行名	正使	派遣對象	使行目的	出處
1	1392		覺鎚(僧)	征夷大將軍	倭寇禁止要請	善隣國宝記, 上
2	1399	報聘使	崔云嗣	日本大將軍	報聘	實錄, 定宗元/8.癸亥
3	1402		朝官	日本大將軍	和好, 禁敵, 被虜人刷還	實錄, 太宗2/7壬辰
4	1404	報聘使	呂義孫	日本國王	報聘	實錄, 太宗4/7己巳
5	1406	報聘使	尹銘	日本國王	報聘	實錄, 太宗5/12戊辰
6	1410	回禮使	梁需	日本國王	報聘, 義滿弔喪賻儀	實錄, 太宗10/2辛丑
7	1413	通信官	朴賁	日本國王	使行道中發病中止	實錄, 太宗14/2乙巳
8	1420	回禮使	宋希璟	日本國王	國王使回禮, 大藏經賜給	老松堂日本行錄
9	1423	回禮使	朴熙中	日本國王	國王使回禮, 大藏經下賜	實錄, 世宗4/12癸卯
10	1424	回禮使	朴安信	日本國王	國王使回禮, 金字經賜給	實錄, 世宗5/12辛亥
11	1428	通信使	朴瑞生	日本國王	國王嗣位, 致祭	實錄, 世宗10/12甲申
12	1432	回禮使	李藝	日本國王	國王使回禮, 大藏經下賜	實錄, 世宗14/7壬午
13	1439	通信使	高得宗	日本國王	交聘, 修好	實錄, 世宗21/7丁巳
14	1443	通信使	卞孝文	日本國王	日本國王嗣位, 致祭	實錄, 世宗25/2丁未
15	1460	通信使	宋處儉	日本國王	國王使報聘, 使行中遭難	實錄, 世祖5/8壬申
16	1475	通信使	裵孟厚	日本國王	修好, 日本內亂中止	實錄, 成宗6/8丁酉
17	1590	通信使	黃允吉	豊臣秀吉	倭政探聞	金誠一, 海槎錄

<표 3> 삼포 항거왜인수

	세종초		1466년		1475년		1476년		1494년	
	호수	인구	호수	인구	호수	인구	호수	인구	호수	인구
제 포	30		300	1,200여	308	1,722	308	1,731	347	2,500
부산포	20		110	300여	67	323	88	350	127	453
염 포	10		36	120여	36	131	34	128	51	152
계	60		446	1,650여	441	2,176	430	2.209	525	3,105

그러면 당시 삼포를 통해 어떠한 물자의 교류가 이루어졌을까. 조선에서 일본으로 가져간 물품은 쌀이나 콩 등 식량류와 섬유품이었다. 섬유품은 처음에는 모시와 마포, 명주였으나 15세기 후반부터는 면포로 바뀐다. 일본에서 면포를 선호한 것은 당시 일본에서는 목화재배가 이루어지지 않았으며, 조선면포가 감촉이 좋은 고급의류로서 선호되었기 때문이다. 반면 일본에서 조선으로 건너온 주 상품은 구리인데, 예를 들면 1428년에는 2만 8천근의 구리를 가져왔고, 1489년에는 2만근의 구리를 가져오고, 10만 필의 면포를 가져갔다. 그 무렵 조선에서는 놋쇠로 만든 식기를 사용했고, 동전과 금속활자 등 구리수요가 많았기 때문이다. 그 외에도 남방산 蘇木과 물소뿔, 후추 등이 수입되었다.

그러나 항거왜인이 늘고 무질서하게 도항하자, 왜인에 대한 보다 효율적인 통제를 위하여 도항절차와 증명에 관한 여러 절차를 만들었다. 대표적인 예가 도항증명서인 文引을 대마도주로 하여금 발행하게 하는 文引制度를 실시했다. 즉 조선에서는 대마도주에게 문인발행권을 주어서 대마도주로 하여금 수수료를 받도록 재정적인 이득을 주고, 그 댓가로 조선에 통교를 원하는 일본인들을 통제시켰던 것이다. 그리고 모든 통교인들을 4등급(일본국왕사, 중소영주, 대마도주, 대마도 지방세력가)으로 나누고, 그 우두머리들을 상경시켜 조선국왕에게 알현시키는 上京制度를 의무화했다. 이것은 중국의 기미정책보다도 훨씬 적극적인 것으

로, 중국에 대해서는 사대정
책을 쓰면서도, 한편으로는
주변의 여진·왜인·유구·
안남등에 대해서는 조선중
심의 국제질서를 세우려는
것으로 조선외교의 주체성
을 엿볼 수 있는 대목이다.
　이와같이 조선은 일본에
대하여 이원적인 교린정책
을 썼다. 즉 조선국왕과 막
부장군간에는 對等交隣, 그
리고 그 외의 모든 통교자
는 대마도주를 대변자로 하
여 통교권을 부여하는데,
그 통교방식은 조선중심의
기미질서에 편입시켜 조빙
응접의 형식을 취하는 羈縻

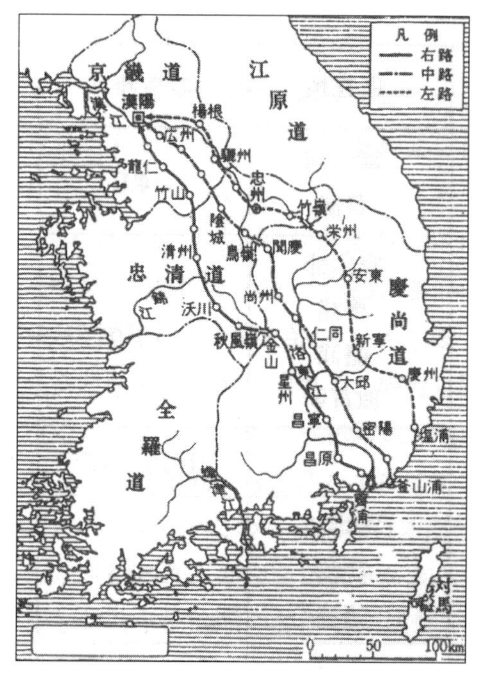

〈그림 1〉 일본국왕사의 상경로

交隣의 이원체제로 운영했던 것이다. 그러나 조선전기 우호교린의 교류
관계도 1592년 토요토미 히데요시(豊臣秀吉)의 조선침략으로 단절되고,
이후 7년 간의 전쟁과 그로 인한 전쟁의 상처는 일본을 불구대천의 원
수로 각인시켰다.

2. 조선후기의 통신사

　1598년, 7년간에 걸친 임진왜란이 끝난 후, 조일양국은 강화교섭에 노
력을 기울이고, 그 결과 1604년 조선에서는 도쿠가와(德川)막부의 강화
에 대한 진의를 살피기 위하여, 승려 惟政(松雲大師·四溟大師)를 探賊
使란 명칭으로 일본에 파견했다.

조선에서는 조선 나름대로 전쟁의 피해복구를 서둘러야 했고, 또 죄 없이 끌려간 조선 피로인을 쇄환시켜야 했으며, 북쪽 만주의 정세변동에도 대비하기 위해 일본과의 강화가 시급했다. 또 일본의 경우도 새로 막부를 세운 도쿠가와 정권이 그 정당성을 확보하고 조선침략에 대한 후유증도 없애기 위해 양국은 강화를 서둘렀으며, 무엇보다도 조선과의 통교에 생존권을 걸고 있었던 대마도가 앞장서 주선을 했기 때문이다.

사명대사 일행은 교토(京都)에 가서 새로 도쿠가와장군을 만나, 강화를 원하는 것이 도쿠가와 막부의 뜻임을 확인하고 피로인 3천여 명을 데리고 돌아온다. 사명대사 일행의 귀국 후 조정에서는 연일 일본과의 강화문제를 논의한 결과, 조선정부에서는 강화를 위한 세 가지 조건을 제시하였다. 즉 일본국왕 명의의 강화요청서, 임란당시 왕릉도굴범의 소환, 그리고 조선피로인의 송환이었다. 이에 대해 일본은 중국의 책봉을 받을 수 없었기 때문에 장군의 국서를 위조하고, 왕릉도굴범은 대마도의 잡범으로 대치하였으며, 이후 쇄환사편에 피로인들을 7,000여명이상 쇄환시키게 된다. 물론 조선에서는 국서가 위조된 것이었고, 도굴범도 잡범이라는 사실을 알았지만, 조선의 요구가 형식적으로는 수용되었기 때문에 1607년 강화사를 파견하여 국교를 재개했다. 그러나 이때의 사절단의 명칭은 「回答兼刷還使」였다. 일본국서에 대한 회답과 피로인을 쇄환한다는 의미이다. 이로부터 조선후기에는 총 12회의 조선사절이 파견되는데, 「通信使」의 명칭이 다시 쓰여지기 시작하는 것은 네 번째인 1636년부터이다. 일반적으로 조선후기 한일교류의 상징으로 말해지는 「朝鮮通信使」는 이러한 역사적인 배경을 가지고 있는 것이다.

통신사의 파견목적은 조선전기와는 달리 回禮나 報聘의 의미가 아니라, 막부장군의 습직이나 양국간의 긴급한 외교문제를 해결하기 위한 것이었다. 그리고 통신사의 편성과 인원은 각 회마다 약간의 차이가 있지만, 대략 300명에서 500명이 넘는 대사절단이 5개월에서 2년에 걸치는 대장정이었다. 이들은 서울에서 부산까지는 육로로, 그리고 부산에서 대마도를 거쳐, 오사카까지는 해로로, 오사카에서는 다시 육로로 에도

(江戸: 東京)까지 왕래하였다.

이러한 통신사가 조선후기 한일관계에서 갖는 의미는 대단히 크다. 정치외교적인 의미뿐만 아니라, 통신사가 통과하는 객사에서의 한시문과 학술교류는 한일간의 문화상의 교류를 성대하게 했다. 물론 통신사가 한일관계의 전부는 아니었다. 조선에서는 부산에 왜관을 설치하여 한일간에 무역을 통하여 필요한 물자를 교류했으며, 또 대마도주에게는 별도로 100명에서 150명 규모의 「譯官使」를 51회나 파견하여 한일관계에서 대마도의 입지를 세워주고, 한일간의 현안을 풀어갔다.

<표 4> 조선후기 통신사 일람표

순번	서기	조선	일본	임무	총인원(오사카잔류인원)	일본기행문	비 고
1	1607	선조40	慶長12	강화, 국정탐색, 피로인쇄환	467	경섬『해사록』	回答兼刷還使
2	1617	광해군9	元和3	피로인쇄환, 오사카평정축하	428(78)	오윤겸『동사상일록』 박재『동사일기』 이경직『부상록』	〃
3	1624	인조2	寬永元	피로인쇄환, 장군습직축하	460	강홍중『동사록』	〃
4	1636	인조14	寬永13	태평축하	478	임광『병자일본일기』 김세렴『해사록』 황호『동사록』	通信使 大君호칭사용
5	1643	인조21	寬永20	장군탄생축하	477	조경『동사록』 신유『해사록』 작자미상『계미동사록』	日光山致祭
6	1655	효종6	明曆元	장군습직축하	485(100)	조경『부상일기』 남용익『부상록』	
7	1682	숙종8	天和2	장군습직축하	473	김지남『동사일록』 홍우재『동사록』	
8	1711	숙종37	正德元	장군습직축하	500(129)	조태억『동사록』 김현문『동사록』 임수간『동사록』	아라이하쿠세키 개정 (大君 — 將軍)
9	1719	숙종45	享保4	장군습직축하	475(109)	홍치중『해사일록』 신유한『해유록』 정후교『부상기행』 김흡『부상록』	개정환원 (國王 — 大君)

순번	서기	조선	일본	임무	총인원(오사 카잔류인원)	일본기행문	비 고
10	1748	영조24	延享5	장군습직축하	475(83)	조명채『봉사일본시문견록』 홍경해『수사일록』 작자미상『일본일기』	
11	1764	영조40	宝曆14	장군습직축하	477(106)	조엄『해사일기』 오대령『계미사행일기』 성대중『일본록』	崔天淙被殺
12	1811	순조11	文化8	장군습직축하	328	유상필『동사록』 김청산『도유록』	對馬易地通信

이러한 의미에서 조선은 매우 적극적이며, 주체적으로 한일관계를 전개했다고 볼 수 있다. 혹자는 조선전기와는 달리, 조선후기에는 일본에서는 장군의 사신이 오지 않고, 조선에서만 사신이 파견되었다고 해서, 조선외교의 열세를 말하기도 하지만, 그것은 그렇지 않다. 왜냐하면, 임진왜란 때, 과거 일본국왕사의 상경로가 일본군의 진격로로 이용되었기 때문에, 조선에서는 일본인의 상경을 금지시켜서, 일본사신이 올 수가 없었기 때문이다. 더구나 통신사파견의 비용은 부산에서부터는 모든 비용을 일본에서 부담하였는데, 그 비용이 막부의 1년 예산이었다고 한다.

〈표 5〉 조선후기 조·일 간의 교류현황

조선		일본
국왕	통신사(1636~1811) 9회 문위행(1636~1860) 51회	막부장군
예조	왜관(1601~1872)	대마도주
국왕	팔송사(정기사절) 차왜(부정사절)	대마도주

한편 일본과 조선무역에는 기본적으로 대마도주가 조선국왕에게 보내는 封進과 求請에 대한 回賜, 조선왕조와 대마도간의 公貿易, 대마도 관리·상인과 조선상인간의 私貿易 등이 있었는데, 일본으로부터 수입한 물품은 주로 은·동 등의 광산물과 남방산 蘇木, 물소뿔(水牛角)과 백반(明礬) 등이었다.

이에 대해 조선에서 수출한 품목은 공무역이 경우는 쌀과 콩 외에 목면이 많았고, 사무역인 경우는 인삼과 중국산 생사와 비단이 인기있는 상품이었다. 이러한 물자의 유통경로를 '실버로드와 실크로드'에 비유하기도 한다.

그러면 정례화된 통신사의 목적·편성·행로에 관해 간단히 살펴보자.

조선후기 통신사는 원칙적으로 조선국왕이 일본장군에게 파견한 사절로, 이들은 조선국왕의 국서와 예물을 지참하였으며, 모두「통신사」의 명칭을 사용했다(초기 3회는 회답겸쇄환사). 그리고 사절단의 삼사(正使·副使·書狀官)는 중앙의 관리로 임명했으며, 조선전기와는 달리 回禮나 報聘의 의미가 아니라 막부장군의 습직이나 양국간의 긴급한 외교문제를 해결하기 위한 목적으로 파견되었으나 대부분이 장군습직의 축하였다. 그리고 통신사의 편성과 인원은 각회마다 약간의 차이가 있지만, 대략 300명에서 500명이 넘는 대 인원이었다.

통신사의 파견절차는 먼저 일본에서 새로운 막부장군의 승습이 결정되면, 대마도주는 막부의 명령을 받아, '關白承襲告慶差倭'를 조선에 파견하여 그 사실을 알려온다. 그리고 곧이어 다시 통신사파견을 요청하는 '通信使請來差倭'를 파견했다.

이에 따라 조선에서는 예조에서 논의하여, 통신사파견을 결정한 후, 이 사실을 부산의 초량왜관에 알려 대마도에 통보하도록 했다. 통신사가 서울을 출발하여 부산에 도착하면 다시 대마도에서 파견된 '信使迎聘差倭'의 인도를 받아 대마도에 도착 한 후, 대마도주의 안내를 받아 장군이 있는 에도(江戸)까지 왕복했다. 이들이 임무를 마치고 대마도로 돌아오면 그곳에서 부산까지는 다시 대마도주가 임명하는 '信使送裁判差倭'가 이를 호행하여 무사히 사행을 마치도록 안내하였다.

<표 6> 1682년 통신사 편성표(실제 파견자 수와는 차이가 있음)

職責	人員	日本側 接待官	職責	人員	日本側 接待官
正 使	1	三 使	禮單直	1	中 官
副 使	1	〃	廳 直	3	〃
從事官	1	〃	盤纏直	3	〃
堂上官	2(1)	上上官	使 令	18	〃
上通事	3	上判事	吹 手	18	〃
製述官	1	學 士	節鉞奉持	4	〃
良 醫	1	上 官	砲 手	6	〃
次上通事	2	〃	刀 尺	7	〃
押物官	3(1)	〃	沙 工	24	〃
寫字官	2	〃	形名手	2	〃
醫 員	2	〃	纛 手	2	〃
畫 員	1	〃	月刀手	4	〃
子弟軍官	5	〃	巡視旗手	6	〃
軍 官	12	〃	令旗手	6	〃
書 記	3	〃	淸道旗手	6	〃
別破陣	2	〃	三技槍手	6	〃
馬上才	2	次 官	馬上鼓手	6	〃
典 樂	2	〃	銅鼓手	6	〃
理 馬	1	〃	大鼓手	3	〃
伴 倘	3	〃	三穴銃手	3	〃
船 將	3	〃	細樂手	3	〃
卜船將	3	中官	錚 手	3	〃
部小童	19	〃	風樂手	18	下 官
奴 子	52	〃	屠牛匠	1	〃
小通事	10	〃	格 軍	270	〃
導訓導	3	〃	總計	569(2)	

　통신사의 여정을 보면, 일행이 서울을 출발하여 부산까지 대략 2개월 정도가 걸렸다. 통신사일행은 긴 여행에 앞서 국왕으로부터 환송연을 받았으며, 그것이 끝나면 각기 집으로 돌아가 가족과 작별을 하였다. 5개월 내지 2년이나 걸리는 긴 여정이었고, 또 바다를 건너야하는 위험부담 때문에 죽음을 각오하는 이별이었다. 그래서 중도에서 여러 차례 연회가 베풀어졌다.

　처음에는 충주·안동·경주·부산의 4개소에서 베풀어졌으나, 민폐 때문에 후에는 부산 한곳에서만 베풀었다. 부산에 도착해서는 영가대에서 海神祭를 지냈다. 해신제는 吉日을 선택하여 통신사일행이 일본으로 떠나는 바로 그날 거행했다. 영가대에서 해신제를 지낸 통신사는 국서를 받들고, 騎船 3척과 卜船 3척에 나누어 타고, 호위하는 대마도선단의 안내를 받아, 대마도의 사스나(佐須奈)에 도착한 후, 와니우라(鰐浦)－니시도마리(西泊)을 거쳐 대마도주가 있는 이즈하라(嚴原)의 후주(府中)로 갔다. 그곳에서 대마도주의 영접을 받은 후, 다시 이데이안(以酊庵)의 長老 2인의 안내를 받아 이키(一岐)－아이노시마(相島)－지시마(地島)를 거쳐 시모노세키(下關)를 지나 세토나이가이(瀨戶內海)로 들어선다. 이어 나가시마(長島)－가미노세키(上關)－가마가리(浦刈)－히비(日比)－우시마(牛窓)－무로쯔(室津)－오사카(大阪)에 이른 뒤 東·西本願寺에 묵었다. 그 뒤 6척의 조선선과 몇 명의 경비요원만을 남겨둔 채, 여러 大名이 제공한 배를 타고 요도우라(淀浦)에 상륙하여 육로로 교토(京都)로 향했다. 조선전기는 여기가 종점이었지만, 조선후기에는 1617년을 제외하고는 모두 에도(江戶)까지 갔다. 오츠(大津)을 출발하여 1620년대 특별히 건설했던 '朝鮮人街道'를 거쳐 히코네(彥根)－나고야(名古屋)－오카사기(岡崎)－도모하시(豊橋)－아라이세키쇼(新屋關所)－시즈오카(靜岡)－시미즈(淸水)－미시마(三島)－하코네세키쇼(箱根關所)－오다와라(小田原)－후지자와(藤澤)를 지나면 드디어 목적지인 에도(江戶)에 도착했다. 통신사가 통과하는 객사에서의 한시문과 학술의 筆談唱和는 문화상의 교류를 성대하게 했다.

　도쿠가와 막부시대에는 무사들에게도 일반교양으로 유학이 장려되고, 또한 문인의 일반교양으로서 한시가 애호되었고, 통신사의 왕래를 통하여 사람과 사람의 만남에서 문화적인 교류가 이루어졌던 것이다. 조선통신사가 일본에 갈때마다 필담창화에 대한 일본문인들의 요구가 점점 높아져, 그에 부응하여 조선에서는 당대의 최고문인들로 製述官을 삼았다. 예를들면 1719년 통신사 제술관이었던 신유한은 『海遊錄』에서 "오사카에 서적이 많은 것은 실로 천하의 장관이다. 우리나라 여러 성현들의 문집 중에서 왜인들이 존중하는 것으로 『退溪集』에 버금가는 것이 없다. 집집마다 이것을 읽고 이야기 한다. 여러 서생들과 필담에서도 묻는 항목은 반드시 『退溪集』을 인용한다."고 적고 있다. 또 일본 최고의 문인들인 아라이 하쿠세키(新井白石)나 기노시타 쥰안(木下順庵)등의 문집의 서문도 모두 통신사 제술관들이 쓴 것이었다.

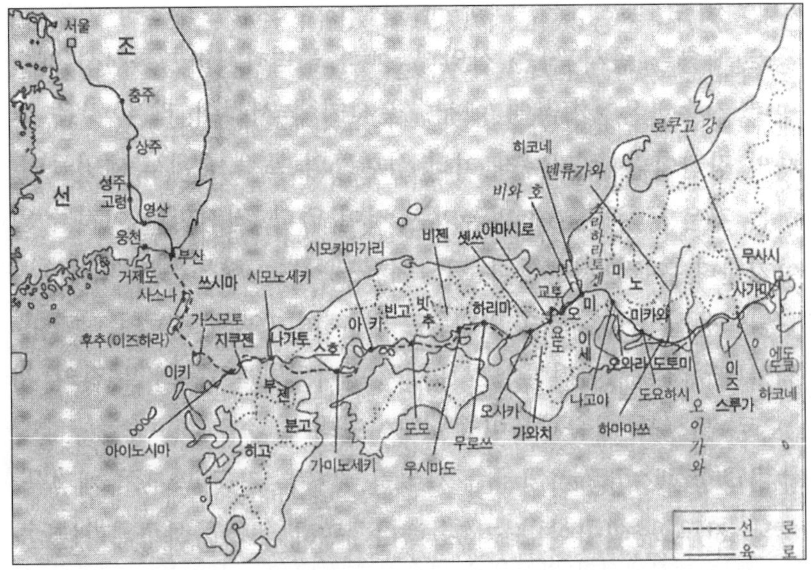

〈표 8〉 통신사 여정표

그러나 이에 따른 화려하고 사치한 향응은 결국 바쿠후의 재정을 압박하는 하나의 원인이 되기도 했다. 특히 아라이하쿠세키(新井白石)는 통신사접대의 향응장소를 5개소(大阪·京都·名古屋·駿府, 往路에는 赤間關, 歸路에는 牛窓)만으로 한정하고, 다른 곳에서는 음식만 제공하는 것으로 했으나, 1711년 한번으로 끝나고 다시 종전의 형태로 돌아가 호화로운 향응을 계속했다.

에도에 체류하는 동안 1636년·1643년·1655년에 파견된 통신사는 도쿠가와 이에야스(德川家康)의 묘소인 니코(日光 東照宮)에 참배를 강요받기도 했다.

또 1636년부터는 바쿠후의 요청에 의하여 曲馬團의 공연이 있었는데, 1680년부터는 이를 위하여 馬上才의 파견되었다. 바쿠후로부터 길일이 정해져 국서와 별폭이 전달되고는 며칠 뒤 장군의 회답서와 노고를 치하하는 선물을 받은 후, 왔던 길을 다시 되돌아서 귀로에 오르게 된다. 大名들의 접대는 갈 때와 마찬가지로 행해졌고, 對馬島로부터는 差倭가 동행하여 부산에 입항한 뒤 서울에 돌아왔다. 이와 같은 통신사일정에는 다소 차이가 있기는 하나 대개는 5개월에서 8개월이 걸렸으나 2년이 걸린 사행도 있었다. 그러나 이러한 通信使行도 양국의 사정이나 동아시아 국제정세의 변동에 따라 1811년에 끝이 나며, 그것도 對馬島에서 약식으로 국서를 교환하는 易地通信이었다. 물론 그 이후 몇 차례에 걸쳐 장군직을 습직하였고, 그때마다 통신사파견이 요청되었으나 일본 내의 사정에 따라 4차례에 걸쳐 연기를 하다가 결국 1868년 명치유신을 맞게 되고, 한일관계는 새로운 국면으로 접어들게 되었다. 이로써 통신사로 상징되었던 조선시대의 우호교린의 교류도 끝이 났다.

통신사로 상징되는 조·일 교린관계의 종말은, 明治維新을 알리는 일본 측의 서계로부터 비롯되었다. 즉 明治維新 직후, 일본에서는 天皇의 집권사실과 이제부터는 明治 外務省에서 한일관계를 전담한다는 서계를 보내왔다. 그런데 서계의 양식이 이제까지와는 달리 일본천황이 한 단계 위에서 天皇대 朝鮮國王의 외교를 할 것을 요구했다. 외교관례상

이것을 거부하는 것은 당연한 일이었다. 조선에서는 장군이 집권하건, 천황이 집권하건, 그것은 일본 국내의 사정이므로, 조선은 단지 일본의 최고집권자와 대등한 관계를 하면 된다고 주장했다. 이에 대해 결국 일본은 무력을 앞세워, 1872년 부산왜관을 점령했고, 이후 일방적으로 밀어붙이는 침략외교에 의해 교린관계의 교류는 깨지고 말았다.

조선전기 200년간 교린관계의 한일교류가 임진왜란에 의해 깨진 것처럼, 조선후기 260여 년간의 통신사외교에 의한 한일교류가 일본의 일방적인 왜관점령(1827년)에 의해 종말을 고했다. 교린관계의 붕괴과정은 다르지만, 일본의 일방적인 무력침공이라는 똑같은 형태가 반복되었던 것이다.

3. 조선통신사의 역사적 의미

조선시대 전·후기 460여 년간 걸쳐 양국사이에서 朝鮮通信使가 갖는 역사적인 의미는 아주 크다. 앞서 언급한 바와 같이 조선통신사를 통하여 양국은 외교적인 문제를 해결하였고, 물자와 문화교류를 했으며 그 결과 선린우호관계를 계속할 수 있었다. 물론 중간에 도요토미 히데요시(豊臣秀吉)의 조선침략이라는 불행한 역사도 있었다. 그러나 조·일 간에는 다시 通信使를 통하여 양국의 우호교린관계를 회복하였다. 이러한 의미에서 조선통신사는 조·일 양국이 함께 연출한 성숙한 국제인식의 표현이라고 생각한다.

조선통신사가 원활하게 왕래할 때는 양국사이에 우호·공존의 시대가 전개되었고, 조선통신사의 단절은 양국사이에 불행한 역사의 시작이었다. 지나간 20세기 전반기에 양국은 모두 불행한 상처를 남겼다. 그러나 이제 21세기를 새로 시작하고 있다.

20세기에 시작된 일본의 무력침략이 식민지시대로 이어지고, 1945년 일본의 패전으로 식민지시대는 끝났지만, 1965년 한일조약에 의해 양국간에 교류가 재개될 때까지 또 단절이 계속되었다. 임진왜란 후 재개된 한일관계에서 비록 위조된 국서였지만, 일본의 사과와 강화를 요청하는 국서를 받아냈던 것을 회고하면, 한일기본조약은 주체성도 전문성도 결여된 조약이었다. 사실 현재 한일양국의 현안이 되고 있는 군대위안부, 독도문제, 징용·징병의 문제 모두가 한일조약으로 청산되지 못한 문제들이다. 이제 21세기를 새로 시작하고 있다. 그리고 동반자로서의 한일교류가 요구된다. 더구나 2002년에는 한일공동으로 월드컵도 개최했다. 그러나 과거사의 정리없이 월드컵만 공동주최한다고 교류가 되는 것은 아니다. 진정한 의미에서의 교류가 무엇인가를 통신사를 통해 재조명되기를 바란다.

참고문헌

이진희·강재언 지음, 김익한·김동명 옮김, 『한일교류사』, 학고재, 1998.

이영·김동철·이근우, 『전근대한일교류사』, 방송대출판부, 1999.

나종우, 『한국중세 대일교섭사연구』, 원광대출판부, 1995.

손승철, 『조선시대 한일관계사연구』, 지성의 샘, 1995.

손승철, 『근세조선의 한일관계연구』, 국학자료원, 1999.

미야케히데토시 지음, 손승철 역, 『근세한일관계사연구』, 이론과 실천, 1991.

미야케히데토시 지음, 김세민 역, 『조선통신사와 일본』, 지성의 샘, 1996.

(제59회 발표, 2001년 9월 28일)

일본주자학과 조선의 유학

양일모(한림대학교 교수)

Ⅰ. 머리말: 일본은 불교국가인가? 유교국가인가?

일본인의 종교에 관해서는 일반적으로 다음과 같은 말이 있다. 태어나서는 神社에 가서 우부스나가미(産土神)에게 참배하고, 시치고산(七五三)이라는 절기가 있어서 3살, 5살, 7살 때마다 신사에 가는 통과의례가 있다. 결혼식을 할 경우는 교회에 가서 화사한 웨딩드레스를 입고, 죽어서는 불교형식의 절차에 따라 장례를 치르고, 무덤은 절에 둔다. 이러한 이야기가 모든 일본인들에게 적용되는 것은 아니지만, 일본인의 일상적인 삶 속에 神道, 크리스트교, 불교가 깊숙이 스며들어 있다는 것을 말해 주고 있다.

일본인의 종교는 무엇일까 하는 물음이 있다면, 신도, 불교, 크리스트교를 말하는 것이 일반적이다. 그러나 일본 혹은 일본인의 삶은 유교와 전혀 관계가 없었다고 할 수 있을까? 오늘 내가 이야기하고자 하는 것은 일본의 주자학과 조선의 유학과의 관계이다. 따라서 만일 일본 혹은 일본인의 삶이 유교와 전혀 관계가 없다고 한다면, 오늘의 이야기는 성립할 수 없을 것이다. 결론적으로 말해, 일본은 유교와 관련이 있다는 말이다.

물론, 일본이 조선시대의 사회처럼 유교적 이념이 국가와 사회의 구석구석까지 깊숙이 침투되었던 유교국가라고 단정할 수는 없다. 그렇지만, 일본 사회를 자세히 살펴보면, 유교적 색채나 흔적을 찾아보는 일은 그다지 어렵지 않다. 그래서 강연의 주제에 들어가기 전에 먼저 일본 사회에 남아 있는 유교의 흔적에 대해 몇 가지 말하고자 한다.

일본을 대표하는 대학은 도쿄대학이다. 도쿄대학에서 걸어서 20분 정도 떨어진 곳에 유시마(湯島)라는 곳이 있다. 행정단위로는 도쿄도(都) 분쿄구(文京區)에 위치하며, 교육열이 대단히 높은 지역으로 유명하다. 한국인 여행객은 도쿄대학 관광을 좋아해서 찾아가는 분이 많다. 그리고 여행 준비를 철저히 한 사람은 도쿄대학을 먼저 보고 난 뒤, 그 다음에는 대학입시에 효험이 있다고 알려진 신사, 즉 유시마 텐진(天神)을 구경한다. 그렇지만 유시마에 있는 유시마 聖堂을 찾는 여행객은 대단히 드물다. 성당이라는 표현 때문에 카톨릭의 성당을 연상하기 쉽지만, 유시마 성당은 공자를 모시는 사당이다. 그리고 유시마 성당은 일본의 에도(江戶) 시대에 쇼헤이자카학문소(昌平坂學問所)라는 幕府 직할의 교육시설이었으며, 조선시대의 성균관에 해당하는 역할을 담당하였다. 쇼헤이자카라는 말은 한자로 표기하면 昌平이며, 창평 언덕이라는 뜻이다. '창평'이라는 지명에서 연상할 수 있는 것은 공자가 태어난 고향이다. 즉 공자는 기원전 551년 중국의 춘추시대 노나라의 창평향(昌平鄕)에서 태어났다. 따라서 유시마 성당이 있는 곳의 지명은 공자가 태어난 지명을 따서 만든 것이다. 또한 일본 역사 속에서 보면, 관정(寬政) 연간(1790년)에 異學을 금지하는 조치가 실시되었으며, 에도 막부가 학문을 통제하고, 한편으로는 학문을 진흥시키는 정책으로서 주자학 이외의 학문을 금지시켰다. 따라서 쇼헤이자카 학문소는 막부의 공식적인 교육기관으로서 주자학의 발전과 진흥을 담당한 기관이 되었다. 뿐만아니라 쇼헤이자카 학문소는 1869년 메이지 유신의 다음 해, 일본의 신정부의 교육제도 개혁 정책에 의해 도쿄대학으로 통합되었다. 이러한 의미에서 일본의 유학, 그

중에서도 주자학적 전통은 메이지 시대 이후 일본의 근대에 이르기까지 그 저류로서 면면히 이어지고 있다고 할 수 있을 것이다.

앞에서 도쿄대학과 유시마 성당, 쇼헤이자카에 관해 언급하였지만, 이러한 제도적 측면 이외에 일본 사회에 남아있는 주자학의 흔적에 대해 몇 가지 더 예를 들어보기로 한다. 일본은 야구가 유명한 나라이다. 현재 일본 야구를 대표한다고 해도 과언이 아닌 인물을 들라고 한다면, 요미우리 자이언츠의 나가시마 시게오(長島茂雄) 감독을 꼽을 수 있을 것이다. 나가시마 감독이 이끄는 요미우리 자이언츠 팀의 본거지는 바로 도쿄돔이다. 도쿄돔은 big egg로 불리며, 거대한 달걀 모양의 운동장으로, 비가 오나 눈이 오나 야구를 할 수 있는 현대식 야구장이다. 도쿄돔은 1988년 만들어진 운동장이지만, 그 이전의 운동장은 고라쿠엔(後樂園) 구장이라고 불렸다. 지금도 도쿄돔의 왼쪽에는 고라쿠엔 유원지, 오른쪽에는 미토한[水戶藩]의 초대 藩主였던 도쿠가와 요리후사(德川賴房)가 자신의 거주지로 만든 일본식 정원인 고이시가와 고라쿠엔(小石川後樂園)이 있다.

여기에서 말하고자 하는 것은 야구가 아니라 後樂園의 後樂이라는 말이다. 그대로 직역하면, 즐거움은 다른 사람보다 나중에 즐긴다는 뜻이며, 즐거운 일을 남에게 먼저 하도록 양보하는 것을 의미한다. 後樂이라는 말에는 주자학적 전통이 깊게 스며들어 있다. 즉 북송 때의 정치가이며 학자인 범중엄(范仲淹, 989~1052)이라는 사람이 동정호에 있는 명승지 악양루를 노래한 시(岳陽樓記)가 있는데, 거기에는 "先天下之憂而憂, 後天下之樂而樂"이라는 구절이 있다. 세상의 근심할 일은 남보다 먼저 하고, 세상의 즐거운 일은 남보다 나중에 한다는 뜻으로 일반적으로 先憂後樂이라는 4자숙어로도 알려져 있다. 이것은 송대 이후 등장한 중국의 사대부들의 원대한 이상과 포부를 이야기하는 것이다. 아울러 송대 성리학의 전통을 이어받은 유교적 지식인들의 삶과 이상을 표현하는 용어이기도 하다.

일본의 지명 중에서 유교와 관련이 있는 예를 하나 더 들자면, 도쿄의 상징이라고 할 수 있는 우에노 공원에 있는 시노바즈 연못을 빼놓을 수 없을 것이다. 시노바즈 연못은 한자로 표기하면, 不忍池이다. 보통 우리나라의 가정에는 참을 인(忍)자를 써서 액자에 넣어 벽에 걸어두고 명구로 삼는 경우가 있다. 참을 忍자를 경구로 삼고 있는 사람이라면, 우에노 공원에 가서 不忍池라는 연못 이름을 보면, 조금은 당혹해 할 것이다. 그러나, 不忍이란 표현은 유교의 기본 경전이라고 할 수 있는『맹자』에 나오는 표현이다. 맹자는 사람에게는 누구에게나 남에게 잔인하게 대하지 않는 마음을 갖고 있다고 하였다. 즉 한문으로 표기하면 “人皆有不忍人之心”(「공손추」 상)이다. 이처럼 다른 사람에게 잔인하게 대하지 않은 마음에 의거해서 남에게 잔인하게 하지 않는 정치(不忍人之政)를 행하는 것이 곧 다름아닌 유교에서 말하는 王道政治라고 할 수 있다. 따라서 우에노 공원에 있는 시노바즈 연못의 이름은 유교적 왕도정치의 이념이 투영되어 있는 작명이라고 할 수 있다.

　이상에서 예를 들었듯이, 일본 혹은 일본 사회에는 유교와 관련된 흔적들이 많이 남아있다. 그렇다면 일본의 유교는 언제부터 시작하였으며, 어떤 경로를 통해 중국의 유교가 일본에 전해지게 되었는가 하는 문제를 생각해보기로 하자. 그리고 일본의 유교전래와 관련하여 조선시대의 유학 혹은 유학자는 일본 유학의 생성과 발전에 어떤 영향관계를 지니고 있는지에 대해서 생각해보기로 하자.

Ⅱ. 일본 유교의 연원

　일본에 유교가 전래된 것은 대단히 오래전의 일이다. 일본의 역사 기록에 의하면, 4세기 말경 일본의 오진텐노(應神天皇) 시대에 백제의 왕인(王人)박사가 이미『논어』10권과 천자문 1권을 전래하였다고 한다.[1] 또한 백제 무녕왕(재위 501~523)이 513년, 오경박사 단양이(斷揚爾)를 일본에 파견하였다고 한다. 오경박사라는 것은 중국의 한나라 무제가 유교를 국교화로 한 뒤, 유교의 다섯가지 경전, 즉 『시경』 『서경』 『주역』 『예기』 『춘추』의 분야에 전문가를 설치한 제도이다. 따라서 백제를 통하여 일본에 수용된 초기의 유학은 한당 훈고학적 성질의 유학이었다고 할 수 있을 것이다.

일본에 유교가 전래된 이후, 아스카(飛鳥) 시대에는 쇼토구 타이시(聖德太子)가 만든 것으로 알려져 있는 일본 최초의 성문법 경전인 「17조 헌법」에는 유교의 경서로부터 인용이 있으며, 유교의 흔적을 엿볼 수 잇다.[2] 나라(奈良), 헤이안(平安) 시대에는 율령제도의 실시 아래 명경도(明經道)라는 유학전공이 있었으며, 헤이안 시대 후기에 이르러서는 박사가(博士家)라는 가문의 세습적인 학문이 성립하였으며, 사립학교도 만들어졌다.

가마쿠라(鎌倉, 1180~1333), 무로마치(室町, 1333~1573) 시대에 들어와서는, 가마쿠라와 교토에 설치된 오산(五山)으로 대표되는 선불교의 승려들에 의해 학문이 유지되었다. 이때 중국의 송나라에 유학한 선불교 승려들이나, 중국에서 온 승려들에 의해 송대 유학 관련 서적들이 조금씩 전래되기 시작하였다. 그러나, 선불교 승려들이 송대 유학을 공부하는 것은 단지 교양 수준에 해당하는 정도였다. 대체로 아스카, 나라, 헤이안 시대 일본에 전래된 유교는 유교의 학문적 분류에 따르면, 한당훈고학이었다. 그리고, 가마쿠라 시대 이후에 송학 관련 서적이 전래되었다고 하지만, 학문으로서의 주자학이 본격적으로 수용된 것은 아니었다.

현재 일본에서 가장 오래된 주자의 『중용장구』(中庸章句)가 동양문고[3]에 소장되어 있다. 이 책에는 1200년 오에 무네미쓰(大江宗光)라는 사람의 이름이 기록되어 있다. 이 책에 쓰여진 기록을 그대로 신뢰한다면, 이 책은 주자(1130~1200)가 죽은 해인 1200년에 이미 일본에 전래된 것이라고 할 수 있다. 이 책의 연대표기는 학자들의 고증에 의해 여러 가지 의문이 제기되었으므로, 그대로 신뢰하기 어렵다. 그렇지만 이 시기를 전후한 가마쿠라 시대에 이미 일본 선불교 승려들에 의해 주자학 관련 서적이 일본에 유입된 것으로 추정할 수 있다. 그리고 이 시기에 사

서가 일본에 전래되었다고 할지라도, 사서의 학문, 즉 주자학적인 체계
성을 띤 학문으로서 수용된 것은 도쿠가와 시대에 들어와서이다. 마치
우리나라가 고려시대를 불교의 시대, 조선시대를 유교의 시대로 부르는
것과 같이, 일본의 경우에도 헤이안 시대에서 가마쿠라, 무로마치 시대
를 불교의 시대로, 에도(江戶)시대 이후를 유학의 시대로 부를 수 있다.

Ⅲ. 에도 시대의 유학

에도 시대 유학에 대하여 전체적으로 관학파, 민간의 기본학파, 고학
파로 나누어 개괄적인 설명을 하기로 한다.

도쿠가와 시대에 들어와 본격적으로 시작된 일본주자학의 수용과정
에서 특기할 만한 사건이라고 한다면, 선승(禪僧)이었던 후지와라 세이
카(藤原惺窩, 1561~1619)의 환속을 들 수 있다. 그의 본명은 숙(肅), 자는
감부(歙夫). 몇 년 전에 일본에서 대지진이 발생하여 수천 명의 사상자를
낸 효고켄(兵庫縣) 미키시(三木市) 출신이며, 어린 나이에 경운사(景雲寺)
라는 선불교 계통의 禪寺에 들어가 禪僧이 되었으며, 나중에 교토에 있
는 쇼코쿠지(相國寺)의 승려가 되었다. 그는 환속하여 유학자가 된 뒤,
주자학을 기본으로 하였으며, 그의 문하에는 많은 학자들이 배출되었다.
그는 일본 주자학의 문호를 연 사람이며, 교토(京都)를 중심으로 활약했
기 때문에 그와 그의 학파를 경학(京學)으로 부르기도 한다. 그의 문하에
서는 하야시 라잔(林羅山, 1583~1657)과 같은 유학자가 배출되어, 에도
시대의 학문을 이끌어 가는 중심적인 역할을 담당하였다.

하야시 라잔은 13세 때 교토의 겐닌지(建仁寺)에 들어갔지만 승려가
되는 것을 거부하고, 홀로 주자학을 공부하였다. 그 뒤, 그는 점차 주자
학에 심취하여 후지와라 세이카의 제자가 되었다. 1605년 그는 후지와
라 세이카의 추천으로 도쿠가와 이에야스(德川家康, 1542~1616)의 仕讀
이 되었고, 2대 쇼군 도쿠가와 히데타다(德川秀忠), 3대 쇼군 도쿠가와

이에미쓰(德川家光, 1604~1651), 4대 쇼군 도쿠가와 이에쓰나(德川家綱)에 이르기까지 4대 쇼군의 시강이 되었다. 그리고 그는 家學을 일으켜, 많은 학자와 인재를 양성하고, 일본의 주자학을 발전시키는데 중요한 역할을 담당하였다.

하야시 라잔 이외에 당시 교토에서 독자적인 견해를 제시한 주자학자로서는 야마자키 안사이(山崎闇齋, 1618~1682)를 거론하지 않을 수 없다. 그는 「闢異」(1647)편을 지어 불교를 비판하였으며, 일본 주자학의 대성자로 불릴 정도이다. 그의 문하에는 아사미 게이사이(淺見絅齋), 사토 나오카타(佐藤直方, 1618~1682) 등이 배출되어, 일본 주자학의 역사에서 이른바 기몬(崎門) 학파를 형성하였다. 이 학파는 주자학의 "거경(居敬)"을 중시하면서, 도학적인 측면이 강한 학풍을 형성하기도 하였다.

에도시대의 일본 주자학을 개괄하면서, 간과할 수 없는 것은 주자학을 비판적으로 수용한 古學派이다. 이 학파는 당시의 주자학이 불교와 도교 사상에 영향을 받은 관념론적인 것이라고 비판하면서, 실천 윤리를 중시하였다. 또한 그들은 유학 경전을 해석하면서, 공자의 원래의 의도에 충실한 해석을 해야한다고 주장하였다. 에도시대 고학파는 야마가 소코(山鹿素行, 1622~1682)에서 시작되었다고 하기도 한다. 그는 유학경전을 이해함에 있어서, 주자의 해석에 의존할 것이 아니라, 공자의 참된 가르침, 즉 聖學을 추구해야 한다고 주장하였다. 그러나 고학파의 학문적 방법론이 확립되는 것은 이토 진사이(伊藤仁齋, 1627~1705) 이후라고 할 수 있다. 에도시대의 고학파는 크게 나누면 그 내부에서도 이토 진사이의 古義學派와 오규 소라이(荻生徂徠, 1666~1728)의 古文辭學派로 나눌 수 있다.

이토 진사이는 공자와 제자들의 대화를 기록한 『논어』야 말로 최고의 경전이며, 『맹자』는 그 주석에 해당한다고 하면서, 이 두 권의 책을 유학사상의 중심 경전으로 삼았다. 그는 또한 『논어고의』, 『맹자고의』를 저술하기도 하였다. 그는 공부하는 서재를 古義堂으로 명명하였기 때문에, 그의 문하와 학파는 고의학파로 불리게 되었으며, 그 또한 제자들로부터 古學 선생으로 불리었다. 그의 아들인 이토 토가이가 고학을 계승하였으며, 그의 가학은 교토의 호리가와(堀川)에 있었기 때문에 호리가와 학파로 불리기도 한다.

한편 오규 소라이는 이토 진사이의 이론을 비판하면서, 옛날 사람들이 사용한 문장의 표현법[文辭]을 통해 古語를 그대로 이해할 것을 주장하였다. 따라서 그의 학파는 고문사학파로 불리게 되었다. 또한 그의 문하에는 다자이 순다이(太宰春台, 1680~1747) 등이 있었으며, 훤원학파(蘐園學派)로 불리기도 한다. 이것은 오규 소라이가 거주했던 도쿄의 니본바시 카야바쵸(日本橋茅場町)에 있었기 때문에, 띠풀 茅(かや, 망우초)를 띠풀 蘐자로 바꾸어서 부른 것이다.

에도시대의 유학을 개괄하면서, 또 하나 지적하지 않을 수 없는 것은, 일본의 유적지 중에서 유학과 밀접한 관련을 갖는 예의 하나로 앞에서 언급한 쇼헤이자카 학문소이다. 쇼헤이자카 학문소는 8대 쇼군인 도쿠가와 요시무네(德川吉宗, 1684~1751)가 하야시 가문의 가학을 에도 막부의 공식학교로 지정하면서 성립된 것이다. 에도 시대는 이토 진사이와 오규 소라이 등이 주장한 고학운동이 융성하였지만, 특히 오규 소라이의 학문이 적지 않은 폐단을 야기시켰기 때문에, 11대 쇼군 도쿠가와 이에나리(德川家齋, 1773~1841) 시대에, 주자학 이외의 학문을 이단으로 규정하는 조치를 취하였으며, 주자학만이 막부의 공인하는 학문으로 인정받았다. 그리고 이렇게 공인된 주자학은 하야시 가문이 주도적으로 이끌어 갔으며, 하야시 가문에서는 막부 말기 동양의 도덕과 서양의 과학 기술을 주자학을 통해 통합될 수 있다고 주장한 개화파의 이론적 선구자 사쿠마 쇼잔(佐久間象山, 1811~1864) 등이 배출되었다.

Ⅳ. 에도시대의 유학과 조선의 유학과의 교류

이상에서 에도시대 유학에 관해서 대표적 인물을 중심으로 개괄적으로 살펴보았다. 다음으로는 에도시대의 유학자들의 주자학적 사유의 형성과 발전 과정에 있어서 조선의 유학자들과의 관련성에 관하여 살펴보기로 한다. 유학의 사상적 내용보다는 인적 교류 혹은 서적의 교류라는 측면에 중점을 두면서 에도시대 유학과 조선 유학과의 관련성을 살펴보기로 한다.

* 후지와라 세이카

먼저, 일본 주자학의 형성 과정에서 선구자적 역할을 담당한 후지와라 세이카와 하야시 라잔에 관하여 살펴보기로 한다. 그가 禪寺를 떠나, 도쿠가와 이에야스 앞에서 유교식 복장(深衣道服)을 입고 신유학을 강의한 것은 1600년의 일이다. 후지와라는 처음에는 선불교의 승려로서 오산에 전해지고 있는 儒佛 일치의 학문을 학습하고 있었지만, 그가 불교를 비판하게 된 것은 임진왜란을 통해 일본으로 끌려온 조선인 유학자를 만나고, 또한 조선에서부터 약탈해온 조선본 주자학 관련서적을 볼 수 있었기 때문이라고 할 수 있다. 임진왜란은 일반적으로 일본에 인쇄기술의 혁명, 도자기 제조법의 혁명을 가져왔다고 하지만, 마찬가지로 일본의 학문에 있어서도 전환의 계기가 되었다고 할 수 있다.

후지와라는 1590년 조선통신사로 정사 황윤길(黃允吉), 부사 김성일(金誠一) 일행이 교토에 왔을 때, 통신사 사절단과 시문의 응수를 한 적이 있었다. 그때 그는 이미 사절단의 서장관 자격으로 온 유학자 허성(許誠, 1548~1612, 호는 岳麓)에게 감명을 받았으며, 그때부터 후지와라는 점차 불교에서 벗어나게 되었다. 허성은 『홍길동전』의 저자로 유명한 허균의 이복형이며, 퇴계 이황(1501~1570) 문하인 미암(眉巖) 유희춘(柳希春)의 제자이기도 하다. 그는 당시 『장자』「달생」편에 의거해 시립(柴立)이라는 호를 사용하고 있었고, 이에 대해 허성은 「柴立子說」을 지어 후지와라에게 주면서, 유학과 老佛사상이 양립할 수 없음을 지적하였다. 후지와라는 허성의 글을 보고 적지 않은 감동을 느꼈으며, 그의 사상에 있어서 불교에서 유학으로 전환하는 하나의 계기가 되었다고 할 수 있다.

그러나 후지와라가 결정적으로 유학으로 경도하게 된 것은 강항과의 만남을 통해서이다. 강항은 한국의 역사 속에서 잘 알려져 있지 않은 인물이지만, 일본의 주자학 발생과 관련해서는 특필할 만한 인물이다. 강항(姜沆, 1567~1618), 자는 태초(太初), 호는 수은(睡隱), 전남 영광출신. 세조 때의 유명한 유학자 강희맹(姜希孟)의 4대손이다. 그는 成渾의 문하에서 유학을 공부하였으며, 공조좌랑과 형조좌랑을 역임하였다. 정유년에 그는 잠시 휴가를 얻어 고향에 갔다가, 정유재란이 발생하자 의병을 모아 병량 운반의 일을 맡았지만, 성공하지 못하였다. 이때 그는 가족 친척과 함께 배 두척을 빌어 피난하였지만, 무안 앞바다에서 체포되어 일본으로 이송되었다. 처음에는 이요(伊豫, 지금의 에히메켄)의 오즈(大津)에 유치되었으며, 그때 탈출을 시도하였지만 성공하지 못하고, 오사카를 거쳐 교토의 후시미성(伏見城)으로 옮겨졌다. 포로생활 중에도 그는 일본에서 견문한 내용을 적어(「賊中封疏」) 조국에 보내기도 하였으며, 3년 가까운 일본 포로 생활에서 해방되어 1600년 귀국한 뒤, 포로 생활의 아픔을 적어 『간양록』(看羊錄)이라는 책을 저술하기도 하였다.[4]

이때, 마침 후지와라는 송유의 성리학을 연구하기 위해 명나라로 출발하였지만, 해상에서 폭풍우를 만나 명나라 유학을 포기하고 교토에 돌아와 머무르고 있었을 때였다. 후지와라는 강항에게 4서5경의 필사를 의뢰하였으며, 여기에다가 주자의 주석에 따른 훈점을 찍어서 『4서5경왜훈』을 간행하게 하였다. 강항이 후지와라의 부탁으로 쓴 수진본(袖珍本) 4서5경 및 성리학 관련 서적이 일본의 내각문고에 현존하고 있다.[5] 이것은 일본에 있어서 최초의 주자학 텍스트라고 할 수 있다. 또한 후지와라는 강항에게 조선의 과거제도, 경연연의 등 뿐만 아니라, 석전(釋奠), 즉 문묘에서 공자를 제사지내는 의례에 관해서 묻기도 하면서, 실제로 조선 유교식의 복장으로 공자 제전을 직접 실습 지도하기도 하였다고 한다. 후지와라의 제자 하야시 라잔은 후지와라가 심의도복을 착용한 것에 대하여, "일본 유학의 남상(濫觴)"이라고 극찬하면서, 제자로 입문하면서 그도 또한 심의도복을 착용하였다고 한다. 강항이 포로가 되어 일본에 온 것은 불행한 일이었지만, 후지와라에게는, 일본 주자학의 발전에 있어서는 예상치 못했던 행운이었다.

후지와라가 일본주자학의 시조인 것은 분명하지만, 그는 주자학만을 절대적으로 신봉한 것이 아니라, 여전히 육왕학, 한당주소학을 아울러 수용하는 입장이었다. 그렇지만, 그의 철학 사상이 주자학을 기본으로 하고 있다는 점 또한 부정할 수 없다. 특히 그는 주자가 자기 스승인 이통(1088~1158)의 가르침을 기록한 『연평답문』을 읽을 수 있었다. 이 책은 중국에서는 희귀본이며, 조선에서 간행된 판본에 의해 지금까지 내려오고 있다고 할 수 있다. 후지와라는 "默坐澄心", "體認天理"를 주장하는 이 책을 통해 주자학에 눈을 뜨게 된 계기가 되었다. 나중에 일본 신유학의 집대성자로 알려진 이토 진사이도 초기에는 이 책을 대단히 중시하였다.

* 하야시 라잔

후지와라의 제자 하야시 라잔은 그의 스승보다는 훨씬 더 주자학적인 입장을 견지하였다. 그는 22세때(1604) 스승에게 편지를 통하여, 스승이 주자학을 신봉하면서도 육상산의 학문을 인정하는 태도를 미온적이라고 해서 당당히 비판하였다. 그가 이렇게 주자학적 태도를 견지하면서 스승을 비판할 수 있게 된 것은 새로 전래된 주자학 관련 서적을 그만큼 많이 읽을 수 있게 되었기 때문이라고 할 것이다. 그는 대단한 독서가로서, 또한 도쿠가와 막부에 고용된 어용학자로서 조선통신사를 직접 접대할 수 있는 자리에 있었던 탓으로, 당시 조선으로부터 전래된 주자학 관련 서적을 거의 모두 섭렵할 수 있었다. 그가 읽었을 것으로 추정되는 책 속에는 『연평답문』『성리대전』『주자연보』『서산심경』『곤지기』『학부통변』과 같은 조선판본 중국서적 뿐만 아니라, 이황의 『천명도설』과 『주자서절요』, 이이의 『성학집요』와 『격몽요결』, 권근의 『양촌입학도설』과 『양촌집』, 『남추강집』 등 조선인 학자들의 성리학 관련서적까지 포함되어 있다. 하야시 라잔이 불교와 육왕학을 강하게 비판하게 된 것은 그의 독서가 조선전래본을 경유한 것과 밀접한 관련이 있다고 할 수 있을 것이다. 왜냐하면 조선시대의 유학 자체가 불교와 육왕학을 배척하는 가운데 성립하고 발전했기 때문이다.

하야시 라잔은 조선에서 전래된 서적을 읽어가면서 특히 퇴계를 존숭하였다. 그의 문집에 남아 있는 시 중에는, "退溪李氏拔群殊, 貴國儒名世僉呼"(『羅山詩集』 권48)라는 시가 남아 있을 정도로 퇴계를 높이 평가하였다. 특히 그는 퇴계의 저술 중에서 『천명도설』에 많은 관심을 보였으며, 1651년 스스로 발문을 붙여 간행한 『천명도설』이 현재 도쿄대학 사료편찬소에 남아있다.

*야마자키 안사이

후지와라 세이카와 하야시 라잔이 퇴계의 서적에 많은 관심을 가지고 있었다고 할지라도, 그들이 퇴계의 철학을 근본적으로 이해했다고 하기는 쉽지않다. 왜냐하면 후지와라의 사상은 불교적, 육왕학적 성격을 온존하고 있었으며, 하야시의 경우에도 그의 이기론을 보면, 나흠순의 『곤지기』와 왕양명에 의거하여, "理는 氣의 修理이며, 氣는 理의 運用"이라는 일종의 일원론적 理氣論을 주장하였다. 이에 반해, 야마자키 안사이는 후지와라나 하야시와 같이 막부 권력을 배경으로 하는 관학과는 다른 입장에 서 있었으며, 특히 博學 주의에 근거한 하야시 라잔에 대해서는 비판적인 태도를 취하였다. 그는 후지와라와 하야시 라잔이 보지 못한 『이퇴계문집』과 『自省錄』을 읽을 수 있었다. 그는 퇴계의 이 저술을 읽으면서 神처럼 떠받들고 부모처럼 존경하면서, 자득할 수 있었다고 스스로 말하고 있다. 일본 유학의 역사 속에서 퇴계의 학문적 진수를 이해한 것은 야마자키 안사이에 와서 비로소 가능하였으며, 그를 이어받은 사토 나오가타, 아사이 케이사이 등의 기몬학파에서 퇴계를 존숭하는 전통을 만들었다. 또한 기몬학파에서는 주자가 제시한 도학이 조선의 퇴계를 거쳐, 야마자키 안사이로 이어져 왔다고 하는 일종의 도통설을 상정하기도 할 정도였다.

야마자키 안사이는 퇴계의 저술을 거의 모두 읽었으며, 에도 시대 300년을 통해 그 만큼 퇴계를 연구한 일본인은 없을 것이다. 그렇다고 해서 야마자키가 퇴계의 이론을 그대로 답습하는 퇴계의 충실한 계승자였다는 것을 의미하는 것은 아니다. 퇴계의 저서를 읽으면서 그는 취할 것은 취하고, 비판할 것은 비판하는 취사선택의 태도를 취하였다. 또한 그는 일본의 역사와 神道를 연구하면서, 사상적으로는 신유합일설(神儒合一說)을 주창하였고, 그런 의미에서 주자학을 일본화한 것으로 평가되는 인물이다.

야마자키는 신유합일설을 주장하였지만, 그의 사상이 정형화되기 이전의 젊은 시기에 그는 퇴계의 저술로부터 상당한 감명을 받았으며, 그의 사상 편력 속에서 퇴계의 영향을 찾아볼 수 있는 점 또한 적지 않다.

야마자키도 에도 초기의 다른 유학자들과 마찬가지로 어린 시절 승려가 되었다가, 나중에 유학을 공부하면서 환속하였다. 그는 25세 때 승복을 벗었으며, 29세 때 이름을 熹, 호를 闇齋, 자를 敬義로 하였다. 그의 새로운 이름과 호는 주자의 이름인 熹자, 주자의 호 晦庵에서 본뜬 것이며, 敬義는 주자학에서 중시하는 敬과 義를 그대로 수용한 것이다. 그가 퇴계의 『자성록』『주자서절요』『퇴계문집』 등을 읽기 시작한 것은 33세 경으로 추정된다. 그가 퇴계의 저술을 읽으면서, 감명을 받았다고 고백한 글을 하나 인용해보기로 하자.

"최근 퇴계의 자성록을 보니 이것(백록동학규)을 아주 자세하게 설명하고 있다. 퇴계의 설명을 반복해서 숙독하고 나서 (주자가 쓴) 백록동학규의 가치를 알 수 있었다. 그 뒤, 퇴계 선생의 학설을 모아서, 하나씩 그 밑에 주석을 붙여 가면서, 동지들과 함께 강습하였다. 아 슬프다. 일본에서 소학, 대학 책을 가학으로 계속해서 많은 사람들이 읽어 왔지만, 그것을 잘 이해하는 자를 지금까지 들어보지 못했다. 이는 시대가 뒤지고, 거리도 멀리 떨어져 있기 때문일까? 그러나 퇴계와 같은 분은 조선에서 수백 년 뒤에 태어났지만, 주자에게 직접 얼굴을 맞대며 배운 것과 다름없으니, 나도 분발하여 열심히 하지 않을 수 없다"(『백록동합규집주』서).

야마자키가 서술한 「백록동학규집주」 서문에 대해서 한 마디 더 붙인다면, 그 글의 문장 표현법은 거의 퇴계가 쓴 「주자서절요」 서문의 형식을 따르고 있다. 즉 야마자키가 「백록동학규」의 서문을 쓰면서, 퇴계의 「주자서절요」 서문을 모델로 삼을 정도로, 퇴계의 글을 존숭하였다고 할 수 있다.

Ⅴ. 다산 정약용(1762~1836)과 일본 고학파

이상에서 일본 주자학의 성립과 발전 과정에서 조선 유학이 끼친 영향 관계에 대해서 개략적으로 살펴보았다. 전체적으로 볼 때, 조선이 중국으로부터 수용한 신유학을 독자적으로 발전시켜 이를 일본에 전해주는 일방향적 성격이 짙다고 할 수 있다. 그러나 조선시대와 에도시대 전체를 고려할 때, 학문의 영향 관계가 반드시 1차선 도로와 같이 한 방향으로 정해져 있다고 할 수 없다. 학문과 문화의 교류라는 것은 언제든지 두 방향의 가능성을 전제하고 있다고 할 수 있다. 에도시대 유학의 성립과 발전과정에서 조선이 일본에 많은 영향을 끼쳐왔지만, 반대로 에도시대의 유학이 조선에 끼친 영향관계 또한 주목해야 할 것이다.

오늘 강연의 주제는 일본의 주자학과 조선의 유학이지만, 일본 주자학의 성립과 발전에 있어서 조선 주자학의 기여하는 측면만을 부가시켜 말하고자 하는 것은 아니다. 오히려 학문과 문화의 교류와 영향 관계라는 것은 항상 두 방향의 관계성을 갖고 있다는 것을 말하면서, 오늘의 강연을 마무리하고자 한다.

일본의 유학이 조선의 유학에 끼친 영향이라는 점에서 말하고자 하는 것은 조선시대 유학 중 실학의 거봉으로 불리는 다산 정약용과 에도 시대 유학자와의 관계이다.

다산은 『여유당전서』에서 일본의 고학파 유학에 대해 깊은 관심을 보이며 소개하였다. 다산은 그들의 문집과 경전주석서를 보고 학문적 수준을 긍정적으로 평가하였고, 나아가 자신의 저서 속에 에도 시대 유학자들의 이름과 저서를 상당히 인용하고 있다. 그는 그의 대표작이라고 할 수 있는 『論語古今注』에서 그들의 논어 해석을 비판적으로 수용하였다.

고학파란 에도시대에 성행하였던 일본 유학의 한 유파로 당시 막부의 관학으로 통용되고 있었던 주자학을 비판하면서 공자 맹자의 본래의 가르침에로 복귀할 것을 주장하였던 학파이다. 이들은 주관적 내성을 주로 하였던 주자학이나 양명학을 유학 본래의 정신으로부터 유리되었다고 비판하면서 공자·맹자의 고의를 계승하고자 하였다. 따라서 고학파는 실용성을 중시하고, 사회의 변천에 대한 역사적인 이해를 강조하며 실천적 성격을 강하게 띠고 있는 점이 특징이다.

고학파 유학이 조선에 알려지게 된 것은 통신사행원을 통해 그들의 저서가 전래되었기 때문이다. 최초로 전래된 고학파의 저서는 이토 진사이의 『童子問』으로 1719년 기해년 통신사행에 의해 전래되었다. 다음으로 오규 소라이의 논어 주석서인 『論語徵』은 1763년 계미년 통신사행의 정사 조엄이 일본에서 기증받아 왔고, 서기로 수행한 원중거(元重擧)가 『荻生徂徠文集』을 구해 왔다. 다자이 순다이의 논어주석서인 『論語古訓』과 『論語古訓外傳』은 언제 누가 누구를 통해 전래되었는지 아직 분명하게 밝혀져 있지 않다. 『論語古訓外傳』은 다산의 『論語古今註』(1813, 52세 때)를 비롯한 여러 기록을 보아 1763년의 통신사행 때 전래되었을 것으로 추정된다. 1763년의 통신사행이 있었던 시기의 일본의 사상적 상황은 고학이 활발하게 보급되는 한편으로 그에 대한 비판도 일어나고 있었다. 당시 오규 소라이의 학문은 일본의 유학자와 정치인들에게 가장 중요한 화두였으며, 통신사행원들이 일본인 문사들과 필담을 주고받을 때 오규 소라이에 대한 논란이 으뜸가는 화제였다.

VI. 마무리

퇴계는 16세기의 인물이며, 다산은 18세기 후반에서 19세기 초반에 걸쳐 살았던 유학자이다. 이들 두 사람은 다 같이 조선시대를 대표할 만한 사상가이다. 그런데 이들 두 사상가를 일본의 학문과의 관련성이라는 측면에서 살펴본다면, 퇴계의 저술은 에도 시대 유학자들에게 많이 읽혀졌으며, 다산은 오하려 에도 시대 유학자들의 저술을 열심히 읽었다. 개개인 사상가의 학문적 성숙이라는 측면에서 볼 때, 퇴계는 일본의 유학자들에게, 일본 고학파의 학자들은 다산에게 많은 영향을 주었다.

이러한 현상을 사회적 차원에서 본다면, 단지 유학을 주제로 한 개개인의 유학자의 삶의 문제에 그치는 것이 아닐 것이다. 학문이라는 보편성 속에서 상호 연관관계는 항상 있는 것이며, 그것은 역사를 통틀어서 볼 때, 일방향식(one way)으로 고정되어 있는 것은 아니다. 학문, 혹은 넓게 말해서 학술과 문화의 교류는 항상 두 방향의 가능성을 전제로 해서 이루어지는 것으로 볼 수 있다. 그리고 교류의 방향성을 정하는 것은 단지 시대적 분위기에 의거한 것이 아니라, 보편성을 전제로 한 학문과 문화의 수준에 의해 결정된다는 것도 부언하고 싶다.

┌주 석┐

1) 왕인은 『고사기』에는 와니키시(王邇吉師), 『일본서기』에는 와니(王仁)로 표기되어 있음.
2) 『聖德太子集』, 『日本思想大系』(이와나미서점, 1976), 2:12~13. 以和爲貴, 無忤爲宗, 人皆有黨, 亦少達者. (중략) 然上和下睦, 諧於論事, 則事理自通, 何事不成.
3) 일본 최대의 동양학 관련 도서관이며 약 80만 권의 장서를 소장하고 있다. 위치는 도쿄의 분쿄구. 미쓰비시 재단이 1917년 모리슨 문고를 구입한 것에서 출발하였지만, 1948년 이후 일본의 국립국회도서관의 지부 조직으

로 편성되어 운영되고 있다.

4) 강항을 모시는 사당은 전남 영광군에 있는 내산서원이다. 인조 때에는 용계사(龍溪祠)라는 사액을 내려 받았으며, 숙종은 「今蘇武」라는 書額을 내렸다. 蘇武는 중국의 한나라 때의 장군으로서 흉노 정벌에 나갔다가 19년간 흉노의 포로가 되었으나, 양치기가 되어 절개를 굽히지 않았다고 하여 충신으로 유명한 사람이다. 강항이 지은『看羊錄』의 서명도 여기에 유래한다.

5) 내각문고는 원래 메이지 정부가 내각의 도서를 수집 정리하기 위하여 설립한 도서관이었으나, 1971년부터 일본의 총리부 관할 도서관인 국립공문서관으로 이관되었다.『4서5경왜훈』이 여기에 소장되어 있는 까닭은 내각문고가 昌平坂學問所의 구장 도서를 인수하였기 때문이다.

(제61회 발표, 2002년 5월 31일)

『海東諸國紀』에 보이는 중세 조일간의 상호이해

무라이 쇼스케(村井 章介, 동경대학 교수)

Ⅰ. 瑞溪周鳳 『善隣國寶記』와 申叔舟 『海東諸國紀』

「15세기 거의 같은 시기에 외교 무대에 등장·활약한 걸출한 지식인이 일본과 조선에 존재하였다.」[1] 한 사람은 세 번에 걸쳐 禪宗 五山의 頭目을 하면서 명나라에 보내는 외교문서를 起草한 경험이 있고, 그것을 계기로 일본 최초의 외교사 서적 『善隣國寶記』를 저술한 瑞溪周鳳(1391~1473)이고, 나머지 한 사람은 領議政兼禮曹判書(首相兼外相)라는 要職에 있으면서 명나라와 일본과의 우호적인 관계 유지에 진력한 申叔舟(1417~1475)[2]이다.

1466년에 성립된 『善隣國寶記』는 佛教徒들의 왕래를 중심으로 외교의 추이를 더듬어 가면서 室町時代의 외교문서를 수록하여 후세의 외교 당사자들의 참고로 도움을 주려고 한 책이다. 그러나 瑞溪의 주된 관심은 對中國關係에 있어 조선은 가볍게 다루어지고 있다. 그는 天竺(인도)·震旦(중국)·本朝의 「三國」을 세계의 구성요소로 하는 전통적인 불교적 세계관에 제약받아 朝鮮諸國을 중국의 부속물로서 밖에 인식할 수 없었던 것이다.

이러한 朝鮮輕視는 瑞溪만이 갖고 있었던 것이 아니라 외교당사자 전반에서 볼 수 있다. 遣明船 파견에 대한 관심이 강한 것에 비하여, 실제로 朝鮮使가 京都에 와 있을 때에도 그 반응은 극히 냉담하고 실제로 주어지는 處遇도 허술한 것이었다.[3] 1443년에 京都를 방문한 通信使 卞孝文의 예를 살펴보도록 하겠다.

幕府 奉行人의 最高者 飯尾爲種은 「여러 大名, 여러 나라에서의 납세가 좋지 못하여 접대비의 준비가 충분하지 않기 때문에 高麗人은 京都에 못 들어가게 하고 쫓아 돌려보내야 한다」고 말하였다. 당시 조정에서 학식자로서 알려져 있던 淸原業忠은 「사자가 지참한 牒狀을 古今의 牒狀과 대조해 보고 來朝 趣旨에 맞지 않는 문장을 찾아내어 책망해서 고려인을 쫓아 돌려보내자」는 고식한 대책을 進言하였다(『康富記』).

실제로는 조선사를 접견하게 되었는데 사자가 相國寺에서 將軍代理인 管領과 대면하였을 때 양자가 앉을 좌석에 대한 논쟁이 있었다.[4] 일본측이 조선을 조공국으로 간주하여 관령이 南面하기를 주장한 데에 반하여 조선측은 양국대등이라는 인식 아래서 관령이 동쪽, 사자가 서쪽 좌석에 앉을 것을 주장하였다. 의논 과정에서 일본측은 「高麗 來朝, 新羅 來朝」의 내용을 기록한 「한 편의 書」를 꺼내 왔다(『世宗實錄』).

이러한 대응을 선도한 淸原業忠의 의식은 「고려인은 이미 神功皇后 御退治 이후 來服한 三韓의 隨一이다」는 말(『康富記』)에서 알 수 있듯이 古色蒼然한 것이었지만 막부 내부에 이를 바꿀 만한 새로운 조선관은 존재하고 있지는 않았다. 그리고 瑞溪도 역시 業忠의 친구이며 그의 일본사 지식의 대부분은 業忠에게서 얻은 것이었다.

그래도 역시 瑞溪의 경우는 『善隣國寶記』중에서 조선관계라도 필요한 사실은 언급하고 조선으로 보낸 외교문서를 상당수 수록하고 있다. 그는 외교 실무상의 필요성에 충실하였기에 조선에 대한 괜한 악의와 멸시에서 벗어날 수 있었을 것이다.

위의 통신사 일행에 書狀官으로 참가하였던 사람이 申叔舟이다. 그는 1452년 명나라로 건너간 謝恩使 중에서도 書狀官으로서 이름이 보이며

女眞이나 琉球와의 외교에도 관여하였다. 또 훈민정음 창제의 중심에 있던 音韻學者이기도 하여 외국어에도 정통하고 있었다. 그리고 1462년에는 46세의 나이로 人臣 최고의 役職인 領議政에 올랐다. 또 외교의 최고 책임자인 禮曹判書를 오랫동안 겸임하였다. 그의 대외인식의 특징은 1471년에 그가 편찬한 『海東諸國紀』의 書名에서 보이듯이 조선·일본·유구 삼국으로 된 「海東諸國」이라는 판단 방식에 있다.[5]

이는 명나라 중심의 중화세계에 있으면서도 독자적인 균형을 가지는 공간이며 그 중에서도 조선에 있어서 중요한 것이 일본과의 교린관계이다. 일본과의 관계에 대해서는 우선 「情」 즉 일본이라는 나라의 실정을 정확히 아는 것이 중요하고 그 인식에 기초를 두고 「禮」 즉 외교에 熟慮를 내면 상대의 마음을 잡을 수 있고 그 결과 안정적인 교린관계를 구축 할 수 있다고 하였다(『海東諸國紀』 序文).

그의 관심 대상은 瑞溪의 「三國」같은 관념세계가 아니라 어디까지나 「海東諸國」이라는 같은 시대의 현실로서의 지역권·문화권이었다. 그 속에서 조선이 취해야 할 태도를 결정하기 위해서는 특정된 관념을 척도로 상대를 파악하는 것이 아니라 상대의 현실적인 모습을 되도록 풍부한 정보에 의하여 보고 판단하는 것이 필요하다고 하였다. 河宇鳳씨는 여기에서 관념적인 夷狄觀과는 거리를 둔 「문화상대주의」를 찾아내고 있다.[6]

Ⅱ. 『海東諸國紀』의 日本·琉球圖를 읽는다

申叔舟에 전형을 볼 수 있는 開明的인 대외인식을 지도라는 형식으로 昇華시킨 것이 『海東諸國紀』에 수록된 몇 장의 그림지도이다. 그 중에서 「日本本國之圖(두 장)」 「日本西海道九州之圖」 「琉球國之圖」는 15세기 중엽 조선반도에서 구주를 거쳐 유구에 이르는 해역에서 활동하고 있었던 博多商人 道安이 소지한 「博多·薩摩·琉球相距地圖」(「日本·琉球國圖」라고도 함)를 1453년에 예조에서 모사한 지도를 바탕으로 하고 있

다고 생각된다.[7]

「日本本國之圖」는 전통적인 行基圖 양식으로 그려진 本州·四國圖를 바탕으로 새로운 정보를 가한 것이다.

本州 동쪽 반을 실은 제1장에는 陸路·水路의 기재가 없고 또 태평양 위에 扶桑·瀛州·羅刹國·女國·三佛齊·支·大身·渤海·勃楚·黑齒라는 가공의 나라들의 이름이 크고 작은 圓으로 둘러싼 간략한 형식으로 그려져 있다. 이것은 東日本이 道安의 활동 범위 밖에 있었기 때문에 낡은 지리인식이 그대로 보존되어 온 것을 시사한다.[8] 물론 새로운 정보가 전혀 없었다는 것이 아니라 鎌倉殿·富士山이 크게 그려지고 특히 地圖史上 처음에 「夷島」즉 北海道가 등장한 것은 주목된다.

한편 本州 西部와 四國을 실은 제2장에는 京都에서 赤間關까지의 육로(山陽道)와 해상으로 뻗은 항로가 그려져 있고, 항로상에는 兵庫浦 築島(神戶市內)·尾路關(尾道)·竈戶關(上關)·赤間關(下關)·寶重浦(肥中)·箕島(萩市 見島)·長浜浦(浜田市內)·三尾關浦(美保關)·小浜浦 등 山陽·山陰의 주요 항구명이 기입되어 있다. 또 淀川水系 및 琵琶湖, 대하, 호수 등 자연지형에 관한 기술도 있다. 이렇게 道安의 활동이 미친 해역에 관한 정보는 극히 상세하면서 실무적이다.

그러한 성격은 「日本國西海道九州之圖」「琉球國之圖」에서는 더 뚜렷하다. 항로인 하얀 선은 물론 博多를 중심으로 左我關(佐賀關)·文字關(門司)·園木郡(彼杵)·天草津·三隅濡津(三角)·房泊兩津(坊津)·山河浦(山川) 등 주요 항만이 기입되어 강·만·갑 등 자연지형에도 자세히 나와 있다. 「薩摩州」西海岸에 흘러 들어가는 두 강은 북쪽이 川內川, 남쪽이 萬之瀨川에 比定된다. 川內川을 하구에서 10킬로 정도 올라가면 薩摩國府가 있는 川內에 이른다. 萬之瀨川 하구에서 5킬로 정도 올라간 지점에 상당한 양의 中國陶磁器가 출토된 持體松遺跡이 있다. 그리고 川內와 持體松遺跡 근처에는 모두 宋人居留地를 의미하는 「唐坊」이라는 지명이 遺存되어 있다.[9]

더 뚜렷한 것은 九州의 西方·南方에서 유구를 거친 해역에 엄청나게

그려진 섬들이다. 극히 작은 것까지 자세하게 그려져 있고, 주된 섬에는
유구－조선 항로의 기준점이 되는 上松浦, 薩摩, 奄美大島 등에서의 거
리가 日本里로 註釋되어 있다. 이 해역을 왕래하는 항해자의 눈으로 그
려진 그림인 것은 명료하고, 그려진 섬의 크기도 실제 면적이 아니라 그
들의 관심의 정도에 비례되어 있다.

그러나 기재된 모두를 道安의 활동이나 관심만을 가지고 설명할 수 있
는 것은 아니다. 우선 博多 옆에 「愁未要時」라고 있는데 이것은 住吉의
음을 조선어 발음으로 표기한 것이다. 그리고 「日本國壹岐島之圖」「日本
國對馬島之圖」의 지명 표기는 거의 이 방식에 따른 것이며, 이 두 그림
은 왜구의 근거지라는 관심에 의하여 조선이 독자적으로 작성한 것으로
생각된다. 이러한 조선이 새로 부가하였다고 생각되는 요소는 本國・九
州의 그림에도 볼 수 있어 그 대부분은 정치적인 정보이다.

우선 本國圖를 보면 日本國都와 山城州가 이중의 큰 圓으로 그려져
있고, 天皇宮, 國王殿, 그리고 畠山殿 이하 다섯 명의 有力 守護大名의
이름이 기입되어 있다. 關東에는 日本國都와 같은 형식으로 鎌倉殿의
기재가 있는데 이것은 古河公方 足利氏를 가리키는 것으로 생각된다.[10)]
周防州 山口에는 大內殿에 관한 기재가 있다. 九州圖에서는 小二殿(小貳
殿)・千葉殿・節度使(九州探題 澁川氏)・大友殿・菊池殿의 다섯 개가
원으로 그려져 있는데, 이들은 「巨酋」라고 불린 유력한 朝鮮通交者이다.
佐志・鴨打・呼子・上松浦・下松浦・志佐・田平은 일견 지명 같지만
조선통교를 하고 있는 松浦党 一族을 가리킨다.

그 다음에 本國圖 및 本國・九州・琉球・壹岐・對馬의 다섯 개의 그
림을 집성한 「海東諸國總圖」에는 國都 (18里) 兵庫浦 (70里) 尾路關 (35
里) 竈戶關 (35里) 赤間關 (20里) 博多 (38里) 壹岐風本 (5里) 壹岐毛都浦
(48里) 對馬船越 (19里) 對馬都伊沙只 (48里) 朝鮮富山浦 라는 日本里에
의한 여정의 기재가 있다. 서울・京都 간을 왕래한 조선의 외교사절이
얻은 정보일 것이다.

그리고 琉球圖 上邊의 섬들에 「屬琉球」, 甑島와 五島에 관하여 「屬薩摩

州」(五島를 薩摩 內로 하는 것은 잘못임), 臥蛇島에 관하여「屬日本・琉球」라고 있다. 臥蛇島를 일본・유구 兩屬의 땅으로 하는 것은『朝鮮王朝實錄』에도 기사가 있다. 이들 일본과 유구 영토에 대한 관심도 道安이라고 하기보다 조선측의 관심이었을 것이다.

Ⅲ. 정보부족과 상호인식의 硬直化

瑞溪周鳳이 죽고 2년 후인 1475년, 申叔舟가 사람들의 아쉬움을 받으면서 세상을 떠났다.『成宗實錄』은 卒傳에「事大交隣을 가지고 자기의 任으로 삼았다」고 쓰고 있다. 또 그는 成宗에게「원컨대 국가, 일본과 和를 잃지 말지어다」는 유언을 남겼다고 전해져 있다. 그러나 그 후의 전개는 그의 遺志대로 진행되지 않았다.

그가 사거한 경부터 일본에서 조선을 찾아가는 사자에 가짜 名義를 가진 자가 두드러지게 되었다. 예를 들어서 畠山・伊勢・細川 등 막부 요인의 사자를 自稱하는 자는 명의, 발언에 의문점이 많아서 거의 대부분이 僞使였다고 생각된다. 그 發遣 主體는 대부분 對馬 세력과 博多 상인의 합작이라고 추정된다. 그 중에서도 대마의 大名 宗氏는 조선측에 의한 통교규제 강화에 대항하여 이미 조선이 통교권을 인정하고 있던 타인의 명의를 그러 모으고, 그것을 자기 사자에게 사용하게 하거나 일족이나 가신에게 급여하거나 해서 조선통교권의 확보와 島內 장악에 이용하고 있었다.[11]

1479년 통신사 일본 파견에 대한 可否가 조선 조정에서 의논되었을 때,「宗氏는 통신사가 일본에 이르러 힐문되면 거짓이 노현되기 때문에 보내고 싶어하지 않는 것이다」는 의견이 나와 있다. 이러한 대마 혹은 왜인에 대한 불신감은 朝鮮官人의 생각을 관념적인 倭人＝禽獸觀으로 되돌리게 만드는 결과를 일으켰다. 같은 의논의 자리에서 다른 관인은「왜인의 變詐는 헤아리기 어렵기 때문에 이웃나라의 禮로 대우하면 안 된다」혹은 「島夷는 反覆해서 常이 없고 인류로 셀 필요도 없다」고 말하여 통신사 파견에 반대하고 있다(『成宗實錄』). 여기에는 申叔舟의 생각과 정반대의 태도를 볼 수 있다.

이러한 태도는 정확한 상호인식을 형성하기에 충분한 정보부족을 초래하였다. 조선측의 일본인식은 사자의 일본 본도 파견이 끊어져버린 결과 대마에 操作된 거짓이 찬 것으로 되었다. 그 동안 전국동란으로 단련된 일본의 군사력은 이윽고 통일정권의 등장에 따라 국외로 넘쳐가고 명나라를 최종 목표로 한 조선 침략 전쟁으로 확대되어 갔다. 이러한 격동을 충분히 인식하고 있지 않았던 조선은 충분한 방어체제가 확립되어 있지 않아 수도가 간단히 함락되는 타격을 당하게 되었다.[12]

한편 일본측의 조선인식도 조선으로 가는 사자가 거의 대마나 博多가 조작하는 僞使가 되어버린 결과 더욱 빈약한 것으로 되어 갔다. 그러나 대마의 획책이 없더라도 원래 일본측의 조선인식은 15세기에 그렇게 많은 일본인들이 조선을 찾아갔음에도 불구하고 몹시 빈약한 것이었다. 『老松堂日本行錄』이나 『海東諸國紀』에 필적하는 조선관찰 내지 조선연구를 중세 일본인이 남기지 않았던 것에 그것이 나타나고 있다.

조선과 밀접한 관계를 맺었던 西國 大名이나 무사들조차 조선을 아래로 보는 의식을 불식할 수 없었다. 伊豫國 河野敎通은 1470년에 조선으로 來朝한 것이 『海東諸國紀』에 기록되어 있는 무사이지만 1460년에 막부로 제출한 문서 중에서 「推古天皇 8년(600), 新羅의 賊이 일본을 습격해서 격퇴되어 포로는 다리를 자르고 버려두어졌지만 河野氏는 그들의 자손을 대대 奴로서 쓰고 있다」고 말하고 있다(『大友家文書錄』). 또 本州의 西端을 본거지로 하는 大內氏는 宗氏에 필적할 정도 깊은 관계를 조선과 맺은 守護大名이며, 1443년에 통신사를 領國에 맞이하였을 때 「뜰 앞에 서서 平身低頭하면서 맞이하고, 堂에 올라가 무릎꿇고 머리를 바닥에 문질러 대다」는 극히 겸손한 禮를 취하였다(『世宗實錄』). 그런데 1540년, 大內義隆이 보낸 遣明使는 北京 조정에서 「일본은 조선을 복종시키고 있기에 나의 席次는 朝鮮使의 위로 해주기를 바란다」고 요구하였다고 한다(『中宗實錄』).

중세 일본인의 조선인식이 빈약하였던 이유의 하나는 조선국가가 갖추어 있던 것 같은, 외교정보를 組織的·系統的으로 收集整理하는 시스템이 중세 일본에 부족하고 있었다는 점이다. 그러나 그것뿐만이 아니라 중국과는 대등한 관계를 지향하여 조선을 한 단계 아래로 보는 전통적인 대외인식의 테두리가 조선에 대해 싱싱한 관심을 기울이는 마음상태가 존재하기에 방해가 되었다는 것도 추찰된다.

그러한 마음의 상태는 일본측에서는 江戶時代 중기의 대마에서 對朝鮮外交를 담당한 유학자 雨森芳洲에게 찾을 수 있다. 그는 조선어에 정통하고 외교에는 상대의 실정을 이해한 위에서 「誠信」을 가지고 대해야 한다고 주장하였다. 河宇鳳씨는 芳洲의 사상과 활동이 申叔舟에 酷似하고 있는 점에 주목하여 양자의 비교연구의 중요성을 시사하고 있다.[13]

이상의 고찰에서 우리들은 양국 간의 人的交流를 깊게 하는 것을 통하여 서로를 자세하게, 정확하게 알게 되는 일이 우호적인 양국관계를 구축하기 위한 무엇보다 중요한 기초가 된다는 교훈을 이끌어 낼 수 있다. 그것이야말로 申叔舟의 遺志를 현대에 살리는 길일 것이다.

주 석

1) 田中健夫『前近代の國際交流と外交文書』(吉川弘文館, 1996년), 81쪽.
2) 河宇鳳, 「申叔舟と『海東諸國紀』－朝鮮王朝前期のある「國際人」の營爲－」(大隅和雄·村井章介編, 『中世後期におけるアジアの國際關係』 山川出版, 1997년).
3) 橋本雄 「「遣朝鮮國書」と幕府·五山─外交文書の作成と發給─」(『日本歷史』589호, 1997년).
4) 이 점에 관하여 南基鶴「高麗와 日本의 相互認識」(『日本歷史研究』 제11집, 2000년, 75쪽)에 지적되어 있다.
5) 田中健夫 譯注 『海東諸國紀─朝鮮人の見た中世の日本と琉球─』(岩波文庫, 岩波書店, 1991년). 이 책에서 「海東」은 일본·유구를 가리키는 말로 사용되어 있는데, 조선왕조는 가끔 스스로를 「海東」의 나라라고 표현하

고 있다.

6) 河 前揭 論文, 78쪽.

7) 中村榮孝「『海東諸國紀』の撰修と印刷」(동『日鮮關係史の硏究・上』, 吉川弘文館, 1965년) 360~366쪽. 中村은 1461년 조선정부가 琉球使에게「琉球國圖」를 보면서「扶桑・瀛州・羅刹國・大身・大漢・勃楚・三佛齊・黑齒・渤海・尾渠等國在處」를 물었다는『世祖實錄』의 기사와「「海東諸國總圖」에서 우리나라 東南에 해당하는 海中에 산재하듯이 기입된 나라들의 이름과 대조해 보면, 오른쪽 위쪽에서 순서대로 왼쪽 밑으로 더듬어 가면 완전히 符節을 맞추는 것처럼 일치되어 있다」고 지적하면서「당시 航海者 사이에서 사용된 日本・琉球國圖가 있어서 그것을 지참한 것일 것이다. 이 책의 諸圖에 西南諸島 중의 島嶼에 관하여 상당히 자세하고 확실한 기입을 볼 수 있는 것으로 추측해서, 그렇게 생각해도 지장이 없을 것이다」고 결론을 내고 있다(363쪽). 이에 대해서는 応地利明『繪地図の世界像』(岩波書店, 1996년) 107쪽 이하에 비판이 나와 있다. 또 中村은 日本回禮使 朴敦之가 大內氏의 重臣인 平川祥助가 소장하는 日本圖에서 模寫한 그림이 壹岐・對馬 등을 빠뜨려져 있는 것을 근거로「당시 이루어지고 있던 日本地圖에는 壹岐・對馬 兩島의 그림이 없었다고 보인다. 따라서 …… 倭僧 道安의 지도에도 본래는 壹岐・對馬는 기입되어 있지 않았음에 틀림없을 것이다.」고 한다(366쪽). 그러면서도 조선을 자주 찾아갔던 道安의 그림에 壹岐・對馬가 없었다는 것은 부자연스럽고『海東諸國紀』所收「日本國壹岐之圖」「日本國對馬之圖」에는 本國・九州・琉球圖와 마찬가지로 道安의 정보에 의한 것이라고 생각되는 航路와 그 目的地의 記載가 있다.

8) 이들의 대부분은『山海經』까지 거슬러 올라갈 수 있다고 한다 (應地 前揭書, 105쪽). 단「黑齒」에 관해서는『魏志倭人傳』에도 보인다.

9) 柳原敏昭「中世前期南九州の港と宋人居留地に關する一試論」(『日本史研究』448호, 1999년).

10) 應地 前揭書, 88~89쪽.

11) 橋本雄「中世日朝關係における王城大臣使の僞使問題」(『史學雜誌』106編 2호, 1997년). 米谷均「16世紀日朝關係における僞使派遣の構造と實態」(『歷史學研究』697호, 1997년).

12) 村井章介「壬辰倭亂の歴史的前提―日朝關係史における―」(『歴史評論』592호, 1999년).

13) 河 前揭 論文, 77・82쪽.

(제62회 발표, 2002년 9월 18일)

조선사료 속의 동아시아 海域세계

다카하시 기미아키(高橋 公明, 나고야대학 교수)

Ⅰ. 왜 조선사료인가

보고자는 일본사를 연구의 출발점으로, 주로 두 분야에 있어서 연구를 진행해 왔다. 하나는 14세기부터 17세기의 외교사이다. 이른바 국제관계사이며 주로 外交儀禮를 분석한다. 제1차 사료로서는 역시 일본사료가 양적으로는 많고, 高麗·朝鮮, 明, 琉球의 사료가 그 다음으로 많다. 또 하나는 14세기부터 17세기의 海域史이다. 해역사 중에서도 두 국가와 관계하면서 활동하는 사람들이라든가, 그 자체가 그러한 특성을 가지고 있는 지역, 예를 들어 제주도나 대마도에 대해서 검토한다. 그 연구를 하는 데 사용하게 되는 제1차 사료는 조선사료가 압도적이다. 오늘 전해드리고자 하는 내용은 이 사실 속에 담겨져 있다. 보고자처럼 일본사를 기초로 하면서도 동아시아 해역사 연구를 더 풍부하게 하기 위해서는 조선사료는 결코 빠뜨릴 수 없는 것이다. 오늘 보고자는 15세기에 저술된 유명한 두 서적을 소재로 삼아 몇 가지의 요소들을 소개하면서 그 책들이 얼마나 귀중한 기술을 남겨주었는지를 여러분에게 전해드리고자 한다.

두 서적이란 『老松堂日本行錄』과 『海東諸國紀』이다. 전자는 1420년에 외교사절로서 일본에 간 宋希璟의 기행시문집이다. 후자는 世祖·成宗 시대에 활약하고 영의정이 된 申叔舟가 편찬하여 1471년에 성립한 日本·琉球에 관한 역사·지리·풍속 등을 종합적으로 기술한 서적이다. 전자는 村井章介 씨, 후자는 田中健夫 씨의 노력으로 岩波文庫에 수록되어 일반 독자용으로 읽을 수 있다.

오늘의 키워드를 여기서 설명한다.

海域世界란 바다와 관계하면서 사는 사람들에 의하여 성립되는 세계이며, 예를 들어 潛水漁業을 하는 사람들, 배를 집으로 삼아 이동하면서 생활하는 사람들, 즉 어부, 외국과 교역하는 海商, 왜구로서 인식되는 사람과 물건의 약탈을 생업으로 하는 사람들, 혹은 그 활동에 의하여 억지로 다른 세계에서 살게 된 사람들 등에 의하여 구성된다. 대략을 말하자면 이동하는 사람들에 의하여 구성되는 사회이며, 이러한 사람들은 정착하는 사람들과 항상 관계를 가지고 있기 때문에 여기서부터는 해역세계이고 여기서부터는 해역사회가 아니다는 식으로 경계를 설정할 수가 없다.

해역세계에 존재하는 많은 사람들을 추상화한 것이 境界人이라는 개념이다. 이동을 통해서 원래 근거지에서 멀리 떨어진 사회와 관계를 갖기 때문에 전근대적인 국경마저 뛰어넘어가는 사람들이다. 그리고 동아시아의 어느 국가에 대해서도 거리를 두고 활동하고, 사료상에서는 국가의 거래상대로서도 자주 등장한다.

Ⅱ. 宋希璟이 본 15세기 일본 사회

応永外寇(己亥東征)의 이듬해인 1420년, 回禮使 宋希璟은 한성에서 京都에 이르러 室町將軍 足利義持와 회견하여 사명을 다하고 한양으로 돌아왔다. 왕복하는 동안 다양한 견문과 감개를 詩 및 序로 표현한 기행시

문집이 『老松堂日本行錄』이다. 老松堂이란 송희경의 號이다.

송희경은 해적, 사원, 博多 등 도시, 항만 도시, 정치제도 등 다양한 사항에 대해서 시를 지었다. 사회의 구체적인 양상에 대한 언급도 있는데 그것은 아주 귀중한 관찰이라고 할 수 있다. 여기서는 그가 만난 외국인에 대한 기술을 소개한다. 그는 西日本에 약 7개월 동안 체류하면서 적어도 다섯 명의 중국인·조선인에 대해 기술하였다.

① 唐人 : 대마도의 따라 이동하고 있었을 때 왜인 어부가 작은 배를 타고 물고기를 팔러 왔다. 그 배에「저는 浙江省 台州의 하급 군인(小旗)입니다. 2년 전에 포로로 잡혀 머리를 깎고 노비가 되었는데, 너무 힘듭니다. 당신을 따라가고 싶습니다.」라고 하는 중국인 노예를 만났다. 어부는 쌀과 교환해 준다면 팔겠다고 주장하였는데, 그 결말이 어떻게 되었는지 알 수 없다.

② 陳吉久(平方吉久) : 博多 상인. 전년에 조선에 가서 이 회례사를 선도하면서 각지에서 접대하였다. 조부 陳延祐은 台州 사람이며 명나라 초기에 博多에 가서 聖福寺의 승려가 되었다. 아버지인 陳外郎은 京都에서 足利義滿을 모셨다.

③ 魏天 : 70세를 넘은 사람. 어렸을 때 중국에서 잡혀 일본에 갔다. 그후 조선에 가서 李子安의 노비가 되었다. 회례사를 따라 일본에 갔을 때 명나라 사절이 빼앗아 江南에 데리고 갔다. 황제의 명령으로 다시 일본에 가서 통역이 되었다. 아내를 얻어 딸을 둘 낳았다. 足利義滿의 총애를 받아 부자가 되었다. 이 회례사를 후하게 대접하였다.

④ 陳外郎 : ②의 아버지. ③과 함께 京都에서 회례사를 접대하였다.

⑤ 三甫羅(三郎) : 귀로 瀨戶內海 연안에서 들렀던 全念寺 門前에 사는 조선인이며 時宗系 사원에서는 남녀가 같은 건물에서 산다는 것을 소개하였다.

송희경은 對馬島·博多·瀨戶內海·京都 등처에서 노예·통역·상인 등 다양한 직업·신분을 가진 외국인을 만났다. 그냥 봤을 뿐이 아니라 ①~⑤의 모든 사람들과 송희경은 무언가의 교류를 가졌었고, 그 수도 적다고 할 수는 없다. 그 중에서도 ①과 ③은 해적에 연행된 사람들이며 노예로서 일본에 갔다. 이것은 얼마 전까지 맹위를 떨쳤던 왜구로 인해 나타난 현상이다. 또 ②와 ④는 이보다 조금 앞선 元·明 교체기에 일본에 건너간 일족이다. 모두 같은 시대에 동아시아의 커다란 변동에 대응한 결과 나타난 현상이며, 송희경이 특별히 많은 외국인을 만났다고 할 수는 없다. 도시와 교통로를 따라 이와 같은 외국인이 상당히 많이 있었다고 생각된다.

일본열도의 교통로를 따라 활동하는 이상과 같은 외국인, 즉 경계인을 이처럼 구체적으로 기술하고 있는 사료는 15세기에서는『老松堂日本行錄』뿐이다. 일본사료에서 알 수 있는 사항은 아주 단편적 내용뿐이다. 그것만이라도 이 기행시문집이 해역사 연구에 얼마나 중요한지 주장할 수 있고, 여기서 소개한 사례 이외에도 귀중한 증언이 많이 남겨져 있다.

Ⅲ.『海東諸國紀』속의 朝鮮遣使 붐

『海東諸國紀』의「日本國紀」는「尾張州」(愛知縣)라든가「參河州」(愛知縣)라는 고대에 성립한 행정구역에 따라 각 지역의 지리적인 특징을 간결하게 기술하고 있다. 그 중에는 조선에 사절을 파견한 인물에 대한 기술도 보이는데, 총 180씨족이 열거되어 있다. 그 중에서는 일본의 역사사료에도 이름이 나올 정도로 세력이 컸던 인물의 이름을 볼 수 있는 한편, 거의 알려져 있지 않은 인물을 여기 저기에서 찾을 수 있다.

그들은 두 그룹으로 나눌 수 있는데, 제1그룹은 정기적으로 조선과 통교실적이 있고 受職人·受圖書人이라는 형식으로 조선국왕에게 臣從함으로써 무역을 보장받은 사람들이다. 본거지는 對馬·壹岐·筑前·肥前 등 九州 북부에 집중되어 있다. 제2그룹의 대부분은 이 시기 이외에도 사절을 파견했다는 흔적을 찾을 수 없는 사람들이다. 다시 말하면『海東諸國紀』에서만 기록된 사람들이다.

이 제2그룹을 자세히 살펴보면 세 가지로 분류할 수 있다.

① 1460년대, 불교적인 奇瑞現象이 조선에서 자주 일어났는데, 그것을 축하하는 명목으로 도항한 사절들이 1466년부터 68년까지 33건 기록되어 있다.

② 그 불교적인 기서를 일본국왕에게 전달한 「肥前州」의 승려 壽藺을 호위하기 위해 왔다는 사절이 1467년부터 71년까지 13건 기록되어 있다.

③ 對馬島主 宗貞國의 추천을 받은 사절이 1468년부터 69년까지 34건이 기록되어 있다.

이상을 합계하면 80건이 되는데, 각각의 근거지를 살펴보면 연안지역에서는 西日本 전역, 내륙지방에서는 「信濃州」(長野縣)까지이며 범위가 아주 넓어 제1그룹과는 대조적이다. 명의를 보면 사원 관계자, 항만의 영주와 관리인, 섬의 영주 등 바로 해역세계의 사람들이 많다. 또 그 중에서 『朝鮮王朝實錄』과 대응하는 기사가 나와 있는 것은 5건이고, 그 전후의 시기까지 범위를 넓혀보아도 16건 밖에 안 된다. 나머지 64건에 관해서는 전혀 기재가 없다. 『朝鮮王朝實錄』에도 생략되어 버릴 정도로 무명의 사람들이 갑자기 조선에 사절을 파견한 이유는 무엇이었을까.

이 시기에도 공인된 사절은 조선을 방문하고 있었고, 전체적으로 보면 공전의 조선견사 붐이라고 할 만한 상황이었다. 이와 같은 현상이 나타난 배경을 설명하기 위해 『朝鮮王朝實錄』을 따라 조금 시대를 거슬러 올라가 보고자 한다.

조선국왕 世祖는 격렬한 권력투쟁을 이겨내 왕위로 올라갔다. 그렇기 때문에 그 왕위의 정통성에 대해 불안감을 느껴 권위·권력을 강화시킬 자세를 택하였다. 佛敎振興策도 그러한 자세가 나타난 하나의 예이다. 조선의 종교정책은 斥佛을 기본으로 하였으므로 세조의 자세는 예외적인 일이었다. 그 불교정책 속에서 불교적 기서의 빈발이라는 현상이 나타났다. 1462년부터 세조가 사찰 등에 행행하면 그곳에서 여러 현상이 나타났고, 세조는 그때마다 축연을 열어 사면을 내려 주었다.

1466년 肥前國 上松浦(長崎縣)의 藤原賴永은 승려를 조선에 파견하였는데, 그가 앞서 언급한 壽藺이다. 이 사절단 파견의 목적은 어린 적에

寧波에서 왜적에 사로잡혀 대마도에서 10여년 동안 사역 당한 楊吉의 명나라 송환을 의뢰하기 위해서였고, 또한 受圖書人이 되어 조선과의 통교자격을 얻으려는 데 있었다. 조선정부는 양길 송환에 대해서는 양해하였지만 수도서인 신청에 대해서는 이것을 물리쳤다. 그런데 그 시기 세조가 강원도 금강산을 방문하면서 기서가 자주 나타나서 한성에 돌아와서 성대하게 축연을 열어 사면을 내려주고 있었다. 壽蘭은 이와 같은 축연 중 하나에 출석이 허락되어 세조에게서 중요한 사명을 받았다. 그것은 일본국왕·大內氏 등에게 외교문서를 가져가 조선의 기서현상에 대해 보고하고 일본국왕 등이 축하사절을 파견하도록 요청하는 것이었다.

그 시기 일본에서는 應仁·文明內亂(1467~76년) 중이었고, 수린은 위험한 瀬戸內海를 피하여 동해에서 京都로 들어갔다고 설명했다. 어쨌든 心苑東堂을 정사, 수린을 부사로 한 日本國王使는 파견되었고, 1470년 조선에 도착하였다. 조선은 중요한 역할을 다한 수린에게「禪宗大禪師」라는 僧職을 주어 受職人으로 하고, 또 본래 파견자였던 賴永에게도 통교자격을 주었다.

이와 같은 일련의 상황, 혹은 기타 정보망을 통하여 조선의 상황은 넓게 전파되었다. 이에 의하여 앞에서 설명한 조선견사 붐이 생긴 것이다. 물론 이와 같은 현상이 나타난 배경으로 應仁·文明內亂을 고려할 필요가 있다. 이 내란은 京都 주변만이 아니라 南北朝 동란 때와 마찬가지로 九州에도 전란이 파급되었다. 어쨌든 전쟁은 그 주변의 사람과 물건의 움직임을 자극하여 교통을 차단하는 경우도 있지만 이상적으로 활성화시킬 때도 있다.

조선왕조의 쿠데타, 세조의 불교 진흥, 기서현상의 발생이라는 한반도 내부에서 생기고 있던 변화에 주변의 해역세계 주민들은 적극적으로 대응해 간 것이다. 그러나 이와 같은 대담한 움직임도 다양한 현상도『海東諸國紀』의 기술이 없었으면 파악할 수 없었던 것이다.

이 현상에 대한 평가에는 몇 가지 미묘한 점이 있다. 근년 일본에서는

僞使 연구가 진전되어 앞에 나온 無名한 80건의 사절파견은 대마도 사람들에 의해 창작된 위사였다는 주장이 나와 있다. 확실히 15세기에는 대마도에서 많은 위사가 파견되었을 가능성이 높다. 그것은 조선정부가 사절 접대의 후하고 박함을 사절 파견자의 지위에 따라 정하고 있었던 것을 악용한 것이며, 많은 위사가 室町幕府의 중요인물을 사칭하였다. 이에 대해 무명한 사절파견은 조선에서 거부할 가능성이 있으므로, 모두가 위사였다고 결정하기에는 근거가 약하다고 할 수밖에 없다. 또한 이 시기의 위사 중에서 막부관계자인 畠山義勝을 명의로 하는 사절이 있었는데, 그 부사 良心은 信濃國(長野縣) 출신으로 판명되어 있고, 높은 지위의 인물임을 꾸민 위사라고 하더라도 대마도에서만 창작한 것은 아니었다.

보고자 자신은 1987년의 歷史學硏究會 대회보고에서 「폭력에서부터 거짓말로」 라는 인식방법을 제안하였다. 14세기 중엽부터 南北朝의 동란이 격화하면서 그것이 어떤 메커니즘을 통해서 해역세계를 자극하여 조선견사 붐으로 이어져 갔다고 도식화할 수 있다. 즉 왜구와 조선견사 붐을 비교 가능한 현상으로 파악하는 것이다. 그리고 후자에는 위사가 많고 여러 가지 거짓말을 하면서 조선에서 이익을 얻으려고 하였다. 즉 폭력에서부터 거짓말로 전화하였던 것이다. 많은 거짓말이 포함되어 있었다고 해도 조선왕조는 스스로 구축한 외교질서에 의해 해역세계에서 발생한 교통량의 격증을 평화적으로 통제하는 데 성공한 것이다. 그리고 내가 강조하고 싶은 것은 위사를 심도있게 연구하기 위해서는 그들의 거짓말을 더욱 자세히 분석할 필요가 있다는 점이다.

Ⅳ. 바다를 넘어간 곳에 대한 관심

『老松堂日本行錄』과 『海東諸國紀』가 해역사 연구에 얼마나 귀중한 공헌을 하고 있는지를 제시해 보았다. 여기서는 어떤 자세가 이들 서적에서 나왔는지, 서적 속에서 살펴보고자 한다.

『老松堂日本行錄』중에는 당시의 성풍속에 관한 화제도 여러 번 등장하는데, 그 중에는 일본에서는 길가에 여성의 모습이 많고, 각 宿驛에서는 창녀들이 열심히 유객하여 돈을 내면 낮이라도 놀 수 있다는 기술이 나와 있다. 그리고 창녀들은 해안이나 강가에 나타나 물기를 띠기 때문에 야해지는 것이라고 이유를 찾고 있다. 또 사찰에서 소년을 여장시키고 예뻐하는 것을 비롯하여 장군부터 일반인까지 많은 사람들이 소년을 사랑한다고 남색에 대해서도 기술하면서 창녀·남색에 대한 시를 짓고 있다. 또 앞에서 등장한 三郎에게서 時宗系 사원에서는 남녀가 같은 건물에서 생활하여 아이를 가질 때도 잦다고 듣기도 하였다.

여기서 중요한 점은 이들에 대해 윤리적인 비판을 내려서는 안 된다는 점이다. 16세기 후반 이후의 유럽인 선교사, 17세기 이후의 조선통신사는 모두 일본사회에 대해 많은 관찰을 남기고 있지만 성풍속에 대해서는 각각 천주교와 유교의 입장에서 극구 비판하고 있다. 그들과 비교해서 말하자면 송희경은 이문화 사회를 있는 그대로 관찰하려는 자세를 갖추어 있었음을 알 수 있다.

『海東諸國紀』에는 몇 가지 지도가 수록되어 있다. 첨부한 지도는 그 중의 하나인 「海東諸國總圖」이다. 자세히 살펴보면 몇 가지 현저한 특징을 찾을 수 있다.

우선 本州를 보면, 동쪽에 가면 갈수록 묘사는 간단해지고 지명도 거의 국명이 나와 있을 뿐이다. 지형에 대해서도 房總半島(千葉縣), 能登半島(石川縣)이 있는 정도며 기본적으로 물고기의 비늘과 같은 단순한 묘사이다. 서쪽을 보아도 그렇게 차이가 나지는 않지만, 瀨戶內海의 중요한 항구와 섬에 대한 정보가 포함되어 있는 점이 특징적이다. 四國에 대해서도 本州와 마찬가지로 단순한 묘사이다.

그런데 九州로 눈을 돌려보면 지형을 약간 의식해서 묘사되고 있다. 더구나 시선을 그 주변에 돌리면 급격히 묘사가 변화하고 있는 것을 알 수 있다. 對馬島·壹岐島·琉球, 그리고 九州와 琉球 사이의 섬들, 모두

本州와 四國에서의 묘사방법과 전혀 다르다. 지형이 명확하게 나타나 있는 외에 九州와 크기를 비교해 보아도 상대적으로 거대하게 그려져 있는 것을 알 수 있다. 섬들에 대해서도 상당히 정확한 정보가 기재되어 있는데, 그 중의 몇 개는 현재 무인도일 정도로 작은 섬들이다.

왜 이와 같은 지도를 작성하였는가. 서지적으로는 이 지도가 복수의 데이터로 작성되었던 것이 판명되어 있다. 그 데이터들을 이와 같은 한 장의 지도로 작성한 것은 申叔舟를 비롯한 조선인 엘리트들이다. 그곳에서는 각각의 데이터가 나타내는 크기, 지형, 지명 등을 어떻게 비례분배해서 통합하느냐가 중요한 문제이다. 즉 이 지도를 보는 우리들은 그 지역에 대한 조선의 관심이 지도의 표현방법으로서 크게 반영되어 있다고 해석할 수 있다.

「海東諸國總図」는『海東諸國紀』에 관계한 申叔舟를 비롯한 조선인 엘리트들이 가진 해역세계에 대한 깊은 관심양상을 상징하고 있다. 나는 1419년의 応永外寇(己亥東征)부터 1510년의 三浦倭亂(庚午倭変)까지의 시기를 조선왕조가 일본열도와의 관계에서 비교적 평화를 유지할 수 있던 시기라는 의미에서 "『海東諸國紀』의 시대" 라고 부르고 있다. 송희경의 이문화에 대한 선입관에 구애되지 않는 관찰, 申叔舟의 해역세계에 대한 깊은 관심, 이들이 조선인 엘리트들이 가졌던 하나의 시대정신이었다고 생각한다.

참고문헌

高橋公明,「朝鮮遣使ブームと世祖の王權」, 田中健夫 編『日本前近代の 國家と對外關係』, 吉川弘文館, 1987년.

________,「外國人の見た中世日本」, 村井章介・佐藤信・吉田伸之 編, 『境界の日本史』, 山川出版社, 1997년.

________, 「海域世界の交流と境界人」, 大石直正・高良倉吉・高橋公明 著, 『日本の歷史14 周緣から見た中世日本』, 講談社, 2001년.

(제67회 발표, 2004년 4월 29일)

고려와 일본의 상호인식
― 몽골의 일본 침략과 관련하여 ―

남기학(한림대학교 교수)

Ⅰ. '몽골의 일본 침략'을 보는 눈

최근 한국에서는 한일양국의 상호인식을 역사적으로 조망한 연구성과(한일관계사학회편, 『한일양국의 상호인식』, 1998)가 나왔습니다. 이것은 1997년 서울에서 열린 국제학술심포지엄에서 발표된 글들을 엮은 것으로, 이러한 국제공동 학술행사와 연구가 이루어진 것은 한일양국의 상호이해의 증진을 위해서 매우 바람직한 일로 생각됩니다. 오늘 제가 발표할 주제도 실은 이에 자극 받은 것이라고 할 수 있습니다. 다만 고려와 일본의 상호인식 전반을 다루기보다는, 지금까지 제가 일본사의 입장에서 공부해 온 '몽골의 일본 침략'과 관련해서 살펴보려고 합니다.

'몽골의 일본 침략'은 한국의 역사개설서나 교과서에서는 대개 '麗元(혹은 麗蒙)聯合軍'의 '日本遠征'으로 기술되어 있습니다. 우선 이러한 표현에 대한 저의 생각을 말씀드리고, 아울러 본 주제와 관련하여 이 사건이 가진 의미 및 경과에 대해서 간략히 설명드리고자 합니다.

'여원(몽)연합군'이라 하면 고려와 원(몽골)이 연합한 군대라는 뜻으로, 마치 고려가 몽골과 연합해서 일본을 침략할 국가의사가 있었던 것으로 비쳐지기 십상입니다. 하지만 고려는 본래 일본을 침략할 의사가 없었으며, 몽골에 의해 전쟁에 동원되는 것을 극력 피하려고 했습니다. 고려는 일본을 설득하여 전쟁의 사태를 미연에 막고자 외교적으로 노력했다는 점을 간과해서는 안됩니다. 고려가 국가로서 존립하고 있던 사실에 근거하여 고려와 몽골의 '연합군'이란 표현을 사용하고 있습니다만, 고려는 어디까지나 몽골에 의해 강제 동원되었던 것이고, 그 점에서는 국가를 상실한 女眞人이나 漢人·南宋人들이 일본 침략에 동원된 것과 다를 바가 없었습니다. 몽골은 자신이 제압한 민족을 동원하여 타민족을 정복하는 군사전략을 취하고 있었던 것입니다. 고려가 국가로서 존립했다는 사실 하나만 가지고 '연합군' 운운하는 것은 역사적 실태를 무시한 처사라고 하겠습니다.

또한, '일본원정'이란 용어도 마음에 걸립니다. 이것은 豊臣秀吉의 '朝鮮侵略'을 두고서 '朝鮮出兵'이니 '朝鮮征伐'이니 하는 것처럼 침략자 본위의 표현입니다.『元史』·『高麗史』등의 중국·한국측 기록에는 '征日本' '征東' 혹은 '東征'이라는 표현이 보입니다만, 객관적인 학문 용어로는 '일본 침략' 혹은 '일본 침공'이 올바른 표현일 것입니다. 참고로 구미 학계에서는 'Mongol invasion'이라고 기술하고 있습니다. 당시 일본측의 사료에는 '蒙古襲來' '異國(異賊)襲來' 등으로 기록되어 있으며, 후세에는 당시의 연호를 따서 '文永의 役' '弘安의 役'으로 불리거나 '元寇'라는 용어가 사용됩니다.

이와 같은 이유로 저는 '몽골의 일본 침략'이란 표현을 사용하고자 하며, 고려는 강제적으로 동원된 또 하나의 '피해국'이었다고 이해하고 있습니다. 물론 일본측에서 본다면, 고려 또한 몽골과 함께 일본을 침략한 '가해국'에 지나지 않았습니다. 여기에 역사의 아이러니가 있습니다만, 어쨌든 이 전쟁을 계기로 고려와 일본은 군사적 적대관계를 갖게 되었고 양국의 상호인식은 크게 굴절될 수밖에 없습니다. 몽골의 일본 침략이야말로 고려와 일본의 양국관계 및 상호인식의 전개에 있어서 일대 획기가 된 사건이었던 것입니다. 고려와 일본의 상호인식을 살피는 데 이 사건은 결코 빼놓을 수 없는 중요한 검토 대상의 하나라고 하겠습니다.

몽골의 쿠빌라이는 1274년, 1281년 두 차례에 걸쳐 일본을 침략하였습니다. 몽골이 처음부터 일본을 침략·정복하려고 의도한 것은 아니었고, 南宋정벌의 일환인 對일본 외교교섭(침략 위협을 수반한 朝貢 요구)에 일본이 불응한 것이 제1차 침략의 발단이었습니다. 남송이 멸망한(1279년) 후인 제2차 침략은 당시의 상황과 규모에서 보아 실제로 군사적 정복·지배를 기도한 것으로 보입니다. 잘 아시는 대로 이때에 불어닥친 태풍(이른바 '神風')으로 인해 실패로 끝났습니다만, 이후에도 쿠빌라이는 몇 번이나 일본 침략 준비를 하였습니다. 결국은 몽골제국 내외의 정세에 의해 실현되지 못했습니다만, 당초부터 엄청난 대외적 긴장에 휩싸인 일본은 그 후 오랜 동안 방어태세를 유지해야만 했습니다. 고려는 일본 침략을 위한 몽골의 병참기지가 되어 막대한 병선·군량·병력을 조달해야만 했으며, 다른 한편에서는 일본으로부터의 침공에 대한 경계도 소홀히 할 수 없었습니다.

몽골의 일본 침략의 경과는 대략 이 정도로 요약할 수 있을 것입니다. 그렇다면 '고려와 일본의 상호인식'이란 주제와 관련해서 다음과 같은 문제가 제기될 수 있겠습니다. 몽골의 일본 침략 위기에 처하여 고려와 일본은 각각 상대국을 어떻게 인식하고 어떻게 대응하였는가? 몽골의 일본 침략을 계기로 고려와 일본의 관계는 어떻게 변화되었으며 양국의 상호인식은 이후 어떻게 전개되었는가? 이러한 문제들을 구체적으로 검토해 보도록 하겠습니다.

Ⅱ. 고려의 일본 인식

1. 고려 조정의 일본 인식

1266년 11월, 몽골은 일본 초유를 위하여 사신 黑的을 파견하고 고려에게 일본으로 가는 길 안내를 하도록 명하였습니다. 이에 대하여 당시의 재상 李藏用은 흑적에게 서신을 보내 다음과 같이 일본 使行을 만류하고 있습니다.

그는 우선 舊來의 중국과 일본의 관계에 대해서, 일본이 바다를 사이에 두고 중국에서 멀리 떨어져 있어서 이따금 通交를 했지만 일찍이 중국에 朝貢한 일이 없고, 중국측도 또한 "일본을 얻어도 王化에 無益하고 일본을 버려도 皇威에 손상이 없다"고 하여 일본을 방치해 두었다고 설명합니다. 그리고 隋文帝(실은 煬帝) 때의 예(聖德太子의 國書)를 들어, 일본은 "驕傲하고 名分을 알지 못하는" 나라이므로 일본에 국서를 보내는 것은 득책이 아니다라고 권고하였습니다. 요컨대 그는 '海遠'을 이유로 '入朝'하지 않은 '小夷' 일본을 종래처럼 내버려둘 것을 제안했던 것입니다.

이에 대해서 『高麗史』에서는 "일본이 필경 오지 않아 장차 我國의 累가 될 것을 우려하여" 흑적의 일본 招諭 使行을 막으려 했다고 평하고 있습니다. 고려 조정의 관료를 대표하는 위치에 있는 이장용이 몽골국서를 일본에 송달하지 말 것을 흑적에게 권유한 것은, "驕傲하고 名分을 알지 못하는" '小夷' 일본이 몽골의 초유에 응할 리가 없다고 판단했기 때문이었습니다. 만약 그렇게 되면 필시 몽골의 일본 원정이 일어나 고려가 그것에 동원되는 사태('我國의 累')가 필연적이다고 그는 예상하고 있었던 것입니다.

이장용의 서신에 내심 수긍했던 흑적 일행은 1267년 1월, 거제도에 도착한 후 風濤가 험한 것을 이유로 開城으로 돌아가 버립니다. 그러자 元宗은 樞密院副使 宋君斐를 흑적과 동행케 하여 쿠빌라이에게 "對馬島의 풍속은 頑迷하고 禮儀가 없기" 때문에 사자의 渡日이 위험한 것, 그리고 "일본은 본디 小邦과 일찍이 通好한 적이 없고, 단지 對馬島人이 때때로 무역을 위해 金州에 왕래했을 뿐"이란 것을 보고케 하였습니다. 고려와 일본의 관계에 대한 원종의 인식은, 고려와 일본의 '通好'＝외교관계는 없고 단지 일본의 對馬島에 의한 이른바 '進奉'무역이 행해지고 있던 사실에 입각하고 있습니다. 또한 1271년 3월, 元宗이 쿠빌라이에게 올린 表文 속에서 "일본의 풍속은 頑疾하고 甚慮가 없다"고 한 데에서도 알 수 있듯이, 원종의 일본 인식은 이장용의 그것과 상통합니다. 원종을 이은 忠烈王도 '일본은 한낱 島夷이다'고 말하고 있는데, 이것 또한 일본='小夷'로 보는 이장용의 인식과 일치합니다.

고려의 쿠빌라이에 대한 비협력적 태도의 배후에 이상과 같은 일본인식이 자리잡고 있던 것은, 그 후 쿠빌라이에게 일본 초유의 사명을 직접 짊어지게 된 고려의 對일본 교섭에서도 확인할 수 있습니다. 1267년 9월, 일본에 파견된 고려의 사자 潘阜는 九州의 大宰府 앞으로 보내는 서신 속에서 다음과 같이 말하고 있습니다.

즉 고려와 일본의 관계가 舊來 친밀했던 것을 들고, 지난 번 몽골 사신(흑적)의 渡日을 의도적으로 막았던 것을 '我國의 貴國에 대한 배려'라고 강조하고 있습니다. 앞서 원종이 쿠빌라이에게, 고려는 일본과 통호한 적이 없고 일본의 풍속이 완미하여 일본 사행이 위험하다고 말한 것과는 대조적입니다. 반부는 이어서 "(몽골)황제의 국서의 뜻은 貴國과 通好하는 것 이외에 결코 다른 말이 없다"고 하며 몽골국서와 고려국왕의 국서를 직접 일본국왕에게 전하고 싶다고 말하고 있습니다. 이때 그가 지참했던 고려국왕의 국서에서는 몽골황제의 '日本通好'의 요구는 "단지 유일한 이름을 천하에 높이기 위함일 뿐이다"고 하면서, "一介의 사자를 파견하여 (몽골황제에) 가서 보는 게 어떠한가"라고 권고하고 있었습니다.

이처럼 고려국왕의 국서와 사자 반부의 서신은 고려와 일본 양국의 우호관계와 그에 입각한 고려의 일본에 대한 배려를 강조하고, 몽골국서에 대한 의혹과 반발이 예상되는 일본을 무마하여 몽골의 조공 요구에 응하도록 일본측을 설득하는 데 진력하고 있습니다. 고려의 이러한 對일본 자세는 앞서 살핀 일본 인식, "驕傲하고 名分을 알지 못한다" "풍속이 頑疾하고 甚慮가 없다"고 하는 일본='小夷'・'島夷'觀과 모순되는 것처럼 보일지도 모릅니다. 그러나 오히려 그러한 인식이 근저에 있었기 때문이야말로 용어의 사용에 각별한 주의를 기울이면서 일본측과의 외교교섭에 신중하게 임하고 있다고 해석해야 할 것입니다. 당초는 몽골의 사자 흑적의 渡日을 막는 데 성공했지만, 이제 쿠빌라이에 의해 일본초유의 사명을 짊어지게 된 고려는 '일본원정'(그에 따른 고려의 동원)의 사태를 미연에 막기 위해 일본에 대한 외교적 설득 내지 회유로 전환했던 것입니다.

몽골국서는 '通好'(=朝貢) 아니면 '用兵'(=戰爭)이라는 양자택일을 일본에 강요하고 있었고, 고려는 예상되는 일본의 강한 반발을 우려했기 때문에 위와 같이 몽골의 의도를 설명하고 있었습니다. 고려 조정은 기본적으로 '島夷' 일본이 유연한 국제적 현실감각을 결여하고 있다고 보고 있었으며, 그에 따른 고려 나름의 외교적 노력은 결국 결실을 보지 못하였습니다. 고려 사신 반부 일행은 大宰府의 냉담한 대우를 받고 그대로 귀국해 버렸습니다. 일본측은 몽골국서가 '失禮'라고 하여 返牒마저 보내지 않았던 것입니다.

2. 민간의 일본 인식

몽골의 제2차 일본 침략에 즈음하여 전라남도 順天都護府에 위치한 定慧社(修禪社: 현재의 松廣寺)의 禪僧 冲止(1226~1293)는 '일본원정'의 위용을 칭송하는 내용의 '東征頌'을 지었습니다.

그는 먼저 몽골의 황제 쿠빌라이의 寬德과 恩澤을 칭송한 후, 일본이 바다를 두고 떨어져 있는 것을 믿고 몽골에 來朝하지 않는 것에 대한 '問罪'로서 '東征'을 정당화하고 있습니다. 戰勝은 시간문제이며 그 후에는 태평성대가 찾아올 것이라고도 말합니다. 일본에 대해서는 "무리를 이루는 鼎魚"와 같이 편협하고 고립된 '醜한 島夷'로 인식하고 있습니다. 일본에 대한 멸시의 태도가 역력히 드러나 있습니다.

冲止(俗名은 魏元凱)는 1244년 과거에 합격한 인재로서 1254년에 출가하기까지 관직에 있었다고 추정됩니다. 그 동안에 '倭寇' 문제를 해결하기 위해 사신으로서 일본에 갔던 경력이 있습니다. 그를 官과 전혀 무관한 민간인으로 볼 수는 없습니다만, 승려가 되고 나서 민간에 몸을 두고 官으로부터는 자유로운 종교인으로서 생활하고 있던 점에서 민간지식인으로 간주할 수 있을 것입니다.

1273년 몽골과 고려정부군이 耽羅의 三別抄를 토벌했을 때, 그는 三別抄를 '蠻越' 혹은 '小夷'라고 칭하고 있었을 정도로 극히 체제옹호적인 인물이었습니다. 하지만 1280년, '일본원정'을 위한 戰艦을 만들 때 영남지방의 참상을 목격하고서 "영남의 고통을 말하려 하니 눈물이 앞선다"고 하는 등 민중에 동정적인 인물이기도 했습니다. 이러한 冲止가 '東征頌'에서 '일본원정군'의 위세를 칭송하고 있는 것은 이율배반적으로 보입니다만, 그의 본심은 '일본원정'이 불가피했던 이상 그 사실을 받아들이면서 오히려 그것을 賞揚하여 민중의 울분을 발산시키려 했다는 지적이 있습니다.

이 같은 冲止의 입장을 지탱하고 조장한 것이 바로 일본에 대한 '島夷'觀과 '倭寇'視였습니다. '東征頌'의 作詩와 같은 무렵, '일본원정군'의 都元帥였던 金方慶에게 그가 올린 祝壽疏에서는 일본을 가리켜 '卉服' 혹은 '倭寇'라고 칭하고 있습니다. '卉服'이란 蠻夷의 복장을 가리키는 용어로서 夷狄을 의미합니다. '倭寇'는 물론 일본을 寇賊視하는 용어입니다.

13세기 전반 이후 일본인에 의한 고려 邊民의 침탈 사건이 종종 일어났었고, 冲止 자신이 이에 항의하는 외교사절에 종사한 경험이 있었기 때문에 일본을 가리켜 '倭寇'라고 蔑稱했다고 이해됩니다. 이것은 13세기에 들어 형성되기 시작한 약탈자로서의 日本人像이 점차 강화되어 13세기말 고려와 일본의 적대관계를 배경으로 일본='寇賊'觀으로 굳어진 것을 보여주고 있습니다. 그는 민중의 울분을 발산시키는 하나의 방법을 邊民을 침탈하는 '왜구'=일본의 토벌에서 찾았던 것이 아닐까 합니다. 그에게 있어서 일본은 "편협하고 추한 島夷", "邊民을 침탈하는 倭寇"에 지나지 않았습니다. 민간에 몸을 두고 민중에 동정적이었던 그의 일본 인식은 민간의 정서나 인식을 일부분 대변하는 것이었다고 생각됩니다.

3. 삼별초의 일본 인식

고려 武人政權의 중추였던 삼별초는 1270년 6월, 몽골의 요구에 따라 開城으로 복귀한 조정에 반기를 들고 江都(江華島)에서 남하하여 珍島에 근거를 정하였습니다. 이듬해 1271년 5월 진도가 함락되자, 삼별초는 耽羅(濟州道)로 피해 1273년 4월에 멸망하기까지 철저한 對몽골 항전을 계속하였습니다. 진도 함락 직전에 삼별초가 일본에 식량과 병력의 원조를 요청하는 동시에, 對몽골 연대투쟁을 호소한 것은 잘 알려진 사실입니다. 反體制側이었던 그들의 일본인식이 어떤 것이었는지 자못 궁금합니다만, 유감스럽게도 직접적인 관련 사료가 없습니다.

다만 삼별초가 일본에 통첩한 내용은 <高麗牒狀不審條條>라는 당시에 작성된 고문서를 통해 유추할 수 있습니다(별첨). 이 문서는 文永8年(1271)에 도착한 高麗牒狀을 이전 文永5年(1268)에 도착한 첩장과 비교하면서 두 첩장 사이에 보이는 차이점이나 의문점들을 일본의 정부당국이 조목별로 초록한 것입니다. 이것에 의해 1271년에 도착한 고려첩장이 바로 '진도'의 삼별초가 일본에 보내온 통첩이었음이 근년에 밝혀졌습니다. 아울러 삼별초가 몽골을 夷狄視하고, 스스로가 '三韓'을 통합한 고려의 정통왕조임을 자임하면서 몽골의 연호를 사용하지 않는 자주독립 의식을 가졌던 것, 몽골의 지배에 따르지 않고 '成戰'의 결의를 한 것 등을 엿볼 수 있습니다. 그밖에도 일본인 표류자를 호송하고 일본에 유용한 군사정보를 알리며 일본측의 사신 파견을 요청하고 있는 것이 주목됩니다. 당시 일본의 조정에서는 "이 첩장의 취지는 蒙古兵이 일본을 공격할 것이라는 것이다. 또한 식량 원조와 救兵을 요청하는 것이다"고 파악하고 있었습니다.

그렇다면 과연 삼별초는 일본을 어떻게 인식했던 것일까요? 어느 일본인 연구자는 "일본과의 사이에 대등·평등한 국제관계를 구상할 수 있는 시야"를 획득하고 있었다고 높게 평가하고 있습니다만, 그것을 뒷받침할 만한 근거는 충분히 제시되어 있지 않습니다. 그보다는 삼별초가 한반도 남부에 걸쳐 광범위한 해상작전을 전개하고 있던 '海上王國'의 입장에서 일본을 현실적인 연대세력으로 간주했던 것이 아닐까 생각됩니다.

삼별초는 1265년에 남부 연해를 침탈한 倭寇와 싸운 적이 있고, 1269년에는 일본 兵船의 움직임에 대비하여 연안 경계에 투입되기도 하였습니다. 이 과정에서 삼별초는 '海船을 조종하는 전투에 뛰어난 일본인'을 인식하게 되었을 것입니다. 삼별초는 왜구와의 전투를 통해 일본이 군사면에서 무시할 수 없는 국가라는 이미지를 가졌고, 일본이 몽골에 대하여 적대적인 자세를 가진 것을 알았기 때문에, 공동의 적인 몽골에 대한 군사동맹국으로서의 가능성을 모색했을 것으로 짐작됩니다. 삼별초는 고려의 정통왕조임을 자임하고 있었고, 왜구의 피해지역인 고려 남해 邊民들의 지지를 얻고 있었습니다. 이런 점에서 본다면, 당시 고려 일반(조정과 민간)의 일본에 대한 夷狄視나 寇賊視로부터 삼별초가 탈피할 수 있었을지는 의문입니다. 삼별초의 입장에서는 일본이 '夷狄'이자 '倭寇'이긴 하지만, 오히려 그렇기 때문에 對몽골 연대투쟁을 전개하는 데 유용한 '(夷狄으로) 거칠고 (倭寇로서) 海戰에 능숙한' 국가로서 일본을 평가했을 가능성이 있습니다.

Ⅲ. 일본의 고려 인식

몽골의 일본 침략 위기에 처하여 일본이 고려를 어떻게 인식했는가를 보여주는 사료는 매우 적습니다. 『高麗史』와 같이 당시의 정치정세나 정부당국의 움직임을 자세하게 기록한 공식기록은 일본에 존재하지 않습니다. 귀족의 개인 일기, 幕府가 내린 단편적 조치, 혹은 민간의 戰勝

祈禱 등에 의존하여 추적해갈 수밖에 없는 상황입니다.

　일본에서는 12세기말 鎌倉幕府라는 무사정권이 수립되어 京都의 朝廷=귀족정권과 함께 국가권력을 구성하였으며, 13세기 전반(承久의 亂, 1221년)이래 막부의 권한이 더욱 강화되어 왔습니다. 몽골국서가 일본에 전해졌을 당시 국가정책을 실질적으로 주도한 것은 군사권을 장악하고 있던 막부였습니다. 막부는 몽골에 대하여 시종일관 강경 일변도의 정책을 택하였습니다. 예를 들면, 조정측이 전쟁을 피하려는 하나의 시도로서 몽골에 보낼 返牒을 작성했을 때 막부는 "牒(=몽골국서)의 體가 무례하니 반첩할 필요가 없다"고 하여 이것을 억류하였습니다. 제1차 몽골의 침략 이후에는 일본에 도착한 사신들을 막부 단독으로 처형하였으며, 이어서 고려에 대한 침공계획(='異國征伐')을 세우기도 하였습니다. 막부에 의해 주도된 일본의 對몽골 정책이 이렇게 강경하고 경직된 것이었기 때문에 고려에 대한 일본의 인식은 상당히 부정적일 수밖에 없었습니다.

　몽골에의 조공을 권유하는 고려 조정의 외교적 설득에 대해서도, 對몽골 연대투쟁을 호소하는 삼별초의 군사적 요망에 대해서도 일본은 유효적절한 대응을 하지 않고 무시하는 태도로 일관했습니다. 조정은 삼별초의 통첩에 대해서 "西蕃(고려)의 사신이 北狄(몽골)의 음모를 알렸다"고 파악했는데, 여기에 고려를 일본의 '蕃國'(조공국)으로 여기는 관념이 나타나 있습니다. 일본 고대의 율령제에서는 唐을 '隣國'으로 新羅를 '蕃國'으로 규정하고 있고, 『日本書紀』(720)에는 이른바 神功皇后의 三韓征伐 설화가 기술되어 있습니다만, 고대의 '삼한'(신라·백제·고구려)에 대한 '蕃國'觀이 고려에 그대로 계승되고 있는 것을 확인할 수 있습니다. 뿐만 아니라 당시 민간에서는 "두 나라(고려·몽골)가 화합하고 衣冠이 일치하며 두 번(1268년과 1271년)의 사신이 고려인이다"고 하여, 고려정부와 삼별초를 구별하지 않고 고려와 몽골을 한 통속의 적으로 간주하고 있었습니다. 이와 같은 고려에 대한 '蕃國'觀, 고려정부의 입장과 삼별초에 대한 몰이해는 고려 조정과 삼별초 양측의 對일본 교섭에 부정적으로 작용했으며, 결국 고려는 몽골과 한 통속으로 일본을 침략하려는 '敵國'·'異賊'으로 간주되기에 이르렀던 것입니다.

고려가 본래 자기의 의사에 반하여 몽골의 일본 침략에 동원되긴 했지만, 일본측에서 볼 때 고려는 몽골과 하등 다를 바 없는 침략자로서 공포와 적대의 대상이 되었습니다. 일본은 1275년 몽골의 사신과 함께 온 고려인 역관 일행을 모두 처형하였고, 1281년 전쟁 직후 일본군의 포로가 된 '원정군' 가운데 南宋人을 제외한 몽골인과 고려인을 모두 처형하고 있습니다. 고려인을 일본의 침략자로서 몽골인과 동일시하고 있는 것을 엿볼 수 있습니다.

1274년 九州에서의 전투에서 일본군이 '원정군'에게 고전을 면치 못했던 戰況과 함께, 침략자의 흉폭함을 전하는 이야기가 당시부터 회자되어 몽골과 고려에 대한 일본인의 강한 공포와 적개심을 불러일으켰습니다. 제1차 침략 직후에는 다음과 같은 이야기가 떠돌았습니다.

對馬의 무사들이 경비하고 있었는데 總馬尉(宗助國)가 도망갔다. 그러자 백성들을 붙잡아 남자는 죽이거나 생포하고, 여자는 한데 모아 손을 뚫어 배에 매어 달거나 생포하니 한 사람도 살아나지 못하였다. 壹岐에 쳐들어가서도 이와 마찬가지였다.

또한, 14세기 초에 성립한 『八幡愚童訓』(甲本)은 몽골의 제2차 침략 당시에 대해서 다음과 같이 전하고 있습니다.

그 중에서 고려의 병선 5백척은 壹岐·對馬로부터 올라와 닥치는 대로 죽였다. 인민들은 이를 못견뎌 처자를 데리고 깊은 산에 숨었지만, (적군이) 갓난아기의 울음소리를 듣고 몰려오니 짧은 목숨을 부지하기 위하여 사랑하는 아기를 울며 울며 죽였다.

위의 이야기들이 어디까지가 사실인지 확인하기 어렵지만, 고려를 포함한 '일본원정군'에 대한 '잔혹한 침략자'의 이미지는 당시부터 형성되어 세간에 전해져 온 것으로 생각됩니다. 후세에는 '무쿠리·고쿠리(蒙

古・高麗)'라는 말이 九州를 비롯한 서부 일본 지역에서 공포의 대명사로 사용되기도 했습니다. 1419년 조선의 군대가 왜구의 근거지를 소탕할 목적으로 對馬島를 공격했을 때, 京都에서는 이것을 '蒙古・高麗'가 함께 일본을 침략한 것으로 받아들였고 九州가 습격당했다는 誤報가 떠돌기도 했습니다. 사실을 무시하고 '무쿠리・고쿠리'의 再侵을 떠올리고 있는 것에 몽골의 침략 이래 일본인이 가지게 된 뿌리깊은 대외(對고려) 공포심이 잘 나타나 있다고 하겠습니다.

몽골의 일본 침략은 일본의 고려에 대한 강한 멸시의 태도를 낳은 사건이기도 했습니다. 몽골의 침략이라는 일본사상 미증유의 대외적 위기는 이른바 神國思想을 크게 고양시켰습니다. 일본은 수많은 神들이 살고 있는 신성한 국토이며, 神明의 가호로 인하여 외국이 절대 침략할 수 없다고 주장하는 사상이 특히 '神風'을 계기로 하여 광범위하게 확산되었습니다. 여기에 내재된 神秘的・獨善的인 自國優越意識을 바탕으로 하여 신공황후의 삼한정벌이 상기되고, 급기야 "신라(고려)의 왕은 일본의 개(犬)이다"라는 식으로 고려에 대한 노골적인 멸시관이 나타나게 되었습니다. 고대에는 신명이 가호하기 때문에 諸審(특히 신라)을 지배할 힘이 있다는 대외적 우월의식이 신국사상의 주된 내용이었으나, 이제는 고려를 畜生으로 취급하는 노골적인 멸시관마저 등장했던 것입니다.

또 한가지 주목할 만한 것은 몽골의 침략 이후 일본의 '武威'에 대한 관념이 고양되었다는 점입니다. 자기인식의 한 형태로서 외국에 대한 일본의 군사적 위세의 자각과 주장은 무사정권이 수립된 鎌倉 시대 초기부터 싹트기 시작했습니다만, 몽골의 침략에 의한 대외적 긴장을 계기로 한층 고양되기에 이르렀습니다. 몽골국서의 도래 이후 京都 正傳寺의 禪僧 慧安은, "일본국의 武藝는 다른 나라들보다 뛰어나다. 弓箭이 비할 바 없으며 甲冑는 귀신을 두렵게 한다"고 하여 鎌倉幕府의 무력과 그 위세에 대한 기대를 표명하고 있었습니다. 玄惠(1269~1350)라는 儒者는 "일본인은 마음도 강하고 활의 힘이 다른 나라보다 뛰어나다"고 말하고 있습니다. 이렇게 일본(구체적으로는 막부)의 '무위'가 고양되면서, "무위가 엄중하고 文道가 올바르니 四夷가 일어나는 일이 없고 三韓을 바로 服屬시킬 수 있다"라는 삼한(고려)에 대한 武斷的인 侵略主義가 생겨나게 됩니다. 제 1, 2차 몽골의 침략 직후 막부가 기도했던 '異國(高麗)征伐'이야말로 바로 그 표현이었습니다. 이것은 神國思想의 고양과 그에 따른 고려에 대한 노골적 멸시관, 여기에 막부의 위세를 주장하는 '무위'의 관념이 결합되면서 나타난 대외태도라고 하겠습니다.

Ⅳ. 맺음말에 대신하여 −상호인식의 전개−

지금까지 몽골의 일본 침략과 관련하여 고려와 일본의 상호인식을 검토해 보았습니다. 고려를 강제 동원했던 몽골의 일본 침략이 양국의 상호인식에 얼마나 부정적인 영향을 주었는지 알 수 있었습니다. 이 사건이 고려와 일본의 관계 및 상호인식에 미친 지대한 영향은 이전 시대와 비교하면 쉽게 이해할 수 있습니다.

몽골의 일본 침략 이전에 고려와 일본은 대체로 평온한 상태에서 지역적 교류가 꾸준하게 전개되고 있었습니다. 물론 고려와 일본의 정부 차원에서는 공식적인 교류가 없었으며, 각각 자국의 大國意識을 바탕으로 하여 상대국을 下位에 두고 朝貢國(蕃國)으로 간주하는 태도를 유지하고 있었습니다. 하지만 11세기 중엽부터 13세기 후반에 걸쳐 소규모이긴 하나 九州의 對馬島・博多 등과 慶尙道의 金州(金海)를 거점으로 한 지역적 교류가 활발했고, 이를 통하여 해당 지역 官・民들의 상대국에 대한 이해가 진전되고 있었음을 간과할 수 없습니다. 13세기 전반 이후 종종 金州에 대한 倭寇의 약탈이 빚어지면서 일본인들은 평화적인 교류의 상대자이자 동시에 신뢰하기 어려운 약탈자라는 이중의 모습으로 비쳐졌습니다만, 대체로 국경이나 바다를 접한 양국의 지역 교류는 상호접촉을 통해 이해와 친근감을 갖게 하는 데 기여했다고 할 수 있습니다.

그러나 13세기말 몽골의 일본 침략 이후 양국은 적대적인 상태 속에

서 교류가 단절되고 상호인식이 크게 굴절되었던 것입니다. 고려의 對
日 교섭 거점이었던 금주는 그 관할내의 合浦(馬山)가 '일본원정군'의
출정기지가 되었고, 고려와 가장 긴밀한 교류지역이었던 北九州는 고려
군을 포함한 '원정군'과 일본군의 격전지가 되고 말았습니다. 이후 반세
기 이상 양 지역은 상대국에 대해 경계태세를 늦추지 않는 군사적 방어
기지로 화했고 통교는 단절되어 버렸습니다. 고려와 일본은 지리적으로
인접해 있어서 일본과 대륙 사이보다 오히려 더욱 강한 군사적 긴장상
태가 형성, 지속되었습니다. 이러한 상태 속에서 편견·증오·공포·멸
시로 채색된 부정적인 상호인식이 심화될 수밖에 없었습니다.

몽골 침략의 위기 속에서 일본은 고려를 몽골과 한 통속의 적국으로
여기고, 고려를 축생과 동일시하는 노골적인 멸시관을 갖게 되었으며,
고려에 대한 무단적·침략적인 태도를 드러내었습니다. 고려는 일본을
편협하고 추한 '島夷'·'小夷'로 보거나, 고려 침탈을 일삼는 '倭寇'(寇
賊)로 멸시하기도 하였습니다. 그간 양국의 지역적 교류를 통해서 얻어
진 긍정적인 인식들은 자취를 감추고, 교류가 단절된 적대적 상태 속에
서 상대국에 대한 경직되고 부정적인 인식이 중앙과 지방, 官과 民을 불
문하고 사회 일반을 지배하게 되었던 것입니다. 만약 고려 조정의 외교
교섭이나 삼별초의 연대투쟁의 호소에 일본측이 적극적으로 응했더라
면 사태는 크게 달라졌을지도 모릅니다. 하지만 불행하게도 역사는 우
리가 살펴본 대로 전개되고 말았습니다.

끝으로, 오늘날 한일 양국의 상호이해를 추구하는 우리들에게 이 사건
은 무엇을 던져주고 있는지 생각해 보고자 합니다.

몽골의 일본 침략에 처하여 고려와 일본은 각각 상대국을 자기 나라
보다 낮게 보거나 혹은 경멸했다는 점에서 자민족중심주의를 드러내었
습니다. 이러한 고려와 일본의 상호인식의 문제성은 후에 조선과 室町
幕府의 교류 속에 숨은 국가의식의 갈등에서도 발견됩니다. 조선시대에
일본은 일반적으로 '倭寇의 소굴'이라는 이미지가 있었고, 조선의 지식
인은 華夷觀에 입각하여 일본='夷狄'觀을 가지고 있었습니다. 한편, 일

본은 조선이 삼한 이래 일본의 조공국이라는 전통적인 지배국의식 혹은 멸시관을 가지고 있었습니다. 특히 양 민족 간의 의식의 갈등이 절정에 달했던 사건이 바로 豊臣秀吉의 조선 침략이었습니다. 이때에 삼한을 축생으로 멸시하는 神國思想과 무단적·침략적인 '武威'의 관념이 일본에서 또다시 고양되었다는 점에서 몽골의 일본 침략 사건을 떠올리게 됩니다. 이 사건이 조선의 일본에 대한 더 한층의 멸시와 증오를 가져왔던 것은 물론입니다.

이와 같은 민족 간의 심리적·내면적 갈등은 江戸 시대를 통해서도 극복되지 않고, 근대에 들어서는 더욱 심화되었습니다. 역사적으로 형성되어 온 자민족중심주의를 극복하고 양 민족의 상호이해와 친선을 도모하는 것은 결코 쉬운 일이 아니지만, 우리들에게 남겨진 현대적 과제라고 하겠습니다.

〈별첨 1〉

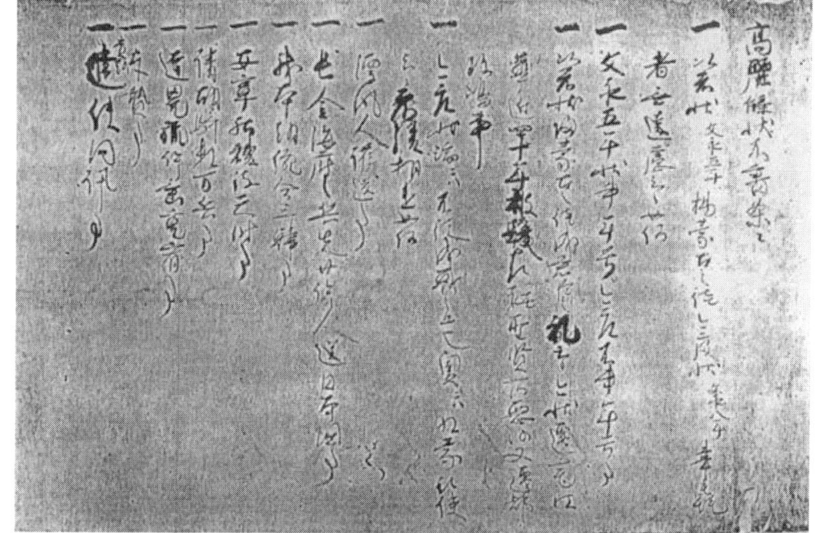

〈별첨 2〉

<高麗牒狀不審條〃> : 東京大學 史料編纂所 保管 文書

高麗牒狀不審條〃

一. 以前狀文永五年、揚蒙古之德、今度狀文永八年、韋毛
　　者無遠慮云〃、如何

一. 文永五年狀、書年號、今度, 不書年號事

一. 以前狀、歸蒙古之德、成君臣之禮云〃、今狀 遷宅江
　　華近四十年、被髮左衽聖賢所惡、仍又遷都
　　珍嶋事

一. 今度狀、端二八不從成戰之思也、奧二八爲蒙被使
　　云〃、前後相違如何

一. 漂風人護送事

一. 屯金海府之兵、先廿許人、送日本國事

一. 我本朝統合三韓事

一. 安寧社稷、待天時事

一. 請胡騎數萬兵事

一. 達兇旅許垂寬宥事

一. 奉贄事

一. 貴朝遣使問訊事

（제70회 발표, 2004년 12월 3일）

일본 개신교회의 한국 침투와 유신회 사건

이광린(서강대학교 교수)

I. 머리말

외국에 선교사를 파견하여 전도하는 일을 나무랄 사람은 아무도 없다. 오히려 영혼의 구제를 위해 그것은 장려되어야 할 것이다. 그러나 일본 개신교회는 나라의 제국주의 정책의 앞잡이로 한국에 침투하였던 것이므로 오늘날까지 교회 내외에서 많은 비판을 받고 있다.

한국에 침투함에 있어서는 조합교회(組合敎會)가 가장 적극적이었다. 그러므로 현재까지 이에 대한 많은 글이 발표되었다. 그 대표적인 것으로서는 마쯔오 타카요시(松尾尊兌)가 쓴「일본 조합교회의 조선 전도」[1]와「3.1운동과 일본 프로테스탄트」[2]라는 논문, 그리고 이이누마 지로오(飯沼二郎)·한석회(韓晳曦) 공저의『일본 제국주의하의 조선 전도』[3]가 그것이다.

필자는 유신회(維新會) 사건을 중심으로 일본 개신교회의 한국 침투를 살펴볼까 한다. 유신회 사건이란 1913년 한국 YMCA 부총무 김린(金麟)을 매수하여 유신회를 조직케 하여 한국 YMCA를 일본 YMCA에 예속시킨 사건이었다. 이에 대해서는 전택부의『한국 기독교 청년회 운동사』[4]에 설명되어 있을 뿐, 별반 알려져 있지 않고 있다. 이 사건은 일본 개신교회의 한국 침투에 대한 본보기라고 생각되어 한번 살펴보기로 하였다.

Ⅱ. 일본 개신교회의 침투와 한국인의 대응

유신회 사건이 일어나기 앞서 일본의 개신교회가 언제, 어떻게 한국에 침투하였던가를 보는 것이 좋을 성싶다. 일본 개신교회가 한국에 전도의 손을 뻗치기는 1903년이었다. 즉, 일본 기독교회는 그 해 10월에 키야마 코오지로오(貴山幸次郞)를, 조합교회는 11월에 미야가와 쯔네테루(宮川經輝)를 한국에 파견하여 전도의 가능성을 살피도록 하였다. 실제로 이들은 내한하여 실정을 살핀 뒤 서로 협의하여, 일본 기독교회는 부산을 중심으로, 조합교회는 서울을 중심으로 전도키로 결정하였다.

이어 전도사 파견을 서둘러 일본 기독교회는 다음해, 즉 1904년 2월 아키모토 시게오(秋元茂雄)를 부산에 파견함에 이르렀다. 이를 지켜보고 있던 감리교회에서도 4월에 키하라(本原外七)를 서울에 파견하였고, 이를 뒤쫓아 조합교회 또한 6월에 켄모치 쇼오고(劍持省吾)를 서울에 파견하여 각기 교회를 세웠다. 그것은 노일 전쟁 발발 직후였다. 처음에는 재한 일본인의 교화(敎化)를 목표로 삼고 있었으나, 얼마 뒤로부터 한국인을 위한 전도에 힘쓰면서 전국에 손을 뻗쳤다.[5]

당시 일본 개신교 신자들이 한결같이 믿고 있었던 것은 일본이 청과 전쟁을 하고, 현재 또한 러시아와 전쟁을 하면서 막대한 희생을 치르고 있는 것은 한국의 독립을 위한 것이라는 것이었다. 그러니까 정부의 선전에 보조를 맞추고 있었던 셈이었다. 일본 기독교회에서 발간하던 잡지 『복음신보(福音新報)』 508호(1905년, 명치 38년 3월 23일간)에 게재된 사카모토(坂本直寬)란 사람이 쓴 「한국과 기독교」라는 논설을 보면,

조선의 독립에 대해서는 오랫동안 세인이 논한 바로서 我邦이 이미 征淸의 事를 일으키고 지금 다시 大兵을 들어 露國과 교전하고 있는데 필경 其主旨의 필요한 하나의 이유는 同國의 독립을 扶植하는데 있다. 그렇게 함으로써 아방은 조선을 위해 이미 위대한 희생을 하였다. 오인은 장래 이를 위해 더욱더 일을 하지 않을 수 없다. 그런데 이를 구하기 위해서는 마땅히 이를 구할 수 있는 길을 강구하지 않으면 안 된다. 그러면 어떻게 해서 한국을 구할 수 있을 것인가? 이는 오인이 자연히 도달해야 될 중요 문제가 될 것이다. 훌륭한 의사가 환자를 치료함에 있어서는 마땅히 먼저 그 病源을 살피고, 그리하여 그에게 상당한 약을 투입하거나 그렇지 않으면 수술을 해야만 한다. 조선 국민의 쇠퇴는 오늘날에 이르러 그 극도에 달하고 있다. 그러나 그 病根이 일조일석에 나타난 것이 아니다. 멀리 또한 隱微에 배태하여 왔음을 볼 수 있다.[6]

고, 그것을 밝히고 있다.

노일 전쟁이 제국주의 전쟁이었음은 다 아는 사실이다. 그럼에도 불구하고 일본 개신교 신자들은 이 전쟁을 찬양하여 마지않았던 것이었다. 조합교회에서 간행하던 잡지『기독교 세계』1085호(1904년 6월 16일간)에는 켄모치 쇼오고(劍持省吾)라는 사람이 선교사로 한국에 부임하기 앞서 행한 연설을 게재하고 있는데, 그 내용을 보면,

아국은 동양 영원의 평화를 위해 정의의 군을 일으킨 이래 오늘에 이르러 連戰連捷, 한국의 보전은 오로지 아국 경영의 힘에 의뢰코자 하고 있다. 차제 오인이 외국 전도의 필요를 말함은 어찌 그 까닭이 없겠는가?[7]

라 하여, 노일 전쟁을 의전(義戰)이라 말하고 있는 것으로 알 수 있다. 제국주의의 앞잡이로 한국에 부임함을 부끄러워해야 할 이들이 한술 더 떠 그 전쟁을 의전이라고 말하였던 것이었다.

전술한 바 대로, 일본 기독교회는 아키모토 시게오(秋元茂雄)를 부산에 파견하여 전도 사업을 시작하였으나, 곧 아키모토가 사임함으로써 이시하라(石原保太郎)를 다시 파견하였다. 그러나 이시하라마저 얼마 뒤 귀국함으로써 소기의 성과를 거두지 못하고 정돈 상태에 빠지게 되었다.[8]

이와는 달리 감리교회와 조합교회는 대단히 진전을 보였다. 우선 감리교회는 처음 파견한 키하라(本原外七)의 활동으로 1906년(명치 39) 5월 무라타(村田重次)라는 상비역 육군 보병 중위를 평양에, 야마시타 토쿠시(山下篤志)라는 은행원 출신을 인천에 각기 전도사로 파견하였다. 그리고 뒤에 무라타로 하여금 진남포에도 출장·전도케 하였다.[9)]

해리스M.C.Harris 목사가 1904년 한일 양국의 감독으로 임명되었던 것도 감리교의 한국 진출에 큰 역할을 하였다. 그는 일본 정부로부터 훈장을 받을 만큼 친일분자였던 것이므로, 부산 주재 미국 북장로교 선교사 스미드Walter Smith 목사가 1908년 1월 30일자로 본국 선교 본부 브라운 Arthur J. Brown 총무에게 보낸 보고에서,

해리스 감독은 기독교회의 감독이라기보다 일본 정부의 앞잡이로 보는 것이 일반적인 실정이고, 그의 지도하에서 일하는 사람들은 정치적이며, 불성실한 추종자들이라는 정평을 이미 받고 있거나, 아니면 앞으로 그런 인정을 받을 것이다.[10)]

라고 쓸 정도였다. 그렇기 때문에 해리스는 감리교회에서 간행하던 잡지 『호교(護敎)』 900호(1908년 10월 24일 15일간)에 「일한 양국에 관한 오해를 변명함」[11)]이라는 글과 964호(1910년 1월 15일간)에 「해리스 감독의 대한(對韓)의견」[12)]이라는 면담 기사를 통해 자기의 입장을 밝히고 있다. 그 내용의 골자인 즉, 한국인은 일본 정책에 호의를 가져야 될 것이고 그 정책에 순응해야만 새 한국이 탄생하게 될 것이라는 등의 터무니없는 말을 지껄였던 것이었다. 어떻든 그의 친일적 행동은 일본 감리교회의 한국 진출을 도왔다.

한편 조합교회에서 서울에 파견하였던 켄모치 쇼오고(劍持省吾)는 전도함에 있어서 다른 교파보다 유리함을 발견하였다. 그것은 조합교회의 신자였던 와타세라는 사람이 이미 서울에 와서 기반을 구축하였기 때문이었다. 와타세는 1899년 이래 경성학당(京城學堂)의 교장으로 근무하면서 많은 제자를 양성하였다. 이 학교는 일종의 일어 학교였던 것이므

로,[13) 당시 일어를 배우려던 한국 젊은이들이 다수 여기서 수학을 하였다. 그러므로 켄모치는 그 기반을 이용하였던 것이었다.[14)

와타세는 1907년에 이르러 8년간 근무하였던 경성학당장을 사임하고 본국으로 돌아가 고베(神戶)교회의 목사가 되었다. 다음해, 즉 1908년 3월 전도 문제로 서울을 방문하였을 때 한국인 제자들이 그를 위해 환영회를 개최하였는데, 대한매일신보 1908년 3월 15일자 광고를 보면,

> 본월 십팔일에 구 경성학당장 와타세씨가 渡韓하옵기 該氏 환영사로 상의홀 事이 유흐옵기 玆에 仰佈흐오니 경성학당 졸업생 급학생은 본월 십오일(日曜)하오 사시에 來臨于左記處흐심을 爲要.
>
> 南門內 尙洞靑年學院
> 구 경성학당 동창회
> 발기인 柳一宣 등

이라고 보인다. 이처럼 환영을 받을 만큼 와타세는 한국 안에 기반을 갖고 있었다. 그는 한국 전도에 관심이 많아 경성학당장을 사임하고 일본에 돌아간 직후 조합교회에서 간행하던 『기독교 세계』 1250호(1907년 8월 15일간)에 「한국 전도론」이란 글을 투고하여 일본 젊은이들의 한국 진출을 권장한 바 있었다.[15)

1907년 해아밀사사건(海牙密使事件)이 터지자 조합교회는 외국선교사들이 한국의 우민과 폭도를 선동하고 있기 때문에 이와 같은 사건이 일어났다고 하면서 이 기회에 각처에 일본인 선교사의 '스테이션station'을 설치하여 외국 선교사에 대항하는 한편 앞으로의 발전을 도모해야 된다고까지 주장하였다.[16) 동시에 '만한전도회사(滿韓傳道會社)'의 설치도 주장했다.[17)

이처럼 일본 개신교회가 제국주의의 앞잡이로 한국에 진출하였을 때 한국의 개신교회는 어떠하였던가? 사실 한국 개신교회는 청일전쟁(1894~1895) 전에는 보잘 것 없었으나 전쟁 뒤에는 크게 세력을 확장시키고 있었다. 일반 서민뿐만 아니라 유식층, 이를테면 양반·유생 중에도

입교하는 사람이 나타나 그 수는 날로 늘어났다.

이렇게 된 데에는 서양 제국의 문명이 탁월함을 인식하게 되고, 그 문명의 바탕에는 기독교가 있다는 것을 알게 되었기 때문이었다. 독립신문 1897년(건양 2년) 1월 26일자 논설에,

그리스도의 교를 착실히 ᄒᆞ는 나라들은 지금 세계에 데일 강ᄒᆞ고 데일 문명ᄒᆞ고 데일 기화가 돼야 하ᄂᆞ님의 큰 복음을 닙고 살더라.

고 있음은 이를 말해준다 할 것이다.

이런 분위기 속에서 기독교 교육이 광범위하게 전개되었다. 그것은 초등 교육에서부터 고등 교육, 특수 교육에까지 걸치는 것이었다. 교육 내용은 자연과학 계통의 과목과 아울러 국어 · 국사 · 지리 그리고 창가와 체조 등이 중심을 이루었다. 이런 과목을 통해 애국사상이 고취되었다.

청년 운동 또한 크게 전개되었으니, 1901년 YMCA 국제위원회에서 파송된 질레트Philip L. Gillett(吉禮泰)의 활동으로 1903년 10월 기독교 청년회가 정식으로 조직되어 헌장을 채택함에 이르렀다. 청년회에서는 각종 강연과 성경 연구, 그리고 체육을 크게 장려하였던 것이므로 많은 청년들이 모여들었다. 청년회의 정식 이름은 황성기독교청년회였다. 1897년 10월 대한제국이 수립되면서 서울을 한성 대신 황성(皇城)으로 불렀는데, 청년회는 그것을 땄던 것이었다.[18] 독립의 의지를 나타내는 명칭이었다.

이때 신자의 수 만이 증가했던 것은 아니었다. 신앙 부흥 운동 또한 크게 일어났던 것이었다. 남의 신앙을 받아들이는 단계를 넘어서 자기의 신앙으로 만듦과 동시에 내면적으로 심화시키려는 것이었다. 이것은 곧 백만 구령(救靈)운동으로 발전되었다. 백만 명의 신자를 획득하려는 것이었다. 당시 교회에 적을 둔 정규 교인의 수는 8,000 내지 10,000명 정도였고 준교인(準敎人)과 내도자(來道者)까지 합쳐 20만 명도 채 되지 못하였다. 따라서 이와 같은 운동을 일으켰다는 것은 확실히 모험에 속하였으

나 그만큼 기독교인의 열의가 대단하였음을 말해주는 것이었다.[19]

한국 개신교회가 이와 같이 성황을 이루고 애국 사상을 고취하고 있는 것을 보자 일본 정부는 이를 저지해 보려고 안간힘을 썼다. 특히, 1905년 11월 보호 조약을 체결한 뒤로는 노골적으로 탄압을 가하는 한편으로 한국에 진출한 일본 교회를 적극 지원하였다.

전술한 바와 같이, 1904년에 일본 기독교회·감리교회·조합교회가 한국에 진출하고 있었는데, 일본 정부는 1909년 다시 동양전도관, 동양기독교협회라는 단체를 설립하여 한국에 진출시켰다. 이 사실을 알게 된 대한매일신보의 주필들은 논설로서 그 간계를 맹렬히 비난하였다. 이를테면, 1909년 9월 14일자에 「소위 동양전도관(所謂 東洋傳道館)」이란 제목으로,

> …… 此館 설립의 내용을 聞ᄒ건대 일인의 정책에서 出來ᄒ 자라, 其意에 以爲호디 한국에 耶蘇敎가 日로 擴張ᄒ며 교도가 日로 증가되는디 만일 此를 방임ᄒ면 必也 彼等이 救主 전에 進ᄒ야 盲者는 視를구ᄒ며 聾者는 聽을 구ᄒ며 고통자는 석방을 구하며 지옥을 피ᄒ고 천국을 建ᄒ랴 는 자 必多ᄒ리니 是가 又懼라. 於是乎 東洋傳道館을 설ᄒ야 한국 동포의 愛國精神을 撲滅ᄒ며 제이는 한국 동포의 자유사상을 摧壞ᄒ야 아무죠록 現狀에 安ᄒ며 비굴에 감ᄒ게 ᄒ랴홈이니 險哉라. 此館이여 主의 言을 誦ᄒ며 主의 名을 借ᄒ야 其魔術을 행ᄒ는도다. 彼가 如此히 其魔術을 謂홀시 沒廉無恥로 幾名 韓人을 雇ᄒ야 厚俸을 給ᄒ고 日日로 唱言ᄒ기를 救를 獲코즈ᄒ는 者는 此館으로 來홈이 가ᄒ다 ᄒ고 의연히 서양인의 선교당과 대립ᄒ얏도다 …….

라고 하였으며, 동년 10월 12일자에 「동아기독교협회」라는 제목으로,

> 동양전도단(又謂 福音會)이 한성에 파송 설립됨은 본보에 累揭ᄒ바이니와 수에 更히 일본 동경에서 동아기독교협회 설립ᄒ는 報道를 접ᄒ민 又 壹警을 可喫홀 비로다. …… 且彼輩가 여하한 방법으로 ᄒ던지 한국 교회 내 有志 인사를 此中으로 驅入ᄒ랴 ᄒ야 壹邊으로 趣旨書를 頌ᄒ며 壹邊으로 유세자를 파ᄒ여 각처로 행하면서 人을 誘ᄒ고 甚或冒錄하야 該會中에 入케 ᄒ나니 …… 其趣旨書에 云ᄒ바 조선의 기독교가 역 壹大 문제라 홈이 何謂오. 기독교의 未盛홈을 憂홈인가. 已盛홈을 憂홈인가. 盖未盛·

已盛홈을 勿問ㅎ고 분를 한국의 기독교가 되지 안코 일본의 기독교가 되게 ㅎ랴홈이로다. 한국이 기독교여 과연 彼의 計圖ㅎ는 바와 如히 일본의 기독교가 되랴는가. 抑不然흔가. 願敎中諸公은 주야로 此問題를 연구홀지어다.

라고 규탄하였다. 동시에 한국 기독교인에게도 각성을 촉구하였다. 그러나 동양전도관이나 동양기독교협회는 그 뒤에도 계속 한국 신자들에게 공갈을 하고, 감언이설로 유인함으로써 분규가 조장되었다.[20]

일본이 노리고 있던 것은 한국인 교회를 일본인 교회에 예속시키는 것이었다. 마음대로 조정하기 위해서였다. 이에 대해 한국인들이 반대하였지만 재한 외국 선교사들도 맹렬히 반대하였다. 1906년 두 번째로 한국을 방문하였던 영국의 일간지 런던 데일리 뉴스London Daily News의 특파원 맥켄지F.A.Mckenzine가 이를 지적하여,

일본인들은 한국 교회를 일본 교회의 산하에 두어 일본화하고 동화정책의 도구로 쓰려고 매우 노력하였다. 선교사들은 이에 대하여 필사적으로 저항하였다 ……..[21]

고 쓰고 있음을 보아도 알 수 있다.

따라서 일본 정부는 재한 외국 선교사를 몹시 증오하였다. 일본의 통감 정치를 돕지 않을뿐더러 뒤에서 한국인을 선동하여 반대를 일삼고 있다는 것이었다. 이에 대해 대한매일신보의 주필들은 선교사들에게 절대로 동요하지 말라고 충고하였다. 1909년 5월 12일자「한국내 미국 선교사의 문제(속)」라는 논설을 보면,

又 彼가 일본 기독교들이 모험의 태도로 한국에 도래ㅎ야 多大히 보호 정치에 진력홈을 極口 찬미ㅎ얏스니 彼의 獎勵心이 실로 극도에 달ㅎ얏도다. 壹言으로 道破홀진디 彼가 한국 종교계의 세력을 自家手中에 구입ㅎ고 외국 선교사를 구축ㅎ야 타국의 종교 세력을 壹切 撲滅코즈 홈이로다. 오호라, 미국 선교사여 십분 주의홀지어다. 오호라, 한국 신교자여 십분 警醒 홀지여다. 然이나 此等 한국 동포의 반동력을 唱起ㅎ는 壹良師라. 한국 동

포가 此에 戒懼ㅎ며 此에 奮發ㅎ야 着着 진행ㅎ면 惟我 과거·미래 억조
창생의 죄악을 구원ㅎ시는 구주 예수 그리스도쎄셔 畢竟 대자대비의 手로
문명의 광택을 下賜ㅎ실지니라.

고 하여, 일본이 한국의 종교계를 수중에 넣어 박멸(撲滅)하려고 하니 십
분 주의를 해야 된다는 것이었다.

그럼에도 불구하고 일본의 간계에 말려들어 앞잡이로 전신하는 사람
들도 나타났다. 무식한 사람들이 다수 매수되었다. 그러므로 뜻있는 사람
들은 이들에게 각성토록 주의를 주었던 것이니, 다음과 같이 대한매일신
보의 1910년 4월 8일자 논설 「기괴흔 종교계」에서 이를 잘 설명해 주고
있다. 즉,

　　挽近 한인이 점점 蜈蛉界로 化去ㅎ는 者 不少ㅎ야 혹 정치적으로 化去
ㅎ며 혹 경제적으로 化去하며 혹은 성명을 변ㅎ야 野田, 山口가 되며, 혹은
장식을 改ㅎ야 日服·日履를 着ㅎ야 대한 신민이 日蹙을 告ㅎ니 실로 지
사의 長歎을 不禁홀 바어니와 尤一可怪可悶흔 事가 有ㅎ니 즉 종교계의
변화가 是라. 盖他人을 심리적으로 驅來ㅎ야 自家同化 範圍內에 인입홈은
종교가 피 정치 혹 경제 등보다 강대흔 세력이 유ㅎ며 又 韓人은 원래 其
迷信心이 頗多흔 국민이라. 此를 유도ㅎ라면 방편상 종교 사업이 타사업보
다 우승홈이 有ㅎ며, 又 韓國에 타방면 종교력이 방성ㅎ는 시대라. 此를 경
쟁ㅎ라면 경우상 종교 정책이 타정책과 進홈이 可홀시 於是乎 彼邊人이
着着히 종교계의 飛躍을 圖하야 형형색색의 宗敎旗를 사면에 羅立ㅎ고 左
로 攬ㅎ니 …… 동포는 자립심이 有흔 인민이라. 如干의 戲誘가 엇지 其勢
를 張ㅎ며 동포는 애국심이 有흔 인민이라. 如干의 시험이 엇지 其力을 肆
ㅎ리오만은 다만 동포의 警醒을 催ㅎ야 玆에 一言ㅎ노라.

고 있음을 보아도 알 수 있다.

일본에 유학갔다가 매수되어 고국에 돌아와 날뛰는 자도 있었다. 그
수는 적었으나 해괴한 말을 퍼뜨리고 다니기 때문에 대한매일신보의 주
필들은 또한 1909년 4월 21일자에 「종교계의 요물(妖物)」이란 제목으로,

呀라, 종교계에 요물이 出ㅎ얏도다. 오호라, 종교계가 요물이 橫行ㅎㄴ
도다. 余ㄴ 聞ㅎ건디 종교ㄴ 世롤 救ㅎㄴ대 彼ㄴ 世롤 滅코즈 ㅎ며 신자ㄴ
罪를 贖ㅎ다 ㅎㄴ디 彼ㄴ 罪롤 浸코즈 ㅎ니 彼가 엇지 其怪妄ㅎㄴ가. 오호라,
彼旣妖物이어니 엇지 怪妄치 아니ㅎ리오. …… 此妖物이 是誰오 曰 所謂韓
人, 所謂基督敎信者, 所謂日本京聖書公院修業者 某某兩三人이니라. 彼輩가
외국에 往ㅎ야 다년 연구ㅎ 결과로 근일 귀국ㅎ야 공중에게 講道ㅎ야 曰
耶蘇敎 교회에서 학교롤 설립흠과 야소교 신자가 학교에 공부흠은 大不可
ㅎ야 우상을 숭배흠과 壹般이라. 쟝츠 지옥에 入ㅎ너니 ㅎ야 妄談悖說로
신자의 耳目을 蠱惑케 혼다 ㅎ니 오호라.

고 있듯이, 기독교 교회에서 학교를 설립하거나 신자가 그 학교에 들어
가 공부하면 우상을 숭배하는 것과 같아서 장차 지옥에 들어갈 것이라
고 동경성서공원(東京聖書公院)에서 수학한 몇 사람이 떠들어 대고 있으
니 슬프다고 하면서 그들을 꾸짖었던 것이었다.

　일본의 교란 작전으로 한국의 개신교회는 혼란을 면치 못하였다. 서
양 선교부와 관계를 끊고 독자적으로 교회를 운영하겠다고 나서는 사람
도 나타났다. 대한야소자유회(大韓耶蘇自由會)는 그 중의 하나였다. 대
한매일신보 1910년 5월 6일(음력 3월 28일)자 광고에 의하면 최중진(崔
重珍)이란 목사의 이름으로 취지서를 공포하였는데 그 일부를 소개하면
아래와 같다.

　　대한 야소교 자유회 취지서 광고
　　全北 泰仁郡 氷溪 寓生 대한 야소교 장로회 목사 최중진은 去年 至月 爲
始하야 교회를 자유로 運動而創開ㅎ고 綠由를 全國內敎會中과 일반 동포
座下에 仰告하올나이다. …… 금년 칠월 爲始ㅎ야 신학부를 태인에다 설립
하고 신학도롤 양성ㅎ야 십년내로 전국 삼백육십군에 자유 목사 一人式
파송ㅎ즈 흠이라. 今此運動이 서양 선교사를 배척흠이 아니오 我韓 長老會
규모롤 시비흠이 아니라 …… 이 무자유흔 동포를 도덕상에셔나 자유로
學主愛主ㅎ야 天國樂境이 共躋ㅎ즈 흘쑨이올시다.

라 하여, 교회를 자유롭게 운영하겠다는 것이었다. 위의 광고를 보면 서
양 선교사를 배척하는 것도 아니고 장로회 규모[則]도 배척하는 것이

아니라고 하고 있으나, 실은 모두 배척하겠다는 뜻과 같은 것이라 할 수 있었다. 분명히 이 자유회는 기성 개신교회에 대한 도전이었다. 물론 이 자유회를 지지하는 신자는 적었으나 이런 교회가 출현하였다는 것은 한국 개신교회의 분열을 획책하고 있던 일본으로서는 쾌재를 불러 마땅하였다. 그렇기 때문에 합방 직후 총독부가 이 자유회를 적극 후원하여 평안도까지 진출시켰던 것이었다.[22]

Ⅲ. 유신회 사건

1910년 8월 합방으로 한국은 일본의 식민지로 전락하였다. 하느님 앞에 모두가 평등하고 불우한 이웃을 사랑해야 될 일본 개신교 신자들은 합방을 찬양하고 정부의 한국인 동화 정책을 적극 지지하였다.

그 한두 가지의 예를 든다면, 감리교회에 있어서는 야나기하라(柳原浪夫)라는 사람이 『호교(護敎)』 1000호(1910년 9월 24일간)에 「신제국민(新帝國民)과 기독자」란 논문을 게재하면서,

> 大和[일본]풍이 강하게 불어 鷄林八道의 초목을 흔들고 일장기 높이 올려져 천이백만의 生靈 我帝戚에 복종함에 이르렀다. 조선 즉 역사적 연고 있는 별칭이 붙여진 한국의 합병에 대해서는 세계의 열국이 그 당연함을 인정하였다. 이렇게 해서 천수백년의 역사를 가진 국가는 금후 일본 제국사의 페이지 속에 기입하게 되었다. 이미 국제 문제, 정치 문제는 대략 낙착되어 이제는 어떻게 하면 이 신국민이 撫育·계도하여 참다운 평안, 행복을 향유케 할 수 있을까의 문제에 들어갔다.[23]

고 하여, 정부의 방침을 찬양하고 있었고, 또 일본 YMCA의 호시노(星野光多)라는 사람은 『개척자』 6권 2호(1911년 2월 1일간)에 「조선의 운명급 장래전도교화(將來傳道敎化)의 방침」이란 논문을 게재하여 "합방은 신의 인애(仁愛)스러운 섭리에서 나온 것이라"고 하였다.[24] 조합교회의 경우에는 와타세(渡瀬常吉)가 합방 직후 『기독교세계』 1409호(1910년 9

월 8일간)에 「한국 병합과 전도」라는 글을 게재하여,

> 우리 조합교회는 이미 두 개의 교회를 경성과 평양에 두고 있다. 그런데 그 독립도 또한 가까운 시일내에 이뤄질 것 같다. 이들을 前驅로 하여 우리들은 바로 한인 전도에 銳進할 기회에 도달케 되었다. 우리들은 약간 늦은 감이 있으나 오늘 그것을 시작한다 해도 아직 늦지 않을 것이다. 원컨대 상당한 사람을 뽑아 한인 전도를 개시해야 될 것이다.[25]

라고 하여, 속히 전도사를 한국에 파견해야 된다고 주장하였다.

와타세(渡瀨)는 1911년 6월 고베(神戶)교회에서 사직하고 자신이 직접 한국에 건너와 전도 활동을 시작하였다. 물론 경성학당의 제자들을 교묘히 이용하였다. 한양교회(漢陽敎會)를 설립할 때 경성학당의 제자 유일선(柳一宣)을 집사로 앉혔던 것은 그 좋은 예라고 할 수 있다.[26] 또 한국인 명사를 회유해 보려고 이집 저집 찾아다녔을 뿐만 아니라,[27] 조선총독부로부터 매년 6,000원이란 거액의 자금을 보조받아 교회의 확장을 꾀하였다.[28]

그러기에 1913년(大正 2) 8월 1일부터 5일간 서울에서 제1회 일본 조합교회 조선대회가 열렸을 때, 경기도 장관 히노기키(檜垣直右)가 개회식에 축사를 보내,

> 일본 조합교회는 …… 언제나 건전한 主義 위에 서서 복음의 선전에 힘써 일직부터 新同胞의 교화를 맡고 있음은 予가 衷心으로 경의를 표하는 바로서 오늘날 북쪽은 평안에서부터 남쪽은 전라에까지 이르러 소속 교회 三十有七 회원 4천에 달하게 되어 기초가 어느 정도 이뤄짐에 이에 대회를 열어 內鮮人 모두가 장래의 발전을 劃함에 이른 것은 참으로 경하할 바로서[29]

라고 말하였다고 한다. 이는 조합교회가 총독부와 얼마나 밀착되어 있었던가를 설명해주는 좋은 증거라 할 수 있다.

일본인들이 조직한 경성기독교청년회(이하 경성 YMCA)의 주선으로

1911년 8월 24명의 한국 개신교회 대표들이 동경을 방문하게 되었다.[30] 이것 또한 회유책에서 나온 조치였음은 말할 것도 없다. 주지하듯이, 당시 일본은 105인 사건이라 하여 한국 기독교 지도자를 다수 투옥하여 기독교를 탄압하고 있었는데, 이번에 또 동경으로 29명을 데리고 간 것은 회유를 하려는 것이었다.

그러나 대표들은 별반 그 회유에 말려들지 않았다. 귀국한 뒤 경성 YMCA 임원들이 초대하여 일본에 대한 감상을 물었을 때 월남 이상재가 서슴지 않고,

> 나는 내지[일본을 가리킴]에 가서 물질적 문명이 진보한 것을 보고 감탄하였다. 이는 내가 외국[미국을 가리킴]에 있을 때에도 느꼈던 바이나 외국에서는 여기에 첨가하여 정신적 문명도 병행하고 있었다. 그러나 내지에서는 정신적 문명이 물질적 문명을 동반하지 않고 있음을 느끼지 않을 수 없었다. 이는 내가 깊이 사랑을 갖고 말하는 것이니 일본인은 물질적 문명과 神을 가져야 된다고 생각한다.[31]

고 말하였다는 것을 보아도 이를 입증해준다. 그러니까 한국이 힘이 약하여 일본의 식민지가 되었을망정 기독교 신앙, 혹은 정신면에 있어서는 일본보다 우위에 있다고 말한 것이었다.

합방이 되면서 일제는 모든 한국의 언론 기관을 폐쇄하였다. 특히 대한매일신보의 경우에는 대한이란 두 글자를 떼어버린 다음에 총독부의 기관지로 바꾸었던 것이었다. 이 때문에 당분간 한국인의 소리voice를 전혀 들을 수 없게 되었다. 사실 유신회 사건만 해도 일제는 일방적으로 유신회를 두둔하였던 것이어서 사건의 진상을 정확히 파악할 수가 없었다.

이 사건은 원래 한국 YMCA에서 갖고 있던 돈을 일본 조합교회에서 탈취하려다가 뜻을 이루지 못한 데에서 일어나지 않았나 생각된다. 이에 대해서는 박은식의 『한국독립운동지혈사(韓國獨立運動之血史)』에

彼對於敎會　沮害萬端　而復有合併運動　日人基督敎靑年會幹事　丹羽淸次
郎・渡瀨常吉與韓人靑年會幹事金鱗輩　運動合併　出美人幹事吉利泰于中國

舊韓時代 以先帝之軫念及度支顧問英人栢卓安之周旋 就海關稅額中 有每年
一萬之寄附者 欲得此而屬之日人組合敎會 以輿論之不許 而不果乃以此念憾
指靑年會 爲排日黨 欲陷之罪而奪之種設計 而幸無奇禍.[32]

라 하여, 서울의 일본 기독교청년회의 간사 니와 세이지로오(丹羽淸次
郎), 조합교회 목사 와타세(渡瀨常吉), 황성기독교청년회의 간사 김인(金
鏻)(정확히는 金麟) 등이 미국인 간사 질레트(吉利泰, 정확히는 吉禮泰)
를 축출하고 고종 황제의 호의와 탁지부(度支部) 고문 브라운(栢卓安)의
알선 등으로 해관세(海關稅) 중에서 매년 기부금으로 1만원이 청년회에
들어가게 되어 있었던 것을 빼앗아 조합교회에 넘기려던 것이 뜻대로
안 되자 한국 YMCA를 배일당(排日黨)으로 몰았다는 것이었다. 합방 직
후 중국에 망명한 박은식은 국내에서 흘러나온 소식을 듣고 이렇게 적
었던 것이었다.

돈을 빼앗으려던 일에 대해서는 한국 YMCA의 총무였던 질레트의 비
밀 보고서에도 다음과 같이 나온다.

　　YMCA 직원 하나가 총독부로부터 기밀비를 타가지고 YMCA를 전복시킬
음모를 꾸미고 있다는 것이 판명되었습니다. 이것은 완전히 YMCA에 대한
반동 행위이기 때문에 나는 이사회의 결의로써 그를 파면했습니다. 이 사
람과 다른 불평분자들은 소위 유신회라는 것을 조직했습니다. 이 회의 목
적은 순전히 YMCA의 서양인 직원들을 몰아내고 그 자리에 앉아 재정권을
잡자는 것이었습니다.[33]

여기서 YMCA 직원 하나란 부총무 김린을 가리킨다. 그가 기독교 신
자가 된 것은 1900년대 전반기 감옥에서였다. 어떻게 해서 감옥에 들어
가게 되었는지는 알 수 없으나 유성준(兪星濬)·이원긍(李源兢)·이상재
(李商在)·신흥우(申興雨)·이승만(李承晚) 등과 함께 수감되어 있을 때
신자가 되었고,[34] 1906년 8월 YMCA의 한국인 총무 김정식(金貞植)이 재
일본 한국 YMCA의 총무가 되어 일본으로 떠나자 1907년 부총무로 선출
된 사람이었다.[35]

일본측에게 매수된 시기는 알 수 없으나 합방 뒤 그러니까 1911년 8월 일본인들이 조직한 경성 YMCA의 주선으로 한국 개신교 대표 29명이 동경을 방문하였을 때 그도 동행하였는데 이 시기에 매수되지 않았나 생각된다. 경성 YMCA의 총무 니와 세이지로오(丹羽淸次郞)가 한국 개신교 대표들을 인솔하였던 것이므로 그로부터 매수되었을 가능성이 크다.

니와(丹羽)는 1890년 일본 YMCA 최초의 유급 간사를 지냈고 1908년 7월 서울에 경성 YMCA가 창설되자 초대 총무로 한국에 파송된 사람이었다. 당시 경성 YMCA의 건물은 따로 없었다. 그러므로 그는 한국 YMCA 건물 안에 경성 YMCA 본부 사무실을 마련하려고 갖은 공작을 폈다. 그러나 질레트 총무가 완강히 거절함으로써 뜻을 이루지 못하였다.[36] 그것은 합방 직후의 일이었다.

전술한 바와 같이 한국 YMCA, 즉 황성기독교청년회가 창립된 것은 1903년 10월이었다. 창립 이후 회원 수는 해마다 증가하여 1913년에는 1,600여 명에 달하여 동양에서도 손꼽히는 청년회가 되었다.[37] 그리고 창립될 때부터 중국과 홍콩(香港)의 YMCA와는 강한 유대를 갖고 있었다. 그것은 중국과 홍콩의 YMCA와 같은 전체 위원회General Committee of China, Korea and Hong Kong에 속해 있었기 때문이었다. 그러므로 일본은 마음대로 조종할 수 없어 불만이 컸다.[38]

합방 직후 일본측은 다각도로 손을 뻗쳤다. 우선 YMCA 국제위원회의 총무 모트John R.Mott와 접촉하여 그를 쉽게 설득시켰다. 그는 1911년 9월 한국의 YMCA를 '중국·한국 및 홍콩 YMCA 전체위원회'에서 탈퇴시키는 문제를 결정토록 '외국위원회Foreign Committee'라는 것을 설치하여 특별위원을 위촉하는 동시에 "한국 YMCA 이사회를 한국인·서양인·일본인 각각 3분의 1씩으로 구성할 수 있다면 아무런 걱정이 없을 것이다"라는 견해까지 피력하였다.[39]

한편 일본 YMCA의 피셔G.M.Fisher와 히바드C.V.Hibbard의 제안에 따라 중국 YMCA의 총무 브로크만F.S.Brockman도 1911년 11월 이 문제를 중국 YMCA 전국 대회에 회부하여 한국 YMCA를 중국·홍콩 전체위원회에서 탈퇴시켜 일본 YMCA 산하에 들어가게 하는 결정을 내렸다. 이 결정을 막기 위해 한국 YMCA에서는 질레트 총무·김규식·신홍우 위원 등을 중국에 파견하였으나 허사로 끝나 마침내 한국 YMCA는 중국 YMCA와의 관계를 끊게 되었다.[40]

이에 따라 한국 YMCA는 헌법과 위원 규칙 등을 고치지 않으면 안 되었다. 그러나 질레트 총무는 말할 것도 없고 저다인J.L.Gerdine 회장과 언더우드Horace G.Underwood(1859~1916) 위원 등은 한국 YMCA가 일본 YMCA의 산하에 들어가는 것을 반대하였다.[41]

일본은 곤궁에 빠진 것처럼 보였다. 그러나 그대로 좌절하지 않고 이번에는 한국인을 이용하려는 계획을 세웠다. 그리하여 김린·사일환(史一煥)·유일선 등을 매수하여 유신회를 조직케 하고 사일환을 그 회장으로 앉히었다.[42] 그 회를 조직케 한 시기는 정확히 알 수 없으나 1912년 말이 아니었던가 생각된다. 그것은 1913년 초부터 김린 등이 활동하고 있음을 볼 수 있기 때문이다.[43]

1913년 1월 20일 유신회 회장 사일환의 명의로 건의안, 그리고 새 청년회 헌법과 회원 규칙을 한국 YMCA에 제출함과 동시에 이를 세상에 공표하였다. 사일환은 160여 명 유신회 회원의 대표라고 떠들어댔다.[44] 총독부 기관지 매일신보는 1월 29일자부터 5월에 이르기까지 여러 차례에 걸쳐 사설과 기사를 게재하여 유신회의 활동을 대대적으로 선전하였다. 다음과 같은 1월 28일자 「청년회의 대개혁」이란 기사를 보아도 얼마나 한국 YMCA를 헐뜯고 유신회를 고무하고 있었던가를 엿볼 수 있다.

然이나 병합 이래로 일반 조선인간에 각성이 起ᄒ야 종전과 如히 외국인의 酷使에 甘受치 안코자 ᄒ는 기풍이 現出ᄒ얏는디 此 嘉尙ᄒ 기풍은 비교적 지식이 富ᄒ고 원기가 有ᄒ 청년 회원간에 현저히 발기ᄒ며 其 結果로 曩者 彼等은 同會가 종래 上海基督敎支那靑年會와 聯絡ᄒ야 此에 예속ᄒ 상태에 在ᄒᆷ을 改ᄒ고 독립케 ᄒ며 동시에 종래 황성청년회의 명칭을 유ᄒᆷ을 시세의 전이에 伴ᄒ야 皇城二字를 除去ᄒᆷ에 可ᄒ다고 운동을 起ᄒ야 간부를 移動케 ᄒ야 성공ᄒ고 동회룰 상해 모회로부터 독립 분리ᄒ는 동시에 조선중앙기독청년회라 개칭ᄒᆷ에 至ᄒ얏는디 회원 등은 猶未

滿足ᄒ야 종래 同會에 헌법과 규칙도 有치안이ᄒ고 美國役員의 지도하에 在ᄒ올 改ᄒ고 新히 헌법 규칙을 제정ᄒ야 간부의 役員을 悉히 조선인으로써 조직ᄒ고 美國役員을 고문의 위치에 置ᄒ고 회의 실권을 조선인의 手에 歸ᄒ기로 제의ᄒ야 근일 개혁안을 作ᄒ야 헌법 규칙의 초안과 공히 此를 건의ᄒ다ᄂᆞᆫ디 此目的을 達ᄒ기 爲ᄒ야 史一煥 기타 백육십여 명의 유력ᄒᆫ 회원은 유신회라 ᄒᄂᆞᆫ 것올 조직ᄒ고 目下 열심히 운동중이라 ᄒ며 且 彼等은 此目的으로 운동중이라 ᄒ며 且 彼等은 此目的을 達ᄒᆫ 後에ᄂᆞᆫ 東京日本基督敎靑年會와 氣脈올 通ᄒ고 瓦相 提携ᄒ야 조선 청년의 계발에 노력홀 각오라 ᄒ니 彼等의 운동 성공은 조선인의 이익을 희망ᄒᄂᆞᆫ 일반인의 顆祈ᄒᄂᆞᆫ 바라더라.

결국 유신회는 한국 YMCA로 하여금 중국·홍콩의 YMCA와의 관계를 끊고 일본 YMCA의 산하에 들어가게 하여 조선기독청년회라는 이름으로 고치고, 또 미국 선교사 중심으로 운영되고 있는 한국의 YMCA를 한국인에게 그 운영권을 돌리게 하려는 개혁안을 제시하였다는 것이었다.

당시 YMCA의 운영을 지도하던 사사부(司事部)의 위원은 14명이었는데 그 중 3명만 한국인이고 나머지 11명이 미국인 질레트 총무 등 외국인이었다.[45] 그러니까 외국인이 차지하고 있던 11명의 사사부(司事部) 위원을 한국인으로 대치하겠다는 것이었다. 물론 유신회에서는 자기들과 같은 친일분자로 채우려는 속셈이었다.

매일신보는 1월 30일자에 「기독청년회」란 사설과 함께 유신회에서 작성하여 한국 YMCA에 제출한 청년회의 새 헌법과 회원 규칙을 「종로청년회 개혁 상황 일반(一班)」이란 이름으로 일면에 크게 게재하였다. 사설은 앞에서 소개한 1월 28일자 기사와 대동소이한 것이었다. 중국 기독교청년회와의 관계를 끊고 일본 기독교청년회와 제휴하려는 것, 또 시세를 감안하여 황성기독교청년회의 '황성' 두 자를 떼어버리고 조선중앙기독교청년회로 개칭하려는 것은 훌륭한 처사라고 칭찬하였던 것이었다.

다음날 1월 31일자에는 「종교지인(宗敎之人)」이란 항목을 설정하여 친일적 언사를 서슴지 않고 발언한 김린의 이야기를, 2월 1일자에는 유신회의 건의안을 게재하였다. 또 2월 9일자에는 「청년회의혁신격(革新格)」이란 기사를 실어 비리·불법을 일삼는 미국인 직원을 축출하라고 외쳤고, 2월 16일자에는 「길예태씨(吉禮泰氏)의 회답」이란 제목으로 유신회에서 한국 YMCA를 일본 YMCA에 가입시켜야 된다고 건의한 데에 대해 질레트가 1903년에 채택한 헌법을 검토코자 직원에게 번역을 의뢰하였다는 답을 보내온 것에 대해 온당치 않다고 반박하고 있다.

또 2월 19일자에는 「기독 청년의 화해」라는 사설을 게재하여 유신회의 주장을 일방적으로 옳다고 한 다음에,

> 대저, 某宗敎이던지 何國에서 起因홈과 何人에게 전수홈을 불론흐고 其國에 在흐야는 불가불 其國의 國體에 적합케 홀지며, 其人에 在흐야는 불가불 其人의 인격을 향유케 홀지어늘 彼와 如히 국체 여하로 不思흐고 인격 여하도 불문흐고 專히 자유의 習尙을 실행흐야 조선인은 賤遇가 滋甚흐니 수년 이전에는 如何흔 형편으로 此에 至흐얏는지 不知흐거니와 今日과 如히 문명이 日上흐야 조선인의 견식도 일대 변동이 有흐니 엇지 개혁 운동이 不起흐리오. 理事者 측에셔도 旣히 往非롤 자각흐야 전횡적의 행동을 改흐고 화해롤 求흐니 청년회도 此機롤 이용흐야 外人 理事者롤 引退흐고 조선인 청년회롤 조선인이 주장홈이 可흐다 흐노라.

고 하여, 외국인 이사를 축출하고 한국인으로 대치하라고 하였다.

때마침 YMCA 국제위원회 총무 모트가 일본을 방문하게 되었다. 앞에서 본 바대로 일본은 이미 모트를 회유한 바 있으므로 그의 방일에 큰 기대를 걸었다. 그러면서도 조합교회에서 발간하던 잡지 『기독교 세계』 1553호(1913년 2월 20일간)에는 다음과 같은 투서를 게재하였다.

> 본사는 다음의 투서를 접하였음에 전문을 게재하여 당국자의 一考롤 催促한다.
> 본일 입수의 기독교 세계에 의거하여 조선에 있는 청년회의 진상을 살피게 되었다. 그러나 미국인 총무 중에 조선인의 권리롤 妨碍함이 그처럼 甚함에 있어서는 실로 이롤 방관할 수 없다. 여기서 今般 모트씨의 來游롤 호기로 삼아 그와 같은 총무롤 단연코 해임함은 전적으로 신의 뜻이라 생

각한다. 모트씨로서 과연 이 일을 결행할 수 있다면 이로 인해 조선의 평화는 말할 것도 없고 일본인의 미국에 대한 감정도 크게 융화될 수 있을 것이기 때문에 모트씨를 이번에 동양에 보낸 취지와 부합될 수 있을 것이고 실로 극동의 기독교계에 미치는 축복도 클 것으로 생각된다. 바라건대 조선의 동포를 사랑하면서 의협심을 갖고 있는 귀지를 통해 오인의 이 희망이 모트씨 기타 관계있는 미국인에게 알려주도록 간절히 바란다.

　恐惶頓首.

　大正 二年 二月十三日 靈界不偏不党生[46]

여기서 대정 2년이란 1913년이다. 그러니까 모트로 하여금 한국 YMCA 미국인 총무 질레트를 해임토록 하는 것이 하느님의 뜻이라는 것이었다. 영계(靈界)의 불편부당생(不偏不党生)이 이 두서를 쓴다고 되어 있다. 그러나 제국주의 앞잡이들이 이와 같은 협박에 가까운 글을 쓰면서도 어떻게 불편부당생이란 이름을 내걸었는지?

그러는 동안 일본측은 한국 YMCA 간부에 대해 위협을 가하는 한편으로 유혹의 손을 뻗치면서 교란 작전을 폈다. 그 한두 가지의 예를 든다면, 질레트 총무가 그의 비밀 보고서에서 말하기를,

그 뒤 곧 유신회의 회원 6, 7명이 내 사무실에 몰려와 나를 끌어내었으며, 만약 내가 화가 나서 그들에게 손을 대면 나를 경찰에 고발하여 나중에는 국외로 추방하려는 흉계였습니다. 5일간이나 그들(그 중 2명은 교회에서 제명 처분을 받은 사람)은 온종일 내 사무실에 와 살면서 별의별 욕설을 다 퍼부었으며, 내가 그네들에게 손을 대게끔 유도했습니다. 그들은 내 만년필을 뺏고 꺾기도 하며 내 책을 찢기도 하면서 업무 방해를 자행했습니다. 일 대 일로 싸운다면 그자들은 상대가 안되는 약한 사람들이었습니다. 한번은 그 중 하나를 문 쪽으로 밀었더니 그는 일부러 땅바닥에 넘어지면서 크게 다친 것처럼 엄살을 부렸습니다. 알고 보니 이것은 사전에 꾸민 연극이었습니다. 그자는 의사를 불러오고 경찰을 불러오라고 말했지만 나의 미국인 친구는 처음부터 그 광경을 목격했을 뿐만 아니라, 거짓말이라고 강경하게 반증했기 때문에 그자는 경찰에 고발하지는 못했습니다. 그러나 이튿날 아침 각 신문에는 나와 내 친구가 그자를 때려 상처를 입혔기 때문에 지금 관립 병원에 입원 가료중에 있다는 기사가 났습니다. ……이러한 폭력 행위가 시작된 지 5일째 되는 날 총독부 관리들이 Y(靑年會)

를 찾아왔습니다. 그네들은 회장과 질레트씨는 사임시켜야 한다는 유신회
의 주장을 되풀이했습니다.[47]

라고 하여, 상상할 수 없는 행동을 질레트에게 저질렀던 것이었다. 이상
의 인용문을 보아도 유신회 회원들이 일본 경찰과 짜고 얼마나 악랄한
행동을 하였던가를 알 수 있다.

교육부 위원장이었던 이상재의 경우에는 돈으로 매수하려 하였으나 끝
내 거절을 당하고 말았다. 다음과 같은 흥미있는 일화가 전해지고 있다.

> ※ 금전 준다는 것이 나를 죽으라는 말
> 皇城基督靑年會의 皇城 이자를 쩌여버리고 서양인 교사를 쫓고 일본인
> 들과 내통하라고 其時 총독부 우사미(宇佐美勝夫) 내무부장관을 배경으로
> 하고 유신을 顚履코져 열렬한 반대의 단체가 있었다. 총독부에서 선생을
> 위하여 사만 원을 줄 터이니 이것을 가지고 귀향하야 餘年을 평안하게 지
> 내기를 권고하니 선생은 怒氣騰騰하야 이 돈으로 쌍을 사라는 것은 나를
> 이 자리에서 죽으라는 말이니 이 돈을 받을 내가 아니라고 대답하고 거절
> 하면서 다시 이러셔서 나는 하날로부터 태여나기를 평안하게 일생을 맛칠
> 운명을 타고나지 못핫다고 말하고 오셨다.[48]

당시 4만 원이란 돈은 엄청나게 큰 액수였다. 몇 만 평의 땅도 살 수
있고, 큰 기와집 몇 채도 살 수 있는 돈이었다. 그러나 가난한 생활을 하
면서도 이상재는 이를 단연코 거절하였던 것이다.

1913년 2월 21일 한국 YMCA 이사회에서는 유신회를 조직한 부총무
김린을 파면 조치하였다. 자체내의 숙청이 무엇보다 더 중요하다고 보
았기 때문이다. 즉각 유신회 회장 사일환이 YMCA 국제위원회 총무 모
트에게 이 문제를 처리해 달라고 서한을 보냈다. 그러자 한국 YMCA 회
원들이 2월 27일에 긴급 회원 대회를 열어 이사회에서 결정한 김린의
파면 조치를 지지한다는 결의안을 통과시켰다.[49] 이 때문에 사건은 복잡
하게 전개되어갔다. 일본측은 유신회 조직으로 쉽게 풀릴 것으로 내다
보고 있었으나, 이처럼 한국 YMCA에서 완강히 대항하자 총독부 기관지

매일신보를 통해 공격을 퍼붓기 시작하였다. 이를테면, 3월 4일자 「청년회의 분요 진상」이란 제목하에

　　경성 종로의 조선기독교청년회의 紛擾는 役員等이 개혁파 의견을 容納 혼 旨를 발표홈에 인ᄒ야 鎭靜의 모양이 有ᄒ나 기실은 役員等이 일시를 호도ᄒ기 위혼 수단이오 약속과 如히 위원은 選ᄒ야 개혁파에 陳謝케 홀 事를 爲치 안이홀 뿐 아니라 각종의 음험혼 수단을 執ᄒ야 개혁파의 운동을 저해코즈 홈으로 분요혼 내용은 이전보다 배가ᄒ야 사태가 頗히 용이 치 안이ᄒ다 云ᄒ며 其中에도 개혁파 役員等의 處置에 대ᄒ야 분개홈은 一兩日 全役員等이 돌연 회원 총회를 開ᄒ고 자기에서 便宜혼 의결을 위 ᄒ얏다는디 개혁파의 所信은 총무 吉禮泰, 회장 쟝구인(저다인) 등의 제씨 는 過日來 은연히 경성의 鮮人 각 교회에 속혼 기독교도간에 회원을 모집 ᄒ야 此等 일시에 모집혼 회원을 회집ᄒ야 개혁파 屬혼 회원에게도 可等 통지를 爲치 안이ᄒ고 돌연 총회를 期ᄒ야 자기에게 반대ᄒ는 총무 김린 씨의 면직을 의결케 ᄒ고 且 개혁파의 의견을 皆 배척ᄒ얏다더라.

고 하여, 한국 YMCA의 처사는 잘못이라고 비난하였던 것이다.

　당시의 유신회 회원은 총독부에서 주는 공작금이나 타먹고 무슨 일이든 도맡아하던 불량배 집단이었다. 따라서 한국 YMCA에서는 혹시나 이들이 YMCA 건물 안에 들어와 무슨 일을 저지르지 않을까 걱정하여 당분간 정문을 굳게 닫아버렸다. 이에 대해 매일신보는 3월 11일자에 「청년회의 개혁운동」이란 제목의 기사를 실어 또 다시 공격을 하였다. 즉,

　　조선중앙기교청년회의 개혁을 標榜혼 유신회는 찬성자가 日로 증가ᄒ 야 가맹자가 既히 삼백명에 달홈으로 회원 등은 其趣旨을 公衆에게 고백 ᄒ기 위ᄒ야 再昨日 오후에 연설회를 종로 동 회관에 開ᄒ얏는디 방청키 위ᄒ야 집회혼 자가 수백명이 되니 총무 질레트씨는 何故인지 회관을 사 용치 안이ᄒ고 固히 門扉를 鎖ᄒ야 회원 等을 入치 못ᄒ게 홈은 彼等은 원 래 정정당당의 의론으로서 爭코져 주의혼 者인즉 强히 入館치 안이ᄒ고 연설회를 중지ᄒ고 平穩히 산회ᄒ얏는디 질레트씨의 專斷行爲에 대ᄒ야 엄중혼 詰問을 試홈의 각오이라 운운ᄒ더라

고 하여 유신회 회원들이 YMCA에서 연설회를 열려고 하였더니 질레트 총무가 문을 잠그었던 것이므로 엄중히 항의하겠다는 것이었다.

그로부터 3일 뒤인 3월 14일자 매일신보에 한국 YMCA 저다인 회장, 질레트 총무, 사사부(司事部)의 언더우드 그리고 2, 3명의 한국인 위원 앞으로 김린이 쓴 「청년회 혁신에 취ㅎ야」라는 기서(寄書)를 게재하였다. 이 기서는 매일신보 첫 페이지 전면에 걸치는 장문이었다. 그 내용은 요컨대 유신회란 근자에 세워진 것이 아니고 십수 년 전에 세워졌고, 자기는 8년 전에 총무로 임명되어 열심히 일해왔다는 것, 조선은 이미 일본 제국의 일부가 된 이상 일선인(日鮮人)간의 융합·친화를 위해 한국 YMCA는 일본 YMCA와 유대를 가져야 된다는 것, 한국 YMCA는 유신회에서 건의한 것을 속히 받아들여야 한다는 것이었다.

모트가 동경에 체류하고 있을 때 일본 개신교회는 그에게 접근하여 다시 회유를 하였다. 모트는 일본측의 요구를 받아들여 한국 YMCA 임원들을 설득하기 위해 3월 25일 서울을 방문하게 되었다. 이날 유신회 회장 사일환은 즉각 다음과 같은 서한을 보냈다.

최근에 YMCA 실무자가 법대로 헌장 개정안 초안을 발표했습니다. 이것은 그때까지 우리가 애쓴 결과이며 대단히 반가운 일입니다. 그러나 그 초안 중에 "재단 이사는 국제위원회의 인준을 받아야 하며" 또한 "재단 이사와 일반 이사 사이에 헌장 해석에 대한 의견이 맞지 아니할 때에는 국제위원회가 이를 결정한다"는 헌장 조항은 우리 YMCA가 종전과 마찬가지로 YMCA 국제위원회의 구속을 받는다는 것을 의미합니다. 이러한 헌장 조항은 YMCA 본질상 부당한 처사이며 YMCA의 정상적이며 건전한 발전을 저해하는 요소라고 생각합니다. …… 우리는 이미 귀하에게 보낸 서한 중에서 한국 YMCA가 일본 YMCA 연합회 산하에 있어야 한다는 것을 말한 바 있습니다. 그러나 YMCA 실무자들은 이것을 실천에 옮기지 않고 있습니다. 어찌하여 질질 끌고 있는지 그들의 직무 태만에 대하여 우리는 묵과할 수 없습니다. 끝으로 2월 21일자 회장 저다인J. L. Gerdine 목사의 명의로 공포된 한인 총무 김린(金麟)씨의 파면 결의와 동 27일에 회집된 긴급 회원 대회의 지지 결의는 크리스천으로 차마 할 수 없는 불법적인 행위라고 생각합니다. 우리는 이것을 묵과할 수 없습니다.[50]

그러니까 한국 YMCA를 조속히 일본 YMCA에 예속시키고 한국 YMCA 회장 저다인의 명의로 된 부총무 김린의 파면 결의, 그리고 이를 긴급 회원 대회에서 지지 결의한 것은 불법이라는 것이었다.

끈질긴 총독부의 압박, 거기에 모트까지 회유를 당하였으니 한국 YMCA로서는 더 이상 버틸 수 없었다. 모트의 요청대로 한국 YMCA는 대표를 선출하여 동경에 파견하에 되었다. 언더우드·에비슨·이상재·남궁억(南宮檍)·신흥우 5인이 동경에 가서 4월 10일부터 모트의 주선하에 일본측 대표 이부카(井深梶之助)·모토다(元田作之助)·니토베(新渡戶稻造)·사사오(笹尾條太郎)·니와(丹羽淸次郎) 등과 회견하였다.[51]

이 동안에 일본 개신교회는 모트에게 빨리 결정을 내리도록 독촉하였다. 『신인(新人)』 14권 4호(1913년 4월간)에 게재된 다음과 같은 「각성된 조선인기독교청년회」란 논설을 통해서도 이 사실을 알 수 있다. 『신인』은 조합교회의 목사 에비다 단죠오(海老名彈正)가 창간한 잡지였다.

> 조선은 원래 대륙의 일부로서, 또 그 뒤에 지나에 부속되었던 까닭에 기독교 전도나 기독교청년회는 당초부터 지나와 깊은 관계를 맺고 있었다. 그렇다 할지라도 시대의 변천은 마침내 일본 제국의 일부가 되었으므로 전도의 방책도 일변되어야 함은 당연한 것으로 오인은 일찍부터 본지 지상에서 이를 논하였다. 그런데 근자에 조선인의 청년회는 蹶然 종래의 관계를 일소하여 독립하겠다는 계획을 갖고 있는 것으로 들었다. 이는 吾人의 상찬을 받을만한 장거가 아니고 무엇이냐. …… 이는 日鮮人의 융합을 기도함에 있어서도 가장 바람직한 방법임은 누구나 의심할 수 없는 것이다. 일선인이 결국엔 융합되어야 할 일은 정치상으로 보나 사회상으로 보나, 또는 종교·도덕상으로 보아도 가장 바람직한 것이므로 크리스천은 모름지기 솔선 이를 실행해야 된다. …… 모트 박사의 炯眼은 반드시 이와 같은 것을 보게 될 것이고, 종래의 관계를 일소하여 여기에 신면목이 開展될 것을 吾人은 切望하여 맞이하는 바이다.[52]

한일간의 회담은 3일째 되는 4월 12일 합의에 도달하여 서명한 뒤 헤어졌다.[53] 여기에서 황성기독교청년회는 조선중앙기독교청년회로 개칭되고, 일본 YMCA 산하에 들어가게 되었다. 그러나 국제 관계에 있어서

"한국 YMCA는 일본 YMCA 동맹과 미국기독교청년회 연맹과 미국학생 청년회World's Student Christian Federation로 더불어 연락한다"로 낙착되었다. 따라서 한국 YMCA는 애초 유신회가 주장했던 것처럼 완전히 일본 YMCA에 예속되지 않은 것처럼 보였다. 그러자 유신회는 헌장을 근본적으로 뜯어고치고 이사회 전원을 새로 선거해야 하며, 이사는 국제위원회의 인준을 받아야 된다는 조항을 삭제하라고 떠들어댔다.

할 수 없이 총회에서 투표로 결정하게 되었다. 아슬아슬한 고비도 있기는 하였으나, 총회에서는 언더우드, 에비슨, 남궁억, 신흥우 등 미국인·한국인 12명이 이사로 선출되었다. 그러니까 일본인과 한국인을 이사로 하자는 유신회측의 주장이나, 한국인 4명, 서양인 4명, 일본인 4명으로 이사회를 구성하자는 모토의 절충안도 무시되었던 것이었다.[54]

이처럼 한국 YMCA는 일본 YMCA 산하에 들어가면서도 약간의 자주성을 획득하였던 것이었다. 그러나 총독부의 압력은 드세어 오랫동안 한국인편에 서서 싸웠던 질레트 총무가 1913년 6월에 중국으로 추방되었고,[55] 저다인 회장 또한 거의 같은 시기에 심신이 모두 지쳐 귀국하게 된 것은,[56] 한국 YMCA로서는 못내 아쉬운 일이었다.

1914년 2월에 개최된 한국 YMCA 연합회 조직 총회에서는 전년에 일본 YMCA와 합의한 사항을 통과시켰고, 또한 7월 일본 YMCA 동맹총회에 대표를 파견하였다. 일본 YMCA 또한 1916년 7월 23일에 열린 한국 YMCA 총회에 와타나베(渡邊暢), 니와(丹羽淸次郎), 마츠모토(松本正寬) 3명을 명예 이사로 파송하였던 것이었다.[57] 이는 실질적으로 한국 YMCA가 일본 YMCA 산하에 들어갔음을 뜻하는 것이었다.

3·1운동 뒤에는 사정이 달라졌다. 이 운동으로 한국민은 독립의사를 국내외에 폈던 것이므로 일본 YMCA측도 이를 무시할 수 없었다. 그리하여 1922년 5월 일본 동경에서 한·일 YMCA 대표가 YMCA 국제위원회 총무 모트의 주선아래 다시 만나 회의를 하여 전기 1913년 4월에 합의된 사항을 발기키로 하고 한국 YMCA가 독자적으로 세계 연맹에 가입토록 결정을 내렸다. 이것은 1924년 7월 스위스의 수도 제네바에서 열린 YMCA 세

계연맹회의에서도 통과되었다.[58]

앞에서도 본 바와 같이, 한국 YMCA는 창설 당시 '중국·한국·홍콩 YMCA 전체위원회The General Committee of China, Korea and Hong Kong YMCAS'에 소속되었고, 「YMCA 세계 연맹The World Alliance of YMCAS'」에는 가입되지 못하였었다. 그러던 것이 이때에 세계 연맹에 가입됨에 이르렀던 것이었다. 유신회의 책동으로 일본 산하에 들어갔던 YMCA가 세계 연맹에 가입케 된 것은 3·1운동이후 크게 바뀐 사회 분위기도 작용하였을지 모르나 그보다 더 중요한 요인으로서는 YMCA 회원들이 항상 단결된 힘을 과시하였기 때문이라고 생각된다.[59]

Ⅳ. 결 어

이상으로 유신회 사건을 중심으로 일본의 개신교회의 한국 침투를 살펴보았다. 사실 일본 개신교회는 제국주의의 앞잡이로 총독부와 결탁하고 한국인 불평·불량 분자를 규합하여 유신회를 설립, 이들을 충동하여 한국 YMCA를 일본 YMCA에 예속시켰던 것이었다.

근자에 일본 학계에서 조합교회의 한국 침투를 비판함과 동시에 3·1운동 이후 카시와기 기에(柏木義円) 목사 등의 비판 세력의 등장을 크게 다루고 있음을 볼 수 있다.[60] 그러나 그 비판 세력을 너무 지나치게 추켜올리고 있는 것은 아닌지? 물론 비판 세력이 등장하였음을 부임하려는 것은 아니나 그들의 등장을 강조함으로써 일본 개신교회의 한국 침투를 호도하려는 것 같은 인상을 받게 됨은 필자의 과민한 탓일까? 비판 세력이 유신회 사건을 전혀 거론하지 않고 있음을 볼 때 그들의 사상에 한계가 있었다고 생각된다.

혹자는 유신회 사건을 매우 사소한 문제라고 말할 사람이 있을지 모르겠다. 그러나 합방 이후 한국인의 정치·사회 활동이 모두 금지되었을 때 젊은이들이 모일 수 있었던 유일한 장소가 YMCA였다고 한다면

YMCA를 탄압하려던 이 사건은 결코 작은 사건이라고 말할 수는 없을 것이다. 아울러 이 사건을 통해서 볼 수 있었던 한국 YMCA 회원들의 자주적인 행동을 높이 평가해야 될 것이다.

주 석

1) 思想 529호(岩波書店, 東京, 1968.7).
2) 同上書 532호(1968.11).
3) 日本基督敎團出版局, 1985.6.
4) 정음사, 1978, 171~75쪽.
5) 飯沼二郎·韓哲曦 공저, 일본 제국주의하의 조선 전도, 18쪽 ; The Korea Review Vol.4, 1904, News Calender.
6) 小川圭治·池明觀 공편, 『일한 그리스도교 관계사』(新敎出版社, 東京, 1984), 51~53쪽.
7) 앞의 책, 140~41쪽.
8) 앞의 책, 51·83~84쪽.
9) 앞의 책, 85쪽.
10) 白樂濬, 韓國改新敎史(延世大學校 出版部, 1973), 435쪽.
11) 小川圭治·池明觀 공편, 앞의 책, 383~84쪽.
12) 위의 책, 385~86쪽.
13) 이 학교는 대일본해외교육회에서 운영한 것처럼 되어 있었으나 실제로는 일본 외무성의 재무적 지원으로 운영되었다. 이에 대해서는 崔埈, 『한국 신문사 논고』(일조각, 1976), 222~23쪽 참조.
14) 小川圭治·池明觀 공편, 앞의 책, 139, 297쪽.
15) 앞의 책, 144~47쪽.
16) 앞의 책, 147~49쪽. 인천에 주재하던 久木辰次郎이 「韓國傳道私見」이란 글을 투고하면서 이렇게 주장하였던 것이다.
17) 앞의 책, 150~51쪽.
18) 전택부, 『한국 기독교 청년 운동사』(정음사, 1978), 29~69쪽.
19) 白樂濬, 「기독교의 전개」, 『한국사』 20(국사편찬위원회, 1974) 所收.
20) 이에 대해서는 大韓每日申報, 1910년 1월 16일자 논설, 「기독교 동포의 警醒홀바」와 동년 7월 5일자 논설, 「중앙 복음 전도관에 대ᄒ야」를 참조.
21) F.A.Mckenzine, Korea's Fight for Freedom(Fl eming H. Revell Comp

any, Old Tappan, Ne w Jersey, 1920), 212쪽. ; 졸역,『한국의 독립 운
동』(일조각, 1969), 151쪽.

22) 每日申報, 1910년 9월 3일자 잡보(雜報).

23) 小川圭治・池明觀 공편, 앞의 책, 104~105쪽.

24) 앞의 책, 327~335쪽.

25) 앞의 책, 165~168쪽.

26) 松尾尊兌, 앞의 논문, 8쪽.

27)『續陰晴史』하권(국사편찬위원회, 1960), 1913년 2월 19일, 3월 18일, 4
월 18일, 1914년 6월 18일에 金允植을 방문하고 있는 것을 보아도 알
수 있다.

28) 飯沼二郞・韓哲曦 공저, 앞의 책, 87쪽. ; 松尾尊兌, 앞의 논문, 9~11쪽.

29) 飯沼二郞・韓哲曦 공저, 앞의 책, 89쪽에 실려 있는 것을 재인용하였음.
이것은 渡瀬常吉 저술의『조선 교화의 급무』(1913년 간)에 실려 있다.

30) 24명의 이름을 열거하면 아래와 같다: 張樂道, 孫承鏞, 崔炳憲, 申興雨,
李錫直, 玄楯, 金(全)德其, 玄錫七, 李枝盛, 金燦興, 李益模, 安昌鎬(이상
감리교 목사) ; 金晶鍵, 梁旬伯, 朱孔三, 李元敏, 金千一, 韓錫普, 李汝漢
(이하 장로교 목사) ; 金麟, 李商在, 崔相浩, 金一善, 李源兢(이상 황성
기독교청년회 간부). 이에 대해서는 小川圭治・池明觀 공편, 앞의 책,
112~15쪽 참조.

31) 同上書, 68~69쪽.

32)『朴殷植全書』상권(檀國大學校 東洋學硏究所, 1975) 所收.

33) 전택부, 앞의 책, 172 ~173쪽.

34) 李能和,『朝鮮基督敎及外交史』(朝鮮基督敎影文社, 1928), 203~204쪽.

35) 전택부, 앞의 책, 144쪽.

36) 同上.

37) 小川圭治・池明觀 공편, 앞의 책, 194쪽.

38) 전택부, 앞의 책, 144쪽.

39) 同上書, 178쪽.

40) 同上.

41) 小川圭治・池明觀 공편, 앞의 책, 193~94쪽.

42) 每日申報, 1913년 2월 1일자,「혁신파의 건의안」참조.

43) 圭治・池明觀 공편, 앞의 책, 194쪽.

44) 每日申報, 1913년 2월 9일자,「청년회의 革新橄」참조.

45) 小川圭治・池明觀 공편, 앞의 책, 194쪽.

46) 同上.

47) 전택부, 앞의 책, 173쪽.

48) 金迫東,『月南 李商在先生實記』(月南李先生實記出版所, 1927), 69쪽.
49) 전택부, 앞의 책, 174쪽.
50) 同上, 179쪽.
51) 小川圭治·池明觀 공편, 앞의 책. 69~70, 195쪽.
52) 同上書, 264쪽.
53) 전택부, 앞의 책, 180쪽에는 당시 합의를 본 6개 조항이 실려 있다.
54) 同上書, 181~82쪽.
55) 同上書, 168~69쪽.
56) 저다인은 1913년 5월 29일 휴식을 취하기 위하여 스위스로 떠났으나 이
    에 대해서는 Korean Mission Field, V ol. 8, 1913년 7월호를 참조할 것.
57) 전택부, 앞의 책, 208쪽.
58) 同上書, 281~87쪽.
59) 그러나 중일 전쟁 이후인 1938년 한국 YMCA는 일제의 강압으로 세계
    연맹에서 탈퇴하고 일본 YMCA 산하에 다시 들어갔으며, 또 몇 사람의
    일본인이 한국 YMCA 이사로 들어왔다. 이에 대해서는 同上書,
    427~30쪽 참조.
60) 주) (1), (2), (3) 참조.

(제1회 발표, 1987년 4월 24일)

일본의 근대화를 생각한다

최상용(고려대학교 교수)

Ⅰ. 머리말

19세기 중엽 동아시아 3국은 각기 외압에 의해 개국(開國)을 강요당했다. 중국이 1842년 영국과의 아편 전쟁으로 맺은 남경 조약, 일본이 1854년 내항한 미국의 페리호와의 사이에 맺은 미일 화친조약 그리고 한국이 1876년 일본과 맺은 강화도 조약은 각기 외압에 의해 강제된 불평등 조약이었다.

근대 동아시아사에 있어서 한국·일본·중국이 다 같이 바깥으로부터의 압력에 의해 개국을 강요당했다는 점에서는 이론의 여지가 없다. 그러나 일본이 명치유신을 통하여 독립을 지키고 급속히 자본주의화의 길을 걸었는데 대하여 한국은 바로 그 일본의 식민지가 되었고 중국은 일본을 포함한 제국주의 제국에 의해 반 식민지상태에 빠졌다.

그러면 동아시아 3국 사이에 이러한 차이를 낳게 된 근본 원인은 무엇인가. 이 3국 가운데 일본만이 식민지화되지 않고 자주적 근대화를 성취한 이유는 무엇인가.

이 문제는 아직도 충분한 해답이 없이 이른바 '50년래(年來)의 쟁점'[1]

이 되어 있다. 종래 일본에서는 주로 구미의 이론 모델을 빌려서 일본 일국사적(一國史的) 관점에서 이 쟁점을 해명하려 했다.

이 결과 어떤 사람은 일본이 외압에 대응하는 시점에서 다른 두 나라에 비해 '내재적 발전'이 앞서 있었고 "경제적·문화적 및 정치적역량의 민족 집중적 발전"이 높은 수준에 있었다고 하고, 어떤 사람은 일본만의 근대화 원인을 명치 지도층의 대응 능력의 탁월성에서 찾고 있다. 이러한 해석은 오늘날 일본 아카데미즘 내부의 통설이요 사회적 통념으로까지 정착되어 있는 것 같다.

그러나 최근에 와서 일본 및 한국의 일부 연구자 가운데서 이러한 통설 내지 통념에 대해서 비판적인 시각을 제시하게 되었다.

이 소론의 목적은 명치 일본의 국가 형성에 대한 종래의 접근 방법에 도전하는 이른바 수정주의적 제견해를 수렴하면서 일본의 개국, 근대화 과정을 일국사적 시점에 머무르게 하지 않고, 외압의 차이를 기준으로 동아시아 3국의 개국을 비교한 다음 근대화를 추진한 명치 정부가 동시에 의도적인 한국 침략의 주체였음을 밝히고자한다.

이 소론은 3개의 절로 구성되어 있다. 1절은 종래 일본 근대사 내지 근대화에의 이론적 접근으로서 유물사관의 방법을 취하는 마르크스주의 사가(史家)와 '근대화'론적 접근을 취하는 미국의 일본 연구자들의 기본 관점에 대한 비판을 시도한다. 여기서 다루는 근대사의 시기는 근대화 추진 엘리트인 명치 과두 세력이 집권 후 서구화를 향하여 일본 사회를 재건한 시기, 즉 명치 체제 형성기(1868~1905)[2]에 한하지만 명치 일본의 성격을 해명하는 데 필요한 범위내에서 명치유신 개시기에 해당하는 개국에 대해서도 언급하고자 한다.

2절은 종래의 마르크스주의와 '근대화론적 접근에 의한 명치 일본연구의 한계를 극복하려고 한 토오야마 시케기(遠山茂樹), 카지무라 히데기(梶村秀樹) 등의 문제 제기를 중심으로 일본 근대사를 동아시아 3개국의 비교사 내지 관계사의 시점에서 특히 3국의 개국전후의 시기의 외압의 차이를 검토한다.

3절에서는 종래 구미형의 모델에 의한 명치 일본의 이해나 대부분의 일본 근대사 연구에 있어서 부당하게 경시되고 있는 한국 문제를 부각시키고자 한다. 여기서는 명치 정부가 계획적인 한국 침략을 통해서 자국 내부의 권력 투쟁이나 밑으로부터의 체제 비판운동 등 많은 난제를 해결하려고 하여 드디어 한국을 완전 식민지로 지배하게 되는 과정을 설명하고자 한다.

그러나 편의상 3절은 이번 발표에서 생략키로 한다.

1. 일본 근대화에의 두 가지 접근

명치유신의 성립 및 유신 정부에 의해 추진된 일본의 근대화 과정을 설명, 해석함에 있어서 종래 일본에서는 두 가지 큰 이론적인 흐름이 있어왔다. 그 하나는 유물사관의 개념이나 카테고리를 일본근대사에 적용해보려는 마르크스주의 사가들을 중심으로 하는 연구동향이고 다른 하나는 미국의 일본 연구의 주류를 형성하는 이른바 근대화론적 접근에 의한 연구 동향이다.

60년대 이래 이 두 이론은 각기 다양한 변종을 낳아왔긴 하지만, 아직도 일본 근대화 해석의 2대 주류라고 해도 과언이 아니다. 이 두 이론에 의한 일본 근대화 연구는 양적으로도 방대할 뿐만 아니라 그 주요 내용이 전문가나 관심있는 사람에겐 이미 상식으로 정착해 있는 부분이 많기 때문에 여기서는 두 이론의 쟁점에 대해서는 최소한의 스케치에 그치고 주로 두 이론이 공통으로 갖고 있는 한계와 약점을 지적하고자 한다.

1)

먼저 마르크스주의 사가들이 보는 일본 근대사의 해석이다. 이들은 1920년대에서 30년대에 걸쳐 일본 자본주의 발달의 제조건을 분석하고 그 생성·발달·소멸의 법칙과 운동을 둘러싼 대논쟁 '일본 자본주의 논쟁'[3]을 전개했다. 이 논쟁은 명치유신을 절대주의의 성립으로 보고,

일본자본주의의 정치 경제를 일관하는 봉건제의 잔존을 지적하는 강좌파(講座派)와 천황제가 절대주의의 유제(遺制)로 존속했지만 정치 권력은 부르조아지에 이행되었다고 보는 노농파(勞農派)의 이론적 대립이었다. 초기의 논쟁은 전자를 대표하는 노로 에이타로오(野呂榮太郞)의『일본 자본주의 발달사』(1930)를 비롯한『일본 자본주의 발달사 강좌』(1932)의 성과, 후자를 대표하는 쿠시다 타미조오(櫛田民藏)의 농촌 문제『櫛田民藏全集』3권(1935)와 이노마타 쯔나오(猪俣津南雄)의『현대 일본 부르조아지의정치적 지위』(1927) 등의 성과로 나타났다.[4]

그 후 강좌파를 이끌어온 이노우에 키요시(井上淸)나 핫토리 시소오(服部之總), 그리고 하니 고로오(羽仁五郞) 등에 의하면, 명치유신은 토지 귀족, 부르조아 및 특정의 구무사(舊武士)의 연합 세력에 의해 실현되었고 이 연합 세력은 부르조아 민주주의 혁명을 완성한 것이 아니라 본질적으로 봉건적 유제를 극복하면서 '반봉건적 토지제도'의 토대 위에서 절대주의 국가를 수립했다는 것이다.[5] 한편 노농파에 속해 있던 사키사카 이쯔로오(向坂逸郞)·오오우치 효오에(大內兵衛) 등은 명치유신 절대주의설을 부정은 하지 않으나 그 후의 자본주의의 발달에 따라 부르조아지의 발언권이 증대하여 정치적 헤게모니를 획득했기 대문에 혁명이라 본다.

이 논쟁은 소작료 논쟁, 신지주 논쟁, 매뉴팩처 논쟁 등 주로 명치유신 체제의 해석에 일차적인 비중을 두고 있는데 여기에서 제기된 제논쟁이 그 후 소화사(昭和史) 논쟁, 현대사 논쟁 그리고 나아가서 역사학 일반의 방법론에 관한 논쟁으로 확대되어 역사가뿐만 아니라 다른 사회과학자들간에도 대규모의 논쟁으로 발전하게 되었다.

2)

그 다음 미국과 일본 연구자를 중심으로 하는 근대화론적 접근이다. 이 접근의 특색은 1960년에 열렸던 '일미 하코네(箱根)회의'[6]에서의 논쟁에서 잘 나타나 있다. 홀John Hall은 그의「일본의 근대화에 관한 개념의 변천」이라는 논문에서 합의를 본 근대 사회의 기본적 특징을 다음과 같이 열거하고 있다.

> (1) 도시에의 인구의 비교적 고도의 집중과 사회 전체의 도시 중심적 경향의 증대
> (2) 무생물적 에네르기의 비교적 고도의 사용, 상품의 광범한 유통 및 서비스 기관의 발달
> (3) 사회 성원의 광범한 횡단적 접촉, 경제 정치 문제에의 그들의 참여의 확대
> (4) 환경에 대한 개인의 비종교적 태도의 확대화 과학적 지향의 증대, 그에 따라 읽고 쓰는 능력의 보급
> (5) 외연적·내포적으로 발달한 매스컴의 네트워크
> (6) 정부·유통 기구·생산 기구와 같은 대규모의 사회 제시설의 존재와 이들 시설이 점차로 관료제적으로 조직화되어가는 경향
> (7) 큰 집단이 점차 단일의 통제 하에서 통합되고 이러한 단위간의 상호 작용(국제 관계)이 점차 증대한다.[7]

이러한 근대화 개념을 토대로 하여 일본의 정치적 근대화를 설명함에 있어서 홀은 특히 천황제의 중요성을 강조한다. 그는 마르크시즘의 천황제 비판을 사실(史實)의 지나친 단순화로 못 박고 도쿠가와(德川) 체제가 와해되고 근대 국가로의 이행이라는 결정적 시기에 천황제는 질서 형성의 구심점을 제공했다고 평가하고, 동 회의에서 제기된 근대화의 특성의 하나인 "큰 인구 집단이 점차 단일의 국가 하에서 통합되어 이러한 단위간의 상호 작용의 증대"를 촉진시키는 데 군주로서의 천황의 존재는 결정적 의미를 가졌다고 말한다.

홀과 함께 마르크시즘 사가에 정면으로 도전한 사람이 다름 아닌 라이샤워Reischauer인데 이들은 봉건제 파악의 방법에서 마르크시즘에서 말하는 사회구성체로서의 봉건제를 부정한다. 이들은 봉건제는 인류 발전에 있어서 필연적인 단계가 아니라 예외적으로 몇 개의 요인이 결합하여 형성된 특수한 현상으로 본다.

일미 하코네(箱根)회의가 채택한 방법론의 특색은 역사학만이 아니라

관계 제분야의 이론적 성과를 활용하는 학제적 접근이었다.

이는 마르크시즘의 일원적 결정론에 대해 다원주의, 경제뿐이 아니라 정치·사상 등 경제 외적 요인의 자율성을 중시한 점에서 베버적 방법의 도입을 의미한다.

3)

마르크스주의 사학과 '근대화론'은 그 동안 다양한 이론적 변형을 보이면서도 명치 일본 근대사를 설명하는 양대 산맥을 이루었다고 해도 과언이 아니다. 그러나 이 두 이론 내지 접근 방법은 다음과 같은 두 가지 한계와 약점을 공유하고 있음을 지적하지 않을 수 없다.

그 첫째는 두 이론이 공히 정치 이데올로기적 편견을 강하게 내포하고 있다는 점이다. 둘째는 두 이론이 공히 일본 일국 중심의 역사 과정의 이해에 중점을 둔 나머지 일본 근대화를 가능케 했던 국제 환경 특히 구미에의 종속과 조선에의 침략의 요인을 통일적으로 파악하는 관점을 결여하고 있는 점이다.

우선 두 이론의 정치 이데올로기적 성격에 관해서 보기로 하자.

유물사관에 의한 일본 근대사의 해석은 마르크스주의 내지 그에 친근감을 가진 학자·연구자들에 의해 이루어져왔다. 이들에 의하면 명치유신은 구조적·내적 필연성의 산물로서 그 변혁의 원동력은 농민을 비롯한 광범한 민중의 계급투쟁에 있다고 본다. 그들은 일본 근대사를 사회주의 이전의 역사로 보고 근대적으로 부정되어야할 계급사회로 보기 때문에 거기에 따를 정치 이데올로기적 요청이 역사 서술에 깊이 개입되어 있다. 그들의 논의 속에는 역사의 과학적·법칙적 인식이라는 이름으로 사회주의의 우위성에 대한 확신과 일본 사회주의 실현에 대한 기대가 밑바닥에 깔려 있다. 실제로 마르크스주의 사가들이 전개한 명치유신사에 대한 논쟁은 일본에서의 혁명의 전략·전술에 직접 관계가 있고, 실천적 입장에서 말하면 오히려 전략·전술적 논쟁이 논쟁의 본질을 이루는 것으로 자본주의 논쟁으로서 일반에 알려져 있는 학문적 논쟁은 부수적인 것이었다. 아사다 미쯔테루(淺田光輝)의 지적처럼 유물사관에 의한 일본 현대사의 분석도 주로 테제의 전략·전술을 설명하려는 이론이었다는 점도 부인할 수 없다.

이데올로기적 성격을 농후하게 갖고 있다는 점에서 근대화론적 접근도 다를 바 없다. 원래 미국 학자가 중심이 된 일본 근대화 연구는 1950년대, 60년대 미국 학계를 지배했던 구조 기능주의, 체계이론 등에 뿌리를 두며 그러한 퍼스펙티브에서 역사적·제도적 그리고 행동과학적 분석을 통해서 근대화 과정을 총체적으로 파악하려는 학문적 관심에서 출발한 것이기는 하나 그것이 유물사관에 입각한 역사 분석에 대한 강렬한 안티 테제로 등장한 것은 사실이다. 아이젠슈타트의 지적대로 근대화론은 제2차 세계 대전 후 미국의 공업화의 부수 현상으로 많든 적든, 빠르든 늦든 일어나게 될 보편적 경향이라는 전제하에서 형성된 것이다. 실제로 미국의 근대화론은 소련 연구의 정치적 의도와도 무관하다고 할 수 없다. 그리고 시민 혁명이나 식민지 경험이 없이 근대화에 성공한 일본을 비서구제국의 모델로 삼으려는 정책적 의도도 밑바닥에 깔려 있다. 일본근대화 연구와 같은 시점에 나온 로스토우-Rostow의 '성장 단계론'의 부제가 명시적으로 말해주듯이 미국식 근대화론은 하나의 비공산당 선언으로서의 성격이 강하다.

로스토우의 근대화론의 제가설은 체제 이데올로기로서의 자본주의·자유 민주주의를 전세계적으로 보편화하려는 명시적 문제의식을 토대로 한 것이고, 그러한 그의 정치 이데올로기적 입장은 서구화를 모델로 하는 각종의 근대화론 발전론에 직접 간접으로 계승되어왔다.

이처럼 과학적이라고 주장하는 마르크스주의적 근대사 해석이나 보편적 중립성을 주장하는 근대 경제학 및 그 계보를 잇는 '서'측의 근대화론이 정치 이데올로기 장르로는 각기 좌·우의 양극에 위치하고 있음을 부인할 수 없다.[8]

그 다음 이들 두 이론이 결과적으로는 동아시아 근대사의 전개과정에 있어서 일본의 우수성을 정당화고 명치이래 일본인의 우월성 의식을 재생산하는 데 기여한 것이다.

마르크시즘 사학은 일본 근대사를 해석함에 있어서 대체로 한·중·일 3국을 아시아적 정체 사회로 보면서도 그 중에서도 개국 이전의 내적 발전의 계기에 있어서 일본이 우수했다는 점을 주장함으로써 3개국에 질적 차이를 인정하고 있다.

이와 같은 관점은 이들 연구자들의 개인적인 동기와는 관계없이 명치 이래 재생산 되어온 조선·중국에 대한 일본인의 모멸 의식을 높이는 데 기여하게 되었다.

한편 미국을 중심으로 한 근대화론자들은 일본 근대화의 긍정적 측면을 지나치게 강조한 나머지 일본의 근대화 및 그 연장선상의 제국주의화에 내포되어 있는 침략적 성격을 부당하리만큼 경시한다. 특히 '서'측 근대화론자들이 입을 모아 예찬하는 명치체제 형성기(1868~1905)에 있어서 조직적 조선 침략이 전개되었다는 점에 대해선 거의 언급이 없다.

일본의 근대화 제국주의에 대한 라이샤워의 논점은 그 좋은 예이다. 그는 한마디로 일본 제국주의를 근대화의 산물로 본다. 즉 19세기 후반 국제 사회에서 공인되고 있던 이론과 실천을 일본이 서구제국의 권장 아래 답습했을 뿐이라는 것이다. 그에 의하면 1925년 이후 패전에 이르는 일본의 역사는 새로운 문제에 대처하는 정치지도층의 역량 부족 때문이지 명치 지도층과는 무관하다고 본다.

이러한 논리하에서는 일본 군국주의의 파산의 원인이 명치 국가체제에 내재해 있다고 보는 마루야마 마사오(丸山眞男)의 일본 파시즘론은 부정되고 마는 것이며 일본 근대화 과정에서 있었던 대외침략은 서구가 그랬던 것처럼 당연시된다. 이러한 논리하에서는 명치 정부가 후술하는 바와 같이 계획적인 조선 침략을 통하여 그들 내부의 권력 투쟁과 밑으로부터의 체제 비판 운동 등 국내 정치의 수많은 난제를 해결했고 바로 그러한 조선의 희생 위에 명치 권력체제가 형성되어갔다는 역사적 사실이 진지하게 부각될 수 없을 것이다. 그의 관점에서 보면 명치 일본의 근대화는 비서구제국 특히 조선에 있어서도 추구해야 할 모델로 등장한다.

Ⅱ. 동아시아 3국의 외압 비교

이에 우리는 두 이론이 가지는 이데올로기적 편견을 극복하고 역사적 사실을 엄밀히 검증하고, 종래 두 이론이 결여하고 있는 국제정치적 요인―외압의 차이라는 관점에서 동아시아 3국의 개국을 비교사적 관점에서 보고 특히 일본 근대사의 역사 과정을 설명함에 있어서 부당하게 과소평가되었던 조선이라는 요인을 정당하게 위치지울 필요가 있다.

이 두 이론이 가지는 한계를 극복하기 위한 새로운 학문적 시도는 60년대부터 그 맹아가 보였으나[9] 본격적으로는 70년대에서 80년대 초까지 한국 및 일본의 학계의 일각에서 단속적으로 진행되어왔다.

종래의 두 이론이 다분히 이데올로기적 편견을 내재한 연역적 접근이라면 새로운 접근들은 가능한 한, 비이데올로기적 입장에서 구체적인 역사적 사실을 토대로 하여 종래의 이론을 비판적으로 검증하려는 귀납적 방법이라고 말할 수 있다. 종래의 두 이론은 그것이 유물사관이든 근대화론이든, 서구적 이론 모델을 가지고 일본 일국중심의 역사 해석에 역점을 둔 것이라면, 이 새로운 접근들은 이를테면 동아시아 사가(史家)들을 중심으로 일본의 근대화를 특히 중국과의 비교에서 재검토하려는 토오야마 시게키(遠山茂樹)의 시각, 조선을 일본 및 중국과 동등한 지평에 놓고 주로 외압의 질적 차이를 중심으로 보는 카지무라 히데키(梶村秀樹)의 문제 제기, 그리고 조선인의 시각에서 명치 일본 근대화의 암흑면을 척결하려는 강동진(姜東鎭) 등의 연구 업적으로 구성된다.

1

다 아는 바와 같이 근대 동아시아사에 있어서 한국·일본, 그리고 중국은 바깥쪽으로부터의 압력에 의해, 개국을 강요당했다는 점에서 같은 입장에 있었다. 그런데 왜 일본은 명치유신을 통해서 독점, 근대화를 추진함으로써 자본주의화에의 길을 걸었고, 한국은 바로 그 일본의 식민지가 되었으며 중국은 일본을 포함한 제국주의 제국의 반식민 상태에 빠지게 되었는가, 이러한 차이를 낳게 된 근본 원인은 무엇인가?

이 문제는 카지무라 히데키(梶村秀樹)의 표현을 빌면 '50년래의 논쟁점'이 되어 있다. 이 쟁점에 관한 연구는 일본 학계에서 주로 일·중의 비교사적 관점에 선 연구가 약간 있을 뿐 한국과 중국에는 거의 없다. 일본에서도 한·중·일의 비교 연구는 놀랍게도 외면당하고 있는 실정이다.

이 50년의 쟁점에 대해서 종래 일본의 학계에서는 19세기 중엽 한·중·일 동아시아 3국이 세계 자본주의와 본격적으로 접촉하는 시점에서 각국의 내재적 역사 발전의 정도가 다르다는 점에 착안한다. 다시 말하면 한국·중국과의 비교에서 일본이 개국 이전의 생산력이라는 발전의 조건이 앞서 있었다는 견해이다. 이러한 역사관은 일본인의 통념으로 고착되어 오늘날까지도 일본인의 우월 의식의 근거를 이루고 있다. 그러나 이런 통념은 외압에 대응하면서 한·중·일이 각기 특수한 상황에서 내린 정치적 결단과 역사적 선택을 면밀히 검토하지 않고 제국주의와 식민지·종속 국가로 양극화된 결과에서 소급하여 유추함으로써 다분히 일국주의적 발상이요 승자의 결과론적 해석이 되고 말았다. 더욱 놀라운 것은 명치 일본의 근대화와 그 파멸을 비판적으로 해석하는 일부 마르크스주의 사가들도 개국 이전의 자본주의 발전의 비교에서 해답을 구하려 하고 있다는 점이다.

명치 정부를 절대주의 정권으로 규정하는 강좌파의 역사의식은 개국 이전의 한·중·일을 같은 '아시아적 생산 약식'의 사회로 간주하고 있는데 이 강좌파에 속하면서도 일본에 관해서만 자본주의의 내재적 발전을 인정하자는 사람이 핫토리 시소오(服部之總)이다. 그의 학설은 한국이나 중국과는 달리, 개국 이전 일본에는 이미 자본주의의 내재적 발전이 있었다는 주장이다. 그에 의하면 일본은 도쿠가와(德川) 막부 말기에 엄밀한 의미에서의 매뉴팩쳐 시대의 단초적 단계에 있었고 이와 같은 조건이 미국의 압력으로 개국한 후에도 자율적인 산업화로 연결될 수

있었으며 그 결과 식민지화를 면할 수 있었다는 것이다. 일본의 경우 일
본 사회의 발전이라는 내재적 계기와 개국 후 세계 자본주의화의 접촉
이라는 외적 계기가 결합하여 명치유신을 성공시켰고 식민지화를 면하
면서 자본주의 구가로 발전했지만 반면 한국과 중국은 개국 전에 아직
매뉴팩처 시대에 들어가지 못했고 상업 자본주의의 활동만이 지배적이
었다가 개국으로 외국 자본주의의 침략을 받아 그 자본은 매판화되고
자율적 산업화를 이루지 못한 채 식민지 혹은 반식민지로 전락했다는
것이다.[10]

2

그러나 2차 세계 대전 이후 각국의 연구 성과에 의해 이 학설은 깨어
져가고 있다. 우선 개국 이전 일본 사회의 "엄밀한 매뉴팩처 단계설"의
실증성에 상당한 문제점이 있음이 지적[11]되는 한편 개국 이전의 한국 및
중국 사회에 대한 연구가 심화됨에 따라 이 지역에도 일정한 매뉴팩처
발달을 통한 이른바 자본주의의 맹아가 나타나고 내재적 발전이 있었음
이 논증되고 있다.[12]

이처럼 일국 중심주의 내지 내적 계기만으로 설명하려는 핫토리(服部)
의 학설을 비판하고 세계사의 구조 속에서의 동아시아 각국의 상관관계
라는 측면에서 조선 문제를 축으로 일·중의 개국을 비교한 것이 1960
년대 중반에서 나타난 토오야마 시게키(遠山茂樹)의 문제 제기였다. 토
오야마는 동아시아 각국의 갈림길은 개국 이전의 내적 경제구조에 있는
것이 아니라 외압의 정도에 있고 최종적으로는 1894년 일청 전쟁 후에
확실하게 나타났다고 본다. 적어도 중·일 양국에 관해서는 1894년까지
기본적으로 동질의 역사 발전이 있었다는 것이다.

동아시아의 역사를 세계사의 진전과 불가피한 관계에서 파악하고자
했던 토오야마는 일·중의 개국 상황을 비교·검토하고 조선 문제의 중
요성을 지적한 바 있다. 그러나 토오야마는 조선의 개국·근대화를 일

본·중국과 같은 레벨에 놓고 엄밀히 검토하지는 않았다. 그에 의하면 일·청, 일·로 전쟁기에 일본은 결정적으로 독립된 자본주의 국가, 중국은 반식민지 국가로 되었다.

일·청 전쟁을 계기로 중국이 반식민지화의 방향을 밟음으로써 제국주의 세계 체제의 모순의 초점이 중국에서 형성되게 되었는데 중국이 이러한 초점이 되는 데 있어서 결정적 역할을 한 것이 제국주의 단계 전야의 조선 문제였다는 것이다.

한편으로 조선 문제는 일본 군국주의 형성과 그 제국주의에로의 전화의 요인이 되었고 다른 한편으로는 중국을 반식민지로 만드는데 매개가 되었다는 것이다. 그에게 있어서 조선은 어디까지나 일본과 중국을 보는 데 있어서 종속 변수 내지 매개 변수에 지나지 않았다. 그러나 종래 마르크스주의 사학에서나 근대화론적 접근에서 손대지 않았던, 외압의 요인 특히 중·일의 개국에 가해진 외압의 차이에 착안한 것은 퍽 유익한 문제 제기라고 생각된다. 토오야마는 조선 문제를 축으로 일·중의 개국을 비교하면서 다음과 같은 두 가지 점을 제기하고 있다.

1) 구미 열강이 식민지화의 요구를 가지고 있는데 조선이 아직도 처녀지로 남아 있는 점을 이용하여 일본은 열강의 요구를 대행하는 것으로 그 지지를 얻고 조선의 개국을 무력으로 강제하여 1876년 강화도 조약으로 그 우월한 지위를 확보했다는 점, 즉 국내의 싸움을 국외로 돌릴 장(場)으로서 조선을 얻는 것이 천황제 권력 수립의 유력한 지주가 된 점.
2) 일본의 국가 통일의 실현과 부국강병 정책의 채용 및 조선 침략이라는 조건이 중국에서의 동치중흥(同治中興)으로부터 양무파(洋務派)의 대두에로의 전개로 나타났고 그 결과 어느 정도 중국 자본주의의 맹아가 육성되었다는 점.

요컨대 그에 의하면 중국이 완전 식민지가 되지 않고 반식민지 상태에 머무를 수 있었던 조건의 하나는 자본주의화의 맹아가 이루어졌기 때문이며 그러한 점에서 중국의 양무파의 정책과 일본의 오오구보(大久保) 정권의 정책을 비교할 때 그 방향성에 있어서 본질적인 차이가 없다는 것이다.

그에 의하면 1868년의 명치유신으로 시작되는 일본의 근대화가 성공할 수 있었던 것은 그것이 극복하기 어려울 정도의 외압에 부딪히지 않고 완료되었기 때문이다. 일본이 명치유신으로 정치적 개혁을 단행하던 시기에 중국에서는 양무파(洋務派) 정권이 명치유신과 기본적으로 같은 위로부터의 부국강병과 식산흥업(殖産興業) 정책을 펴고 있었다. 일본과 중국은 그 군비(軍備)와 자본주의의 발달에 있어서 어느 정도의 차이가 있었고 그 차이가 일·청 전쟁에서 일본을 이기게 했지만 그것은 양적 차이일 뿐 질적인 차이는 아니라는 것이다. 토오야마(遠山)의 문제 시각에서 한국을 보았다면 일본측의 운양호(雲揚號) 사건, 강화도 조약의 강요, 청국측의 임오군란의 정치 간섭, 갑신정변 탄압 등은 청·일 두 나라가 서구 자본주의 열강의 압력이 느슨한 틈을 이용하며 한반도를 식민지화 하기위해 감행한 일들이었고 청·일 전쟁은 그것을 위한 두 나라의 결전장이었으며 여기서 패배한 청국은 반식민지화의 길을 걷게 되었고 이긴 일본은 한국 지배의 유리한 터전을 마련하고 제국주의 국가로 나아가게 되었으며 두 나라의 속죄양이었던 한국은 점차 일본의 완전 식민지로 전락하게 되었던 것이다.

3

조선의 존재 이유를 부각시키면서 토오야마(遠山)를 비판적으로 계승 보강한 것이 카지무라 히데키(梶村秀樹)의 획기적인 문제 제기[13]이다.

카지무라(梶村)는 토오야마가 세계사와 일국사(一國史)를 연결시키는 매개로서 지역사라는 카테고리를 설정함으로써 일본사를 종래의 일국사적 관점에서 파악하려 한 점을 높이 평가하면서도 토오야마설의 약점을 그의 한국 부재론(不在論)에서 찾고 있다. 토오야마도 조선 문제의 중요성을 거듭 강조하지만 한·중·일을 동질의 지평에 놓고 그 상호 관계를 고찰하는 관점이 없다는 것이다. 토오야마는 한국이 중국·일본의 쟁탈

대상으로 되었다는 수동적인 위치밖에 설정되지 않았다는 점이다.[14]

카지무라에 의하면 한국사에도 내재적 발전이 있어 명치 정부나 양무파 정권과 같은 성질의 정권을 성립시키고자 한 역사 과정이 있었지만 그 과정을 결정적으로 파괴한 것이 1984년 청·일 전쟁으로 인한 양국의 군사 개입이었다. 토오야마처럼 청·일 전쟁 때문에 중국이 아니라 한국도 독자적 자본주의국으로 발전하는 길이 최종적으로 막혀버렸다는 것이다. 이러한 문제의식에서 카지무라는 토오야마의 일본·중국 중심의 동아시아 지역사상(地域史像)에 조선을 같은 지평에 설정하고 관계사적 관점에서 그의 외압론을 한·중·일과 비교하면서 엄격하게 따져 보는 새로운 학설을 제기한 바 있다.

카지무라는 후진국의 자본주의와 자율적 근대화의 형태를 몇 가지로 나누면서 그 가장 중요한 열쇠는 개국 이후의 정치 변혁 과정에서의 외압에 차이가 있었으며 그것을 어떻게 견디어내느냐에 달려 있다고 보았다. 그는 비자본주의국이 개국하여 자본주의화 하는 과정을 다음과 같은 3단계로 나누었다.[15]

1) 비자본주의적인 체제의 태내에서 서서히 상품 경제가 발달해가다가 자본주의 세계화 접속하여 개국하는 단계.
2) 개국 후 자본주의 상품의 유입, 국내의 재래의 상품 생산력이 가속적으로 발전하고 개편되어가는 한편, 권력 측의 외압에 대한 대응책의 불안전한 사정 하에서 국민 경제 형성에 불리한 제현상이 나타나 정치적 변혁이 단행되는 단계.
3) 이 정치적 개혁으로 성립된 정권은 미약한 국내 산업을 최대한으로 보호·육성하여 후진 자본주의 발전에로의 길을 열고 그것이 궤도에 오르는 단계.

후진 자본주의 발전에 있어서 외부의 압력이 특히 큰 문제가 되는 것은 1)에서 3)의 단계에 이르는 변혁의 과도기인데 이 과정에서 외압을 이기고, 2)를 거쳐 3)의 단계에까지 도달할 수 있느냐 그렇지 못하느냐에 따라 독자적 자본주의 발전의 성패가 가려지는 것이라 했다. 이때 외압이란 결정적 정치 변혁의 관점에 작용하는 정치적·군사적 압력의 강도이며 개국이 늦어질수록 외압이 강해져서 2)단계에서 3)단계로 순조롭게 가기가 어렵다고 보았다.

그의 분석에 의하면 조선은 결정적 정치 변혁 단계에서의 외압이 가장 강했다.

한국은 선진 자본주의 열강의 압력과 그것을 등에 업은 청·일 양국의 이른바 '원축단계외압(原蓄段階外壓)'[16]이 작용한 이중의 압력을 받았으며 1)의 단계에서 2)의 단계로 넘어가는 과정에서 개화파의 변혁 주체가 성립되었다 하더라도 강력한 외압이 개입하여 그 주체를 교란시킴으로써 내부적 조건이 미숙한 단계에서 혁명이 시도되다가 실패했다는 것이다. 한편 중국과 일본은 다 같이 산업 자본주의 단계에 있던 구미 자본주의 국가들의 압력을 받았고 그 압력이 변혁 주체를 모두 파괴하지 않았기 때문에 양무파 정권과 명치 정부가 성립될 수 있었다. 그러나 중국은 일본에 앞서 개국했으나 서구 산업 자본의 광대한 시장이었기 때문에 그 외압은 일본보다 컸으며 이와 같은 큰 외압 때문에 명치 정부보다 정책 선택의 폭이 좁은 양무파 정권밖에 성립시키지 못했고 그 제약의 결과가 청·일 전쟁에서의 패배로 연결된다고 보았다. 그리고 중국의 경우는 불철저하기는 하지만 양무파 정권을 통해서 2)의 단계의 전환점을 넘어 위로부터의 발전 궤도에 올랐으나 결국 제국주의 체제하에서 식민지·종속국의 위치로 편입되어버린 세계적으로 희귀한 사례로서 그래도 완전 식민지는 면할 수 있었으며 반식민지화는 민족자본의 축적에 있어서나 민중 운동에 있어서 완전 식민지보다는 유리한 조건에 있었다고 말할 수 있다. 일본이 식민지화를 면할 수 있었던 것은 결코 명치 체제의 제도적 장치가 좋았기 때문이 아니라 1)의 단계와 2)의 단계에서 외압이 없었기 때문이다.

토오야마(遠山)와 카지무라(梶村)는 일본이 식민지화를 면한 이유가 결코 동아시아 제민족 가운데 사회 발전 단계가 앞서 있었던 때문이 아니라 서구 자본주의에 의한 외압이 한국이나 중국보다 느슨했고 또 개국의 시기가 중국보다 늦었지만 한국보다는 앞섰던 점 등에 있다고 본다. 이러한 외압 분석을 통한 토오야마·카지무라의 효용을 인정하면서 거기다 명치 정부의 침략적 성격을 더한 입장이 강동진 등의 연구 성과[17]이다. 그들에 의하면 일본이 식민지화를 면하고 자율적인 근대화를 할 수 있었던 것은 개국 이전의 자본주의 발전 단계의 차이, 외압의 강도의 차이, 그리고 개국 시기의 차이 등의 요인도 있지만 그에 못지않게 중요한 요인은 일본이 일찍부터 구미 열강, 특히 영국과 미국의 도움을 받으며 아시아에로의 침략주의를 채택했으며 그 침략주의의 1차적 대상이 조선이었다는 점이다.

외압 이완설도 중요하지만 오히려 그 외세의 지원을 받아 침략주의를 감행했던 점에 주목한다.

일본이 개국 후 14년 만에 명치유신에 성공하여 카지무라(梶村)가 말한 1)의 단계에서 2)의 단계로 들어서는 데 성공했지만 청·일 전쟁 직후까지는 서구 열강과 불평등 조약 관계에 있었으며 이 시기 일본의 주요 외교 정책은 특히 영국의 승인과 지원 없이는 결정될 수 없었고 또한 미국에의 종속도 심했다는 것이다. 일본은 영·미와의 종속 관계를 벗는 방법의 하나로 스스로 아시아 지역 특히 명치유신 이래 지속적으로 추진해 온 조선에의 침략을 본격화하기 시작했던 것이다.

Ⅲ. 맺는 말

이상에서 우리는 일본 근대사 내지 근대화의 연구에 있어서 지배적이었던 경향은 일본 일국 중심주의였다는 점, 설령 비교사적 관점이 있었다 하더라도 지극히 제한된 범위내에서의 중국과의 비교연구가 고작이라는 점을 알았다.

명치 이래의 일본에 있어서 한국은 정책 내지 통치의 객체 이상의 의미를 지니지 못했을 뿐만 아니라 아카데미즘 내부에서도 한국문제는 무

관심 내지 회피의 대상이 되어왔다. 종래 마르크시즘 사학계에서도 "반봉건적 구조를 가진 후진국 일본의 자본주의는 종래 그 성립·발전의 전과정을 통해서 식민지를 그 불가결의 구조적 고리로 했다"[18]고 하는 견지에서 "식민지가 일본 국내 공업의 선도국 역할을 다했다"[19]고 인정하면서도 정작 한국이 명치 일본의 정치적·경제적 모순 탈출을 위한 실험대로 이용됨으로써 한국 민중에게 얼마나 많은 희생을 강요했는가를 구체적으로 검토한 연구는 보기 어렵다.

한편 '근대화' 논자들은 명치 일본의 근대화를 어디까지나 비서구제국의 근대화의 모형으로 보기 때문에 일본 근대화 과정에 있어서의 대외침략은 서구가 그랬던 것처럼 당연시하고 있으며 그러한 시각에서 일본의 침략에 의해 자주적 근대화의 방향을 저지 당했던 한국이 불문에 붙여질 수밖에 없다.

또한 동아시아 지역사상(地域史像)에 기초를 두고 일본의 근대화를 검토하는 경우도 한국을 일본·중국의 그것과 같은 수준에서 엄밀히 검토하고 있지는 않다. 이를테면 토오야마(遠山)에 의하면 한국 문제는 일본 군국주의의 형성과 그 제국주의에로의 전화의 요인인 동시에 중국을 반식민지화한 결정적 계기가 되었다. 다시 말하면 그에게 있어서도 한국 문제는 일본의 종속 변수이거나 일본과 중국을 잇는 매개 변수에 지나지 않는다.

다만 카지무라(梶村)의 경우는 한국을 동아시아사에 있어서 독립변수로 취급하려고 하고 명치 일본과의 관계에 대해서도 한국을 같은 지평에서 검토해보려는 노력이 보인다. 한국에 있어서도 70년대에 들어와서부터 개국 전의 자본주의적 맹아의 분석과 한국 민족의 반침략 투쟁과의 내적 관계에서 일본 근대사를 재검토하려는 연구가 나오고 있다.

명치 일본 연구의 질을 높이기 위해서도 이러한 일본에서의 자각적인 문제 제기와 한국에서의 연구 성과를 결합할 수 있는 학적 교류가 오늘날만큼 절실한 때가 없다.

이제 일본은 명치 이래의 "구미를 따라잡고 앞지르자"고 한 목표를 달성한 금융 대국이다. 이와 같은 일본의 동아시아사에서의 위상은 무엇일까? 한때 반식민지였던 중국은 천하를 통일하여 이제 또 하나 거인으로서 저만큼 떨어져 독자적 노선을 걷고 있고, 일본이 역사상 처음으로 인식했던 외국이요 각 시대를 통해서 가장 중요한 관계를 가졌던 외국인 한국은 비록 남·북이 갈라져 체제와 이념을 달리하면서도 역사의 교훈을 되씹으며 민족의 주체적 역량을 발휘하려고 노력하고 있다. 이러한 역사의 전환점에서 '탈아(脫亞)'와 '아시아주의'의 단순한 부활은 일본이 정녕 아시아의 벗이 될 수 있는 요건이 아니다.

주 석

1) 카지무라 히데키(梶村秀樹)는 1964년 시바하라 타쿠지(芝原拓自)가 말한 '30년래의 논쟁점'이 1980년대의 현재도 해결되지 않은 점을 고려하여 '50년래의 쟁점'이라고 표현했다. 梶村秀樹, 「東アジア地域における帝國主義 體制への移行」, 富岡·梶村 編, 『發展途上經濟の硏究』, 世界書院, 1981, 55쪽.

2) James W.Morley는 근대 일본 정치사를 ⅰ)1868~1905 ; ⅱ)1905~1945 ; ⅲ)1945년 이후 셋으로 나누고 ⅰ)의 명치 체제 형성기를 "Meiji Settie ment"로 표현하고 있다. James W.Morley, "Dile mmas of Growth ; The Experience of japan," in Report of International Conference on the P roblem of Modernization in Asia(Seoul ; Asiatic Research Center, Korea University 1965), 301쪽.

3) 이 논쟁의 상세한 내용에 관해서는 小山弘健 編, 『日本資本主義論爭史(上)』(1954) ; 守屋典郎, 『日本マルクス主義理論の形成と發展』(1967) 참조.

4) 金原左門, 『日本近代化論の歷史像』(中央大學出版部, 1970), 4쪽.

5) 『服部之總著作集』(東京: 理論社, 1955) 참조.

6) 이 회의의 내용에 관해서는, "Changing Japanese Attitudes Toward Mod ernization," edited by M. Jansen, 1965 참조. 細谷千博 編譯, 『日本における近代化の問題』.

7) 細谷千博, 위의 책, 16~17쪽.

8) 최상룡, 「신흥국 근대화론의 이데올로기적 성격」, 한국정치학회보(1977),

113쪽.

9) 遠山茂樹, 「近代史から見た東アジア」(『歷史學硏究』 276호, 1963년 5월 7일)；「東アジアの歷史上の檢討－近現代史の立場から」(『歷史學硏究』 281호, 1963년 10월)；「世界史における地域史の問題點」(『歷史學硏究』281호, 1965년 6월)；「日本近代と東アジア」(『世界』, 1966년 1월호)등을 참조.

10) 梶村, 앞의 논문, 56～57쪽.

11) 掘江英一, 「封建社會における資本の存在形態」(『社會構成史體系』 3, 日本評論社, 1949) 참조.

12) 중국에 관해서는 鈴木俊・西嶋定生 編, 『中國史の時代區分』(東大出版會, 1957) 참조. 개항기 한국의 자본주의의 내재적 발전에 관해서는, 농업 부문에서는 金容燮, 『조선후기 농업사 연구』I.II (일조각, 1970[I], 1971 [II]；상업부문에서는 姜萬吉, 『조선 후기 상업 자본의 발달』(고려대학교 출판부, 1973)；수공업 부문에서는 宋贊植, 『조선 후기 수공업에 관한 연구』(서울대학교 한국연구원, 1973)；사회 계급 분야에서는 鄭奭鍾, 『조선 후기 사회 변동 연구』(일조각, 1983) 등 참조.

13) 梶村, 앞의 논문 참조.

14) 위의 논문, 63～64쪽.

15) 위의 논문, 67～68쪽.

16) 梶村은 외압을 가하는 측의 발전 단계에 따라 '원축단계형(原蓄段階型)' '산업 자본 단계형' '독점 단계형'으로 나누고 있다. 앞의 논문, 66쪽.

17) 강동진, 『일본 근대사』, 한길사, 1985.

18) 井上晴丸・宇左美誠次郎, 『危機における日本資本主義の構造』(1951), 27쪽.

19) 淺田喬二, 『日本知識人の植民地認識』(校倉書房, 1985), 41쪽.

(제5회 발표, 1987년 12월 14일)

지는 법을 몰랐던 일본
─ 역사의 진실에 대한 공통 의식을 바라며 ─

하야시 다케히코(林建彦, 日本東海大学 교수)

Ⅰ. 머리말

말할 필요도 없이 1990년 8월은 일본이 연합국에 무조건 항복한지 45년, 일본의 항복이 한국에게는 굴욕적인 일제 지배로부터의 해방에 다름아니었다고 하는 의미에서 금년은 한국으로서도 정말로 기념해야 할 해에 해당한다.

"역사란 현재와 과거와의 대화"라고 한 것은 "역사란 무엇인가"라고 묻고 그것을 그대로 책 이름으로 한 명저, 『역사란 무엇인가What is History?』의 저자 E.H 카였다. 카는 책 속에서 "현재의 눈을 통하지 않으면 우리들은 과거를 바라볼 수 없고, 과거의 이해에 성공할 수도 없다. 역사란 역사가와 사실 사이의 부단한 상호 작용의 과정, 현재와 과거 사이의 끊어질 줄 모르는 대화"라고 써두고 있다.

이 8월이 일본이나 한국에게도 각기 45년의 고비라고 하는 사실은 거슬러 올라가 45년 전의 과거와 대화를 나누어보는 더할 나위없는 기회이기도 하다.

지금부터 8년 전인 1982년 8월 나는 졸저『가까운 나라일수록 비뚤어져 보인다』속에서 「지는 법을 몰랐던 일본」을 1장으로 취급했다. 그 후 나는 매년 8월이라는 달을 맞이할 때마다 토론 「한국에게 일본이란 무엇인가」의 속에서 지는 법을 모른 일본이 38선에 의한 남북 분단을 초래한 한 나라로서 일본을 호되게 비판하는 한국의 지일파(地日派) 지식인들의 일본과 일본인 고발을 상기하고, 국체(國體)＝천황제 수호를 이유로 1945년 8월 15일 무조건 항복이라는 파국에 이르기까지 그 동안 몇 차례나 있을 수 있었던 전쟁 종결의 타이밍을 질질 끌면서 놓치고 결국 일본 국민을 무조건 항복이라는 막다른 곳까지 몰아넣은 일본의 전쟁 지도자 문제에 조명을 맞춘 미국인 연구자 로버트 뷰토우Robert J.C.Butow의『종전외사(終戰外史)Japan's Decision to Surrender』를 늘 돌이켜 생각하고 있다.

더욱이 소화천황(昭和天皇)의 죽음과 전두환·노태우 2대에 걸친 한국 대통령의 공식 일본 방문은 새삼스럽게 일본인에게 있어 천황의 존재와 그 의미를 다시 묻는 기회를 주었을 뿐만 아니라 '불행한 과거'에 대한 일본 천황의 두 차례 발언을 둘러싸고 말로서의 '불행한 과거'가 아니고 역사로서의 '불행한 과거'와 현재 사이에 '끊어질 줄 모르는 대화'의 필요성을 촉구하게 된 것이다.

노태우 대통령은 3일간의 일본 체재 중 "한·일 양국이 진실한 역사에 대해서 공통 인식을 서로 갖는 일"을 꼭 필요한 과제라고 거듭 강조하였다. 특히 한국의 원수로서는 처음으로 일본 국회에서 행한 연설은 한국민을 대표하는 한국 대통령이 일본인을 상대로 한 '현재와 과거 사이의 끊어질 줄 모르는 대화'로서 직접 이를 경청한 일본의 국회의원은 물론 많은 일본인에게 깊은 감명을 주었던 것이다.

다행스럽게도 한국과 한반도에 관련되는 나의 3부작,『한국 현대사』『북조선과 남조선』『近(り)國ほどゆがんで見える』는『한국 현대사』『남북한 현대사』(이상 삼민사),『가까운 나라일수록 비뚤어져 보인다』(평민사)라는 서명(書名)으로 출판되어 있어 한국의 독자들이 직접 읽을

수 있는 기회도 있었지 않았을까 생각하고 있는 바이다.

1. 화평의 기회를 놓친 일본

『가까운 나라일수록 비뚤어져 보인다』의 Ⅱ부 1장「지는 법을 몰랐던 일본」의 서두는 이렇게 시작하고 있다.

한국에게 일본이란 무엇인가? 이 설문을 둘러싸고 '정치·경제' '문화·전통' '문학·예술'의 각 편에 걸쳐서 각 분야의 한국 제1인자들이 서로 마음대로 얘기한 토론집(상·중·하 3권)이 1977년에 동경의 국서간행회(國書刊行會)에서 출판되었다. 정말로 일본인으로서 쓰라린 생각 없이 끝까지 읽을 수 없는 종합 심포지엄의 기록이었다.

이하에서 잠깐 그 기술에 따라본다.

제1권「정치·경제」편을 읽기 시작하면「왜 여기서 일본을 논하는가」하는 총론에서 갑자기「대단히 서투른 지는 방법」「지는 룰을 몰랐던 일본 일본인」이라고 하는 두 사람의 발언과 조우한다. 일본인 독자의 대부분은 의표를 찔려 움찔함을 느끼지 않을 수 없는 문제의식인 것이다.

그러나 계속 읽어나감에 따라서 일본인이 미증유의 역사 체험 속에서 생각하지 못하고 망각 실념하고 있었던 부분이 실은 아시아 이웃의 눈에는 당연히 일본인의 에고이즘, 독선으로 비치고 있다는 사실을 알게 되는 것이다.

사회자로부터 "여기서 가혹한 일제 통치하에서 가장 오랫동안 고통을 당했던 사람이라고 하면 아무래도 최연장자가 되겠습니다만"이라고 해서 지명받은 1917년의 고승제(高承濟) 교수(일본 입교대 졸업)가 가장 먼저 말문을 열었는데, 개구일성(開口一聲)이 "일본의 대단히 서투른 지는 방법 때문에 우리의 국토가 분단되어버렸다"고 하는 일본인의 의표를 찌른 발언이었다.

…… 그런데 현재, 서로 명확히 해서 건너야 할 하나의 다리가 있다고 생각합니다. 제2차 대전에서 일본이 싸웠지요. 일본의 군벌이 저지른 제2차 대전이었지만, 어느 전쟁에도 결국은 종전이 있고, 결말이 있게 마련이지요. 일본」의 전쟁을 매듭짓는 패전 방식이 아주 비과학적이고 졸렬하였으며, 어리석은 것이었습니다. 어차피 지는 전쟁이라면 어찌하여 1년 전에 져주지 않았을까? 어차피 질 것이었다면 왜 6개월 후에 져주지 않았을까? 더 극단적으로 말하면 어차피 질 전쟁이었다면 어째서 소련이 참전하기 전에 져주지 않았을까? '대단히 서투른 지는 방법' 이렇게 나는 요략할 수 있습니다.

그 때문에, 일본의 매우 서투른 패전 때문에 우리의 국토가 분단되어 버렸던 것입니다. 제2차 대전에서 일본의 비과학적인 매우 서투른지는 방법이 초래한 국토 분단이라고 하는 이 비참한 현실, 여기에 대해서는 일본인이 도의적인 책임을 느끼지 않으면 안 된다고 생각합니다. 그것은 구체적인 형태로 무엇인가 보상한다고 하는 것이 아니고 의식면에서 도의적인 책임을 느껴야 한다는 것이 한국인의 한 사람으로서 일본인에게 요망하고자 하는 바입니다.

"고승제 박사는 아주 좋은 점을 말씀하셨습니다."고 하면서 재빨리 이 발언을 이은 사람은 일본에서도 군사 문제 연구가로서 그 이름이 알려진 김점곤(金点坤) 교수였다. 편저 『한국동란』(광명출판사)은 일본어판도 있는데, "일본인은 과거 전쟁마다 이기기만 해서 자신과잉(自信過剩)이 되어버렸기 때문에 지는 방법, 지는 룰은 잘 모른다"고 전제한 후,

"말하자면 'all or nothing'이라는 말이 일본의 제2차 대전의 패전에 아주 적절한 표현이 아닌가 하고 생각됩니다. 전쟁에 패해도 패한 후의 비전이 없으면 안 되겠지요. 만약 그것이 있었다면 고박사도 지적했듯이 3개월 전에 훌륭하게 지는 방법이 있었다, 그렇게 하였더라면 한반도는 분단되지 않았을지도 모른다고 하는 역사적인 후회도 물론 포함해서 가해자로서의 일본, 분단 책임자로서의 일본이라고 하는 것을 우리들은 크게 생각하지 않을 수 없습니다.

나의 책에도 분단 책임에 대하서 강대국의 책임으로 돌린다고 그렇게 기술하였습니다만, 실제 책임의 대전제를 이루고 있는 상황의 근원적인 책임자에서 일본을 뺄 수 없다고 하는 것을 강조하지 않으면 안 됩니다."

두 사람이 심포지엄을 시작하면서 반드시 강조해두고 싶었던 것은 라이샤워 교수가 "일본의 항복 시기가 그것보다 불과 2주간 빨랐다든가, 늦어지기만 했더라도 전후 세계의 정세는 현저하게 달라지게 되었을 것이다. 2주간 전에 일본이 항복하였으면 실제로 히로시마(廣島)·나가사키(長崎)에 원폭 투하도 없었을 것이고, 소련의 대일 참전(얄타 회담에서 스탈린이 미·영에 한 약속과 그 결과로서의 한반도 분단: 필자 주)도 없었을 것"이라고 하는 문제의식과 중복되는 것이었다.

그리고 심포지엄의 모두(冒頭)에 약속이나 한 듯이 두 사람의 입을 통해서 나온 말 속에 일본인의 입에서 아직껏 그와 같은 자책적 발언을 들은 적이 없다고 하는 항의적 의미가 내포되어 있다는 것을 일본인으로서 깨닫지 않으면 안 되는 것이다. "한·일 양국이 진실의 역사에 대해서 공통의 인식을 서로 갖는 것이 꼭 필요한 과제"라고 한 노대통령의 채일 중 지적은 정말로 이 일점(一点)에 꼭 들어맞는 것이었다.

김점곤 교수의 발언은 계속된다. "그와 같은(결과로서 한반도의 분단은 일어날 수 없었을 것이라고 하는) 역사적인 후회도 포함해서 일본의 한민족 분단에 대한 근원적 책임을 묻고 싶다. 거기에서 일본을 뺄 수 없다"고 특히 이 구절은 1945년 8월의 패배 이래 매년 8월이라고 하는 달을 오로지 인류 최초의 핵무기, 원폭의 '희생자' '피해자' 일본 입장에서 패전의 역사를 받아들이고 결과로서 인국(隣國)은 남북 분단의 길동무로 만들어버렸다. 여기서도 '가해자의 일본'에 상상도할 수 없는 일본인의 방자함을 지적한 발언으로 받아들여지는 것이다.

확실히 일본인은 저주해야 할 원폭의 세례를 받고 배후로부터의 소련의 대일 참전을 앞두고서 무조건 항복을 어쩔 수 없이 받아들인 순간 일·중 50년 전쟁, 한국의 식민지 지배 36년이란 아시아 근린제국(近隣諸國)에 대한 가해자로서의 '면죄부'를 입수, 전쟁 피해자의 입장에 서는 재빠른 '변신'을 여기서도 연출하고 있는 것처럼 근린제국에게는 보이는 것이다. 일본, 일본인의 전쟁 책임과 책임을 지는 방법에 대해서는 좀더 뒤에서 상론하지 않으면 안 된다.

라이샤워 교수의 지적은 1945년 8월 15일의 무조건 항복의 파국에 이르기까지 몇 차례나 있을 수 있었던 전쟁 종결의 타이밍을 질질 끌다가 놓치고 국가와 국민을 파국으로까지 몰아넣은 일본의 전쟁 지도자 문제에 조명을 맞춘 로버트 뷰토우의『종전외사(終戰外史)』서문 중에 들어 있었던 것이다.

지는 데도 "룰이 있다"는 것을 몰랐다기보다는 끝까지 책임있는 국가의 지도자로서 그것을 고려의 대상으로도 보려고 하지 않았던 일본의 전쟁 지도자에 대해서 거슬러 올라가 의문을 제기한 것이 뷰토우의『종전외사』였다. 본래 일본인 스스로 추구했어야 할 문제였지만 그로부터 45년의 고비를 맞으려고 하면서 지금도 전무한 상황이다.

뷰토우가 갖고 있었던 관심은 "8월 15일 이전의 몇 차례 단계에서 전쟁 종결을 가능케 하는 조건이 미·일 쌍방에 존재하고 있었음에도 불구하고 천황의 '성단(聖斷)'(천황의 결정)이라고 하는 이례적인 사태로까지 일본을 몰아넣고 있었던 정치적 배경은 무엇인가"하는 집요한 물음이고, 그것은 또한 "화전(和戰)의 어려움에서도 '하라게이'(배짱이나 경험으로 일을 처리하는 것)라는 불가해한 정치 기술을 구사하는 스즈키 칸타로오(鈴木貫太郎) 수상을 비롯해서 많은 정치 지도자들의 대군부(對軍部)라고 하는 점에서의 무력함과 독일의 붕괴(45년 5월) 후에도 조건부 강화(종전)에 기대를 걸고서 전혀 전망이 없는 대소화평(對蘇和平) 공작에 최후까지 매달려 결국 '성단'이라는 방도에 의존할 수밖에 없었던 일본의 지도자들에게 공동된 결단력과 정치적 자질의 결여는 어디에서 유래하고 있는가"[1] 하는 문제 의식에 입각한 추구였다.

확실히 중·일 전쟁(1937)과 태평양 전쟁(1941)의 개전에 있어서나 또 종전(무조건 항복)에 있어서도 소화전(昭和戰) 전기(昭和 20년까지)의 지도자들이 취한 태도는 마루야마 마사오(丸山眞男) 교수가『현대 정치의 사상과 행동』(상권) 속에서 엄하게 지적하고 있는 바와 같이 "방대한 무책임의 체계" 그대로였다.

동경 재판에서 일본의 A급 전범들이 펼친 "천차만별의 자기변명" 중

에 "일본 지배층의 정신과 행동 양식이 선명하게 나타나고 있다"고 보
는 마루야마 교수는 동경 재판의 재판 기록을 더듬어가면서 '무책임의
체계'의 두 가지 논리적 광맥으로서 '기성사실에의 굴복'과 '권한으로의
도피'를 들 수 있다고 한다.

　동경 재판에서 검찰 측이 가장 부심했던 것은 전쟁의 구체적 장면에
있어서 최고 책임자의 색출과 입증이었는데, A급 전범자로 지목되는 전
쟁 지도자들이 기성사실에의 굴복과 권한으로의 도피를 번갈아 들고 나
와서 펼치는 법정에서의 천차만별인 자기변명을 두고서 유럽형의 '결정'
과 '책임'의 논리에 입각한 전쟁 책임의 입증은 그냥 엇갈릴 뿐이었다.

　'기성사실에의 굴복'과 '권한으로의 무한 도피'로부터 도출되는 책임
해제의 논리는 태평양 전쟁의 개전에서는 '천황의 조칙'을, 전쟁 종결에
서는 '천황의 성단'을 내세워 각내전회(閣內全會) 일치의 결정 방식(소위
일본적 결정 방식)을 택하게 되어, 책임 소재의 추구는 마치 끝이 없는
양파 껍질 벗기는 작업이 되어갔다. 이리하여 "정부 내각 중에 수상을
비롯해서 어느 한 사람도 책임을 지는 자가 없다"(동경 재판 검찰측 논
고)고 한다. 서구적 책임의 논리로서는 도저히 포착할 수 없는 무책임의
체계를 드러내게 되었다. 나치 독일의 A급 전범을 재판한 뉘른베르크
재판정에서 가슴을 펴고 전쟁 책임을 인정하면서 받아들인 괴벨스와 같
은 사람이 일본의 전쟁 지도자 중에는 한 사람도 없었던 것이다.

　반년이라는 시간을 투자해서 수십 명이 넘는 전쟁 관계자들과 정력적
인 인터뷰를 통해 뷰토우가 '토오죠오(東條) 내각 붕괴로부터 천황성단
(天皇聖斷)에 이르는 과정'에서 추구하여 밝혀낸 것은 전쟁 지도자들의
'기성사실에의 굴복'의 반복과 '권한으로의 무한 도피'가 엮는 '무책임
의 체계'였던 것이다. 전후 일본인 자신들에 의한 전쟁 책임의 추구가
전무했다던 이유가 여기에 있었다. 덧붙여서 무조건 항복에 따른 전쟁
종결은 '패전'이 아니고 천황의 성단에 의한 '종전'이었다. 패전이 아닌
종전이라는 사실에 국민 모두가 합의한 순간 일본 내부에서의 전쟁 책
임 문제는 이미 운산무소(雲散霧消)하게 되어 있었다.

나아가서 국가 지도부의 무책임의 체계는 전후의 일본에 그대로 계승되어 일본이 국제 사회에서 경제 대국에 걸맞는 책임과 지도성을 발휘할 수 없다기보다도 "발휘하려고 하지 않는" 자세를 낳고 있다.

뷰토우의 추적에 의하면 키도 코오이치(木戶幸一)·코노에 후미마로(近衛文麿)·오카다 케이스케(岡田啓介) 등 종전주의자(終戰主義者) 중신들이 종전을 위해서 정말로 행동을 하기 시작한 것은 "더욱 대담하고 용감하게 행동하지 않으면 황실의 안태(安泰), 즉 '국체(國體)의 호지(護持)' 전망도 위태롭게 된다고 비로소 인식했을 때"였다고 하는 그들의 전쟁 종결 공작 동기는 철저하게 국체＝천황제의 호지를 위한 것이었다. 뒤에서도 언급되는 바와같이 항복 후도 국체보자가능(國體保持可能)의 심증 확보를 둘러싸고 포츠담 선언(7월26일) 수락이 하루 지연되는 바람에 히로시마·나가사키의 비참한 원폭과 소련의 대일 참전, 더 나아가서는 38도선에 의한 남북 분단의 민족적 비극을 수반하게 되었던 것이다.

한편 뷰토우는 주도면밀한 분석을 통해서 "1945년 5월 7일의 독일 붕괴는 일본에게 처음이자 아마도 최대의 화평 달성＝종전의 찬스"였고, "그것은 단순히 종전을 실현한다고 하는 것만이 아니라 어느 정도 일본에게 유리한 조건에서의 종전 가능성이 인정되어 일본측으로부터 합리적인 화평 조건을 제시받았다면 미·영도 함부로 각하(却下)할 수 없었을 것"이라고 결론짓고 있다.

확실히 5월 8일의 트루만 미 대통령의 '대일 항복 권고 성명'은 "일본군의 무조건 항복은 결코 일본 국민의 전멸이나 노예화를 의미하는 것이 아니다" "전쟁의 종말은 일본을 오늘날의 비참한 지경에 이르게 한 군부 지도자들의 종말을 의미한다"고 하여 '일본군'의 무조건 항복과 '일본 국민'의 보증을 명백히 구별하고 있는 점에서 뷰토우의 분석은 수긍이 가는 것이었다.

뷰토우가 밝혀낸 일본에게 있어서 최대의 화평 찬스의 타이밍은 '한국에게 일본이란 무엇인가'라는 종합 심포지엄에서 "지는 룰을 몰랐던 일본, 일본인"이라고 비판한 두 사람의 한국인 학자가 입을 모아서 "일본에게는 3개월 전에 지는 방법, 능숙하게 지는 방법이 있었다. 그러했었더라면 한반도는 분단되지 않았을지도 모른다"고 한 타이밍과 겹치는 것이었다. 당연히 이 타이밍을 일본의 전쟁 지도자들이 현명하게 용기를 가지고 포착했더라면 소련의 대일 참전은 있을 수 없었을 것이고 38도선에 의한 한반도의 미·소 분할 점령도 있을 수 없었다.

그러나 일본 정부의 공식 태도는 독일 항복을 예상하고 발표한 스즈키(鈴木) 수상의 담화를 통해서 "우리들은 새롭게 포착해야 할 신기도래(神機渡來)를 확신하는 바이다"라고 되풀이할 뿐 빤히 알고 있는 호기를 무시하였으며, 일본 국민들 역시 "알려서는 안 된다"고 하는 정부의 눈가림 정책에 빠져 전쟁 종결의 압력을 가하지 못했다. "문자 그대로 유순한 일본 국민이었다"고 기술한 뷰토우의 지적은 당시 일본 국민들의 사정을 말해주는 핵심을 찌르고 있다.

Ⅱ. 역사에서 배우지 못한 일본의 지도자

일본 외무성이 '종전시의 외교 기밀 문서'를 해금한 것은 1977년 6월 6일이었다. '한국에게 일본이란 무엇인가'라는 타이틀로 종합 심포지엄이 서울에서 개최된 것은 1974년 3월이었다. 그로부터 3년이 지나서 일본인도 역시 늦었지만 외무성 기밀 문서의 공개로 "지는 방법을 몰랐던 일본" "진 후의 비전을 갖지 못했던 일본인"에게 통한스러움을 안겨주게 된 것이다.

쓸데없는 대소 화평 공작의 환상에 매달려 질질 끌면서 전쟁 종결의 타이밍을 놓치고 일본 국민들은 물론 주변 국가들에게 많은 희생만을 강요하게 되었던 독선적인 일본 전쟁 지도자들의 언동과 사고 과정이 분명하게 밝혀져 있는 '종전시의 외교 기밀 문서'를 읽어가노라면 "지는 방법을 몰랐던 일본" "all or nothing의 일본"이라고 하는 한국측 지적의 비중과 일본의 패배에 그치지 않고 인국(隣國)의 분단이라는 불행까지 수반하게 되었던 전쟁 종결 문제를 다시금 생각하게 되는 것이다.

미·영·중 3국 수뇌의 서명으로 이루어진 7월 26일부의 포츠담 선언을 일본이 과감하게 8월 15일보다 불과 10일 빨리 수락했더라면 소련에게는 "노·일 전쟁 패배 이래의 일본에 대한 특별 계정 청산을 위한 대일 참전"(스탈린의 소련 국민에 대한 포고문, 1945년 9월 3일자 프라우다지에 게재)의 기회를 주지 않았을 것이고 38도선에 의한 미·소 분할 점령도 있을 수 없었을 것이다.

공개된 '종전시의 외무성 기밀 문서'는 결국 환상으로 끝나버린 '대소 화평 공작'의 기록을 명백히 하였다.

사이판을 기지로 한 B29의 밤낮 없는 맹폭으로 인해 일본 본토의 대부분은 초토화되고 오키나와(沖繩)전도 절망적인 상황이 된 45년 5월, 일본은 소련측에 화평의 '유리한 중개'를 바라고 쓸데없는 공작을 계속했다. 히로타코우키(廣田弘毅) 전수상을 동원하여 말리크 주일 소련 대사와 회담을 시키고 모스크바에 있는 사토오 나오타케(佐藤尙武) 대사에게 몰로토프 외상 등을 접촉토록 하는가 하면 코노에 후미마로(近衛文麿)를 천황의 특사로서 직접 모스크바에 파견하려고 노력했다. 소련의 관심을 끌기 위해 일본 정부는 노·일 전쟁의 결과인 포츠머스 조약의 파기, 만주의 중립화안 등 큰 양보 용의를 보였다. 하지만 그 회답은 8월 8일, 소련의 대일 선전포고, 소련군의 노도와 같은 만주 진격이었다.

공개된 '외교 문서'는 이와 같이 기술한 후 5월 11, 12, 14일에 걸친 '최고전쟁지도회의 구성원 회의'가 결정된 3항목의 대소 교섭 방침에 언급하고 있다. 3항목이란 ⅰ) 소련의 대일 참전 방지 ⅱ) 소련의 호의적 태도 유도 ⅲ) 전쟁 종결에 대해서 소련으로 하여금 일본에 유리한 중개를 하도록 한다는 것이었다. 그리고 이러한 3항목의 확보를 위해서는 포츠머스 조약 및 일·소 기본 조약을 폐기하기로 하고, 결국 ⅰ) 남'사할린'의 반환 ⅱ) 북양(北洋) 어업권의 해소 ⅲ) 쯔가루(津輕) 해협의 개방 ⅳ) 북만주에 있는 제철도(諸鐵道)의 권익 대소 양보 ⅴ) 여순(旅順)·대련(大連)의 대소 조차를 각오하고 경우에 따라서는 천도북양(千島北洋)

을 양도할 수 있다고 하는 등 대폭적인 대소 양보의 입장이었다.

그러나 그럼에도 불구하고 '단서'로서 "조선은 이것을 우리측이라는 데 유의하기로 하고, 남만주에서는 이것을 중립 지대로 만드는 등 가능한 한 만주 제국의 독립을 유지하기로 한다"고 덧붙여 양 지역에 대한 강한 집착을 감추지 않았다.

3일간에 걸친 5월의 최고전쟁지도회의 구성원 회의에서 토오고오(東鄕) 외상이 "대소[이용의]시책은 이미 늦어서 군사적으로나 경제적으로도 거의 이용할 수 있는 가망이 없다"고 주장하였음에도 불구하고 육·해군과 함께 군부측이 "대소(對蘇) 이용의 가망이 있다"고 뻔뻔스럽게 희망적인 판단을 내세워 소련을 중개자로 하는 연합국과의 화평 교섭을 위한 대소 교섭을 요구, 양보하지 않았다.

중신 코노에(近衛文磨)가 천황에게 제출한 "유감스럽게도 패전은 이미 필지(必至)라고 생각됩니다"라고 써내려간 상소문(2월 14일)에서 "군의 일부는 어떠한 희생을 치르고서라도 소련과 손을 잡아야 한다고 하나 …… 승리할 가망이 없는 전쟁을 이 이상 계속하면 완전히 공산당의 손에 넘어가게 된다고 생각되며, 따라서 국체 호지의 입장에서라면 하루라도 빨리 전쟁 종결을 강구해야 된다고 확신하는 바입니다"라고 쓴 것은 "미·영 격멸을 외치면서 한편에서 굳이 소련과 손을 잡으라고 주장하는 일부 군부 수뇌의 존재"에 대한 중신들 사이의 의심 쩍음, '공산 혁명'의 가능성에 대한 위구였다.

이리하여 일본의 지도자들이 입씨름과 의심으로 귀중한 시간을 허비하고 있을 무렵, 이미 2월의 얄타 회담에서 미·영·소 3국은 "1940년의 일본의 배신적 공격(노·일 전쟁의 개전을 가리킴: 필자주)으로 침해당한 러시아국의 구권리 회복"과 "독일 항복 후 2, 3개월을 지나 소련은 대일 참전을 한다"는 약속을 서로 하였던 것이다.

한편 소련은 4월 5일 "일·소 중립 조약의 1946년 4월 기한 만료 후의 불연장"을 일본에 통고함으로써 얄타 회담에서의 미·영 양국에 대한 밀약이었던 대일 참전 실행의 제일보를 명확히 내딛는다. 그러나 이때 얄

타의 밀약을 전혀 감지하지 못했던 일본 정부는 "일·소 중립 조약의 불연장, 폐기 통고 후에도 아직 1년간은 동조약이 유효하다"는 해석에 얽매여 소련의 통고 배후 사정을 알아보려 하지도 않았으며 따라서 알 수도 없었다.

오늘날의 국제 상식으로 봐서 도저히 믿기 어려운 정보 능력, 정보 음치라고 할 밖에 없지만, 독선적인 자기의 원망(願望)에만 매달려 있었던 최고 전쟁 지도부의 교섭 태도의 당연한 결과이었다.

그에 앞서 1944년 11월 7일의 소련 혁명 기념일 연설을 통해서 스탈린 서기장은 그때까지의 침묵을 깨고 일본을 독일과 함께 '침략국'이라고 비난하는 일·소 중립 조약의 한 당사자로서 있을 수 없는 발언을 하여 일본 정부에 커다란 충격을 주었다. 그러나 "스탈린 서기장의 말은 과거의 사실을 말한 데 지나지 않는다. 그것은 1930년대에 있은 일본의 대소 공격을 가리킨 것이고 현재의 사실을 말하는 것이 아니다"라고 하면서 어떻게 해서든지 그 상황을 적당히 얼버무리려고 하는 어린애 속임수인 몰로토프 외상의 석명(釋名)에 마치 수면제라도 먹은 듯한 일본 측이었다.

일본 정부는 7월 26일 "미합중국 대통령, 중화민국 주석, 영국 수상은 일본에 전쟁 종결의 기회를 준다는 데 동의했다"는 조문으로 시작되는 13조의 대일 포츠담 선언이 발표된 후에도 7월 30일 모스크바의 사토오(佐藤) 주소 대사를 통해 "전쟁 종결을 위해 소련 정부의 진력과 알선에 기대를 걸고 근위 화평 특사의 모스크바 파견" 교섭에 매달리고 있을 뿐이었다.

이미 미 정부는 일본 정부의 모스크바 훈령 전보를 전부 수신하고 일본의 화평 중개 의뢰 상황을 알고 있었다.

7월 17일, 포츠담에서 스탈린이 트루만(미 대통령)에게 일본으로부터 코노에(近衛) 특사 파견의 타진이 오고 있다고 밝혔을 때 트루만은 처음으로 그 사실을 알았던 것처럼 행동하면서 "일본의 제의는 무시하고 회답을 않기로 했다"고 하는 스탈린의 숨김없는 말에 맞장구를 치고 있었

다고 하는 뒷이야기는 이미 너무나도 잘 알려져 있는 바이다. 그런 줄
조금도 모르는 일본의 전쟁 지도자들은 스탈린이 불러주는 자장가에 잠
이 든 채[2] 8월 15일까지 반개월 사이에 트루만의 원폭 사용 실험에 히로
시마와 나가사키를 두 차례 제공하였을 뿐 아니라 소련의 일·소 중립
조약 위반에 의한 대일 참전을 초래하고, 한반도의 분단도 수반하게 되
었다. 그러나 태평양 전쟁 개전시부터 패전까지 최후의 내대신(內大臣)
으로서 소화천황(昭和天皇)을 보좌한 키도 코오이치(本戶幸一)가 국회도
서관의 발의에 따라 남긴 최후의 증언 중에 천황의 성단에 의한 8월 15
일의 전쟁 종결에 대해 "원자폭탄과 소련의 대일 참전이 결정적인 역할
을 했다"[3]고 하는 대목이 있다는 것은 간과할 수 없다. 전쟁 계속과 본
토 결전을 완강하게 주장하는 군부를 누른 최후의 결정타가 된 것이 대
량 살육의 '신형 폭탄'의 등장과 배후로부터의 소련의 대일 참전이었다
고 하는 것이다. 이 사실에 언급한 키도의 증언은 "잘 되어갈 때는 목적
한 대로 일이 술술 풀려나간다. 거꾸로 원자폭탄도 도움이 되고 있다.
소비에트의 참전은 도움이 되고 있다. (천황의 성단을 향해) 잘 되어나가
는 요소가 되었다"고 솔직히 밝혔다.

뷰토우는『종전 외사』중에서 "역사에서 배우지 못한 일본의 지도자
들"이라고 통열한 비판을 가하고 "극동의 노·일 교섭사를 살펴보면,
양국은 우호 관계에 있었다기보다도 오히려 구적(仇敵) 관계였다고 하는
것이 타당하다"고 하면서 청·일 전쟁 후의 3국 간섭, 노·일 전쟁, 소
비에트 혁명에 대한 일본의 시베리아 출병 간섭, 1930년대의 소·만 국
경 무력 충돌가 일·소 경제 항쟁, 북양 어업권을 둘러싼 분쟁 등을 들
고 있다. 뷰토우의 정확한 연구를 들출 것도 없이 "일본이 화평 알선을
위해 소련에 협력을 기대할 구체적 기초는 전무했다."

사실 "일본에 승산이 없다"고 단정하고 "대소 화평에 대한 환상의 방
지를 제일"이라고 한 토오고오(東鄕) 외상, 사토오(佐藤) 주소 대사는 물
론 국내 전쟁 종결파의 최후 단계에서의 협력은 대외 교섭보다도 군부
강경파와의 홍정이라고 하는 대내 교섭에 그 정력을 쓰고 귀중한 시간을

낭비하여 국민에 대해서 거듭 희생을 강요할 뿐이었다. "외교는 내교(內交)" "외압에 의해 바뀌는 일본"의 일본적 패턴 그대로였다. 전쟁 종결에 즈음한 외압은 히로시마와 나가사키의 원자폭탄과 소련의 배후로부터의 대일 참전이었다.

뷰토우는 『종전 외사』를 끝맺으면서 "네 가지의 가정 if"을 들고 있다.

1) 만약 일본의 중신, 문관 지도자들이 생명의 위험을 돌보지 않고 용기를 내서 보다 단도직입적으로 행동하여 군부의 힘을 누르게 되었다면―.
2) 만약 일본의 전쟁 종결론자들이 일본에 유리한 조건에서의 전쟁 종결 교섭이 도저히 가망이 없다고 하는 사실을 보다 확실히 믿고 있었더라면―.
3) 다른 한편 만약 연합국측이 천황제의 존속을 보증하는 데 대해서 보다 관대한 태도를 전쟁의 초기에 보였더라면―.
4) 또한 만약 미국이 새로 발명한 원폭을 사용한다든가 또는 소련의 참전을 촉구하는 대신에 보다 다른 수단을 탐구하였더라면―.

네 번째의 가정을 제외하고 세 가지의 가정 중에 어느 것이 취해졌다 해도 전쟁 종결의 시기는 확실히 앞당겨져 "제2차 대전을 매듭짓는 패전=전쟁 종결 방식이 매우 비과학적이고 졸렬한 것"이 되지 않았을 것임에 틀림없다.

네 번째의 가정만이 성립되지 않는 것은 최후의 내대신(內大臣) 키도(木戶幸一)의 증언에서도 명료하다.

군의 계전(繼戰) 강경파도 중신, 각내(閣內)의 전쟁 종결파도 결국 전원 일치 컨센서스의 일본적 방식으로 전쟁을 매듭짓기 위해서는 최후의 보루, '국체 호지(護持)'를 미국에 내걸고 그것을 유일한 의지처로 하면서 천황의 '성단'에 그저 따르는 수밖에 없었다. '기성 사실에의 굴복'과 '권한으로의 끝없는 도피'가 다다른 곳은 히로시마·나가사키의 시민에게 원폭의 희생과 비참을 강요하고 일·소 중립 조약에 분명히 배반하는 소련의 대일 참전을 감수하지 않으면 안 된다고 하는 가장 '서투른 패전 방법' 밖에 없었던 셈이다.

그러나 서투른 패전 방법을 국민들에게 납득시키기 위해서는 전쟁의 종결이 군의 무조건 항복에 의한 '패전'이 아니고 어디까지나 참기 어려운 것을 참는 '종전'이어야 했다.

8월 15일은 무조건 항복에 의한 패전이 아니고 '종전'이었다. 패전이 아니고 종전인 까닭에 "아시아 각지에서 맞이한 다양한 종전은 전체로 보면 놀랄 정도로 순조로웠다. 그 비밀은 실로 천황의 성단에 의한 국체 호지의 종전에 있었다." "민중의 평상 생활로 돌아가고 싶은 원망을 나타내기에는 패전이 아니고 '종전' 쪽이 좋았던 것이다. 종전의 용어는 이런 의미에서 훌륭했지만 동시에 패전에 이른 전쟁 지도의 책임을 애매하게 만드는 역할도 포함하고 있었다"[4]는 것이다.

일본이 패배한 1945년 8월 15일, 그날 마닐라에 있던 맥아더 최고 사령관에게 보낸 트루만 대통령의 '일반 명령 제1호'는 38도선 이북의 일본군 무조건 항복은 소련군이, 38도선 이남에서는 미군이 각각 받아들이기로 결정했다는 취지를 명백히 밝히고 있다. 일본의 항복과 일자를 같이하여 남북 민족 분단의 운명선의 설정이 미·소간에 합의를 보았던 것이다.

되풀이하지만, 일본의 항복이 소련의 대일 참전보다 하루라도 빨랐더라면, 바꾸어 말하면 8월 15일보다 8일만 빨랐더라면 38도선에 의한 미·소 양군의 분할 점령을 회피할 수 있었고 남북 분단의 민족적 비극은 있을 수 없었을 것이다.

8월 17일, 첫 황족 내각을 조각(組閣)한 히카시 쿠니(東久邇)는 18일의 전국민을 향한 라디오 방송에서 "우리나라와 중국과의 과거에 있었던 가슴 아픈 문제를 이 기회에 일소하여 서로 승패를 불문하고 ……" 라고 말해 비록 간접적이긴 하지만 중국에 대한 일본의 침략과 중·일 50년 전쟁에 언급했으나, 36년에 걸쳐 식민지 지배한 조선에 대한 언급은 끝내 어디에서도 찾아볼 수 없었다. 대소 화평 공작을 위해 일본이 마련한 대폭적 호보안(護步案)에서도 '단서'로서 "조선은 이것을 우리측이라는 데 유의하기로 하고"라고 했듯이 조선의 해방 독립은 일본의 전쟁

지도자들에게 고려 외의 문제였다.

식민지 조선에 관한 한 일본의 자세는 제2차 대전 후도 이루지 못한 꿈을 좇아서 재지배로 복귀하려고 했던 베트남에 대한 프랑스, 인도네시아 대한 네덜란드의 구종주국 의식과 조금도 다름이 없었다. 히카시쿠니의 라디오 방송은 중국인에 대한 죄의식을 편린이나마 보여주었건만, 조선에 대해서는 전무했다. 이것은 45년 전의 당시 일본 전쟁 지도자에 그치지 않고 지금도 일본인 일반의 인식 속에 농후하게 투영되어 있다는 사실이 두 사람의 한국 대통령을 맞이했을 때 천황의 불행한 과거에 대한 발언 문제의 취급을 둘러싸고서도 입증되었다.

일본은 "대단히 서투른 패배 방법"을 시종하면서 항복 후의 처리는 '종전'의 의식을 통해서 순조로웠다. 게다가 미주리 함상(艦上)에서 항복 문서 조인식이 있은 다음 날인 9월 3일에 이루어진 맥아더 최고 사령관과 시게미쯔(重光) 외상간의 회담에서 점령군 직접 통치의 군정을 회피하려고 포고안의 철회를 열심히 요구하는 이 외상에 대해 맥아더는 그 자리에서 이를 받아들여 일본 정부를 통한 간접 통치 방식을 결정했다.[5]

점령군은 당초 일본 점령에 즈음하여 "군정을 실시하고 공용어는 영어로 한다" "점령군 재판소를 설치한다" "미군표 B엔(円)을 사용한다"고 하며, 일본 정부는 물론 일본 국회, 일본의 재판도 인정하지 않을 방침이었다.

일본측의 강한 요청과 맥아더의 단념으로 일본에서의 군정 실시는 회피되었지만, 38도선 이남에서는 9월 8일, 미 군정이 그대로 포고·실시되었다. 38도선 이북에 소련 군정이 실시된 것은 말할 것도 없다. 이 결과 일본에서 불필요하게 된 군정 요원은 그대로 38도선 이남의 미군 점령에 돌려지게 되었다. 연합국의 점령하에 놓이게 된 일본은 피점령에 앞서 8월 23일 재빨리 '종전처리위원회'를 설치, 전쟁 동원을 해제하는 한편, 육·해군인의 복원(復員), 민간으로의 복귀가 시작되고, 10월 12일에는 남방으로부터 복원 제1선이 별부(別府)에 입항하였으며, 12월 21일에는 벌써 연합군 최고 총사령부GHQ가 "일본 민주화에 관한 기본적 제시는 일단락되었다"고 발표하고 있다.

어제까지 일본의 식민지 지배로 신음하고 일본군 대신에 미군의 점령 (9월 8일)을 '해방군'의 진주로서 맞이한 38도선 이남의 한국인들에게 있어서 미 군정의 시행은 38도선에 의한 미·소 분할 점령과 함께 예상조차 하지 못했던 충격적인 사태였다.

"우리 한국인은 일제 시대에 경험한 고통에 더하여 다시 고난의 바닥으로 떨어지고 있다. 그 고난의 원인은 정치적 혼란에만 있는 것이 아니고 현재의 경제적 혼란에 있다. 그것은 미국의 한국에 대한 이해의 부족, 통역 정치의 횡행, 준비 없는 자유 경제의 허가에 기인하고 있다. 게다가 각하(하지: 필자 주)의 무정견한 정책에도 원인이 있다." 이것은 미 군정이 1년을 경과한 1946년 8월 31일 조선일보가 게재한 최고 사령관 하지 중장에 대한 '공개장'이었다.

돌이켜보건대 3년간의 미 군정은 가혹하기 짝이 없는 해방 한국의 현실에 거의 개선의 자취를 남기지 않았다.

Ⅲ. 천황의 전쟁 책임과 동경 재판

일본 공식 방문 일정을 마감하면서 일본 기자 클럽의 회견에 임한 노태우 대통령은 "한국측에서도 금후에는 반일적인 교육을 지양해야 할 것이 아닌가"라는 한 일본인 기자의 솔직한 질문에 "거듭 강조합니다만, 역사의 진실을 함께 인식하는 것이 중요합니다. 보십시오. 유럽은 제1차 대전에서 적으로서 서로 싸우고 수많은 사상자를 낸 독·영·불이 한결같이 통합을 향해가고 있습니다. 그 힘, 원동력은 어디서 나온 것인가. 역사의 진실에 대한 공통의 인식을 가진 결과라고 나는 확신하고 있습니다. 이와 같은 인식이 굳어지면 그와 같은 염려는 자연스러운 흐름으로 해소되어 나가겠지요."하고 맺었다.

이에 앞서 노대통령은 일본 국회에서의 연설에서 "프랑스인·독일인·영국인이 하나의 유럽인으로 된 것은 그들이 진실의 힘으로 과거의 잘못을 깨끗이 씻고 새로운 역사의 창조에 함께 동참할 수 있었기 때문입니다"라고도 언급했다.

동의 일본과 한국-조선의 관계는 서의 독일과 폴란드의 관계에 잘 비교된다. 역사적으로나 지정학적으로도 뒤얽힌 두 쌍의 관계에 서로 흡사한 것이 있기 때문이다. 서독과 폴란드는 중세 이래 깊은 관계를 맺고 있는 양국이 차세대의 국민에게 그 역사와 지리를 어떻게 가르쳐야 될 것인가에 대해서 양국의 역사학·지리학 관계 전문가 회의가 토론을 거듭하여 1977년에 '교과서 권고'[6]를 작성하기에 이른다. 양국에 관계되는 '과거'를 운명적인 '불행한 과거'로 치부하지 않고 '역사'로서 문제삼아 그 과거에서 눈을 돌리지 않고 이해를 깊이하여 공통의 인식을 갖도록 하는 노력이 쌓여지고 있다.

그와는 반대로 일본과 한국-조선 사이에서는 그러한 노력이 전무에 가깝다. 기다림에 지쳐서 못 견딘 정치 쪽으로부터 노태우 대통령의 방일을 계기로 호소하게 된 것이다. 오히려 역사의 가해자인 일본측이 마땅히 시작했어야 할 제창이었다.

그렇지만 공통의 인식을 만들어내는 작업이 용이한 작업이 아니고 가끔 쌍방에 큰 고통을 주게 되는 작업이라는 사실은 한·일의 종합 잡지 『신동아』와 『문예춘추』가 86년 7월 이른바 '후지오(藤尾) 문부상 발언'을 계기로 공동 기획한 4명의 역사 전문가에 의한 근대 100년의 한·일 관계사에 대한 지상 토론이 『문예춘추』지(86년 12월호)가 붙인 타이틀대로 '격돌! 일한 대투론(大鬪論)'이 되어 한국측의 한 사람이 격앙한 나머지 바로 자리를 박차고 퇴석해버렸던 경우에 비추어 봐도 명료하다.

노태우 대통령은 방일에 앞서 방한한 다케시타(竹下) 수상 등의 일본측 요인들에게 "한국과 일본의 오랜 친선과 교류의 역사 속에서 씻어보낼 필요가 있는 '2점'으로서의 임진왜란과 금세기 초두의 시기(한·일 합병)"를 들고 있다. 격돌! 대토론이 된 『문예춘추』의 지상 토론이나 아시아 근린제국(近隣諸國)에 큰 파문을 일으킨 후지오(藤尾) 문부상의 발언도 일본과 한국이 공유하는 금세기 초두의 역사적 사실(史實) 인식을 둘러싼 것이었다.

『문예춘추』의 지상 토론에서 한국측 참가자이면서 연구자로서 냉정한 자세로 시종일관했던 재일 한국인 강덕상(姜德相) 일교대(一橋大) 교수가 후지오(藤尾) 발언을 '설교 강도'에 비유하여 "왜 우리들이 침략당했는가 그것은 우리의 약함이며 아픔이다. 그러한 것을 자신의 문제로서 반성하고 점검하기 시작하고 있는데 [일본측의]후지오(藤尾)가 말했기 때문에 이상하게 되었다(한·일간의 격렬한 정치 문제로 되어버렸다는 의미)"고 하는 지적과 시점은 "한·일간의 진실한 역사에 대한 공통의 인식"을 찾아내어 정립해가는 데 특히 일본측에게 중요한 제언으로 받아들일 만한 것이었다. 오늘날 한국의 근대·현대사 연구자들 중에서 근·현대사를 '한민족의 내재적 책임론'에 입각해서 재검토하고 재구축하려고 하는 움직임이 가해지고 설득력을 갖기 시작하고 있는 때인 만큼 일본측의 발언에는 거기에 눈을 돌려 배려하고 한국측의 내부 책임론의 정착과 성숙을 기다리는 자세가 요구되고 있다.

거기에 덧붙여서 한국측으로부터 "지는 법을 몰랐던 일본", "대단히 서투른 일본의 패전 방법"에 대한 발언은 일본의 전쟁 지도자의 전쟁 책임 소재와 책임을 지는 방법, 그리고 전쟁 종결의 타이밍 문제 외에 소련의 대일 참전과 38도선에 의한 남북 분단의 문제 등 역사의 진실에 대한 한·일 공통 인식을 도출하는 데 있어서 분명히 지금까지 일본측에 결여되어 있었던 시각과 시점을 제공하는 것이었다.

한국과 일본 사이에 36년간을 중심으로 하는 역사의 진실에 대한 공통 인식의 발굴과 형성을 위한 공동 작업은 그렇게 용이한 작업은 아니다. 그런 만큼 "지는 법을 몰랐던 일본"에 대한 한·일 쌍방으로부터의 추적은 곤란한 공동 작업의 돌파구가 될 수 있는 것이고, 또 반드시 그렇게 되지 않으면 안 된다.

소련과학아카데미 산하 동양학 연구소 국제협력부 부장의 직함을 가진 소련의 역사학자 알렉세이 키리첸코가 종합 잡지『문예춘추』(90년 7

월호)를 통해 "1945년 8월 8일의 소련의 대일 참전은 일·소 중립 조약에 위반하는 행위였다"고 하면서 "소련의 과오를 인정하는 것은 소련 국민을 위한 것이다"라고 솔직히 털어 놓기 시작한 것은 소련측으로부터의 역사의 진실에 대한 공통의 인식을 발굴하려는 작업의 시그널로 받아들여지는 것이었다. 물론 그것은 아직 시그널에 그치고 있지만, 한·일 공통의 인식을 찾아내는 작업에 착수하고자 하는 데 있어서 특히 일본측에 참고할 만한 가치가 있는 소련학자의 태도라고 하여야 할 것이다.

1945년 8월 15일, 일본의 연합국에 대한 무조건 항복은 국체=천황제 호지(護持)를 유일한 근거로 한, 천황의 성단(聖壇)에 의한 전쟁 종결이었다. 일본의 항복은 어디까지나 연합국에 대한 항복이고 중·일 50년 전쟁, 36년간의 식민지 지배, 태평양 전쟁을 통해서 일본이 침략 전쟁을 감행한 아시아 근린 제국에 대한 항복은 아니었다. 일본과 일본인이 제2차 대전 후 재빨리 아시아 각국에 대한 가해자로서의 책임과 입장을 살리지 못하고 있는 요인과 근거의 하나는 여기에 있다.

더욱이 전쟁 종결은 무조건 항복이면서 천황의 성단에 의한 '종전'이고 '패전'이 아니었던 까닭에 일본 국민은 '일억 총 참회'로서 눈 깜짝할 사이에 종전을 받아들이고 패전을 초래한 전쟁 책임의 추구는 국내적으로 일절 없었다. 1945년 11월 5일, 일본 정부는 '전쟁 책임 등에 관한 건'을 각의에서 결정하였다. 이 각의 결정은 앞서 9월 27일 천황의 방문으로 이루어진 천황과 맥아더 회견의 결과, 전쟁 책임의 추궁이 천황에까지 미칠 염려는 없다는 심증을 얻고 나서 결정된 것으로서, ⅰ) 대동아 전쟁은 사방의 정세에 비추어 어쩔 수 없는 행동의 전쟁이었다고 믿는다. ⅱ) 천황은 개전의 결정, 작전 계획(통수권)의 수행에 관해서는 헌법 운용상 확립된 관례에 따라 책임 기관인 내각과 통수 기관인 대본영의 결정을 각하한 적은 없다. ⅲ) 천황은 입헌 군주의 입장을 지키면서 어쩔 수 없이 개전의 증서에 서명했다는 것을 골자로 하고 있고 여기에 전쟁 책임에 대한 천황 면책의 국내론적 논리가 마련되고 있었다.

한편 연합국측도 전쟁 처리의 중심인 대일 점령 정책의 수행에 있어 천황의 전쟁 책임을 일절 불문에 붙였을 뿐만 아니라 동경 재판에 있어서도 천황을 불기소함으로써 전쟁 책임의 면책 증거로 삼았다. 이리하여 천황은 국내론적으로나 국제론적으로도 전쟁 책임의 면책이 확정된 셈이다.

1989년 1월 7일의 소화천황(昭和天皇) 사거 당시 런던에 체재하고 있던 우노 소오스케(宇野宗佑) 외상(후에 일시적으로 수상이 되었음)이 영국의 주요 매스컴 8사의 대표를 초치, 기자 회견을 했을 때 천황의 전쟁 책임에 관심이 집중되었기 때문에 발표한 일본 정부의 견해는 "일본은 전쟁 책임에 대해서 또한 극동 군사 재판(동경 재판)의 결과도 모두 샌프란시스코 평화 조약에서 수락하였다. 이로서 소화천황의 관계도 국제적으로 모두 해결이 끝난 것이다"[7]라고 하는 것이었다.

소화천황의 사거 후 가장 먼저 공표된 일본 정부의 공식 견해로 볼 수 있는 것으로서 일본의 침략 전쟁을 범죄라고 재판한 동경 재판도 천황을 피고로 삼지 않았기 때문에 국제법적으로 천황의 전쟁 범죄는 없다. 천황의 전쟁 책임 문제는 동경 재판 단계에서 결말이 난 것이라고 하는 일본 정부의 '견해'와 다름없었다.

한편 일본 국민에게 무력 포기와 전쟁을 부정한 평화 헌법(1947년 5월 3일 발효)은 모든 전쟁을 부정하는 반전 평화의 논거로 되어 아시아 근린 제국이 전쟁의 책임을 추궁하는 시각을 급속히 상실케 하였을 뿐만 아니라 모든 전쟁을 평화주의의 이름으로 부정한 결과, 자신의 전쟁 체험 기록도, 전쟁의 희생자·피해자의 입장에서 나온 것이 일색이 되어, 잇따른 아시아에서의 전쟁의 비참함을 가해자 일본인의 입장에서 기록하지 않게 되었다. 특히 인류 최초의 핵무기, 원폭의 '희생자' '피해자'라는 의식은 원폭 반대의 세계를 향해 어필시키는 한편 아시아 근린에 대한 가해자 의식을 어느 사이에 상살시켜버렸을 뿐 아니라 가해자의 입장을 면죄하는 면죄부의 역할을 갖게 되었다.

돌이켜보건대 동경 재판은 일본이 태평양 전쟁에서 싸운 연합국에 의

한 패전국 일본에 대한 전쟁 재판이었다. 일본이 장기에 걸쳐서 가해자의 입장에서 펼친 아시아의 전쟁 피해국, 피해 민족 가운데서 일본을 재판하는 이 재판에 참여할 수 있었던 것은 재판 구성국 11개국 중 이미 국공 내전으로 기반이 흔들리고 있었던 중화민국 정부뿐이었다. 일본의 패배로 식민지로부터 해방되면서 38도선에서 남북으로 미·소의 분할 점령하에 있었던 한민족에게는 동경 재판의 구성국이 되어 일본을 재판할 자격이 없었다.

동경 재판과 샌프란시스코 평화 조약에 의해 일본의 전쟁 책임에 대해서는 소화천황의 관계도 포함하여 국제적으로 해결이 끝났다고 하는 일본 정부의 입장이 한국을 비롯한 여타 아시아 제국에 그대로 통하지 않는 까닭이기도 하다.

그러나 그와 같은 한국과도 1965년 12월 18일 발효한 한·일 기본 조약에 의해 국제법적으로는 모두 해결을 본 형태가 되었다. 기본 조약의 전문(前文) 서두에 한국측의 강력한 희망으로 "양국민간 관계의 역사적 배경을 고려하여"라는 대목이 삽입된 것은 동조약 가조인 교섭을 위해 서울에 온 시이나(椎名) 외상이 공항 도착 메시지, 동조약 가조인 후의 한·일 공동 성명에서 되풀이하여 언급한 "양국의 역사 속에서 불행한 기간이 있었다는 것을 정말로 유감으로 생각하며 깊이 반성하고 있다"고 한 역사적 발언을 반영한 것이었다.

이때의 시이나 발언이 1984년 9월 전두환 대통령을 한국 대통령으로서는 처음으로 일본에 맞아들인 궁중 만찬회에서 "금세기의 한 시기에 있어서 양국간에 불행한 과거가 존재했다는 것은 정말로 유감이며 다시 되풀이되어서는 안 된다"고 한 소화 천황의 '발언'으로 되고, 이제 또 1990년 5월 24일, 노태우 대통령을 맞이한 궁중 만찬회에서 "우리나라에 의해 초래된 이 불행한 시기에 귀국의 사람들이 당한 고통을 생각하고 나는 통석(痛惜)의 염(念)을 금할 수 없습니다"고 한 현 천황의 '발언'이 되었던 것은 지금도 기억에 새롭다.

'나＝천황'을 명시함으로써 현 일본국 헌법이 규정하는 '상징 천황'으로서는 최대한 양보한 '발언'이라고 하는 일본측에 대해 노태우 대통령은 귀국 성명에서 천황과 카이후(海部) 수상은 일본의 식민지 통치가 "우리들에게 불행한 과거를 초래했다는 사실을 솔직히 인정하고 일본의 행위에 의해 우리 국민이 체험한 고통과 슬픔에 대해서 분명히 사죄하고 반성했다"고 언급했다. 청와대 당국은 "한·일간의 과거에 대한 사죄 문제는 일단락된 것이고, 정부로서는 두 번 다시 문제로 삼을 생각은 없다"고 공식 논평했다.

그러나 한국 유력지의 논조는 모두 전두환 대통령의 방일시부터 부정적이었고, "우리들은 이것으로써 일본의 사죄 문제가 일단락되었다고 하는 주장에 대해 결코 그대로 넘어가서는 안 된다. 한·일 관계의 역사에서 일본의 사죄는 없었다고 확인하고 그것이 일본의 치부로서 언제까지나 남아 있도록 기록하지 않으면 안 된다"(조선일보, 26일), "그러나 통석이라고 하는 애매한 수사에 대해 다시금 느껴지는 것은 이 문제에 대한 일본의 한계성과 우리 국민이 기대했던 수준에 전혀 미치지 못했다고 하는 불만감이다"(한국일보, 26일)라고 하는 것이었다.

한편 일본인 서울 특파원이 전하는 바에 의하면[8] "일본에서는 노대통령의 연설에 매우 감명을 받은 사람이 많았다. 게다가 이것으로 사죄 문제는 끝났다고 동 대통령이 발언한 것도 감명을 주었다"고 하자, 그의 친구들은 "이것으로 점점 더 한·일간의 갭이 깊어질지도 모른다. 일본측은 끝났다고 생각하고 한국인은 끝나지 않았다고 생각하고 있다. 이번에 한국측이 이 문제를 제기하면 일본인은 화를 낼지도 모른다. 그러나 반드시 다시 나올 것이다"라며 어두운 표정을 지었다고 한다.

"반드시 나온다. 이번에 한국측이 이 문제를 제기하면 일본인은 화를 낼지도 모른다"고 하는 대목은 정말로 핵심이다.

전후 45년 일본에서는 평화 헌법이 규정하는 바의 "일본국과 일본 국민의 통합 상징으로서의 천황"에 대해서 소화천황 사거 직후 아사히신문이 실시한 여론 조사에 의하면, "천황은 지금과 같은 것이 좋다"고 하는 상징 천황 긍정이 83%로 천황제 폐지 10%를 크게 앞질러 정치학자인 카와이 히데카즈(河合秀和) 교수로 하여금 "상징 천황제는 완전히 국민들 속에 정착하고 있다"고 진단케 하는 결과가 되었다.

상징 천황의 정착은 천황의 정치적 역할, 정치적 발언을 점점 더 부정하는 쪽으로 연결되고 있다. 그런 의미에서 한·일 관계에 대한 더 이상 깊은 발언은 천황의 정치적 역할을 의미하는 발언이 되는 까닭에 상징 천황 긍정파는 지금의 천황 '발언'을 이미 최대한의 한계로 받아들이고 있다. 지상에는 보도되지 않았지만, 각 유력지에 대한 독자의 반향은 "과거에 대한 사죄 문제는 일단락된 것이고 한국 정부로서는 다시 문제 삼을 생각이 없다"고 한 청와대의 공식 견해와 일치하고 있다고 한다.

감히 사견을 여기서 말한다면, 나는 노태우 대통령의 일본 방문에 있어 천황의 발언을 겉으로 드러내는 데에는 찬성하지 않는다. 분명히 상징 천황으로서의 존재를 넘어 정치적 발언으로 에스컬레이트되는 데 대한 우려 때문이었다. 그래서 오히려 이번에 일본의 국회가 나서서 불행한 과거에 대해서 반성 결의를 하는 것이 타당하다고 어느 신문에 사견을 개진했다. 노대통령의 방일에 있어서 소화천황의 '발언'보다도 더 진전된 현 천황의 '발언'을 기대하는 요구가 한국측으로부터 조야(朝野) 일치해서 나온 것은 84년의 전두환 대통령의 방일을 맞이하여 일본측이 여러 가지 약속하였음에도 불구하고 한·일 관계의 건설적인 발전의 흔적이 보이지 않는다고 판단했기 때문임에 틀림없다. 그러나 여기서 또 그 요구를 받아들여 천황의 발언을 더 진전된 것으로 한다는 것은 결국 일본측의 약속 불이행 석명을 천황의 '발언'으로 대행시키는 악순환이 되고 결국 천황의 정치적 이용의 문제가 될지 모르는 것이다.

일본의 국회가 그 책임으로서 한·일간의 불행한 과거에 대해서 반성 결의를 한다고 하는 것은 일본 국민의 반성 의사의 스트레이트한 대변이기도 하다. 정치는 그 결의에 구속되어 한국 대통령을 맞이하고 일본측이 한 양국의 관계 개선과 발전을 위한 약속에 대해서 지금까지와 같은 방치·불이행이 더 이상 허용되지 않을 것은 분명하다.

신문 보도에 의하면 카이후(海部) 수상은 노태우 대통령과의 회담에서 "나는 과거의 한 시기, 한반도의 사람들이 우리나라의 행위에 의해 견디기 어려운 고통과 슬픔을 체험한 데 대해서 겸허하게 반성하고 솔직히 사과하는 마음을 전하고 싶다"고 말했다. 이 카이후(海部) 수상의 일본국과 국민을 대표한 반성과 사죄를 그대로 국회가 일본 국민의 반성과 사죄로서 결의하는 일에 망설일 이유는 조금도 없다. 일단은 천황의 '발언'보다도 가장 바람직한 사죄 방식이라고 생각한 자민당 수뇌부가 "국회 결의는 어울리지 않는다"고 하는 의미 불명의 이유로 국민의 의사 표시 기회를 유보시켜버린 것이야말로 오히려 문제가 있었다.

천황의 '발언'에 매달리는 것을 그만두고 일본의 국회가 스스로 나서서 사죄 결의를 했다고 하면 한국측 매스컴에 "한·일 관계의 역사에서 일본의 사죄는 없었던 것으로 확인한다"(앞의 조선일보 사설)고 독단하게 할 여지는 있을 수 없었을 것이다.

지금은 5년 후의 반세기라는 큰 고비를 향해 한·일이 "역사의 진실을 함께 인식하는" 작업에 착수해야 할 시기라고 절감하는 것이다.

주 석

1) 「終戰史 관계 문헌 목록 해제」(외무성 편, 『終戰史錄 6』, 北洋社).
2) 포츠담 회담 제 2 일 회의에 앞서 스탈린은 트루만에게 일본 정부로부터 근위 특사의 파견에 대하여 타진이 있었다는 사실을 밝히고, "이때 일본을 달래어 잠들도록 해두는 것이 가장 바람직스럽다"고 말했다 (『종전사록 4』) 해설).
3) 姑 木戸內大臣, 「昭和史의 內幕 증언」, 朝日新聞, 89년 2월 20일.
4) 林茂 편, 『일본 종전사』 하권(讀賣新聞社).
5) 외무성, 『외교 문서』(77년 7월 26일 공개).
6) 「서독에 있어서 나치즘 후의 정치와 역사 의식」, 『現代史における戰爭責任』(靑木書店, 1990년).
7) 「전쟁 책임과 전후 처리」, 『現代史における戰爭責任』.
8) 永守良孝, 「お言葉で深まった日韓ギャップ」, 『現代コリア』(1990년 7월호).

(제14회 발표, 1990년 8월 28일)

순종 칙령의 위조 서명 발견 경위와
그 의의

이태진(서울대학교 교수)

I. 머리말

1992년 5월 12일 나는 서울대학교 규장각도서 관리 책임자로서 소장 자료중에서 발견한 乙巳條約文의 결격 사항과 순종 황제의 칙령의 서명이 위조된 사실 등을 공개하였다. 이 발표에 대해 그간 국내외적으로 여러가지 반응과 관심이 있었다. 발표 당일 국내 신문, 방송이 이를 크게 보도한 것은 말할 것도 없고, 아직 일본과의 수교회담을 진행중인 북한이 큰 관심을 보인 것은 전혀 예상치 않았던 일이다. 발표 후 꼭 한달이 지나가던 6월 13일, 북한측은 김일성대학 역사학 교수들도 황성신문에서 을사조약과 정미조약이 조약의 합법성을 담보할 수 있는 초보적인 절차도 거치지 않은 증거를 찾았다는 발표가 있었다. 외교부의 이름으로 나온 발표였다. 이를 기초로 그들은 6월 22일 총리회담연락선을 통해 이 문제에 대한 남북의 공동 대응을 촉구해 왔고, 또 그 해 11월 5일 제8차 북한·일본 수교회담에서 일본측에 대해 을사·정미 두 조약은 국제법상 무효라는 것을 공식적으로 표명하였다. 북한의 이러한 적극적인 태도로 일본 언론도 처음으로 이 사실을 보도하기 시작하였다. 11월 5일자 朝日新聞이 「"일한보호조약은, 날조(捏造)" 일조교섭, 북조선이 보상요구」라는 제목으로 보도하면서 그간의 경위까지 자세히 밝혔다.

우리들의 발표에 대한 반응은 멀리 유럽으로부터도 날아왔다. 항가리 무역대학(Hungarian College for Foreign Trade)에서 한국사를 가르치는 펜들러(Karoly Fendler)씨가 5월 13일, 17일자의 코리아 헤랄드지의 관련기사를 읽고 자신이 그 사이에 수집한 동일 계통의 자료가 그곳에도 있다는 소식을 담당기자에게 전해왔다. 즉 그에 의하면 오스트리아-항가리제국 문서관(An Archive of the Austro-Hungarian Empire)에 보관되어 있는 을사조약 당시 한국주재 독일 외교관이던 폰 살던(Von Saldern)이 사건 발생 후 3일만에 독일 수상 폰 부로우(Furst von Bulow)에게 보낸 보고서가 있는데, 이 보고서는 고종황제가 이토(伊藤)대사의 제안에 대해 끝까지 "No"로 일관하였으며, 조약의 전권을 위임받은 朴濟純도 황제 앞에서 자신은 조약에 서명한 일이 없다고 했으며, 황제의 한 측근이 수분 전에 살던 자신에게 말하기로는 외부대신으로서의 그의 서명 날인은 일본 공사관 직원이 외부대신 관인을 강제로 뺏아 찍은 것이라고 말했다는 것 등을 보고하고 있다는 것이다. 밖으로부터의 반응은 최근까지도 계속되었다. 지난 2월 15일에 스위스 인권단체인 국제화해단체(IFOR)가 '한일합방'의 계기가 된 을사조약의 무효성을 지적하고 종군위안부 문제에 대한 일본정부의 대응을 비난하는 보고서를 제네바 인권위원회에 제출했다는 보도가 있었다(조선일보, 1992년 2월 17일자).

국내의 반응도 신문, 방송의 보도로 그치지 않았다. 신문들의 사설, 칼럼에 이어 여러 신문의 독자란에 실린 일반인들의 반응도 열정어린 것이 많았다. 특히 전북 남원의 李珪浩씨는 규장각 자료 정리의 국가적 지원을 제창하면서 스스로 30만원의 성금을 동아일보사를 통해 규장각에 기탁해왔다. 그리고 일제 치하의 각양의 피해자들에게 법률적 도움을 주기 위한 모임인 對日民間 法律救助會의 반응은 진지하기 이를 데 없었다. 그러나 언론과 시민, 시민단체의 반응이 이처럼 뜨거웠던 비해 학계와 정·관계의 반응은 속도가 느린 편이었다. 정계의 반응으로 특별히 기억되는 것은 없으며, 관계로부터는 관련 부처에서 올해에 규장각 자료 정리를 위한 예산을 좀더 증액하였다는 소식이 있어 다행한 일로 생각한다. 학계에서도 개인적으로 성원과 격려를 베풀어 준 분들은 많았다. 그러나 이 문제에 대한 공동연구나 학술회의는 아직 한번도 기획되지 않고 있다. 이런 상황에 대해서는 발표를 주관한 나 자신에게도 큰 책임이 있다고 생각한다.

1992년 6월 초에 나는 임기가 만료되어 규장각도서 관리책임직에서 물러났다. 발표 주관자로서 이에 관한 연구 기획을 계속 가지지 못한 것은 이러한 신상 변화와 무관하지 않다. 그러나 한국사 전공자의 한 사람으로서 개인적으로 이 문제에 대한 관심은 계속 가져왔다. 이 발표의 경위에 대한 정리 보고도 없이 학계의 이에 대한 활성적인 연구를 기대할 수 없다는 생각을 늘 하면서 최소한 발표 주관자로서 경위 보고는 어떤 형태로든 꼭 해야 한다는 생각을 가지고 있었다. 오늘의 이 자리는 당초의 자료 발표가 있은 직후에 한일문화교류기금으로부터 교섭을 받아 약속한 것으로서, 엄밀히 따지면 나의 이러한 심경과는 전혀 무관하다. 단지 그때의 약속을 이행하면서 나의 이러한 최소한의 의무를 동시에 수행하고자 하는 것으로, 이 자리를 마련해준 한일문화교류기금에 대해 깊이 감사해 마지 않는다.

나의 오늘의 정리 발표는 내용적으로 일본을 공격하고 비판하는 것이 될 것이다. 그러나 앞으로의 바람직한 한·일관계의 정립을 위해 이와 같은 사실을 밝히는 작업은 반드시 필요한 것이라고 생각한다. 국제관계는 당사국간에 불만이 없어야 진정한 협조 관계가 확립, 유지될 수 있기 때문이다. 그런데 한·일 관계는 다 알듯이 한국이 일방적으로 당한 뼈아픈 '과거'가 너무도 많은데도 그에 대한 합당한 '청산'의 과정이 이루어 지지 않고 있다. 이런 상황에서 양국 간의 '정상적'인 관계 정립은 결코 기대할 수 없다. 근자에 일본 지식인들 가운데는 '과거'에 대한 진지한 반성은커녕 '厭韓'이란 신조어로 역공을 하고 있는 사람들도 적지

않은 것으로 안다. 이런 상황에 부딪치면 우리는 그들을 탓하는 것 자체
가 무의미하다는 생각까지 들지만, 그러나 그것은 양국의 진정한 국제
관계의 확립을 위해 옳은 자세라고 생각되지 않는다. 우리로서는 일본
지식인들이 둔감한 '과거'의 실상을 보다 더 정확히 파악하여 언젠가 그
것을 통해 그들이 스스로 반성하기를 기다릴 수밖에 없다. 피해자인 우
리로서는 진실과 진리가 궁극적으로 문제를 해결해 준다는 신념을 가지
고 우리가 할 수 있는 최선을 다해 둘 필요가 있다. 한·일관계사의 불
행한 '과거'의 본령에 해당하는 을사조약, 정미조약의 불법성에 대한 관
련 자료의 확보와 이에 대한 연구는 이런 뜻에서 결코 소홀히 할 수 없
는 문제이다.

1. 관련 자료들의 발견 경위

작년의 발표에서 전혀 예기치 않았던 반응은 해방 후 반세기가 다 되
도록 역사학자들은 무엇을 하고 있었는가 하는 것이었다. 이 질책성 발
언은 발표측에 적지않은 당혹감을 안겨 주었다. 발표를 한 쪽은 영예일
지 모르나 다른 학자들은 모두 질책의 대상으로 모는 꼴이 되기 때문에
낭패가 아닐 수 없다. 더욱이 근·현대사 전공자들이 그간 새로운 자료
발굴과 연구에 많은 노력을 기울여 온 것을 잘 아는 터에 그들에게 이런
비난이 돌아가게 한 것은 정말 본의가 아니다. 그러나 한편 생각해 보면
우리의 근·현대사 연구가 그간 주로 독립운동과 민중운동 등 특정한
분야에 집중되어 나라를 잃은 과정에 대한 연구가 소홀했던 것은 부인
하기 어려운 일인 듯 하다. 그간에 심지어 일제의 식민통치에 관한 연구
는 저들 일본의 역사이지 우리의 역사가 아니므로 연구할 필요가 없다
는 인식이 널리 퍼질 정도였으니 우리에게도 전혀 책임이 없다고 말하
기 어렵다. 그간의 우리 학계의 이러한 맹점을 반성하면서, 우리의 자료
'발견' 또한 결코 우연하게 이루어진 것이 아니라는 점을 이 자리를 빌
어 분명히 해두고 싶다.

규장각의 자료조사팀은 당초 순종 황제의 위조 서명들을 먼저 발견하였다. 이를 발견한 다음에 을사조약문도 의심하게 되어 함께 문제점을 발표하게 되었던 것이다. 황제의 서명이 위조된 사실을 발견하는 것은 자료조건상 결코 쉬운 일이 아니었다. 문제의 위조 서명들이 담긴 법령류 자료들은 사실 그전에도 여러 연구자들이 열람을 신청하여 이용한 적이 있었다. 그러나 대부분의 자료 열람자들이 보고자 하는 것은 칙령의 내용이지 문서 형식 사항인 서명이 아니다. 순종 황제의 서명에 문제가 있다는 것은 우리가 이 법령류 자료들을 간행하기 위해 편집작업을 하던 중에 발견하였다. 상황을 좀더 정확히 전하면 당시 이 자료 편찬의 실무를 맡고 있던 李相瀷 학예연구사(서울대 박사과정)가 자료 복사지들을 한장 한장 축조 심의하다시피 다루고 있던 중에 순종황제의 서명이 서로 다른 몇 개의 필체로 되어 있는 사실을 발견하게 되었던 것이다.

문제의 자료 발견의 이런 과정을 생각하면, 자료 소장기관의 자료 정리간행사업이 얼마나 중요한 것인가를 새삼 느끼게 된다. 을사조약, 정미조약 등의 일본의 침탈과정상의 불법의 증거가 지금껏 세상에 알려지지 않은 것은 근대 이후 산적한 문서상태의 자료들을 해방 후 반세기가 다 되도록 우리가 제대로 정리 간행하지 못한 것에 근본적인 원인이 있었던 것이다. 서울대학교 규장각만 하더라도 오래 전부터 근대 이후 시기의 문서상태의 소장 자료들의 정리 간행 사업을 당국에 여러 번 건의했으나 좀체로 실현되지 못하다가 근자에서야 상황이 조금씩 개선되어 위와 같은 의외의 성과를 그 초두에 가지게 되었던 것이다.

을사조약문이 형식면에서 문제가 있다는 것은 이 방면의 전공자에 의해 이미 한 차례 보고된 적이 있었다. 인하대의 尹炳奭 교수가 1984년 2월 18일자 동아일보 지면을 통해 다음과 같은 사실을 밝혔다. 즉 자신이 일본 외무성 자료관에서 직접 조사해 본 결과, 1876년의 조약(조일수호조규)은 조약문과 비준서가 함께 보관되어 있으나, 을사조약은 조약문만 있고 비준서가 없었으며, 이러한 사실은 고종이 을사조약을 비준하지 않았다는 사실을 뒷받침 해주는 것이라고 하였다.[1] 그러나 이때는 을사조약문 하나만을 문제 삼아서인지 세인의 관심을 크게 끌지 못했던 것 같다. 현대 한일 양국의 외교사에 결정적인 영향을 준 을사조약이 조약문에 법적으로 결격 사항이 있다면 그것은 참으로 중대한 문제가 아닐 수 없다. 그러나 이슈가 조약문 하나만일 때는 그 심각도가 덜한 것일까? 1992년의 규장각의 발표는 순종 황제의 서명이 위조되었다는 사실이 하나 더 붙어서인지 세인의 관심을 훨씬 더 크게 끌었다. 문제의 위조 서명들은 뒤에서 자세 밝히듯이 1907년의 이른바 정미조약에 근거하여 일본의 통감부가 대한제국의 정부조직을 송두리채 집어삼키는 일련의 법 개정에 관한 것으로 그것은 학술적 차원에서도 을사조약에 못지 않게 중요한 의미를 가지는 것이라고 판단된다. 이렇게 되면 앞으로 을사조약에서 정미조약을 거쳐 '병합'에 이르는 일본의 한국 침탈사는 전면적으로 재검토 되어야 할 문제가 된다.

2. 황제 서명 위조의 배경

본론에 들어가 먼저 서명 위조의 대상이 된 법령들이 어떤 것인지부터 잠시 살펴 볼 필요가 있다. 1894년 11월의 갑오개혁 때 조정의 각종 공문서 형식은 대전통편의 것을 버리고 신제로 바꾸었다. 그 중에 국왕이 명하거나 정하는 것으로 칙령, 법률, 조칙 등이 있었다. 이 법령 형식들은 모두 1910년 8월 대한제국이 일본에 강제 병합될 때까지 존속하였다.

1894년에 재정된 「公文式」은 법률과 칙령의 작성 규칙을 다음과 같이 정하였다. 즉 "법률과 칙령은 上諭로 공포하며 의정부가 기초하거나 각 아문대신이 의정부에 안을 제출하면 의정부 회의를 거쳐 의정대신이 上奏하도록" 한다고 하였다. 그리고 국왕이 이를 재가하게 되면 친서한 후 御璽를 찍고 그 다음에 의정대신(1907년 6월 이후 총리대신)이 연월일을 적고 총리대신과 관계 아문의 대신이 副署하도록 되어 었다.[2] 국왕의 친서는 처음부터 등록된 手決 도장 즉 御押을 사용하고, 어새는 처음에는 「大君主寶」, 광무 원년(1897) 11월부터는 「勅命之寶」를 사용하였다.[3] 이런 규칙아래 작성된 칙령 하나를 예시하면 다음과 같다.

　　예: (1907년 11월 19일자)
　　　　勅令 第34號 陸軍將校乘馬令
　　　　第1條 陸軍現役將校同上當官으로 左의 各項……

　　　　第8條 本令은 頒布日로부터 施行함
　　　　隆熙 元年 11月 19日 奉

　　　　　御押 (手決印)
　　　　　御璽 (勅命之寶)
　　　　勅 內閣總理大臣 大勳 李完用
　　　　　軍部大臣 陸軍副將 勳一等 李秉武

　　칙령을 비롯한 법령류의 번호는 연도별로 붙이는 것이 상례였다. 위의 칙령은 1907년의 제34호로서 陸軍將校 乘馬에 관한 것인데, 이것은 앞의 「공문식」의 형식을 갖춘 최종의 것이다. 이후의 35호부터는 아래에 보듯이 형식이 크게 달라진다. 어떻든 34호의 기재 사항들을 정리해 보면 (1) 號數 (2) 名稱 (3) 條文 (4) 年月日 (5) 御押 (6) 御璽 押印 (7) 奉勅者 직함 및 성명 등의 순서가 된다. 이 순서는 마지막 결재권자인 황제가 서류를 받아 내용을 다 검토하고 결재를 하는 형식을 반듯하게 갖춘 것이라고 할 수 있다. 한말 법령류의 기안은 이런 형식의 것이 정상적인 건이었다. 그런데 34호 이후의 작성 형식은 다음과 같이 크게 달라진다. 여기서 34호를 예로 든 것은 바로 잇따라 있는 것이 변동의 차이를 이해하는 데 더 도움이 되리라고 생각해서였다. 같은 해 12월 4일자의 칙령 제35호의 내용은 다음과 같다.

　　(1907년 12월 4일자)
　　朕이 經理院 所管 雜稅 處理에 關한 件을 裁可하야 玆애 頒布케 하노라.
　　　　　　隆熙 元年 十二月 四日
　　御名 親署

御璽 (勅令之寶)
太子少師大勳內閣總理大臣李完用
勳一等度支部大臣 高永善
勳一等農商工部大臣宋秉畯
勅令 第35號
經理院所管雜稅處理에 關한 件
第1條 從前經理院의 ……
……
第8條 本令은 頒布日로부터 施行함

위 35호의 기재 순서를 앞 34호의 일련번호를 각 사항의 끝에 붙여 비교해 보면 다음과 같다. 먼저 제일 앞에 서술되어 있는 칙유의 내용과 그 반포 사실을 알리는 요지는 이전의 것에는 없던 형식이다. 그 다음에 연월일 (4) 親署御名 서명(御押이 아니다) (5) 御璽 押印 (6) 봉칙자 직함 및 성명 (7) 칙령호수 (1) 명칭 (2) 조문 (3) 등의 순서로 작성되었다. 그러니까 35호에서는 (4)−(7)의 부분과 (1)−(3)의 부분이 양분되어, 결재를 하는 황제는 (4)−(7)의 부분만 알고 (1)−(3)의 구체적인 내용은 전혀 알 수 없는 상황이 발생할 수 있게 되어 있다. 쉽게 말하면 황제에게는 원칙적인 것(칙유 요지)만 알리고 구체적 조치 사항은 각 部가 따로 작성하여 별도로 합철하는 과정이 가능하게 되었다. 이런 상황은 사용한 용지를 통해서도 입증이 된다. 즉 앞 부분이 「內閣」용지를 사용하고 뒷 부분은 「內部」등의 해당 부처의 용지를 사용하고 있다. 이점은 34호 이전까지의 용지가 모두 내각(또는 의정부)의 것이었던 것과는 대조적이다.

한말의 법령류 공문서식은 기본적으로 위 34호가 정상적인 것이고, 35호는 사리상 변칙이라고 하지 않을 수 없다. 그리고 이 변화와 함께 주목되는 것은 결재권자의 결재방식이 달라진 점이다. 위에서 보았듯이 종래에는 황제의 御押을 찍었는데 이때부터는 황제의 이름자를 서명하는 것으로 바뀌고 있다. 황재가 직접 서명하는 것은 얼핏 생각하면 황제가 모든 것을 직접 주재하게 된 것 같은 느낌을 준다. 그러나 실제는 정반대였다. 앞에서 지적한 것과 같이 황제가 서명하는 용지에 쓰여 있는 것은 칙유의 요지뿐이다(제35호의 경우 "朕이 經理院 所管 雜稅 處理에 關한 件을 裁可하야 玆애 頒布케 하노라."라고 한 것). 따라서 황제가 아무리 직접 서명을 한다고 하더라도 이런 조건에서 그것은 親裁를 가장하는 것에 불과하다.[4] 황제의 서명 위조는 바로 그런 假裝 속에서 범해지고 있었다.

주지하듯이 일본은 1905년 11월 을사조약을 강제로 채결하여 대한제국의 외교권을 박탈한다. 그리고 1906년 2월 통감부를 정식으로 발족시키고 8월에는 노일전쟁 중에 편성한 별동대(韓國臨時派遣隊라고 명명하고 병력 규모는 당초 5개대대였다)[5]를 韓國駐箚軍 司令部로 발전시켜 무력적 압력을 더욱 가중시켰다. 이런 가운데 을사조약 자체의 批准을 거듭 거부하던 고종은 해아밀사사건(1907년 6월)이 터짐으로써 皇帝位를 위협 받게 된다. 일본은 이 사건을 그간 저항을 거듭해온 고종을 강제로 퇴위시키는 계기로 삼아 한국에서의 그들의 지배권을 확고히 하고자 한다.

해아밀사사건이 발행한 후 수일 뒤인 7월 7일에 통감 이토 히로부미는 본국 총리대신(西園寺)에게 「밀사 해아파견에 관하여 韓帝에게 엄중 경고하고 아울러 대한 정책에 관한 廟議의 결정을 稟請하는 件」을 전문으로 보낸다.[6] 이에 대해 일본 정부는 7월 12일자로 「韓帝의 밀사파견에 관련하여 廟議 決定의 對韓 처리 방침 통보의 건」을 하달한다.[7] 일본 총리대신의 이름으로 보내진 이 전문의 요지는 다음과 같은 것이었다. 즉 제국 정부는 이 기회를 놓치지 말고 "한국 내정에 관한 전권을 장악하여야" 하며, 이에 필요한 일의 조치 권한은 통감에게 일임하며, 이러한 체제는 韓皇의 조칙이 아니라 양국 간의 협약으로 만들어져야 하므로 이를 위해 곧 외무대신이 한국을 방문하여 설명할 것이라는 것 등이었다. 그리고 이 전문에는 3개의 부기가 첨부되었는데 그중에 묘의의 결정 사항이라고 밝힌 부기 二의 요강안은 특히 주목된다. 그것을 옮기면 다음과 같다.

　第二要綱案
　韓皇으로 하여금 皇太子에게 讓位시킬 것. 장래의 禍根을 杜絶시키기
위해서는 이 수단 외에 나올 것이 없음.
　但 本件의 실행은 한국정부로 하여금 실행케 함을 得策으로 해야 한다.
　國王과 아울러 정부는 통감의 副署없이 정무를 실행할 수 없다(統監은
副王 혹은 攝政의 권한을 가질 것). (밑줄; 필자)
　各省 중 주요한 部는 일본정부가 파견하는 관료로 하여금 大臣 혹은 次
官의 직무를 실행하게 할 것.

　위 요강안은 해아밀사사건 후의 일본정부의 기본정책 지침에 해당하
는 것이다. 거기에 명시된 일본의 한국에 대한 전권 장악이 고종의 퇴위
를 전제하고 있다. 이 대전제아래 추구되는 새로운 통치체제는 정미조
약으로 구체화 된다. 그러나 일본정부 및 통감부의 고종에 대한 거부감
은 해아밀사사건 이전부터 팽배해 있었으며, 그에 대한 대책도 실상은
이 사건 이전에 이미 강구되기 시작하였다. 해아밀사사건은 어디까지나
그러한 동향을 증폭시키는 좋은 계기였을 따름이다.
　해아밀사사건이 발생하기 전인 6월 14일 통감부는 한국정부의 내각관
제를 개정하여 내각총리의 권한과 내각의 기능을 대폭 강화, 상대적으
로 高宗의 정치적 영향력을 크게 위축시키는 길을 만든다. 이 때의 개정
은 의정부의 이름을 내각으로 고치는 것을 비롯해 내각의 권한과 기능
을 대폭 강화하는 제도적 변화를 수반하였다. 이전의 의정부는 각부 대
신들의 회의체 기능에 본령이 두어져 1905년 2월 26일의 「議政府官制」
에서만 하더라도 참찬, 참서관, 주사 등의 직원은 있었으나 局課를 두지
는 않은 상태였다.[8] 이에 반해 새 「내각관제」 및 「내각소속직원관제」(15
일자)는 내각총리대신의 내각주관행정사무에 필요한 각영 발부와 소속
판임관의 임명 전권 사항을 규정하고, 서기관장, 법제국장, 외사국장, 서
기관, 비서관 등을 그 직원으로 두어 局課 체제를 갖추었다.[9] 이 제도 개
혁은 내각 자체의 기능과 권한 강화만이 아니라 종래의 국무회의 운영
의 합의주의 원칙을 후퇴시키고 총리대신의 독단을 제고시키는 것을 뒷
받침하기 위한 것이었다. 「내각관제」 제5조가 "내각총리대신은 필요로

인한 경우에는 행정 각부의 처분 또는 명령을 중지케하고 勅裁를 청할 수 있다"고 규정한 것이 바로 그러한 목적을 위한 것이었다.[10] 통감부는 이런 체제의 구축으로 고종과 그를 지지하는 세력의 저항이 정부에 더 이상 발을 붙이지 못하게 만들고자 했던 것이다. 당시의 총리대신이 이완용인 사실을 상기하면 내각제도 개편의 의도는 더 이상 설명할 필요가 없을 것이다. 이 무렵 차관 이하의 정부 요직이 대부분 일본인으로 채워져 가고 있던 사실도 기억할 필요가 있다. 해아밀사사건은 이미 진행 중이던 그들의 이러한 은밀한 계획과 작전을 표면화 시켜 증폭시킬 수 있는 절호의 기회였던 것이다.

어떻든 이런 분위기에서 해아밀사사건으로 일본정부가 廟議로 결정한 대한정책의 기본방침에서 공문서 결재 문제가 중요 사안으로 거론된 것은 주목할 일이다. 위의 附記에서 "국왕과 아울러 정부는 통감의 부서 없이 정무를 실행할 수 없다"고 하고(밑줄 친 부분), 이와 관련하여 통감의 실제적인 지위를 부왕 혹은 섭정으로 규정하고 있다. 이것은 당시 일본정부가 그간의 대한정책의 수행에서 각종 문서에 대한 국왕의 결재문제로 큰 어려움을 겪었다는 것을 의미한다. 그 문제점을 해결하는 길을 결재의 전권을 오히려 통감에게 부여하는 식으로 끌어가고자 한 것이다. 이런 사실을 직시할 때, 6월 14일의 내각관제 개정에서 법률, 칙령 등의 공문서 작성 및 결재, 보관 등의 임무와 관련되는 직책(서기관장, 법제국장)이 큰 비중을 가지고 신설되고 있는 것도 결코 우연으로 생각되지 않는다. 그들은 그간에 겪었던 국왕의 결재 날인을 둘러싼 법적인 애로점을 체제 변동으로 일거에 해결짓고자 하였던 것이다. '日韓協約'(정미7조약)의 당초 협약 사항 8가지 중 제1조가 "한국황제폐하의 詔勅은 미리 통감의 諮詢을 거친다"는 내용이었던 것도 일본정부가 얼마나 이 문제에 대해 부심했던가를 그대로 보여준다.[11]

해아밀사사건을 계기로 일본정부는 고종에게 계속 강압을 가하던 끝에 1907년 7월 18일에 그로부터 「代理詔勅」을 받아낸다. 황태자에게 皇帝政을 대리시키고 자신은 親政에서 물러나게 한 것이다. 그들의 목표는 양위였지만, 고종은 완강한 저항 끝에 뒷날의 복위를 생각하면서 대리조칙으로 대안을 제시하여 양자의 타협이 이 선에서 이루어졌다. 그러나 그들은 7월 24일에 정미조약을 종결짓고, 7월 31일에 대한제국 군대를 해산시키는 한편, 각계 각층에서 일어나는 한국인들의 저항을 분쇄하기 위해 군대를 더 증강시키면서,[12] 다시 고종의 '퇴위'를 기정사실화 하는 공작을 꾸민다. 8월 7일 그들은 황태자의 동생(垠)을 황태자로 책봉하는 일을 벌인다. 황태자가 대리정을 맡은 위치에서 아직 제위에 오르지 않았는데도 그 동생을 황태자로 책봉하여 고종의 퇴위를 기정사실화 시키려 들었던 것이다. 그에 앞서 8월 3일에 隆熙란 연호를 쓰게 한 것도 같은 저의였다. 황태자 대리정체제인데도 황제의 연호를 쓰지 못하게 한 것은 있을 수가 없는 일이었다. 황태자의 황제위에의 즉위식은 20여일 뒤인 8월 27일에서야 비로소 거행되었다. 그러나 순종의 황제정은 즉위식 후에도 쉽게 정상화 되지 않았다. 즉위식 자체가 강제로 이루어 진 것이었으므로 정상적인 직무 수행이 될 수가 없었다.

순종 즉위후의 皇帝政의 파행은 공문서 결재 형식면에서 그대로 나타나고 있다. 순종은 황제가 된 뒤에도 당초 황태자의 睿押으로 등록한 것을 그대로 사용하면서 황제의 御押을 새로 만들지 않았다.[13] 황제가 황태자 수결인을 계속 사용하고 있다는 것은 황제로서의 지위 자체를 스스로 인정하지 않는 행위로 밖에 해석할 수 없다. 그러나 이런 저항적 현상의 표출은 순종 자신의 뜻이라기보다도 고종의 특별한 의도의 결과였다고 생각된다. 주지하듯이 순종은 1898년의 '毒茶事件'으로 정신상태가 온전하지 않았으므로 그가 스스로 위와같은 의도적인 저항을 했다고 보기는 어렵다. 그보다는 그러한 상태의 황태자를 일본인들이 악용할 것을 우려하여 그와 기거를 함께 하고 있던 고종이 어떤 변화도 용납하지 않아 나타난 현상이라고 보아야 옳을 듯하다. 고종은 즉위식 후에도 경운궁(덕수궁) 거처에서 순종을 내놓지 않았다. 따라서 결재인의 변경과 같은 일은 누구도 나서서 하기 어려웠다. 일본측으로서는 고종의 이와같은 마지막 저항을 분쇄하기 위해서는 순종을 다른 궁으로 옮기는 일을 해야 했다. 같은 해 11월 2일에 있은 일본 황태자의 한국 방문은 바로 그 목적에서 이루어 졌다. 통감부는 이 방문을 양국 황실의 우의와 신뢰를 돈독히 하는 일대 거사라고 선전하면서 고종의 저항의 명분을 약화시켰다. 이 방문이 끝난 직후인 11월 13일에 순종 황제와 황후, 황태자는 경운궁에서 창덕궁으로 거처를 옮겼다.

순종은 移居 後 11월 18일에 '維新 國是'를 반포하고 祖宗의 列聖들과 사직단에 서고하는 의식을 갖춘 것으로 되어 있다. 고종황제가 11월 15일에 太廟를 다녀온 뒤의 일이었다. 황제정은 이때서야 비로소 외형적이나마 정상화 되었다고 할 수 있다. 황태자의 睿押도 11월 19일 것을 마지막으로 더 이상 사용하지 않고 있다. 그러나 여기에서 더 중요한 문제가 발생하고 있었다. 황제의 결재는 이후 새로운 御押에 의하지 않고 이름자 서명의 방법으로 바뀌고 있는데 그 親署의 초기 것들이 필체가 서로 다른 것으로 확인되고 있다.

공문서 결재상의 이상은 정미조약이 체결된 직후에 이미 나타나고 있었다. 1907년 7월 25일자의 법률인 「新聞紙法」[14] 결재 押印 난에는 「勅命之寶」의 어새만 찍혔을 뿐 결재자의 수결난은 공백으로 비어 있다. 7월 18일자의 「대리조칙」에 의하면 거기에는 황태자의 睿押이 찍혀 있어야 하는데 그것이 보이지 않는다. 법률집에서의 異常은 하나 더 발견된다. 7월 27일자의 법률 제2호 「保安法」에서는 황태자의 睿押과 어새가 제대로 갖추어져 있다. 그러나 8월 6일자의 제3호 「鑛業法中改定件」[15]에는 睿押은 제대로 찍혀있으나 「勅命之寶」 어새는 두번이나 찍혀 있다.

공문서 결재상의 이러한 이변이 발생하고 있던 시점의 정치적 상황은 앞에서 언급하였듯이 극히 급박하였다. 고종이 강제로 퇴위를 강요당하여 황태자 대리정을 선포하고, 통감의 한국 내정 전권 장악을 목표로 한 '일한협약'이 진행되고 또 그것이 끝난 직후에는 고종을 사실상 퇴위시키기 위해 황태자의 동생을 황태자로 책봉하는 일 등이 급속하게 진행되고 있었다. 이런 와중에 그러한 문서 처리상의 결격이 발생하였다고 볼 수도 있다. 그러나 당시의 정황을 좀더 깊이 생각하면 그것은 일본측이 결재 그 자체를 하찮은 것으로 생각하는 태도와도 무관하지 않는 면도 있는 것으로 생각된다. 위에서 언급하였듯이 당시의 일본정부 및 통감부의 기본입장은 "국왕과 아울러 정부는 통감의 부서없이 정무를 실행할 수 없다"거나 "한국황제 폐하의 조칙은 미리 통감의 諮詢을 거쳐"야 한다는 것과 같이 통감이 권력을 실질적으로 행사하는 주체로서 섭정이라는 인식을 가지고 있는 상태였으므로 일시적이라도 결격 자체를 실무자들이 그렇게 중시하지 않는 분위기가 상정될 수 있다. 같은 해 11월 18일에 순종이 황제정에 정식으로 임한 이후에 각종 법령문서상에 발생하고 있는 황제 서명의 위조도 바로 그런 의식이 남긴 것들이었다.

4. 황제 친서명 위조의 실상과 해당 법영들의 내용

앞에서 살폈듯이 1907년 11월 18일 순종이 황제의 位에 임하면서 황제의 공문서 결재 형식에 중요한 변화가 생겼다. 지금까지 사용한 황태자의 手決印인 睿押 사용을 중단하고 이름자를 직접 서명하는 변화가 나타났다. 이 변화는 제도적으로는 중요한 의미를 가지는 것임에 틀림없다. 그러나 그것은 처음부터 순종의 뜻과는 전혀 무관한 것이었다.

11월 18일자 문서에서부터 나타나고 있는 순종의 서명은 이름자(坧)를 바로 쓰는 것으로 수결 모양을 낸 것도 아니므로 수결이라기보다도 御名親書라고 하는 것이 옳다.[16] 국왕의 법령 결재 방식을 서명으로 바꾼 것은 이전의 관례가 없어 그 자체로 문제가 없지 않다. 어떻든 조칙, 법률, 칙령 등 3종의 법령류에 써 있는 이름자 서명들을 모두 모아 비교 검토해 본 결과 다음과 같은 사실이 들어났다. 즉 1907년 11월 18일자의 첫 親署부터 이듬해 1월 18일까지의 것들은 서로 다른 필체가 4~5개나 섞여 있고, 그 이후의 것들은 하나의 필체로 인정될 수 있는 것으로 계속되고 있다. 좀더 분명히 말하면 후자는 순종이 직접 한 서명이고(부록 2, 서명 예시 I) 그 이전의 것은 다른 여러 사람들에 의해 된 서명이라는 것이다(부록 2, 예시 Ⅱ). 그러니까 1907년 11월 18일부터 1908년 1월 18

일까지 두달 동안은 누군가 몇 사람들이 황제의 이름자 서명으로 새로 제정한 법령들을 결재하여 반포하고, 그 이후에서야 자신들이 하던 방식을 황제도 그대로 하게 하여 새로운 관례로 위장하였던 것이다. 이 사실에 직면하여 우리는 그 불법 위조의 주체가 누구인가부터 밝혀야 할 것이다.

순종 황제 서명 위조의 주체가 일본정부 내지 통감부라는 것은 지금까지의 고찰로 보아서도 거의 의심의 여지가 없다. 그러나 좀더 객관적인 판정 근거가 확보되어야 할 것이다. 이를 위해 우리는 먼저 1907년 11월 18일 이후 1910년 8월 합병 당할 때까지의 조칙, 법률, 칙령 등의 총 건수와 그 중의 위조 서명으로 보이는 것의 건수 및 그 시기를 조사 정리 해 보았다. 그 결과를 표로 제시하면 다음과 같다.

〈표 1〉 1907년 11월 18일 이후 순종의 공문 서명 건수와 위조 서명 건수

법령명	연도	월일	건수	위조 수결 건수
조칙	1907	11.18~12.13	5	4(11.18 2, 11.19, 12.26)
	1908		4	
	1909		6	
	1910	~8/29	1	
	소계		(16)	
법률	1907	12.23	3	3(12.23, 3)
	1908		30	
	1909		36	
	1910	~8.13	7	
	소계		(76)	
칙령	1907	11.19~12.30	51	47
	1908		87	2(1.7, 1.18)
	1909		106	
	1910	~8.23	44	
	소계		(288)	

위 표에 의하면 순종이 황제로 활동하기 시작한 이후로는 조칙보다도 법률, 칙령에 의한 법령의 제정이 훨씬 더 큰 비중을 차지한 사실을 알

수 있다. 조칙 16건은 법률 76건, 칙령 288건과 수적으로 비교가 되지 않는다. 그리고 그 중에 위조 서명으로 판단되는 것은 조칙이 4건, 법률이 3건, 칙령이 49건으로 칙령이 가장 큰 비중을 차지한다. 그 시기는 앞에서 언급한 대로 1907년 11월 18일부터 1908년 1월 18일까지 2개월 사이에 집중되어 있다. 이 사실 하나로서도 우리는 위조 행위가 처음부터 시한을 설정해 놓고 계획적으로, 조직적으로 행해졌다는 것을 알 수 있다. 해당 법령들의 내용에 대한 검토는 이에 대한 확신을 더욱 높여 준다.

조칙의 경우, 해당 조칙들의 내용은 (1) 일본 황태자의 방한을 기념하는 大赦免 (2) 維新 國是의 선언 (이상 11월 18일자) (3) 이토 히로부미를 太子太師로 삼아 親王禮로 대하는 일 (11월 19일자) (4) 李載冕의 일본대사임명 (12월 26일자) 등이다(부록 2−서명 예시Ⅱ). 그리고 그 다음의 법률의 3건은 모두가 재판소 구성에 관한 것이다. 정미조약 중 제3조 사법사무를 행정사무에서 분리시킨다고 한 것에 따라 재판소를 신설하는 문제에 관한 시행령들이다. 즉 (1) 재판소 구성법 (2) 재판 구성법의 시행법 (3) 재판소 설치법 등 3건이 그것으로 이것들은 12월 23일 하루에 함께 처리되었다. (부록 2−서명 예시Ⅲ) 3건의 공문서 용지는 황제의 칙유 내용 부분은 內閣 것, 구체적인 시행사항은 法部 것으로 서로 다른 사실도 주의해볼 필요가 있다.

위 조칙과 법률의 해당 칙유, 법령의 소관 사항은 어느 하나도 비중이 가벼운 것이 없다. 維新 國是를 선언하는 조칙조차도 황제 아닌 다른 사람이 서명을 하고 있는 것은 얼른 납득이 가지 않기도 한다. 그러나 앞에서 지적한 것과 같이 당시 일본측은 황제의 조칙뿐 아니라 모든 정무에 대한 결재를 통감이 감독한다는 기본 방침을 가지고 있었으므로 형식을 갖추어 둔다는 의식은 있었을지 모르나 그것을 황제가 직접 하느냐 여부는 그리 문제삼지 않았던 듯 하다. 더우기 "한국 내정의 전권을 장악하는" 목표를 시한을 설정해 두고 추진하고 있었다면 황제 또는 그 측근으로부터 나올 수 있는 저항, 마찰을 의식적으로 피하려는 배려도 있었을 것이다. 그러나 순종은 당시 독물 중독의 후유증으로 정상인의

상태가 아니었던 만큼 통감부는 오히려 그를 거의 무시하는 태도에서
이런 위법을 범하고 있었을 가능성이 더 높다. 칙령 쪽의 상황은 그들이
한국 내정의 전권 장악의 체제 확립을 위해 1907년 년내까지 목표 달성
이라는 시한을 설정하고 있었던 사실을 확인시켜 주기도 한다.

칙령 288건 중 서명이 위조된 것은 모두 49건으로 세 법령류 중 최다
이다. 그리고 그 내용도 관제 즉 정부 구성에 관한 것이 중심으로 중요도
도 아주 높다. 49건 중 첫 번째 것은 12월 4일의 「經理院 所管 雜稅 處理
에 關한 件」이다. 그 내용은 궁내부 아래 경리원이 관장해 오던 잡세 즉
상공업세를 국고로 이관하는 문제로서, 이것은 대한제국 황실의 제정권
을 통감부가 박탈하는 조치의 하나로서 역시 당시 통감부가 가장 중요시
한 정책 중의 하나였다. 칙령 쪽의 서명 위조는 무더기로 이루어지고 있
는 것이 특징이다. 12월 13일자에 22건, 12월 27일자에 18건, 12월 30일자
에 5건 등이 그렇다. 그 중에서 12월 13일 하루에 처리된 22건은 모두 중
요 중앙관부의 관제 개편에 관한 것으로 일본의 "한국 내정의 전권 장
악" 실현의 핵심 부분이라고 할만한 것들이다. 그 내용은 <부록 3>에서
보듯이 「各部官制通則」에 이어 내부(및 한성부 경시청 지방관), 도지부
(및 그 산하 건축소, 인쇄국, 관세국, 세관, 재무부감독국, 재무서, 임시세
관공사부, 등대국, 탁지부임시직원증치건), 법부(및 그 산하 감옥. 법관양
성소), 학부(및 그 산하 학부직할학교급공립학교, 학부직원학교직원정원),
農商工部 등 정치, 경제, 사회적으로 비중이 큰 관부들의 관제가 그 대상
이 되었다(부록 2−서명 예시Ⅳ).

이 무더기 관제 개혁의 기본 방향은 첫머리의 「各部官制通則」에 의하
면, 大臣官房(비서실)과 차관의 실권을 강화하는 것이었다. 중앙 각부의
대신관방은 1905년 2월 26일 「各部官制通則」에 따라 처음 설치되었다.
설치 당초에도 이미 기밀에 관한 사항, 관리진퇴 신분에 관한 일, 대신
관인 및 부인의 관수, 문서접수 발송 번역 편찬 및 보존에 관한 사항, 통
계 및 보고에 관한 사항 등의 중요 임무를 부여받고 있었지만,[17] 이 때
다시 "소관 경비 및 제 수입의 예산 결산 아울러 회계에 관한 사항, 회

계 감사에 관한 사항, 소관 관유재산 및 물품에 관한 사항" 등의 임무가 첨가되어 그 비중이 더 높아졌다. 그리고 차관은 1905년의 「통칙」에서 "대신을 보좌하여 부중 사무를 정리하며 각 국 사무를 감독한다"고 규정되었던 데 반해 "대신을 보좌하여 부무를 통리하고 소관 사무를 감독한다"는 것으로 권한이 훨씬 더 강화되는 것으로 표현이 바뀌었다. 당시 대신관방과 차관이 통감부에 의해 대부분 일본인으로 임명되었던 사실을 상기하면 그 개정이 모두 전권 장악을 목표한 것임은 재론의 여지가 없다.

앞서 살폈듯이 일본정부는 해아밀사사건 직후 마련한 대한정책에서 각부대신들까지 모두 일본인으로 임명하는 방침을 세우고 있었다. 그러나 고종의 퇴위와 군대해산으로 한국인들의 저항이 급격히 고조되어 각지에서 의병까지 일어나고 있는 상황에서 그것을 그대로 실천하기는 어려웠다. 차관과 대신관방의 권한과 기능 강화는 결국 일본인 임명선을 여기까지로 수정하여 당초의 목표를 달성하는 것으로 방침을 바꾸었던 것이다.

대한제국의 정부 구성 개정에 관한 칙령들은 「통칙」에 명시된 것에 의하면 1908년 1월 1일부터 효력을 발생하는 것으로 되어있다. 시기에 대한 이 명시는 이 법령들이 무더기로 일괄적으로 처리된 이유를 알 수 있게 해준다. 그들은 일본측이 대한제국의 내정 전권 장악의 목표를 달성하는 시기를 1907년 12월 31일로 잡아 작업을 벌이고 있었던 것이다. 칙령의 서명 위조는 대부분 12월 30일로 끝나고 있었다. 이듬해 1월 초로 넘어간 것은 단 2건이었다.[18]

1907년 11월 18일부터 12월 말까지 반포된 법령들은 앞으로의 대한제국의 운명을 결정짓는 대단히 중요한 내용의 것들이다. 그 법령들이 대한제국 황제가 전혀 모르는 상태에서 그것도 서명 위조의 불법적 방법으로 처리되었다는 것은 참으로 놀라운 사실이다. 그 서명 위조가 정치적으로 책임있는 지위의 사람의 묵인하에 담당 실무자들에 의해 자행되었다는 것은 위조된 서명들이 처리 날짜별로 하나의 필체로 나타나고 있다는 사실이다(<부록 2> 참조). 이 사실은 다시 말하면 결재선의 실무자들이 그때 그때 문안이 완료된 해당문서들을 사무를 보는 그 자리에서 자신이 서명을 하여 처리하였다는 것을 의미한다. 이런 일을 할 수 있는 선은 해당 각부보다도 내각이나 통감부가 훨씬 더 가능성이 높다. 모든 칙령, 법령의 문안은 제도적으로 내각에서 작성하여 내각총리대신이 황제에게 가져가 결재를 받는 것이 원칙이다. 이런 제도적 관행으로 본다면 서명 위조가 내각에서 이루어졌을 가능성도 없지 않다. 그러나 내각에서 작성된 請裁의 문서들은 본래 황제에게 가져가야 하는 것이므로 현재 황제의 권한을 대행하고 있는 쪽으로 이 문서들이 가야한다. 그 대행자는 통감부의 통감이다. 통감부에는 통감관방 문서과(본래는 총무부 문서과였으나 1907년 10월말부터 관방실이 생겨 문서과와 인사과 등이 이리로 이전되었다.)가 그런 기밀사항 및 문서의 작성 보관 처리에 관한 일체의 임무를 수행하고 있었다. 이런 구조적인 범행을 확인하고 보면, 고종황제 퇴위 직전인 1907년 6월 14일에 내각의 직제 개편에서 칙령, 법률의 사무와 관련이 있는 서기관장실, 법제국 등이 유독 큰 비중으로 신설된 것도 결코 우연한 것으로 생각되지 않는다.

Ⅱ. 맺음말

지금까지 1907년 11월 18일부터 약 2개월간 대한제국의 조칙, 법률, 칙령 등이 황제의 서명이 위조된 상태에서 반포된 사실을 고찰하였다. 위조 서명이 나온 배경과 목적에 대한 고찰을 통해 그 범법 행위가 통감부에 의해 저질러졌을 가능성이 높다는 판단을 가지는 데까지 이르렀다. 그러나 이 글에서는 통감부의 내부 사정에 대한 고찰을 가지는 데까지 이르지는 못하였다. 범행 주체에 대한 최종적 확단은 이에 대한 고찰을 보충한 다음에 내리는 것이 좋을 듯 하다. 여기서는 끝으로 이 서명 위조의 '사건'이 일본의 대한제국 침탈사에서 어떤 위치에 있으며, 어떤 의미를 가지는지를 헤아리는 것으로 결론을 삼고자 한다.

1876년의 개항에서 1910년의 '병합'에 이르기까지의 일본의 한국 진출 내지 침략의 역사는 대체로 크게 두 단계로 나누어 볼 수 있다. 즉 1895년 10월의 을미사변까지를 한 단계, 그리고 그 이후 '병합'까지를 다른 한 단계로 나누어 보는 것이 적절한 대세 파악이라고 생각한다. 명치유신 후 일본의 자본주의 경제의 창출은 원료공급지로서, 상품시장으로서 한반도를 절대적으로 필요로 하였던 것은 주지하는 사실이다. 그들의 자본주의 경제는 급조되고 있었기 때문에 그 과정에서 여러가지 취약성과 문제점이 발생하고 있었다. 한반도는 그들에게 그러한 취약성과 문제점을 비상적으로 해결하는 장소로서, 다시 말하면 자신들의 발전을 위한 희생의 대상으로서 중요한 의미를 가지고 있었다. 한반도는 이처럼 그들의 자본주의 경제의 사활과 관계되고 있었지만 거기에는 언제나 그들의 진출을 가로막는 경쟁자 내지 적대자가 있었다. 첫 번째 단계에서는 청 나라, 두 번째에는 러시아가 각각 적수로 버티고 있었다. 일본이 이 적대적 경쟁자들과의 관계를 모두 무력적 방법에 의존하여 해결하고자 한 것은 다아는 사실이지만 거듭 주목할 필요가 있다.

첫 번째 단계에서 일본은 조선의 내정에 깊이 관여하여 경제적 목적을 속성으로 달성하고자 하였다. 그러기 위해서는 조선과 전통적 우호 관계를 내세워 일본의 한반도 진출을 견제하는 중국을 제거해야 했다. 일본이 청일전쟁을 일으키면서 갑오개혁에 깊이 간여하려 든 것은 본래 의도된 계획에 따른 것이었다. 그러나 일본은 전쟁에 승리했어도 조선 내정에의 개입은 실패하였고, 이를 만회하기 위해 반일세력에 대한 응징을 목적으로 벌인 왕비시해 사건은 그들 자신을 더욱 궁지로 몰아넣는 결과를 가져왔다. 이 사건은 국제적 비난의 대상이 되었을 뿐더러 조선내의 친일세력이 피살되거나 망명을 해야하는 몰락을 가져왔다. 전쟁 수행 비용이 막대하게 들었던 것에 비해 한반도에서 얻은 것은 아무 것도 없는 것이나 마찬가지였다.

을미사변 후 조선은 1896년 10월에 대한제국이 탄생하는 내정상의 큰 변화를 일으킨다. 이 변화는 기본적으로 정치의 구심이 하나로 모아질 수 있는 여건아래 얻어진 것이었다. 을미사변으로 왕비가 죽고 또 왕비와 항상 정치적으로 대립관계에 있던 대원군이 2년 뒤에 사망하여 이제는 정치적 구심 역할을 할 수 있는 존재가 군주 한사람뿐이었다. 제국은 이런 여건아래 고종황제를 중심으로 국력을 하나로 결집시켜 난국을 타개해 나간다는 취지로 탄생하였던 것이다. 대한제국의 탄생과 국내 각 계각층과의 관계에 대해서는 앞으로 많은 연구가 이루어져야 하겠지만 제국의 탄생은 기본적으로 한반도에 모여들고 있는 세계 열강들에 대한 보다 더 효과적인 대응을 하기 위해서는 강력한 정치구심체의 형성이 필요하다는 사회적 공감이 배경이 되어 가능했던 정치적 변혁이라고 보아야 옳을 듯 하다. 대한제국의 외교정책이 이전과는 전혀 다른 차원의 것을 모색하고 있는 것이 바로 그것을 간접적으로 입증해 주고 있다.

대한제국의 고종황제의 정책에 대해서는 최근 다음과 같은 사실들이 주목되고 있다. 즉 내정상으로는 궁내부에 모든 정치력과 경제력을 집중시켜 효과적인 부국강병의 길을 모색하는 한편,[19] 대외적으로는 세력균형정책과 중립화정책을 펴 특정한 열강국이 한반도에서 독점적인 지위를 누리는 것을 예방하여 전자의 목적을 달성하는 시간적 여유를 얻고자 했다는 것이다. 특히 양자를 연결시키는 효과를 기대하여 여러 열강국에 차관도입정책을 편 것은 대한제국의 자구책으로 의미있는 정책으로 주목되고 있다.[20] 차관도입정책은 실제로 상당한 성과가 전망되고 있었다. 미국이 이에 응할 기미가 있었고 대한제국의 경제정책의 총수 역할을 한 李容翊이 궁내부 철도원을 중심으로 서북철도(경의선)의 자력 부설 계획을 세워 러시아, 프랑스를 상대로 벌인 차관 교섭도 상당한 진척을 보고 있었다. 그러나 대한제국의 이러한 정책이 성공한다면 그것은 일본에 상당한 타격을 주는 결과가 될 것이 뻔하였다. 일본은 자신도 대한제국에 차관을 제공하여 경제종속화정책을 펴는 것도 검토하였지만 1900년 현재로 제일은행은 100만 엔 이상을 제공할 수 없다는 판정을 내리고 었었다.[21]

대한제국의 대내외정책의 이러한 성공적 추세는 일본을 대단히 불안하게 만들었다. 고종이 세력균형과 차관도입의 정책을 한걸음 더 발전시켜 중립화정책을 열강에 제시하여 러시아측의 지지를 받는 기미마저 보이자 일본의 불안은 더욱 고조되었다. 일본이 미국을 중용하여 한국에의 차관제공 움직임을 방해하는 한편, 경의선 철도 부설권 획득 하나에 일본의 대한정책의 모든 것을 집중시키는 이른바 小村(壽太郎)路線을 정부의 공식정책으로 채택하여 한국의 중립안을 절대적으로 반대한 것 등은[22] 일본이 당시 정세 판단에서 상당한 곤혹을 느끼고 있었다는 것을 보여주기에 충분하다. 일본은 결국 대한제국의 정책이 자신들의 노선과는 좁혀질 수 없는 간격을 가지고 있다는 것을 거듭 확인하고 러시아와 한국의 관계가 깊어질수록 그들의 한반도와 대륙으로의 진출 가능성은 더욱 줄어든다는 판단아래 武力에서 돌파구를 찾는 결정을 내리게 되었던 것이다. 러일전쟁 그것은 일본이 택한 두 번째의 무력적 해결책이었다.

일본은 1904년 2월 6일 러시아에 대하여 국교단절을 통보하고 군대 출동령을 내려 정노군과 함께 앞서 미리 편성해 놓은 한국임시파견대를 인천을 거처 서울로 보낸다. 그들은 이를 배경으로 한국에 대한 정치적인 독점적 지배의 발판을 구축한다. 2월 24일의 한일의정서, 8월 22일의 외국인 雇聘협정서 등으로 한국에서의 군사적, 정치적, 외교적 우위권을 일차적으로 확보하고, 1905년에 접어들어 전황이 일본의 連勝으로 이어지자 4~5월 사이에 한국의 보호국화를 목표로 하는 「對韓方針」·「綱領」을 마련한다. 9월 5일에 露·日 강화조약이 종결되자 그 「방침」과 「강령」에 따라 보호국화의 작업은 구체적인 진행에 들어간다. 9월 27일에 한국정부와 맺을 조약의 조약문까지 갖추고 11월 9일에 마침내 이토 히로부미가 조약체결의 사명을 띠고 한국으로 건너온다. 노일전쟁을 통한 기도는 청일전쟁 때의 실패와는 달리 대단히 '성공적'으로 진행되고 있었다. 을사조약은 일본의 한반도에 대한 오랜 침략주의가 최초로 성공한 예였다. 그들이 조약 체결을 자축하는 자리에서 도요토미 히데요시의 신령을 불러 일본의 숙원을 이제서야 풀었다고 고하면서 축배를 든 것은 그들의 전통적 침략주의 의식의 일단을 표출한 것이었다.

　1991년에 尹炳奭 교수가 논문을 통해 지적한 대로, 그리고 1992년에 규장각에서 관련 자료를 발표한 것과 같이 을사조약은 조약으로서 많은 결격을 가지고 있다. 1904년 이후의 일본이 강요한 조약문이 모두 그렇듯이 조약에 임하는 당사자에 대한 별도의 위임장과 조약을 최종적으로 국왕이 인정하는 批准書는 어디에서도 찾을 수 없다. 위임 사항은 조약문 말미에 "각 본국정부에서 상당한 위임을 수하야 본협약에 기명조인함"이라고 적고 그 아래에 대표의 직함과 성명을 쓰고 직인을 찍어 약식이라도 형식을 취하였으나 비준서는 어디에서도 찾아 볼 수 없다. 그들이 고종황제를 강제로 퇴위시킨 사실 자체가 사실은 이 조약이 비준되지 않았다는 가장 확실한 증거이다. 더욱 놀라운 것은 을사조약의 경우 조약문에 조약의 명칭조차 붙여지지 못한 사실이다. 정미조약은 '한일협약'이란 조약명을 붙였으나, 을사조약은 명칭이 있어야 할 머리 첫 행이 비어있다.[23]

　정미조약 후에 자행된 대한제국 황제 서명의 위조도 결국은 노일전쟁 이후 일본이 대한진출에서 일관되게 보인 무력적 탈법, 범법행위의 일환이었다. 서명 위조 행위는 그들이 강제적으로 만든 한국내정에 관한 탈법적 조약 즉 정미조약에서도 근거를 찾을 수 없는 것이니, 판단과 함께 도덕적 비난도 받아 마땅하다. 황제 서명의 위조 사실은 결국 노일전쟁 이후 '병합'에 이르기까지의 일본의 대한제국 침탈이 처음부터 끝까지 불법 위에 서고 있었다는 것을 결정적으로 입증해주는 증거이다.

주 석

1) 윤병석 교수는 그 후 「乙巳五條約의 신고찰」(『國史館論叢』 23, 1991, 국사편찬위원회)이란 논문을 발표하여 그 불법성을 구체적으로 지적하였다.
2) 奎章閣資料叢書 金湖시리즈 近代法令篇, 해설 이상찬, 1992, 서울대 규장각.

3) 공용 도장들은 『寶印符信總藪』(奎章閣圖書 10291)에 모두 등록되었다.

4) 칙령에 요지만을 적는 형식은 초기의 칙령(建陽 원년: 1896, 9월 24일
   까지)에서도 볼 수 있다. 그러나 건양 원년 9월부터는 앞에서 소개한
   것과 같이 국왕이 내각에서 의결 또는 상주한 내용을 모두 알 수 있는
   형식으로 바뀌었다. 그렇게 되었던 것이 다시 황제가 실제의 시행 내용
   을 전혀 알 수 없는 형태로 바뀌었다는 것은 어떠한 특별한 의도가 있
   는 것이라고 보지 않을 수 없다.

5) 윤병석, 1991, 위 논문, 29쪽.

6) 『日本外交文書』 제40권 제1책·十二, 日韓協約締結 1件, 473항, 特訓機
   密 제57호.

7) 위와 같은 책, 474항.

8) 光武 9년 제9호, 勅令 규장각자료총서 근대법령편 『勅令』 下, 12쪽.

9) 광무 11년 칙령 36호, 위의 책, 275쪽.

10) 광무 11년 칙령 35호, 위의 책, 274쪽.

11) 이 내용은 이 조약을 위한 회담이 진행 중이던 7월 24일－조약은 이날
    종결지워 진다.－협약에 임하고 있던 외무대신 林權助가 본국 총리에게
    보낸 「日本의 對韓 要求에 관한 統監의 意見 報告의 件」에 명시되어
    있다(『日本外交文書 40－1, 492쪽, 528항). 이 제1조가 협약문에서 빠지
    고 나머지 7개로 최종안이 결정된 것은 제1조안이 너무나 노골적인 것
    이라고 의식되고 또 그것이 국제조약 관례상 용인될 수 있는 것인지도
    고려되었으리라고 짐작된다.

12) 위와 같은 책, 496쪽, 531항.

13) 순종의 睿押은 1907년 11월 19일까지 사용되고 있다. 즉 勅令은 11월
    19일자, 法律은 9월 30일자, 詔勅은 11월 18일자가 각각 최종 결재분으
    로 남아 있다.

14) 1907년 법률 제1호: 이 법률은 일본의 침략에 대한 그간의 언론의 강한
    저항을 통제하기 위한 것으로 신문 발행은 반드시 內部의 허가를 받아
    야 한다는 것을 골자로 하였다. 규장각자료총서, 금호시리즈 근대법령
    편, 『詔勅·法律』, 698쪽.

15) 이 법은 궁내부 소속 재산 정리 대상 중 가장 중요한 것의 하나로 간주
    된 궁내부의 광업권을 부정하는 것을 골자로 한 것이다. 위와 같은 책,
    703쪽.

16) 뒤에서 검토할 위조 서명의 해당 공문 중 1907년 12월 13일자의 내부관
    제및 내부 산하 한성부 경시청 지방관 등의 관제 개정에 관한 건의 내
    부 작성문서가 내각에서 작성한 결재지의 날자와 맞지 않아 이를 고치
    고(12월 9일을 13일로 수정) 또 이전의 관례로는 내부 자체에서 작성하

던 것은 副本 형식이어서 御押, 御璽의 난을 글자로 표시하였는데 이것이 正本으로 합철되는 형태로 형식이 바뀌어 그 표시를 고치면서 御押을 어명이라고 하고 있는 것으로 보아서도 어명이란 표현이 옳다고 판단된다.

17) 규장각자료 총서, 금호시리즈 근대법령편,『칙령』하, 18쪽.

18) 그중 하나는 함경도 淸津 개방건, 다른 하나는 帝室有及國有財産調査局 官制 개정에 관한 것으로 이것들도 중요도가 높은 것이나 처리가 늦어 시한을 넘겼던 듯 하다.

19) 徐榮姬, 1894~1904년의 政治體制 變動과 官內府,『韓國史論』23, 1990, 서울대 국사학과. 李相燦, 일제침략과「황실재정정리」(1),『奎章閣』15, 1992).

20) 森山茂德,『日韓併合』, 1992, 日本歷史叢書 47, 吉川弘文館, 제1절, 朝鮮 開國으로부터 日露戰爭까지 참조. 그러나 이 책의 저자는 심한 黨派的 정치현상이 전망을 흐리게 했다는 견해를 표명하고 있으나, 필자가 보기에는 그 실현 가능성을 삭감시킨 것은 일본의 방해 공작이었다고 생각된다.

21) 森山茂德, 위의 책, 71~72쪽.

22) 森山茂德, 위의 책, 65, 7 5~78쪽.

23) 이후 일본측이 1904년 이후의 조약들을 협약이란 단일 명칭아래 순차를 붙여 표시한 것도(외국인 고빙 조약－제일차 한일협약, 을사5조약－제이차 한일협약, 정미조약－제3차 한일협약 또는 한일신협약) 을사조약의 정식 명칭이 없었기 때문이었다.

<부록 1> 대한제국 "睿卯符信總數"에 실린 고종황제의 御押(왼쪽)과 황태자의 睿押(오른쪽)

<부록 2> 1908年 2月 以隆法令類決裁署名事例

〈勅令〉隆熙2年(1908) 7月　　　〈詔勅〉隆熙2年(1908)11月　〈 法律〉隆熙3年(1909) 3月

7.6　　　　　　7.9　　　　　　　11.4　　　　　　3.4　　　　　3.11

〈法律〉隆熙3年(1909) 3月

7.16　　　　7.20　　　　　　　10.7　　　　10.28

隆熙4年(1910) 8月 21日 [韓國併合條約] 代表委任扰署名

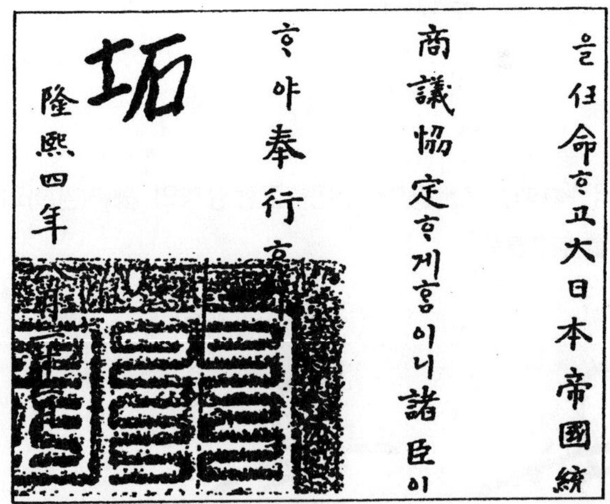

勅令 1907.12.27

勅令 1907.12.30

勅令 1908.1.7　　　　勅令 1908.1.18

<부록 3> 1907年 11月 18日~1908年 1月 18日의 法令類決裁署名事例(一連 番号는 表番)

(1)~(2) 隆熙 1907.11.18　　　(3) 隆熙 1907.11.19　(4) 詔勅 1907.11.26

(5) 勅令 1907.12.13   (6) 詔勅 1907.12.13

(7)~(28) 勅令 1907.12.13

坭 坭 坭 坭 坭 坭 坭 坭
坭 坭 坭 坭 坭 坭 坭 坭
坭 坭 坭 坭 坭 坭

(29) 勅令 1907.12.13   (30) 勅令 1907.12.20

坭   坭

(31)~(33) 法律 1907.12.13   (34)~(35) 勅令 1907.12.23

坭 坭 坭   坭 坭

＜부록 4＞ 1907년 12월 중의 서명이 위조된 勅令의 날자별 건수 및 건명

1. 1907년 12월 13일 반포 「칙령」 22건

各部官制通則	內部官制	漢城府官制
警視廳官制	地方官官制	度支部官制
建築所官制	印刷局官制	關稅局官制
稅關官制	財務監督局官制	財務署官制
臨時稅關工事部官制	燈臺局官制	度支部臨時職員增置件
法部官制	監獄官制	法官養成所官制
學部官制	農商工部官制	學部直轄學校及公立學校官制
學部直轄學校職員定員令		

2. 12월 27일 반포 칙령 18건

官等俸給令中改正件　　　各官制中參書官은 書記官으로 書記官은 主事로 改正
官吏勤續에 關한 件　　　地方官官等俸給令中改正件
警視廳官制中改正件　　　總巡權任及巡檢을 警部巡査로 任用件
平壤鑛業所官制　　　　　會計調査局官制
煉尾製造所官制　　　　　判事檢事官等定員及俸給令
大韓醫院官制　　　　　　裁判所飜譯官及飜譯官補官制
資金會計法　　　　　　　裁判所書記長及書記官等定員令
大韓醫阮長俸給及手當　　公立學校職員俸給令中改正件
平壤鑛業所特別會計法　　土地家屋證明規則中改正件

3. 12월 30일 반포 칙령 5건

農林學校官制中改正件　　工業傳習所官制　　　　園藝模範場官制中改正件
退官恩賜金支給規程　　　普通學校令中改正件

4. 기타 4건

12. 04　經理院所管雜稅處理에 關한 件　　12. 20　近衛騎兵隊編制
12. 23　官等俸給令中改正件　　　　　　　12. 23　法典調査局官制

(제25회 발표, 1993년 3월 23일)

근세 한일법률교류사
─ 朝鮮·德川時代를 중심으로 ─

최종고(서울대학교 교수)

Ⅰ. 머리말

많은 사람들은 아직도 한국법은 일본법에 의해 많은 영향을 받았고 심지어는 일본법의 아류인양 생각하고 있는 것 같다. 어느 면에서 보면 일제 통치하에 배운 법과 해방 후 일본법을 졸속하게 번역하다시피 만든 현대 한국법, 그리고 지금도 중요하게 의지하는 일본 판례의 역할을 보면 한국법제 내지 법문화는 상당히 일본법의 영향을 받고 있다고 할 수 있다. 그렇지만 이것은 줄잡아 지금부터 1세기 이내의 현상일 뿐이고, 이것을 넘어 전통법 시대로 거슬러 올라가면 한국법과 일본법과의 관계는 전혀 양상을 달리한다. 단적으로 말하여, 한국법이 일본법에 적지 않은 영향을 주었으며, 중국법, 한국법, 일본법은 독특한 역학관계 내지 상호작용을 보여준다. 한 마디로 동아시아 보통법(East Asian Common Law, Ost asiatisches Jus Commune)을 기초로 하여 일본법, 한국법에로 특수화되었다고 할 수 있다.[1] 서양에서 로마법을 보통법(Jus Commune)으로 하여 독일법, 프랑스법 등의 국가법으로 발전한 것과 비슷한 양상으로 관찰할 수 있다. 물론 여기에는 많은 차이점도 있어 역사를 지나친 단순화(over-simplification)로 해석해서는 아니되겠지만, 역사적으로 보면 무엇이 한국법이고 무엇이 일본법인가 하는 근본적인 물음도 물을 수 있고, 또 물어 보아야 할 필요가 있다.

이것을 하기 위하여는 일본법사, 한국법사 나아가 중국법사를 자세히 이해해야 하고, 동아시아법사를 조감하는 안목이 있어야 한다. 그러나 솔직히 말하여, 현재 중국, 일본, 한국의 법학자들, 심지어 법사학자들도 서양법사와 자국 법사에만 관심을 갖지 동아시아법사 내지 다이내믹한 3국법 관계사에 대하여는 별로 연구를 하지 아니 하여 왔다.

'서양의 20세기'가 지나고 '동아시아의 21세기'를 맞으면서 동아시아학에 관한 관심이 현저히 고조되고 있다. 이런 의미에서 법사학에서도 동아시아법사에 대한 연구가 새로운 계기를 맞을 것으로 전망하고 있다. 여기에는 中·日·韓 법사학자들의 공동연구와 대화가 필요하다고 생각한다.[2]

오늘 발표는 그런 취지에서, 필자가 법사상사가로서 동아시아 법사상사에 대한 관심을 한일문화교류라는 관점에서 조금 접근해 보려는 노력이다. 한일법률교류사를 究明하려면 대체로 다음과 같은 시대구분적 시각을 가질 수 있을 것이다.

Ⅰ. 古代의 韓日法律交流
　　中國律令과 韓國·日本法
Ⅱ. 中世의 韓國法과 日本法
　　韓·日法의 土着化
Ⅲ. 近世의 朝鮮法과 日本法
　　明·清律의 受容과 變容
　　律學과 明法道
　　朝鮮通信使와 日本使臣
Ⅳ. 日帝統治期의 韓日法律交流
　　韓國法의 日本化

제한된 시간 內에 이 광범한 한일법률교류의 역사를 모두 언급할 수는 없으므로 법사가로서 관심을 갖는 근세 조선과 德川時代에서의 한일법률교류의 실상을 중점적으로 접근해 보고자 한다.[3] 그 이유는 앞으로 한일양국이 주권국가로서 우호적, 동반자적 관계를 발전시켜 나가기 위하여는 조선과 德川時代의 한일교류가 교훈적인 면을 내포하고 있다고 생각되기 때문이다.

지금까지 한일외교사 내지 한일관계사에 관한 연구는 역사가들과 재일 한인학자들에 의하여 비교적 많이 이루어진 것처럼 보인다. 그러나 법사적 관점에서는 전무한 것처럼 보이는데, 이상의 사학자들의 연구성과를 최대한 援用하면서 법학의 시각으로 정리해 보고자 한다.

Ⅰ. 고대 중세의 한일법률 교류사

먼저 中·日·韓 삼국에서 사용하는 법이란 문자에 대하여 생각해 보고자 한다. 일본에서는 고대부터 'のり'라는 말이 있고, 한국에도 '본'이란 말이 있었다고 하지만, 오래전부터 오늘날까지 공통적으로 법이라는 한자어를 사용하고 있다. 같은 문자를 두고 중국인은 fa, 한국인은 bob, 일본인은 ho라고 발음만 달리할 뿐이다. 그런데 최근 언어학자의 연구에 의하면, 법이란 글자는 元來灋이라는 고대 중국어에서 온 것인데, piwap이라고 발음하던 것이 piwap→ fwap→ faf→ fa로 변음되어 왔다는 것이다.[4] 사실 한국인, 일본인들이 f, h, p, b 발음을 상당히 유동적으로 발음하는 것을 보면 fa, bob, ho라는 말이 모두 동근임을 짐작할 수 있

다. 그리고 한국의 bob이라는 발음이 고대 중국어의 발음에 가장 가깝게 남아 있다는 사실도 알 수 있다.

  廌이라는 原文字에는 鷹(獬豸 혹은 麒麟이라는 神獸)가 포함되어 있다. 여기에는 고대 苗族의 神意裁判(Gottesurteil)에서 鷹를 등장시키면 鷹는 반드시 不正直한 피고에게 다가가서 하나인 뿔(角)로 떠받는다는 고사가 있다. 따라서 鷹는 一角獸, 즉 유니콘(unicorn)인데, 한 마디로 동양적 정의의 상징이라 하겠다. 그래서 동양에서는 법과 관련된 곳에는 해태가 등장하고, 심지어 작년(1999)에는 서울의 대검찰청사에 해태상을 조각해 세웠다. 서양에서는 이 一角獸 전설을 古代 그리스의 의사 체시아스(Cesias)가 중국과 인도에서 받아들여, 一角獸는 산에 살면서 사냥꾼이 아무리 잡으려고 해도 부가능하며 다만 처녀가 쓰다듬어주면 스스로 잡혀준다고 묘사하고, 잡힌 유니콘은 인간의 신체의 모든 병을 고치는 만병통치약이 된다고 설명하였다. 그 후 그리스도교 신학과 결부되어 유니콘은 세상의 불의를 타파하고 성모 마리아의 품안에서만 잠드는 예수 그리스도라고 미화하기까지 하였다. 어쨌든 서양에서는 해태가 유니콘으로 이러한 의미변용을 하면서 수많은 예술작품의 주제가 되어왔다.[5] 그리고 법과 정의에 관한 상징은 그리스·로마 신화에서부터 유스티치아(Justitia)여신을 택하여, 한 손에 칼(검), 한 손에 저울(칭)을 든 인격상을 法廷, 법과대학, 시청 등지에 조형화하여 건립하고 있다. 서양의 인격화(personification)에 비해 동양에서는 해태라는 동물을 통하여 자연화(naturalization)하고 있다는 것이다. 다만 안타까운 것은 동양에서도 鷹의 본래적 의미가 변질되어 너무 통속화되고 종교화되고 있다는 사실이다. 고대부터 중국·한국에서는 法服, 法帽와 官服같은 법과 관련된 곳에는 해태의 形象을 그렸는데, 거기에서도 점점 해태를 除禍召福, 逐邪衛善 등의 呪術的 상징으로 변질되었다. 서울의 광화문 앞에 있는 해태석상은 一角을 잃어버린, 화마를 퇴치하는 해태(sea carmel)같은 모습으로 바뀌어버렸다. 일본에서는 고마이누(狛犬 혹은 高麗犬, Korean Dog)가 一角을 보지하고 있지만 신사의 수호신처럼 되었고, 「麒麟 一番」 맥주의 상표에

一角을 가진 기린으로 변모되어 있다. 어쨌든 이러한 문화권에 따라 변용되는 법상징을 연구하는 것이 法象徵學(Legal Syrmbolics, Rechtssymbolik) 내지 法美學(Legal Aesthetics, Rechtsästhetik)의 과제이다. 서양에서 발전되고 있는 이 연구분야는 동아시아법사와 법사상의 이해에서도 중요하다고 생각한다.[6]

동아시아에서도 '법'이 신화와 전설에서 시작하여 고대부터 中·日·韓 지역에 상당한 접촉을 가져왔다는 사실은 고대법사의 연구자들이 공통적으로 지적하고 있다. 고대의 법률교류를 논하자면, 고대에 과연 법이란 무엇이며 어떤 형태로 존재했겠느냐는 '고대법' 자체의 문제부터 성찰해야 할 것이다.[7] 분명한 것은 오늘날의 법처럼 책에 글자로 쓰여겨 있지도 아니하였고, 헌법, 민법, 형법처럼 체계적으로 분류할 수 없는, 매우 소박하고 관습과도 구별하기 어려운 단순한 규범 내지 질서였다고 할 수 있다. 이런 고대법의 교류를 연구한다는 것은 법전의 비교 같은 것과는 전혀 거리가 먼, 법생활 내지 법관념의 비교에 지나지 않을 것이다. 어린 관점에서 보면 고대에 한일간에 우리가 생각하는 것 보다도 훨씬 빈번한 접촉과 다수인의 이주가 있었다는 사실 자체가 중요하다. 일본에 도래인으로 알려진 하다(秦)씨의 본고장은 한반도 남부지방으로 추정되고 있다. 열려있는 바닷길을 따라 벼농사와 잠업, 石製와 기술, 불교와 유교 등이 일본에 대폭 전래 되었다.[8] 이것을 동경대학의 이노우에(井上光貞)교수는 "마치 메이지시대에 歐美의 外人敎師들이 유럽문명을 이식한 역할과 유사한 것"라고 표현한 바 있고,[9] 재일 사학자 李進熙씨는 "도래인들의 역할은 마치 아메리카 대륙을 개척한 유럽 이주민들과 같은 것으로 보아야 할 것이다"고 한다.[10] 이에 대하여는 고고학의 발굴을 기초로 여러 방면에서 연구되었고 앞으로도 계속되어야 할 바이지만, 法의 관점에서도 몇 가지 언급되어져야 할 점이 있다.

1. 일본의 지명과 고대 관직명이 상당히 많은 부분 한국에서 유래한다는 사실이다. 예컨대 '고호리(評)'制는 한국의 '고을'制를 도래집단이

가져온 명칭인데, '고호리'는 701년 타이호료(大寶令)가 시행되기 전에는 일본의 대부분 선진지역에서 행정구획이었다. 이에 대하여는 일본의 '법사학의 아버지'라 할 수 있는 나카다 가오루(中田 薰)교수의 선구적 연구들이 시사적이다.[11]

2. 고대에는 정치, 법, 종교가 융합된 이른바 제정일치제였기 때문에 법규범은 근본적으로 종교규범으로서의 성격이 강하였다. 次次雄이란 한국 관직명이 보여주는 바와 같이 신라의 초기 국왕들은 '샤만'(Shaman)이었으며, 그들은 즉위 직후 始祖廟祭를 지냈다. 이 시조묘제는 6세기 이후 親祀神宮으로 발전하는데, 일본의 신궁의 원류는 바로 이 신라 제도에 뿌리를 두고 있다.[12] 한국에서는 7세기 중엽부터 불교와 율영체제의 확립에 따라 샤마니즘은 배격당하여 민간신앙으로만 연명해 왔는데, 일본은 국가신도에로까지 '공식화'되어 오늘에 이르고 있다. 신관에게 쓰이는 용어, 즉 fafuri에서 유래한 はふり(祝)라는 이름 등 일본 신도법은 이런 관점에서 더욱 깊이 연구해 볼만하다.

3. 쇼토쿠(聖德)태자가 만들었다는 憲法十七條에도 주목할 필요가 있다. 일본 고대사만 아니라 일본 역사 전체에서 가장 중요한 의미를 차지하는 쇼토쿠태자의 역사적 실재에 관하여 근본적으로 의문이 제기되기도 한다.[13] 어쨌든 그가 만들었다는 憲法十七條는 오늘날 의미의 헌법과는 전혀 달리 官吏들이 지켜야 할 心得으로서 '和'를 중심한 유교윤리와 불교 사상을 종합한 것이다.[14] 마치 신라의 圓光法師의 世俗五戒를 연상시키기도 하는 이 고대 법규범은 한중일의 정신과 윤리의 綜合態로 폭넓게 연구해봄직하다.

4. 중국이 일찍부터 율령격식을 갖추어 율령국가를 이루었고, 이것을 본받아 조선에서는 고구려가 소수림왕 3년(333)에, 신라가 법흥왕 7년(520)에 율령을 제정하였다. 고구려는 중국 晉國의 泰始律令을, 신라는 당률과 고구려률을 받아들인 것으로 분석된다.[15] 일본에서는 7세기 내지 8세기에 율령이 제정되었는데, 물론 그것은 중국율령을 그대로 모방한 것은 아니지만, 한편 고대에도 中·韓·日의 광범한 접촉이 있었다는

사실도 부각되고 있다. 나까다 가오루(中田 薫)는 "율령법계야말로 년수를 말하자면 한에서부터 청까지의 약 2천년까지 존속하였고, 지역을 말하자면 넓은 동서의 남북에까지 파급된 동양의 一大체계이며, 비교법에서 여러 가지 관점에서 연구해야 할 가치있는 것이다"[16]고 하였다.

이처럼 고대부터의 광범한 동아시아법적 교섭이 있었지만 中·韓·日은 中世期에 들어서서는 각각 自國法에로의 특수화의 길을 걸었다. 중국에서도 한족이 몽고족의 원왕조의 지배를 받게되어 법제적 亂脈을 보여주었고, 그와 무관하지 않게 고려법은 독특한 존재형태를 보여주었다.[17] 일본의 중세법은 大陸法에서와는 매우 다른 독자적 방향으로 전개되었다.[18] 그렇지만 어느 때도 율영체제에 기초한 동아시아법의 질서를 근본적으로 깨뜨린 일은 없었다. 이런 의미에서 동아시아법사는 보편성과 특수성, 중국법과의 구심력과 원심력을 잘 파악하여야 온전한 서술이 될 수 있다고 생각한다.[19] 한국법과 일본법의 교류과정도 이러한 동아시아법의 다이내믹한 脈絡 속에서 고대 중세를 거쳐 14세기 이후 조선과 室町, 德川幕府시대로 전개되었다.

Ⅱ. 조선전기의 한일법률교류

동아시아는 19세기 서양세력이 동점하기 전에는 중국을 중심으로 한 국제질서가 형성되어 있었다. 14세기에 명나라가 서고 17세기에 청나라로 바뀌어도 이러한 국제질서에 근본적 변화는 없었다. 다만 조선에서는 이씨 왕조가 14세기부터 500년간 안정되게 지속되었는데 반해 일본에서는 아시카가(足利)씨쪽의 무로마찌(室町)막부에서 도요도미(豊臣)를 거쳐 도쿠가와(德川) 막부의 武家政權이 교체되고 있었다. 몽고족인 원 왕조를 뒤이은 明은 중국의 전통적 지배정책을 답습하여 책봉체제를 통해 주변 국가들을 통제해 나갔다. 明이 건국할 무렵 일본은 남북조시대로서 중국과의 국교는 없었고, 조선은 고려말기로서 元의 책봉을 받고 있었다. 明태조로부터 통교의 요청이 있었지만 일본은 그것을 거부했고 고려는 받아들였던 것이다. 그러나 元의 간섭 때문에 고려국내의 분열이 격화되고 친명정책을 쓴 이씨조선의 태종은 1401년에 조선국왕으로서의 號名과 印章을 받았다. 일본에서는 아시카가 요시미쯔(足利義滿)가 국교를 맺으며 1403년에 '日本國王'의 책봉을 받았다. 이런 국제정치를 일반적으로 사대교린정책이라 부른다.[20]

조선은 왕조수립의 시초부터 일본에 대해 선린외교의 기본정책을 세워 고려 때부터 국난이 되어온 왜구의 단속을 일본정부에 요청하기 위해 수호를 위한 교섭의 길을 터놓고 있다가 드디어 아시카가 정권과 국교를 맺게 되었다. 아시카와 요시미쯔는 明에게 책봉을 받은 후 1404년에 「일본국왕 겐도오기(源道義)」라 자칭하며 사신을 조선에 파견하여 해적을 엄하게 단속할 것을 약속하고 대신 대장경의 증여를 요청하였다. 조선정부는 報聘使를 보내어 이에 대답하였는데, 이때부터 일본국왕으로서의 아시카가와 조선국왕과의 관계가 명의 책봉을 전제로 대등한 관계에 서게 되었고 외교의례의 형식도 성립되었다. 요시미쯔의 사망 후 아시카가 요시모찌(足利義持)는 명의 책봉을 거부했지만 조선과의 국교는 계속하였다. 그 후 아시카가 정권은 明과의 국교를 회복했고 일본과 조선과의 관계도 과거의 전통대로 세이다이쇼군(征夷大將軍)을 「일본국왕」으로 하는 외교체제가 계속되었다. 조선으로로부터는 통신사가 파견되었는데 그 연대와 구성은 다음과 같다.

연대	정사	부사	書狀官	사 명
1428	朴瑞生	李 藝	金克柔	義排의 사망과 義宣의 계승축하
1439	高得宗	尹仁甫	金禮蒙	修好 확인
1443	卜孝文	尹仁甫	申叔舟	義宣의 사망과 요시카츠의 계승축하
1459	宋處檢	李從寶	李 覩	佛典의 증정(해상조난·행방불명)
1475	裵孟厚	李明崇	蔡 壽	(항해중지)
1479	李亨元	李季同	金 訴	(쯔시마에서 귀환. 정사는 거제도에서 사망)

1443년에 書狀官으로 따라간 신숙주는 일본을 방문하고 「海東諸國紀」를 저술하여 일본의 사정을 비교적 자세히 알려주었다. 일본의 國風을 간단히 소개하였는데, 일본법에 대한 관심은 별로 나타나지 않고 있다.[21]

1419년에 기근과 생활고에 시달리던 對馬島民이 조선의 연안을 습격한 일이 있어, 태종은 병선 27척과 17,000명의 군사로 대마도를 공격하였다(応永의 倭亂). 태종이 죽고난 후 세종은 對日武斷政策을 배척하고, 通好交易을 위하여 渡來하는 왜인들을 우대하고, 세견선의 定約, 國書, 通信符, 書契 등의 제도를 정비하여 來船者들을 통제하였다. 그것을 행하는 과정에서 중개자로서의 對馬藩의 역할이 결정적으로 중요하게 되었다. 개항장으로서 부산포(부산)과 내이포(진해) 외에 염포(마산)를 더하여 삼포로 확대하는 한편, 그 이외의 지역에로의 來航을 엄중히 금지하였다. 삼포와 한성에 왜관이라 불리는 客館을 짓고 일본으로부터 온 사절을 접대하였다. 그러나 私貿易이 금지되었기 때문에, 1510년 삼포의 일본인들이 결속하여 반란을 일으켰다. 이것이 「삼포의 왜란」이다. 조선 政府軍에게 패배한 恒居倭들은 대마도로 도망하였다. 조선과의 무역이 단절되어 궁지에 몰린 대마는 쇼군 및 大內氏에게 간청하여 조선과 다시 교섭하고, 수년 후 壬申約條에 의하여 교역을 재개하였다. 그러나 歲遣船의 半減, 恒居倭의 不許可, 圖書의 삭감 등 엄격한 통제가 이루어져 조선과 일본간의 무역은 극도로 부진한 상태를 면치 못했다.[22]

이조전기의 법 상황을 살펴보면, 태조는 즉위한 후 바로 鄭道傳, 趙浚 같은 학자신하에게 명하여 「經濟六典」(1397)을 편찬케 하였다. 세조(1455~68 在位)는 「經國大典」의 편찬작업을 시작하여 성종대에 이르러 1485년에 완성하였다. 이것이 19세기의 新法典이 이루어지기까지 祖宗成憲의 법으로서 조선법체계의 근간이 되었다. 이렇게 법전을 구비하였지만 그 내용은 대명율을 통용한다고 명문화하고 있어 유교윤리에 기초한 禮治를 지향하고 있었다. 이런 면에서 중국보다 더 '동방예의지국'임을 자부하고 있었다.[23]

그러나 비판적으로 보면, 유교도 송대의 주자학을 敎條的으로 숭상하여 양명학이나 불교는 공식적으로 '斯門亂賊'으로 배척되고, 유학 자체도 공리공론으로 傾倒 되고 사림정치의 폐단이 노출되었다. 무엇보다도 중국법의 원리에서 크게 해방되지 못하고 법률적용에서 고식적으로 정체되어 새로운 창의와 중흥의 계기를 갖지 못하고 있었다.

이러한 이조중반의 부진상태에서 일본, 중국으로부터의 침약이 결정적인 피해를 가져다 주었다. 1592년, 豊臣秀吉軍의 조선침략 즉 壬辰倭亂(일본에서는 文祿의役)이 발발하였다. 그 앞선 해에 조선은 통신사로 하여금 일본의 형편을 알아오라고 했지만 党爭 때문에 正使 黃允吉과 副使 金誠一의 서로 엇갈린 보고를 받아 아무런 전쟁대비를 하지 못했다. 그래서 일본군은 경상도, 충청도를 쉽게 공략하고 한달만에 漢城을 함락시키고, 평양에서 최북단 함경도에까지 진격하였다. 국왕 선조 일행은 압록강변 의주에까지 도망하여 명에 원군을 요청하였다. 조선은 이순신이 지휘하는 수군을 제하고 거의 붕괴되어 각지에서 유생들이 의병을 일으켜 일본군에 항거하였다. 명군이 來援하면서 戰況은 크게 바뀌었다. 싸움에 지친 일본군 사이에도 和議의 요구가 높아졌고, 小西行長과 明將 沈惟敬 사이에 강화교섭이 이루어져 휴전이 실현되었다. 그러나 제시된 조건들에, 특히 임난에서 왕릉을 범침한 자들을 잡아오라는 요구에 격노한 豊臣秀吉은 다시 출병을 명령하여 정유재란(慶長의役)이 발생하였다. 이듬해 秀吉의 죽음을 계기로 일본군은 撤退하였지만, 조선이 입은 인적, 물적 피해는 대단히 컸다. 많은 인명이 죽었고, 궁전, 서적 등 문화재가 전화에 소실되거나 일본으로 반출되었다.

법의 관점에서 조선전기와 室町시대를 보면, 조선이 중국법을 참조하여 대법전 편찬사업에 성공하고 그것에 기초한 법치와 禮治를 수행해나 갔지만, 일본에서는 중세적 봉건질서에 기초하여 조선법을 직접적으로 수용할 여건이 형성되지 못했다. 公家法, 本所法, 式家法 등으로 일본법은 매우 복잡하게 전개되어 갔다.[24)

Ⅲ. 朝鮮·德川시대의 조일법률교류

1. 조선통신사

도요토미정권을 무너뜨린 도쿠가와 이에야스는 외교관계를 극도로 축소하고 쇄국정책을 펴면서 국내의 통일을 도모하였다. 그는 국내통일을 유지하면서도 계속 명과 조선과의 국교정상화를 위해 노력하였다. 대마도의 소오씨(宗家)는 일본과 조선 사이에서 무역과 외교를 전담하였다. 1609년에는 15세기 이후 계속 사용되어 온 조약을 개정한 己酉約條가 체결되어 메이지정부에서 외교권을 접수할 때까지 한일수호통상의 기준으로 역할하였다. 이리하여 1607년부터 도쿠가와정권 아래서 12회에 걸쳐 조선통신사를 맞이하였다. 그 인원수가 매번 정사, 부사, 정사관 이하 450명에서 500명이나 되었다. 통신사의 교환은 단순한 외교행사만이 아니라 그것을 뒷받침하는 법적 장치도 적지 아니하였다.[25] 통신사 일행으로 국가의 기밀을 누설하지 못하도록 엄격히 법률로 규율하였고, 所期의 사명을 수행하지 못하고 돌아오면 처벌받았다. 조선통신사의 日程이 결정되면 그에 필요한 비용과 人馬가 15藩國에 분담되었다. 일본측 기록에 남아있는 것들을 보면 이 부담이 과중하여 감소해달라는 陳情들이 쌓일 정도였다.[26] 지대한 국가행사를 위하여 일본 민중이 어떻게 法을 통하여 동원되었는지는 앞으로 좀더 입체적으로 연구해 보아야 할 과제이다. 조선통신사의 연대와 구성은 다음과 같았다.

연 대	정 사	부 사	書狀官	사 명
1607	呂祐吉	慶 暹	丁好寬	수교·포로쇄환
1617	吳允謙	朴 梓	李景稷	오오사까 평정·일본 통합의 축하·포로쇄환
1624	鄭 岦	姜弘重	辛啓榮	家光세습의 축하
1636	任 絖	金世濂	黃 㦿	太平을 축하
1643	尹順之	趙 絅	申 濡	家綱 탄생 축하

연 대	정 사	부 사	書狀官	사 명
1655	趙珩	兪瑒	南龍翼	家綱 세습의 축하
1682	尹趾完	李彦綱	朴慶後	綱吉 세습의 축하
1711	趙泰億	任守幹	李邦彦	家宣 세습의 축하
1719	洪致中	黃선	李明彦	吉宗 세습의 축하
1748	洪啓禧	南泰耆	曹命采	家重 세습의 축하
1763	趙曮	李仁倍	金相翊	家治 세습의 축하
1811	金履喬	李勉求	—	家齋 세습의 축하(쓰시마에서 응접)

　　이처럼 호화스럽고 번거로운 통신사의 영접에 대하여 아라이 하쿠세키(新井白石)가 개혁안을 제시하였으나 이내 실각되고 좌절되었다.[27] 그후 더욱 성대한 통신사의 영접이 있다가 1788년에 나카이 지쿠잔(中井竹山, 1730~1804)가 다시 조선통신사를 대마도에서 접대하자는 간소화안을 주장하였다.[28] 막부의 재정궁핍 때문에 1811년의 통신사는 대마도에서 접대하여 돌려보내기로 하였다. 그렇지만 막부는 두차례에 걸쳐 9만량을 대마번에 보내어 使館의 신축과 개수에 사용케 하였다. 또 江戶儒學의 주류를 이루는 학자들을 대마로 보내어 성의껏 영접케 하였다. 조선에 기근이 들어 무역이 부진하게 되자 막부는 1815년에 쌀 2만석을 제공하였다. 그후 12대 쇼군 이에요시(家慶)가 습격한 1837년에도 통신사를 초빙했으나 재정곤란으로 실현되지 못했다. 그 후에도 쇼군의 교체가 있을 때마다 3번 통신사 초빙이 幕府에서 거론되었지만 일본측의 재정사정과 정치불안으로 그때마다 보류되었다. 그러나 부산의 왜관에는 대마번의 官吏가 상주하였고, 동래부사와 대마번주 사이에는 항상 긴밀한 연락이 취해지고 있었다. 예컨대 1866년 프랑스함대가 강화도에 침입하자 조선정부는 곧 이 사실을 일본에 통보하여 유럽제국의 침입에 대처하도록 충고하였다. 1866년이라면 명치유신 2년전의 일이다. "서로 속이지 않고 다투지 않으며 성의로 대해야 한다"는 아메노모리 호슈(雨森芳洲)의 외교 및 국제법사상은 메이지정부에 의해 포기되고 마침내 금세기의 불행한 한일관계를 초래하였다.

2. 조선인의 日本法觀

위에서 본대로 조선통신사는 중국에로의 燕行使와는 수가 훨씬 적었지만 통신사들은 그들의 기록을 남겼다. 이 일본사행기록들은 영조대의 尙書 洪啓禧가 수집하여 「海行摠載」라고 이름하여 출간되었다. 1914년에 조선고서간행회에서 활자본으로 간행하였으며, 1974년부터 3년간에 걸쳐 민족문화추진회가 국역하여 「국역 해행총재」 전12권을 간행하였다. 이것을 읽어보면 조선통신사들의 일본에 대한 여러 관찰과 견해를 볼 수 있다.[29] 그들은 모두가 공식사행의 일원이었기 때문에 내용이 자유로운 견해와 인상을 표명하는 데에 제약이 있었고, 임난에서 입은 피해로 적개심과 증오감, 유교적 기준에서 내린 평가로 멸시와 우월감의 태도를 벗어나지 못했다. 일본의 제도와 문물이 좋고 훌륭하다고 인정하더라도 이러한 우월감과 편견에서 그것을 도입할 생각은 하지 못하였다. 영 정조시대에 중국사행의 학자들이 청조의 실용적 문물궤도를 배워야 한다는 북학론이 이루어졌던 것과는 사뭇 태도가 달랐다. 기본적으로 일본의 지리와 인문, 풍속과 인상을 기술했지만 법을 포함한 제도의 배경과 역사에 대하여 깊이 생각할 여유를 갖지 못하였다. 특히 법에 관하여는 단편적인 언급밖에 보이지 아니한다. 일본의 법률의 엄격함과 상급자에 대한 엄한 俯伏言動이나 형벌에 笞杖이 없이 斬死를 예사로 한다느니 하는 기록이 보인다. 1607년의 통신사의 副使 慶七松은 그의 「海槎錄」에서, 일본인은 중죄인은 사형을 시키며, 경죄인은 가산을 몰수한다. 인성에 관하여는 俠氣를 숭상하며 생명을 가볍게 여기고 조금이라도 불만이 있으면 검을 빼어 사람을 죽인다고 기록하였다.[30] 李石問은 일본의 사형제도에 대하여 다음과 같이 기록하였다.

사형할 즈음에는 극히 참혹하여, 더러는 십(十)자로 된 나무에다 사람을 묶어 놓고, 혹은 불로 지지기도 하고, 혹은 창으로 찌르기도 한다. 죽음을 당하는 사람도 그다지 두려워하지 않고 자결하기를 원한다. 목욕하고 이발을 한 다음 눈을 감고 염불하면서 스스로 배를 가르고 손으로 오장을 끄집어내어 죽으면, 보는 사람들이 좋은 사람이라 칭찬주고, 그 자손도 또한 세상에 이름이 높아진다. 더러는 목을 뻗치고 칼날을 기다리는 자도 있는데, 이미 참한 후에는 칼을 시험하는 여러 왜인이 모여들어 난도질을 하여 육장을 만들되 조금도 가엽게 여기는 마음이 없으니, 대개 그들의 습성이 이러하다. 그러므로 그 풍속이 죽음에 용감한 것을 영화롭게 여기고 죽음을 겁내는 것을 부끄럽게 여긴다. 눈 한번 흘기는 것도 반드시 보복하고, 말 한마디에도 시기를 부려 사람 죽이는 것을 능사로 삼고, 굽히지 않는 것을 장기로 여긴다. 웃어른께 삼가함이 없고 골육간에도 칼질을 하여, 사납고 모진 성질은 참으로 일종의 승냥이와 같다.[31]

1655년 사행의 종사관 南龍翼은 「聞見別錄」에서 일본의 倭皇代序, 關白次序, 對馬島主世系, 官制, 州界, 山川, 風浴十條, 兵糧, 人物 등을 상세하게 기록하여 사행록의 주옥이라고 불려지는데, 그럼에도 官制편을 읽어보면 公官官制, 二官八省, 職階, 國類別, 四等官 등의 설명이 있고, 唐朝의 官名과 비교하고 있다. 그러면서도 막부직제에 관하여는 쓰지 않았다. 율령관제를 現行으로 잘못 알았는지, 정보를 수집하지 못하였는지 알 수 없다. 또 일본국에는 刑獄의 법은 없고, 笞杖 이외에는 모두 참죄이라고 적었다.[32]

任守幹은, 일본인은 체력이 조선인보다 못하지만 우리 땅을 짓밟은 것은 단지 총과 칼에서 우월해서만이 아니라 그들의 법령이 嚴酷해서 물불을 가리지 않고 뛰어들게 하였기 때문이라고 적기도 하였다.[33] 曺命采는, 일본인들의 하는 일이 모두 井井然하여 법도가 있다고 하기도 하였다.[34] 통신사들은 일본이 중국과 조선에서 서적을 많이 수입하고 그것을 빨리 간행하는 것에 감탄하였다. 김학봉의 「해사록」, 유성룡의 「징비록」, 강항의 「看羊錄」 등 비밀스런 책들도 이미 일본어로 번역출간된 것을 보고 이것은 訓導와 別差들이 국법을 두려워하지 않고 뇌물을 받고 구해준 것이라 생각하고 분통해 하였다. 서적에 관하여는 "各樣書册 兵書와 마땅히 기휘해야 할 문자 등을 몰래 흘리고 私通한 자는 律로 엄히 다스린다"고 금지되어 통신사들도 서적을 함부로 갖고갈 수 없었다.

한 마디로 통신사 自身들이 文士出身의 정치인이었기도 하지만 일본인 지식인들을 만나면 주로 시와 사상을 필담으로 나누었지 적극적으로 일본의 법제를 알고 배우려고 하지 아니하였다. 뿐만 아니라 당시 이미 일본에 수입된 서양문물이나 병술 같은 것도 배우려고 하지 아니하였다. 조선 지식인은 대부분 중화적 사대사상을 갖고 있었고, 유교사상에 입각한 강한 윤리의식을 갖고 있었기 때문에 불교와 함께 다양한 恩考와 문화양식을 갖고 있는 일본에서는 배우기보다도 한 수 가르쳐준다는 생각에만 차 있었다. 일본은 조선에서 많은 서적을 가져갔지만,[35] 조선은 일본서적을 읽으려고 하지 않았다. 조선에서 일본에 전수된 서적 가운데 법률서는 「經國大典」 같은 법전 이외에도 지금 한국에 남아 있지 않은 소송법서들도 있었다. 16세기에 간행된 「聽訟提綱」은 名古屋의 蓮左文庫에, 「詞訟類抄」는 동경의 內閣文庫에, 「大典詞訟類聚」는 筑波大學 도서관에 소장되어 있다.[36] 德川家康은 愛書家였고, 1601년부터 본격적으로 책을 수집하고 출간하였는데 사후 견언에 따라 林羅山이 책임을 지고 尾州, 紀州, 水戶 三家에 분배하였다. 이러한 駿河御讓本 속에 朝鮮法律書가 얼마나 소장되고 있는지 앞으로 자세히 검토해 보아야 할 과제이다. 일본에서 중국을 어떻게 전수받아 학습하였는가에 대하여는 이미 大庭 脩, 奧野彦六, 핸더슨(Dan Henderson)같은 학자들의 연구가 있다.[37]

새로운 명·청의 문화가 일본에 영향을 미쳤는데, 그 중에서도 사회적 영향이 컸던 것은 8대 쇼군 德川吉宗(1648~1751)에 의하여 추진된 明律硏究였다.[38] 중국의 법률체계는 당률과 명률이 그 쌍벽을 이루었다. 明太祖는 그 출신이 비천하여 고생을 알았기 때문에 중국인민의 통치를 철저히 하려고 명률의 제정에 크게 관심을 기울였다. 그 결과 성립된 명률이 淸에로 크게 연속되어 중국법의 뼈대를 이루었다. 조선도 건국초부터 이 명률을 依用한 것은 널리 알려진 사실이다.[39]

吉宗은 紀州藩主 德川光貞의 아들이었는데, 紀州藩에서는 명률의 연구가 특별히 성행하였다.[40] 德川光貞은 유자 榊原篁州에게 명하여 「大明律例諺解」를 완성시켰다(1694). 諺解는 訓点을 붙여 일본어로 번역하는 것이었다. 명률을 해독하기 위하여는 중국속어의 지식까지 필요했기 때문에 명의 멸망과 함께 일본으로 망명한 吳仁顯이 도움을 주었다. 篁州는 吳仁顯에게서 중국어를 배웠다. 光貞의 뒤를 이어 紀州藩主로 된 吉宗은 儒者 高瀬喜朴에게 명하여 朝鮮版「大明律直解」에 訓点을 가하게 하고, 또 榊原篁州의 아들 霞洲와 馬井春澤에게 「大明律例諺解」를 보정케 하였다.[41] 吉宗이 1716년에 쇼군에 취임한 후에도 명律에 대한 흥미는 계속되어, 高瀬喜朴에게 명하여 1720년에 「大明律例釋義」를 완성케 했다. 이 무렵 조선 통신사로 와서 吉宗을 만난 申維翰은, 吉宗이 "일본인은 조선인의 시문(漢文)을 纂하지만 배우기에는 미치지 못해 나는 일본어로 쓴다"고 말했다고 기록하고 있다.[42] 吉宗은 漢文을 읽을 능력을 상당히 갖추었지만 전문적 학자도 읽기 어려운 명률을 일본어로 번역시킬 필요성을 강하게 느끼고 있었던 것이다. 더 나아가 명률과 함께 청의 법률인 「大淸會典」의 일본역을 명하였다. 그 일은 深見玄岱(1648~1722)가 맡았는데, 그는 중국인 高壽覺의 孫으로 長崎의 唐通事로 근무하다가 新井白石의 추천으로 幕府의 儒官이 된 인물이었다. 玄岱의 아들 深見有隣(1691~1773)도 1721년에 長崎에 내려가 중국의 학자에게 질문을 하는 등 일본어 번역작업에 참가하였다. 深見玄岱 父子는 조선통신사와도 교류하였기 때문에 조선법에 관하여도 어느 정도 알고 있었다고 보인다.[43]

이러한 명, 청률 및 조선법에 대한 관심과 함께 吉宗은 庶民道德의 보급에도 중국과 조선으로부터 배우려고 하였다. 「六諭衍義」는 청의 世祖 順治帝가 인민교화를 위하여 반포한 '父母에게 孝順', '長上에게 尊敬'하게 하는 기본적 도덕을 적은 六個條 「六諭」에 해설을 붙여 민간에 보급시킨 것이다. 이 책이 일본에 들어오는 데에는 琉球人 程順則(1663~1734)의 공헌이 컸다. 그가 가지고 온 이 책은 琉球에 널리 보급되었고, 쇼균 吉宗에게 헌상되었다. 吉宗은 이것을 읽고 庶民敎育에 유익할 것이라 생각하고 室鳩巢에게 번역을, 荻生徂徠에게 訓点을 붙여 「六諭衍義大意」란 이름으로 출간하게 하였다(1722). 또한 뒤에서 말하듯 퇴계의 유학과 李眞榮 父子의 역할이 연결된다.

3. 刑曹佐郎 姜沆

강항(1567~1618)은 조선의 성리학자 姜希孟의 5세 손으로 전남 영광에서 출생하였다. 1593년에 과거에 급제하고 校書館博士, 成均館典籍, 工曹佐郎, 刑曹佐郎 등 관직을 역임하였다. 1597년 丁酉再亂이 일어나자 李光庭의 從事官이 되어 남원에서 항거하였다. 그 후 영광에서 의병을 모집하여 싸우다가 두형제와 함께 왜군에 잡혀 오사카로 끌려갔다. 가진 고생 끝에 禪僧이던 후지와라 세이카(藤原惺窩)와 알게 되어 朱子와 李退溪의 유학을 가르쳐 유자로 전향시켰다. 후지와라로부터 많은 유학자들이 배출됨에 따라 강항은 일본 성리학의 원조로 꼽히게 되었다. 후지와라와 그 후견자인 아카마츠(赤松廣通)의 도움으로 4년 만에 조선으로 귀국하여 일본에서 겪은 쓰라린 경험을 적어 「看羊錄」으로 남겼다. 여기에서 실제로 일본의 제도와 일본인의 생활을 생생히 경험하고 관찰하여 조선이 앞으로 전쟁을 대비하여 준비해야 한다고 건의하고 있다. 그는 1598년에 귀국한 이후 1602년에 大邱敎授에 임명되었으나 벼슬에 나아가지 아니하였다. 「간양록」은 일본어로도 번역되어 한일교류사에 중요한 문헌으로 알려져 있다.[44]

이 책의 내용을 보면 그는 일본에서 포로신세로 있으면서도 일본의 정보를 수집하여 「賊中封疏」를 작성하고 두번에 걸쳐 도망을 시도하고 세 번 임금께 상소문을 올렸다. 그는 여러 제도와 풍속을 눈여겨 관찰하였다. 그는 적기를,

마음속으로 따져 보고 왜에게 물어 본즉, 수백 년 전의 왜국 法令은 대개 중국이나 우리나라와 다름이 없어서, 貴人의 집에 사사 종종 두는 것이나, 凡人이 私田를 가지고 있는 것이나, 수령들의 경질, 科擧를 보여 인재를 뽑는 것 등이 대략은 서로 같았으니, 대개 수천리의 한 樂國이었습니다. 그런데 關東將軍 賴朝가 전쟁을 일삼은 이래로는 마침내 하나의 戰國을 이루었습니다.[45]

라고 하여, 일본법의 대체적 성격은 파악하고 있었지만 일본에서는 조선과 달리 과거제도가 실시되지 않았다는 사실을 파악하지 못했다. 오히려 유학자로서의 체면과 권위를 유지하려고 애썼다. 그는 이어서 국왕에게 이렇게 보고하였다.

> 그들이 우리나라의 토지가 기름지고 의식이 부족한 것과 제 나라의 法令이 각박하고 전쟁이 끊임없이 잇닿은 것을 비교해 보고 항상 말하기를, "조선은 진실로 樂國이요, 일본은 진실로 더러운 나라다"고 하였습니다. 누군가가 바로 그 말을 받아 깨우쳐주며 말하기를, "우리나라에서는 항복한 왜인에게 그 恩恤을 다하여 음식과 의복이 일제히 將官과 같으며, 간간히 三品의 중한 벼슬을 얻은 사람도 있다"고 하자 듣는 자들이 모두 다 혀를 내밀며 감탄하여 진심으로 귀화하기를 원하였습니다.[46]

이렇게 강항은 일본의 실상을 보고하면서 조선국왕 선조에게 우리나라에서 1593~94년에 항복해온 일본인들을 간혹 죽여버리는 일이 많았는데 그들은 이미 귀순하였으니 좋은 방법으로 거느리고 이용하는 것이 좋지 사형을 시켜서는 아니된다고 건의하였다. 강항은 형조좌랑을 지낸 경륜도 있어서인지 한일양국의 법제도를 비교적 안목으로 관찰하고 숙고한 학자로 돋보인다.

4. 李眞榮과 李梅溪 부자

지금까지 한국 사학계와 법학계에서 거의 알려지지 아니한 중요한 인물로 필자는 李眞榮·梅溪·一陽 三父子의 생애와 활동에 큰 관심을 갖고 있다. 지난 여름방학에 京都 방문을 통하여 和歌山에 있는 李氏 묘지와 행적을 추적할 수 있게 된 것은 학문약 수확이라고 생각한다.

李眞榮(1571~1682)은 조선의 경상도 蔚山에서 출생하여 유사로 있다가 1592년 임진왜란을 당하였다. 의병으로 대항해 싸우다 捕虜가 되어 부산에서 乘船되어 大阪으로 끌려갔다. 奴僕生活을 하다가 우연히 조선 출신 僧을 알게되어 和歌山 海善寺에 기거하게 되었다. 1605년에 大阪

에 나가 생계를 위해 易學院을 세우고 한문을 가르쳤다. '唐人易者'로 이름이 알려지면서 日本女와 결혼도 하였고, 紀州藩의 重臣인 竹田慶庵, 永田善齋, 南麻主計尉 등과 교류하였다. 이들의 알선으로 藩主 德川賴宣을 알견하고, 국정에 참고하도록 336자에 이르는 건의문을 작성하여 바쳤다. 그 내용은 賴宣이 紀州藩主로 봉해진 것을 축하하고 國基의 튼튼함과 藩主의 지도력을 칭찬하고, 藩主로서 가져야할 덕목을 주로 중국의 고사를 인용하여 설명한 것이었다.[47] 일종의 帝王學의 내용으로 民本政治, 德治主義, 人和와 平和를 강조하고 있다. 賴宣은 李眞榮에게 신하가 되어 주기를 부탁했으나 조선인으로 不忠二君할 수 없다고 거절하고, 다만 侍講의 職을 맡아 和歌山城 二丸御殿에서 가르쳤다. 1626~27년 사이에는 대마에 파견되어 대조선 교역의 실무에 참여하였다. 당시 통신사의 방일은 없었지만, 대마도 종가문서에는 李眞榮의 기록이 있을 텐데 아직 분석되지 못하였다.[48] 당시 對馬藩主 宗義成과 重臣 柳川調興의 不和가 극심하였고, 드디어 柳川의 국서위조사건이 발각되어 柳川은 將軍 家光의 親裁로 流刑을 받았는데 李眞榮은 가까이에서 이 사건을 관찰했던 인물이기도 하다. 다시 紀州로 돌아와 侍講職을 계속하다가 1682년 63세로 逝去하였다. 현재 和歌山 海善寺에 「朝鮮國李氏眞榮之墓」가 있다. 그가 얼마나 당시 紀州藩을 중심으로 한 明律硏究에 공헌을 했던지는 마에다 쯔나노리(前田綱紀, 1643~1724) 藩主의 일기에 다음과 같이 나타나고 있다.

　　室氏가 어느날 雨森東五郎(芳洲)이 그에게 明律을 주었다고 말했다. 그리고는 宗家에서도 논의 되었는데, 法典에는 이해하지 못할 사항들이 있었다고 말했다. 그래서 朝鮮人들에게 가져가 물은즉 어느 정도 이해할 수 있게 되었다. 이렇게 말로 도와주지 않으면 혼자서는 이해할 수 없었다. 한 예를 들면, 米穀之律文에 쓰인 踢斛淋尖이라는 말인데, 아무도 그 뜻을 알지못해 朝鮮人에게 물어서 비로소 터득하게 되었다.[49]

　이처럼 李眞榮은 일본인 학자들 사이에 한문으로 된 明律解讀에 有權的 해석을 줄 수 있는 지도적 학자였던 것이다. 李眞榮의 子 李梅溪는 1660年(萬治 3)에 藩主 賴宣의 요구로 「父母狀」을 제작하였는데, 이것은 紀州 德川 250年間 藩政의 교육지침이 되었고, 藩의 風敎維持에 크게 기여하였다. 이 「父母狀」이 제정된 경위가 있다. 1658年 紀伊國 熊野에서 實父를 살해한 사건이 발생하였다. 청년 범인은 방탕한 父를 죽인 것은 죄가 아니라고 改悛의 情이 조금도 없어 官憲들을 당황케 했다. 이에 관한 보고를 받은 賴宣은 儒臣 李梅溪로 하여금 죄인에게 「孝經」을 가르치며 講義하여 改悛시키도록 하였다. 梅溪는 매일 獄舍에 가서 「孝經」을 가르치며 인륜의 중요함을 설명하였다. 그러나 완고한 범인은 1년, 2년이 지나도 回心하지 않다가 3년째에 들어서야 비로서 悔悟의 심정을 표명하였다. 梅溪의 노력과 苦心은 많은 사람들에게 감동을 주었다. 賴宣도 이를 듣고 梅溪를 칭찬하고 囚人을 불쌍히 여기면서도 “政事는 政事이다. 나라에 刑이 없으면 법은 지탱할 수 없으니 국법을 어찌 달리 하겠는가”라고 하여 法에 따라 囚人을 처형하였다.[50] 그 후 「父母狀」은 더욱 널리 알려졌다. 1663年 11월에는 賴宣이 「可遵守之條目十五條」를 반포하여 효도를 成文化하였다. 한 때는 옥사에 죄인이 한 사람도 없어 賴宣은 郡奉行과 代官에게 褒賞을 내리기도 하였다. 5代 藩主 吉宗은 儒官 祇園南海(1676~1751)로 하여금 「孝子傳」을 저술하도록 하였다.[51] 和歌山縣 有田郡 廣川町에 있는 養源寺에는 吉宗이 梅溪의 글씨를 본떠서 쓴 「父母狀」이 소중하게 보관되어 있다. 李梅溪는 많은 저술을 하였는데, 「德川創業記考異」(10冊), 「大君言行錄」(2冊), 「易說」(혹은 一陽軒易說), 「潛窩雜記」, 「梅溪文集」 등이다. 그의 墓는 和歌山市 海善寺에 父의 墓와 나란히 안장되어 있고, 1975년에 和歌山縣 文化先覺者로 顯彰되었다.[52] 우리나라에도 고향 灵山에 影蹟碑가 세워졌다. 그동안 잊혀져온 한일교류사의 공헌자라 하겠다.

5. 新井白石과 伊藤東涯

위에서 잠시 본대로, 榊原篁洲는 1694년에 「大明律例諺解」를 저술하였고, 高瀬喜朴은 1720년에 「大明律例譯義」를 저술하였는데, 그것은 중국의 「律例箋釋」에 의존하면서 조선의 「大明律直解」를 참고하였다.[53] 前田綱紀(1643~1724)와 新井白石(165 7~1725)는 중국과 조선으로부터 법률서를 포함하여 각종 서적을 수입하였다. 이에 대하여는 大庭脩敎授의 자세한 분석서 「江戸時代における唐船持渡書の研究」(關西大出版部, 1967)가 있다.

新井白石은 조선통신사의 영접에 대하여 개혁안을 제시하였는데, 조선 국왕의 위상과 통신사의 지위를 파악하기 위하여 조선의 관제와 법률에 대하여 연구하였다.[54] 여기에 조선의 기본법전 「經國大典」과 「大明律直解」가 중요한 참고서가 되었다.[55] 그는 특히 '日本國大君에서 日本國王'으로의 復號를 주장하면서 「朝鮮新書式의 事」에서 이렇게 적었다.

> 本朝 天子의 일은 다른 나라로서는 天皇 혹은 天王이라고 칭하고, 將軍家의 일은 國王이라고 칭하는 것이며 조선의 여러 책에도 보인다. 또 大元, 大明의 天子가 우리나라의 將軍家에 대대로 보내온 詔勅書에 모두 日本國王이라고 칭했고, 明代에 이르러서 일본국왕을 책봉할 때도 두 번 있었다. 大宗때 麻苑院公方이나 神宗 때의 豊臣關白當家에 이르러 조선과 隣好를 맺을 때에도 처음부터 그 나라로부터 오는 서식은 日本國王으로 칭하여 이미 옛날부터 양국왕래의 서식에 쓰여졌던 것이다.[56]

古學派의 開祖 伊藤仁齋(1627~1705)의 장남 伊藤東涯(1670~1736)가 「朝鮮官職考」(1711)와 「制度通」(1924)이라는 저술을 낸 것도 이러한 분위기를 잘 나타내준다. 「經國大典」 吏典編을 해설한 그의 「朝鮮官職考」는 그 서문에서 "조선이라는 나라는 본래 禮儀의 나라이다"고 칭찬하고 있다. 「制度通」에서도 중국과 조선의 法과 제도를 적극적으로 배우려는 태도를 보여준다. 그렇지만 이러한 노력을 일본이 조선을 마음으로부터 좋아한 것이라고 소박하게 해석해서는 아니될 것이다. 일본인에게는 그들 나름대로의 우월감과 조선인에 대한 멸시감정이 있었다. 그러면서도 중국과 조선의 대륙문화를 배워야 한다는 생각은 강했던 것이다.

6. 국제인 雨森芳洲

아메노모리 호슈는 1668년 비와코(琵琶湖) 근처의 사가겐(滋賀縣) 다까고츠(高月町)의 아메모리(雨森) 마을에서 의사의 아들로 태어났다. 18세에 교토로 가서 기노시타쥰안(木下順庵)의 門下生이 되었는데, 거기에는 아라이 하쿠세키(新井白石)과 무로 규소(室鳩巢)도 있었다. 1693년에 對馬藩의 眞文役으로 부임하여, 1705년에는 죠센코토바 게이코(朝鮮言葉稽吉)(유학생)으로서 부산에 있는 왜관에 부임하여 5년간 체재하였다. 3년 만에 경상도 방언까지 익힐 정도로 어학에 재능이 있었다. 「交隣須知」를 저술하여 조선의 천문, 인물, 官稱, 매매 등 71개 항목으로 나누어 설명하였다. 또 「朝鮮風俗考」(1720), 「交隣提醒」(1723)을 저술하였는데, 후자의 책에서 誠信外交를 다음과 같이 강조하였다.

성신(誠信)한 교제라는 것을 사람들은 말하지만 대부분은 그 뜻을 정확히 분간하지 못한다. 성신이라 함은 참뜻이라는 말로서, 서로 속이지 않고 다투지 않으며 진문(眞文:漢文)을 가지고 교제하는 것이야말로 참된 성신(誠信)인 것이다. 조선과의 진실 성신의 교제를 하려면 송사(送使: 朝鮮王朝로부터 매년 쌀과 콩을 하사하기 위한 使節)를 사퇴하여 조금이라도 그 나라에 폐를 끼치지 않게 한 다음에야 이루어지는 것이다. 그러나 이렇게 하는 것은 용이한 일이 아니다. 그리고 지금까지의 관습을 그 나라에서도 쉽사리 바꾸자고 하지는 않을 터이니, 우선 관습은 그대로 두고, 앞으로 조선에 신용을 더 잃는 짓을 해서는 아니 될 것이다. "일본인은 그 성질이 간교해서 의(義)를 가지고는 굴복시키기 어렵다"라는 신숙주(申叔舟: 1442년의 書狀官, 뒤에 宰相)의 문장도 있다. 그 나라는 부담과 손해가 상당함에도 불구하고, 쓰시마 사송(使送)과 그 밖의 접대를 지금까지 전과 다름없이 지속해 오고 있으며, 이것은 조선이 우리의 간교한 성질을 두려워하고 있기 때문이다. …… 어떻든간에 먼저 조선의 사정을 자세히 알지 않고서는 어떤 사태에 임해서 아무런 조치도 취할 수 없게 된다. 그러할 경우 부언잡설(浮言雜說)이 아무리 많아도 소용이 없다. 조선측의 「경국대전」(經國大典), 「고사촬요」(攷事撮要) 등과 阿比留惣兵衛가 지은 「선린통교」(善隣通交), 松浦儀石衛門이 지은 「조선통교대기」(朝鮮通交大紀) 및 「분류기사, 기사대강」(分類記事, 紀事大綱) 등의 기본 서적을 숙독하여, 전후를 잘 생각해서 대하는 것이 요긴하다.[57]

그는 또한 예의의 나라 조선과 선린관계를 유지하기 위해서는 학문이 없어서는 아니된다고 藩主에게 건의하여 서당을 개설하여 藩士의 자제들을 교육했다. 新井白石이 조선 통신사의 聘禮에 대한 개혁을 주장하자 격렬히 반대하였다. 개혁안은 1711년의 통신사 초빙에 즈음하여 종래의 국서에 '日本國 大君'으로 되어있는 도쿠가와 쇼군(德川將軍)의 칭호를 '日本國王'으로 바꾸자는 것으로, 그것은 '大君'은 조선에서 임금(王)의 嫡子君의 칭호 때문에 도쿠가와 쇼군이 그 칭호를 쓰는 것은 敵禮(대등한 관계)에 맞지 않다는 이유에서였다. 또 통신사가 江戶에 도착했을 때 舍館에로의 儀禮訪問을 '로츄(老中)'에서 '고끼(高家)'로 格下하며, 三使와 쇼군과의 회견 때 쇼군의 좌석을 한 단계 높여야 한다고 하였다. 그것은 正使가 조선에서 그다지 높지 않은 禮曹參議(외무부 국장급)라는 것을 고려한 것이다. 외교에서 상호주의의 원칙에서 본다면 이 개혁안은 전혀 부당하다고 말할 수는 없다. 조선에서는 일본 사신의 상경을 인정하지 않고 接慰使가 부산에 가서 접대하는 정도였기 때문이다. 무거운 재정부담을 돌보지 않고 진수성찬으로 환대한다는 것도 현실적이라고 말할 수는 없을 것이다. 그러나 大學頭 林羅山과 쓰시마번의 마쓰우라 카쇼(松浦霞沼) 등도 典禮를 갑자기 바꾸어 간소화하는 것은 예가 아니라고 반대하였는데, 아메노모리가 가장 강하게 비판했다. 이 사건이 계기가 되어 兩人 사이의 30년간의 친교가 단절되었다. 조선과의 선린관계 유지에 온갖 정성을 바쳐온 아메노모리로서는 아무리 쇼군의 보좌역의 개혁안이라 해도 받아들일 수 없었다. 외교일선에서의 인식과 막부의 체면에 대한 생각 사이의 차이라고도 하겠다. 어쨌든 하

쿠세키는 얼마되지 않아 해임당하고 1719년의 통신사부터는 더욱 성대
한 환영이 펼쳐졌다.

아메노모리는 1711년과 1719년 두 번에 걸쳐 조선통신사를 護行하여
江戶에 다녀왔다. 오늘날까지도 小條原에서 馬居本까지 이르는 40킬로
에 이르는 길을 「朝鮮人街道」라 부르는 명칭이 남아있다.

그의 「交隣提醒」은 31세때부터 朝鮮方佐役으로 임명된 후 30년간 통
신사를 두번 수행한 경험을 포함한 외교 실무가로서의 경험과 사상을
담은 명저이다. 1738년에는 '裁判役'으로서 조선에 다시 가서 현안문제
들을 처리하였다. 이 재판기록은 그의 법률가로서의 면모를 잘 보여 주
는데, 현재 關西大學 東西學術研究所에서 정리하여 「芳洲外交關係資料
集」으로 출간되어 있다.[58]

아메노모리는 그후 퇴임한 후에도 계속 대마도에서 살다가 1755년에
88세로 사망하여, 현재 이즈하라(嚴原)의 長壽院이란 절에 묻혀있다.

1990년 6월 일본을 방문한 노태우대통령은 "지금부터 270년전 조선과
의 외교에 종사했던 雨森芳洲는 성의와 신의를 신조로 했다고 전해집니
다. 그의 상대역이었던 조선의 玄德潤은 동래에 誠信堂을 짓고 일본의
사절을 맞이하였습니다. 그후 우리 양국의 관계도 이러한 상호존중과
이해 위에 공동의 理想과 가치를 지향하면서 발전해 왔습니다"고 하였
다.[59] 이 발언 이후 아메모리(雨森)는 일본에서도 유명해졌고, 오늘날 이
곳은 「東아시아 交流 하우스(雨森芳洲庵)」로 가꾸어져 많은 사람들이
방문하고 있다.

7. 茶山 丁若鏞

다산 정약용(1762~1836)은 비록 일본을 방문해본 적은 없지만 일본에
관해 적지 않은 기록을 남김으로써 당시로는 상당히 독특하고 진취적인
일본관을 갖고 있던 학자였다.[60] 茶山 이전에도 일본의 儒學에 대해 李
瀷이나 安鼎福 등이 야마자끼 안사이(山崎闇齋) 學派를 소개하기도 하였

으나 초보적인 것이었다. 다산의 경우는 古學派 유학자들의 저서를 본
격적으로 연구하여 당시 조선 지식인 중에서는 찾아보기 힘든 예를 보
였다. 이것은 조선후기의 한일문화교류사 뿐만 아니라 동양의 사상사
전반에서도 중요한 의미를 지니는 사실이라 생각한다. 다산의 「古詩 24
首」 중 그가 34세 되던 1795년에 지은 시는 다음과 같다.

일본에 이름난 유학자가 많다고 하나	日本多名儒
正學은 아직 보지 못하겠구나!	正學嗟未見
伊藤이 古學을 좋아한다고 칭하고	伊藤稱好古
荻生이 더욱 고무선동하였네.	荻氏益鼓煽
그 유파가 信陽에까지 미쳐서는	流波及信陽
편파된 음사로 경서를 어질어폈다.	詖淫亂經卷
오곡을 맛보기도 전에	五穀未始嘗
피와 가라지가 무성하구나.	稗稊種已遍
위태롭구나! 정주학 맥이여	危哉洛閩脈
조선도 또한 일본과 마찬가지	鷄林亦一線
아! 세상 형편이 이와 같으니	世運噫如此
밤 깊어 홀로 잠 못 이루네.[61]	中夜獨轉輾

    여기에서 다산은 일본 古學派의 유학을 다소 피상적으로 그들의 反주
자학적 태도를 비판하고 있다. 그런데 정확한 서술연대는 모르지만 1800
년 이전에 쓰여진 것으로 알려진 「日本論」에서는 일본 유학에 대한 평
가를 달리 한다. 그 일부를 보면,

    일본은 이제 걱정할 필요가 없다. 내가 그들이 이르는 바 古學선생인 伊
藤씨의 글과 荻선생, 太宰純 등이 논한 경전해석을 읽어보니 모두가 그 수
준이 찬연하였다. 이것을 통해 볼 때 일본은 이제 걱정할 필요가 없다는
사실을 알게 되었다. 비록 그 의논에 간혹 꾸부러진 것도 있지만 일본의
문화적 분위기가 성숙되어 있음에 틀림이 없다. …… 文化가 우세하게 되
면 군사적인 침략을 하거나 경거망동을 하지 않는다. 저 몇사람의 유학자
들의 경전과 禮를 논의하는 바가 이와 같으니 그 나라에는 반드시 예의를

숭상하고 먼 장래까지 고려하는 인물이 있을 것이다. 따라서 일본은 이제
침략할 염려가 없다고 하는 것이다.[62]

이처럼 일본에 대한 소박한 낙관론을 가진 다산은 유배지인 강진에서
고향에 있는 아들에게 보낸 편지「示二兒」에서 다시 이렇게 적었다.

> 일본은 근래에 名儒가 배출되고 있다고 한다. 그 가운데 物部雙栢 같은
> 사람이 있는데 호는 徂徠이고 海東夫子로 불리워지고 있으며 제자들이 매
> 우 많다고 한다. 지난번 통신사행의 사행원을 통해 條本廉의 글 3편을 얻
> 어 보았는데 글이 모두 정예하더라. 대개 일본은 본래 백제를 통해 서적을
> 얻어 보았는데 처음에는 아주 몽매하였다. 그런데 중국의 江蘇, 浙江지방
> 등과 직접 교역을 하면서부터는 중국의 좋은 책을 사가지 않은 것이 없었
> 다 한다. 또 일본에는 科擧제도의 폐단이 없었으므로 지금에 와서는 그들
> 의 학문이 우리나라를 능가하게 되었으니 심히 부끄러운 일이다.[63]

이처럼 다산은 조선과 일본을 과거제도를 통하여 비교평가하면서 일
본의 학문의 발전의 비결을 주목하고 있다. 그러나 다산도 일본법의 내
용에 대하여는 접근하지 못하였고 그의 명저「牧民心書」,「欽欽新書」
등에서도 중국의 판례를 주로 분석 논평하는 데에 그쳤다.[64]

8. 몇가지 법률사건

인간이 살면서 서로 관계하는 한 법적 사건이 생기게 마련이다. 서로
쇄국을 표방하고 있던 조선과 도쿠가와 막부도 이런저런 계기로 법적
사건에 휘말리지 않을 수 없었다. 이런 측면을 잘 분석하고 정리하면 동
아시아 국제법 내지 법사상을 정립할 수 있을 것이다. 이것은 앞으로의
큰 과제를 남기고 우선 몇 가지 법률사건을 추적해 본다.

1) 국서개작(柳川一件) 사건

임란 이후 국서의 왕래는 1607년 강화요청을 한 德川家康의 국서에서
부터 1624년 제3차 回答兼刷還使가 휴대하고 귀국한 德川家光에 이르기

까지 총 11회에 이르렀다. 조선은 일본의 신정권 세이이다시쇼군(征夷大將軍)을 '日本國王'으로 승인함으로써 국서의 교환이 이루어졌지만 도쿠가와막부 당사자의 대외관과는 모순되는 것이었다. 그럼에도 교섭이 의결된 것은 대마의 重臣인 야나가와 시게노부(柳川調信), 도사나가(智永), 시게오끼(調興) 3代에 걸쳐 '日本國王'이라고 국서를 개작하여 상호 마찰을 모면하였다. 국서개작의 시작은 이미 1606년 회답겸쇄환사를 요청하는 도쿠가와의 국서에서부터 시작하였다. 1606년의 국서가 위작이라는 사실은 이듬해 회답겸쇄환사 일행이 대마에 머무는 동안 부사 慶暹과 하카다(博多) 聖福寺 僧 慶轍玄蘇가 나눈 대화에서 분명히 확인할 수 있다. 그리고 이 사실은 그들이 가지고 간 조선국서의 개작된 내용을 통하여서도 알 수 있다. 개작된 국서를 보면 원본에서 지워진 글자가 총 24자이며 새로 써넣은 글자는 18자이다.[65] 이러한 국서개작의 행위는 이후에도 계속되어 1635년 사건이 폭로될 때까지 10여 차례나 반복되었다. 이 사실은 결국 조선과 일본이 기본적으로 서로 다른 입장에서 양국관계를 논하고 있다는 사실을 나타내 주는 것이다. 어쨌든 이 엄청난 사건이 대마의 내분과정 속에서 폭로되었다. 1631년 柳川調興(1603~84)이 藩洲 宗義成에 대하여 所領 및 歲遣船에 대한 권리를 반환하고 君臣의 관계를 끊는다고 하였다. 이에 義成은 閣老 土井利勝에 고소하였고, 調興도 또한 제소하여 막부의 재판을 받게 되었다. 역관 홍희남 등에 의하여 인솔된 馬上才가 江戸에 체재 중이던 1635년 3월 11일, 大慶問에서 三家·諸大名 앞에 德川家光이 참석하여 직접 심문한 결과 국서개작, 쇼군 使船의 무단파견이 폭로되었고, 다음날 調興의 패소가 결정되었다. 이어서 그는 津輕 土佐守 政義領에 유배되었고, 送尾七左衛門, 馬川內臣 및 그 자식들은 쇼군서계개작의 죄로 참수되었다. 그리고 以酊庵의 玄方은 僞國書의 초안을 작성한 죄로 南部 山城守重 直領에 유배되었다. 당시 宗義成은 아직 어렸기 때문에 국서개작에는 관여하지 않았기 때문에 처벌대상에서 빠졌지만, 이후의 교섭에서 의혹이 생기면 御家斷切이 경고되었다. 그리고 이후부터는 교토 五山의 승려들이 대마의 以酊庵에 교대로 와서 상주하면서 국서를 감독하도록 하였다. 이것을 以酊庵輪番制 라고 부른다. 이에 대해 조선측에서의 항의나 반응은 보이지 않은 것 같 았다. 그리고 「接待事目錄抄」에 따라 국서에 '日本國大君'으로 적기로 정착되었다. 이것이 다시 아라이(新井白石)에 의해 지적되면서 '日本國 王'으로 하자는 復號論爭을 불러일으키게 된 것은 이미 앞에서 보았다.

2) 부산왜관의 매춘사건

부산왜관에는 대마출신의 일본인 남성 약 500인이 살고 있었다.[66] 남 녀 애정은 때로는 국경을 넘는 법이라 1690년, 1708년에 이른바 매춘사 건이 발생하여 한일양국의 권력적 대응과 문화의 상극상을 보여 주었 다.[67] 주자학적 윤리이념을 실현하는 것을 정치적 최고 목표로 삼던 당 시 조선정부는 국가의 미풍양속을 해치는 '交奸'행위는 허용되지 않았 다.[68] 이것은 당시 町人文化의 융성과 함께 각지에 遊女가 있어 자유로 운 性的 행위를 할 수 있었던 일본과는 대조적이었다. 더구나 일본인과 의 교간은 매우 비도덕적으로 보아 조선정부는 엄금하고 있었다.

[사건 1]

1690년 2월 23일 저녁 왜관에 사는 井手惣左衛門이 청소를 하고 있는 데 밖에서 소리가 들렸다. 밖으로 나가보니 조선여성이었다. 그녀는 어 두워지면 나가겠다고 간청하더니 날이 어두워도 나가지 않고 있다가 다 른 일본인들에게 발각되었다. 이 사건이 일어났을 때 또 다른 사건이 있 었다. 1689년 10월 梅野久右衛門이 조선인이라 생각되는 여자에게 기름 과 솜 값으로 은 65양을 주었다. 그녀는 4개월 후인 1690년 2월 20일 물 품을 가지고 왜관으로 왔다. 그는 은을 돌려주기까지의 4, 5일간의 담보 로서 그 여성을 잡아 두겠다고 했다. 이 공술에서 밀무역과 매춘에는 밀 접한 관련이 있음을 보여준다.[69] 4일 후인 24일 밤이 되어도 이 여자는 왜관에서 나가지 않고 있다가 大工인 利右衛門에게 들켰다. 利右衛門은 久衛門의 비밀을 지켜주겠다면서 여성을 며칠간 빌려주면 자기가 밖으 로 데려다 주겠다고 약속했다. 2월 26일 利右衛門에게 있던 여성이 발각되어 사건이 드러나게 되었다. 1690년 2월 후반의 왜관에 館守는 그 조선 여성을 구류하였다. 1690년 3월에서 6월 관수는 동래부사로부터 문의된 조선여성문제에 대하여 왜관 안에 여성은 한 사람도 없다고 답했다. 동래부사는 이미 사건을 알고 있었다. 조선측은 3월에서 7월 동안 왜관에 쌀과 숯의 배달을 금지했다. 조선쌀에 의존하고 있던 왜관과 대마에게 이 배달정지는 심각한 타격이었다. 7월 8일 왜관 안에 약 5개월간 있던 조선여성이 몰래 왜관 밖으로 나오는 작은 배에 타고 있었다. 조선측은 그녀들을 체포하여 9월 29일에 세 여인의 목을 베었다. 3인 가운데 두사람은 위의 사람들이고, 또 한 사람은 이전부터 왜관 안에 있던 여자였다.[70] 조선측은 이들의 목을 왜관 앞에 걸어 두었다.

이 사건에 관한 왜관 관수의 방침은 여성들을 왜관에서 내보내는 기회를 기다리는 사이에 그녀들의 존재를 부정하고 사건에 관계한 일본인들을 대마도로 송환시키는 것이었다. 왜관 관수는 조선측에 사건을 부정함으로써 일본인의 유죄성도 부정하고, 일본인을 조선측에 벌하도록 인도하기를 사실상 거부한 것이었다. 관수 深見丹右衛門의 방책은 성공한 것처럼 보였다. 이 사건에 관하여 조선측에는 상세한 기록이 남아있다. 왜관 관수가 여성의 조사를 개시한 2일 전인 1690년 2월 24일 이미 동래부사는 매춘조직의 존재를 파악하고 있었다. 左水營使令 소속의 李明元과 그의 처, 딸, 여동생, 부산에서 온 2명의 寺奴 李進壽와 權祥, 烽軍 徐富祥이 이 사건의 관련자로 지목되고 있었다. 4명의 남자가 체포되고 취조를 받았다. 이명원은 앞의 이진수와 권상이 1687년부터 매춘에 관계했다고 진술하였다. 권상은 1687년 4월, 4代官인 井手惣左衛門과 2명의 동료가 이진수에게 여자를 팔도록 금을 주었다고 자백했다. 이진수에 따르면 이명원의 처는 한번 왜관에 들어갔다 온 후 수치심 때문에 어디론지 사라졌다. 그는 또 한사람의 공모자로 鄭차돌이란 이름을 댔다. 서부상의 공술에 따르면, 5, 6년전 이명원의 동생에게 이미 죽은 之石이 「水營下居私婢」인 愛今과 함께 나타나 그녀를 왜관의 일본인에게 매춘부로 팔겠다고 했는데, 之石은 4차례 그녀를 왜관에 건네주고 매번 은 3

양을 받았다. 애금도 포박되어 취조를 받았다. 그녀의 공술은 자기는 1686년에 이명원에게 칼로 위협되어 왜관에 넘겨져 매춘을 하고 은 6양을 받았다.[71] 공범자로 이름이 오른 鄭차돌이의 집을 수색하자 일본물품들이 나왔다. 동래부사는 이미 사건관계자를 체포하고 두사람의 여자가 아직 왜관 안에 있다고 판단했다. 부사는 왜관 주변을 포위하고 왜관 관수에게 여성을 인도하도록 요구하였다. 당시 府使는 사건에 관여한 일본인이 그녀들을 살해한 것이 아닌가 의심했다. 그는 관수에게 사태의 심각성을 알리고 여성을 수색하도록 했다. 府使 朴紳은 관수가 무엇인가를 숨기고 있다고 판단하고 쌀과 베의 給付를 정지하고 대마의 다이묘(大名)에게 書狀을 보냈다.[72] 이 서장은 7월 15일부로 禮曹에서 대마의 宗氏에게 보내졌다. 예조는 李紛伊와 李賤月이란 두 여자를 지명하고 왜관 안의 일본인이 그녀들과 불법한 관계를 가지고 있다고 비난했다. 그 편지는 여성 뿐만 아니라 그녀의 상대방 남자들도 인도해줄 것을 요구하고, 今後 이런 행위를 취체할 협정을 맺을 것을 요구하였다.[73] 조선측은 관계자를 인도하는 대가로 왜관에 포위를 해제하겠다고 했지만 효과는 없었다. 일본측은 범죄가 생긴 것을 완전히 부정하고 왜관에 여성은 없다고 잡아뗐다. 왜관 관수에게 여성을 체포하여 인도한다는 것은 그의 부하를 연좌시키는 것을 의미하였다. 그래서 버틸 때까지 버티고 있자 朴紳은 "여인을 관외에 내어주면 우리쪽에서 붙잡겠다"고 하였다. 왜관의 관수는 어떻게 하는 것이 더 좋은가를 생각하고 일본인 관계자의 인도를 거부하려고 결심했다. 사건에 관여한 일본인을 조선측에 인도하면 그들은 참수형에 처해질 것이라고 생각했기 때문이다. 한편 備邊司에 부속된 金이라는 役人은 박신의 보고서에 각서를 붙었다. 김은 이명원과 이진수는 재판이 행해지기 전에 병이 나서 죽었다고 하고 이명원과 같은 자가 나타나는 것은 기강이 헤이해진 박신의 책임이라고 비판하였다. 김은 다른 두 사건에 관하여도 조사를 요구하였는데, 하나는 왜관에의 통상금지, 또 하나는 범죄자들의 사형에 관한 것이었다. 김은 일본측이 비타협적 태도를 취하는 책임의 일부는 訓導와 別差, 즉 동래부사와 왜관 사이의 교섭역할을 맡은 두 사람의 관리에게 있다고 지적하였다. 이러한 조선측 役人에의 비판은 경상도 관찰사에 의하여서도 행해졌는데, 1690년 6월 23일에 동래부사 박신과 교섭담당의 역인이 조사받기 위하여 구속되었다. 그 다음날 새로운 동래부사의 人選이 천거되었다.[74] 박신은 6월 30일에 王의 裁可에 의하여 무죄로 되었지만, 같은 날 南垕가 그의 후계자가 되었다. 南垕는 1690년 7월 16일에 취임하였다. 조선조정은 10월 6일에 애금과 기타 두여자(분이, 천월), 서부상, 권상의 목을 잘라 왜관의 문 앞에 걸어 두었다는 보고를 받았다.[75] 결국 조선측은 사건에 관여한 일본인은 처벌하지 못하였다.

[사건 2]

1708년 1월 15일 조선조정은 왜관 가까이 있는 甘玉이라는 마을의 여자가 일본인과 '交奸'하고 있다는 보고를 받았다. 기록에는 이 여성이 상대방인 일본인에 대하여 동정을 느끼고 있다고 적혀 있었다. 같은 해 對馬藩主에게 보내진 書狀에는 어떤 여성이 스스로 관에 있는 일본인과 '綢繆'의 관계를 맺고 있다고 적혀 있었다. 이 여성을 처벌한 조선측은 그 情夫인 泉源七을 인도해줄 것을 대마측에 요구하였다. 1709년 4월 13일 조선조정은 대마가 源七의 인도를 거부한다는 보고를 받았다. 대마의 주장은 源七은 이미 추방되었고 또 그를 인도한다면 에도막부로부터 견책을 받을 것이라는 이유였다. 1690년의 사건은 일본측에서 보면 평온을 거둔 것이므로 1708년의 사건도 이와 같이 수습하려 했던 것이다. 적어도 대마측은 그렇게 생각하고 있었다. 1701년의 조선통신사 일행이 이러한 행위에 대한 특별한 벌칙을 설정하자는 협정의 체결을 강하게 주장하고, 이것을 쇼군에게 직접 호소하겠다면서 對馬藩洲를 위협하였다. 대마번주와 家臣은 조선통신사의 방침에 낭패를 당했는데, 雨森芳洲가 대마번주에게 올린 각서에 있는 「交隣提醒」(1728) 속에서 1690년의 사건과 1708년의 사건에 관한 대마측의 대응을 비판하였다. 芳洲는 대마의 방책은 당시의 외교상황을 무시한 것이며 조선에의 의존관계를 위험에 빠뜨리는 것이라고 주장하였다.[76] 그는 조선의 법을 일본인도 범해서는 아니된다고 믿고 있었다. 조선측은 과거의 사건을 결코 잊어버리지 않았다. 경상도 관찰사 吳始大가 1690년의 사건에 관해 쓴 보고서를 보면, 조선측이 지난 것을 매우 잘 기억하고 있다는 것을 알 수 있다. 오시대는 1661년과 1662년의 과거의 교간사건으로 거슬러 올라가 이때에도 일본인 관계자는 누구도 인도되지 않았다는 사실, 일본인은 狡詐하기 때문에 이러한 결과는 예상되었다고 지적하였다. 그리고 그는 일본측의 교활함이 범죄자를 숨기고 있다고 결론지었다.[77] 교간사건의 처리에 관하여 쇼군에게 直訴하려는 조선사절의 심정을 이해할만하다. 통신사가 조선을 출발하기 전 5월 15일 조선조정에서는 犯奸倭人 및 我國人을 同律로 처리하는 약조를 맺을 것을 결의하였다.[78] 약조의 체결은 조선국왕이 바라는 바였다. 任守幹의「東槎日記」는 에도에서의 교섭에 관하여 기록하고 있다. 그에 따르면 대마번주와의 교섭은 일진일퇴를 거듭하였다. 거기에서 3인의 통신사는 이것을 쇼군에게 직소하기로 결심했다. 그들은 협정의 초고를 만들고 이것을 대마의 役人에게 고했다. 대마역인은 황급하여 즉석에서 교섭에 임해 사절의 요구에 응했다. 그날 밤늦게 그 협정은 대마번주의 認印을 받았다.[79] 이 협정은 통신사가 귀국하여 보고한「通信使謄錄」에 기재되고, 대마번의 마쯔우라 카쇼(松浦霞沼, 1676~1728)가 쓴 日朝硏究 연구서인「朝鮮通交大紀」속에도 나타나고, 18세기 후반의 조선과 외국과의 통신을 집성한「同文彙考」에도 나타난다.「통신사등록」에는 부록으로 任守幹의 일기가 적혀있다. 또「增正交隣志」에도 기술되어 있는데, 거기에는 이 협정은 草梁의 村女가 왜관의 일본인과 관계를 가졌기 때문에 목을 벤다는 것, 조선측이 사건에 관여한 일본인의 身柄을 구속하고 처벌할 수 없는 일련의 사건들의 수습을 위하여 1711년의 통신사에 의하여 체결되었다고 설명하고 있다. 협정의 조항은 3개조였다. 제1조는 일본인이 왜관을 나와 조선여성을 '强奸'한 경우에는 사형에 처한다. 제2조는 일본인이 폭력을 사용하여 조선여성을 유혹한 경우는 '强奸未成'으로 되어 범인은 永遠流에 처한다. 제3조는 조선여성이 스스로 일본인과 관계를 가지려고 왜관에 들어 갔는데 일본인이 통보하지 않은 경우에는 그 이하의 벌을 가한다. 협정 의 내용은 交奸의 죄를 논한 일본인을 대마가 어떻게 처벌하는가를 규 정한 것이었다. 숙종 38년(1712) 5월 5일의 기록에 의하면, 동래부사는 新約條를 돌에 새겨 왜관 마당에 세웠다.

交奸한 조선여성은 위 사례 1, 2에서 보듯이 불행히도 모두 목이 잘렸 다. 이러한 처벌은 조선의 일반형법이었던 「大明律」과 달랐다. 「大明律」 에서는 피해자는 처벌받지 않도록 되어 있었는데, 왜관에 들어갈 정도 로 강하다고 생각되는 여성과 일본인에게 더럽혀졌다고 생각되는 여성 은 목을 잘랐던 것이다. 이명원의 17살의 딸의 목을 베어 걸어 두었다. 그녀가 자기 부친에 의하여 처음 넘겨진 때에는 겨우 13세의 소녀였다. 그러나 새로운 약조는 사태를 상당히 개선시켰다. 1716년의 사건에서는 매춘을 알선한 조선인은 목을 베고 상대방 일본인 5명 가운데 한 사람 은 대마에 귀국, 2인은 추방되고, 나머지 2인은 이름도 모르고 '狡倭情 狀 誠極切痛'이라고 동래부사에게 보고하였다. 정부는 强姦인가 어떤가 의문이 있었지만 여성이 자백하였기 때문에 사형은 면하고 추방에 처한 다고 답했다. 매춘을 알선한 조선인 남성에 대한 엄한 처벌은 1717년에 숙종왕에 의하여 확인되었다. 그 후 1726년과 1738년에는 매춘을 알선 한 조선인은 참수했지만, 여성과 일본인은 추방되었다. 1786년의 사건에 서는 "만일 그녀가 유혹되어 매춘을 했다면 「大典通編」에 의하여 杖 100을 때려 추방한다"는 규정을 적용하였다. 그러나 실제에는 이 여성은 스스로 자백했다고 결론을 내려 매를 맞지 않고 추방되고, 그녀를 매춘 시킨 자만 참수하였다.[80] 교간한 일본인을 대마번이 처벌한다는 약조가 내려짐으로써 조선측은 피해자인 여성을 국가의 안전과 국가적 도덕을 위하여 그 목을 베어 매어 달아야 할 필요는 없어지게 되었다. 양국의 남녀의 육체적 교섭은 위법이라고 일본측이 정식으로 인정함으로써 유 교적 윤리의식과 일본계 주민의 증대에 대한 불안은 현저히 줄일 수 있 었던 것이다. 일본에서는 貿易口의 하나로 長崎에 중국인, 화란인들이

거주하였고, 그들과 일본여성과의 교류는 공공연히 이루어지고 있었
다.[81] 그것을 금지하기보다도 인가하여 통제하는 것이 得策이라고 생각
되고 있었다. [사건 2]가 발생한 1708년 9월 왜관 관수는 조선측에 대하
여 일본여성들은 '唐人'과 교류하고 있다고 말했다. 그는 일본의 예를
들면서 육체적 교섭을 금지하는 것은 무리라고 주장했지만 개선책은 받
아들이지 않았다.[82] 이처럼 외국인에 대한 대응은 한일 양국 사이에 도
덕적 규범과 역사적 경험이 차이를 나타내고 있었다.

3) 「斛—件覺書」 사건

대마번이 조선으로부터 지급 받는 쌀은 근세초기에는 통신사 체재기
간 중의 식량과 왜관 소비분, 조약에 규정된 대마도주에 대한 下賜米로
한정되어 있었다. 그러다가 1651년 官營 무역의 支給公木(木綿)의 일부
를 公木 1필당 쌀 12斗의 비율로 쌀로 대체하는 '授米制'가 실시된 이래
對馬島民을 살리는 중요한 수입품이 되어 매년 二萬石 정도의 쌀이 왜
관으로 운반되었다.

1709년 1월, 前年부터 門慰行으로 대마도에 파견되어 있던 訓導 崔尙
集과 別差 韓重億이 조선에서 일본에 주는 쌀의 분량이 차이가 나는 것
은 대마 측에서 쌀을 물에 불리는 데에 원인이 있다고 주장하면서 그 개
선을 요구하였다.[83] 이것이 문제가 되자 1729년에 雨森芳洲가 裁判役으
로 부산 왜관에 건너가 문제를 해결하려고 하였다. 쌀에 물을 먹이는 수
법은 자주 있었다. 대마에서는 물 먹인 조선쌀을 '습기먹은 쌀'(호데지메
리)이라 하여 팔았다. 芳洲는 이런 사실을 모르는 바 아니나 근본적으로
문제는 조선과 일본에 쌀을 파는 도량형인 되(斛)가 서로 같지 않다는
데에 있다고 판단하였다. 그리하여 양국의 되의 크기와 사용법을 엄밀
히 조사하였다. 실은 1637년 1월 19일에 조선과 일본 양쪽의 합의에 의
해 왜관의 특수한 斛斗 즉 倭館斗를 만들었지만, 왜관에서 발생한 두차
례의 화재로 타버렸던 것이다. 그래서 芳洲는 왜관의 쌀 계량법에 대한
조사가 끝난 1709년 3월에 세개의 복제품을 만들게 했다. 그리고 이에

관한 一切의 문서를 「斛一件覺書」로 적어 남기게 했다.[84] 통일되지 않은 조선 斛斗를 기준으로 해서는 아니되고, 小斗加算分은 규정수량 안에 포함되어야 한다는 것을 재확인한 것이 해결책이었다. 어쨌든 도량형 제도의 법적 규제는 국내의 공납이나 행정, 상거래 질서의 유지에 중요할 뿐 아니라 국제거래의 공평성을 확보하는 데에 중요한 사항이고 그 相違는 법적 분쟁을 야기시키기 마련인데, 芳洲의 현명한 접근과 노력으로 國際去來法의 기초를 한일간에 닦았던 것이다.

4) 崔天宗 암살사건

1763년 4월 7일 통신사 일행이 에도에서 귀국하는 도중 오사카 니시홍간지(西本願寺)에 체제하고 있을 때 조선통신사의 都訓導로서 나졸들의 지휘를 담당한 최천종이 살해당하는 사건이 발생하였다. 기타고도오(北御堂)의 棕梠라는 이름의 방에서 경호실에 비치된 槍이 崔의 목에 찔려 있음이 발견되었다. 풍속, 습관 등의 차이 때문에 통신사 일행과 幕府官吏 사이에 의견대립이 가끔 있었지만, 통신사 일원의 살해는 처음 있는 충격적 사건이었다. 히가시마찌 부교쇼(東町奉行所, 경찰서)는 살인사건이라 단정하고 수사에 착수하였다. 에도정부에도 긴급보고가 연달아 보내졌다. 막부의 검찰관이 급거 오사카로 달려왔다. 이 무렵 대마도의 하급 통역관 스즈끼 덴조오(鈴木傳藏)라는 사람이 사건 당일부터 행방불명이라는 사실이 드러났다. 즉시 전국에 지명수배를 내려 덴조는 단바(丹波) 방면으로 도망치다가 한 여관에서 체포되었다. 5월 3일에 처형되었다고 보고되었는데, 또 셋슈(攝州)에서 체포되었다는 설도 있고 그 진상은 정확히 알려져 있지 않다. 사건이 발생했던 것만은 틀림없는데 그 내용은 두 사람이 한 여자를 둘러싼 癡情관계, 조선인삼을 밀수입한 것에 얽힌 배당관계로 인한 살인사건 등으로 화제가 분분하였다. 어쨌든 개인감정에 의한 살인이었기 때문에 조선측의 강력한 요구로 처벌되고 외교적 문제로 확대되지는 아니하였다. 이 살인사건을 배경으로 한 가부키(歌舞伎)가 등장하기도 하였다.[85]

Ⅱ. 맺음말

이상에서 조선과 도쿠가와시대의 한국법과 일본법의 교섭과정을 역사적으로 검토해 보았다. 근 3세기에 이르는 기간동안의 여러 가지 사항 중 일반적 법의 시각에서 다루었기 때문에 총론적 접근에 불과하고, 헌법, 형법, 행정법, 사회법 등 각 實定法域에서 분석하면 더욱 자세한 각론적 연구가 이루어질 수 있을 것이다. 어쨌거나 한일법률교류사를 오늘날의 현행법적 체계와 시각에서 고정화하지 않고 당시의 법의 존재양태에 가깝게 파악하고, 그것을 외교사 내지 문화교류사와 관련지어 동태적으로 파악하는 본 논문과 같은 연구도 기본적인 의의가 있을 것으로 생각한다.

고대에서 근세에 이르는 전통적 동아시아법 질서 속에서 보면, 일본법과 조선법은 항상 중국법과의 관련 속에서 상호 교섭하였다. 서울대학교의 동양사학자 故 閔斗基 교수는 이러한 동아시아질서를 중국의 중심 내지 中華로 삼으면서도 조선과 일본은 '필요한 오해'에 기초하여 소중심질서로 관계를 맺으면서 '교린'해 왔다고 설명한다.[86] 이런 흐름 속에서 18세기말까지는 조선은 일본에 대하여 법을 포함하여 많은 문물을 전달해 주었고, 일본은 그것을 진지하게 열심히 배우려고 노력하였다. 이에 반해 조선은 일본법으로부터 배우려는 마음자세를 별로 갖지 못하였다.

19세기 말 서양법이 수용되고, 20년 남짓 앞서 근대화 내지 서양화한 일본은 조선을 병합 지배하게 되었다. 그 후 오늘날까지 한국은 일본법으로부터 직·간접적으로 영향을 받아 오고 있다. 여기에서 역사적 교훈을 찾는다면 법뿐만 아니라 모든 것이 스스로 배우려는 자에게 승리를 안겨주고 교만한 자는 실패에 이른다는 진리일 것이다.[87]

주 석

1) 동아시아 보통법에 관하여는, 崔鍾庫, 동아시아 보용법론, 「법학」(서울대), 40권, 2호, 1999, 67~85쪽 ; Chongko Choi, The Dev elopoment of East A sian Law until the End of 18th Century, 1999.

2) 전공별로 연구회들이 있는데, 예컨대 韓日法學會, 日韓法文化比較研究會, 東아시아家族法學會, 東아시아行政法學會, 東아시아法哲學會 등이 있다.

3) 필자의 동아시아 법사상사에 대한 시각은 崔鍾庫, 東洋法思想史の課題と方法, 「法の理論」 9, 成文堂, 1983, Chongko Choi, His tory of East Asian Juris prudence, 2005.

4) Roy. A. Miller, Chinese 법(fa) in Altaic ; A fur ther Note, *Journal of the American Oriental Studies*, vol. 118, No. 2, 1998. 268~273쪽 ; Roy A. Miller&N. Neum ann, Alt japanisch Fafuri ; Zur Preiestertum und Scham anismus im vor－buddh istischen Japan, *Mitteilungen der Gesellsc haft für Natur-und Völkerku nde Ostasiens*, vol. 116, Hamburg, 1991.

5) 崔鍾庫, 「法과 美術」, 시공사, 1995 ; Chongko Choi, Images of Justice E ast and West, paper read at Center for Japanese Studies and East －West Center, Honolulu 1998.

6) 서양에서는 Otto Kissel, *Die Justitia*, 1991 ; W. Schild, Recht und Gere *chtigkeit im Spiegel der europäischen Kunst*, 1993 ; 동양에서는 崔鍾庫, 「法象徵學이란 무엇인가」 카넷, 2001 ; Iwatani Juro, The Supreme Court as Repos itory of Legal Symbols, *Keio Law Review*, No. 8, 1995, 75~100쪽 ; 森征一・岩谷十郎編, 「法と正義のIconology」, 慶應大出版部 1996.

7) Henry Maine. *Acient Law*, 1861, reprint 1986. 그리고 최종고, 「한국법사상사」, 서울대출판부, 2001(증보판).

8) 자세히는 李進熙, 「한국과 일본문화」, 을유문화사, 1982, 7~93쪽 ; 大和岩雄, 「秦氏の研究」, 大和書店, 1993(초판), 1997판(7판).

9) 井上光貞, 「日本の歷史」 3, 小學館. 그리고 同人, 「古代日本思想史の研究」, 岩波, 1983도 참조.

10) 李進熙, 위의 책, 53쪽.

11) 中田 薫, 「法制史論集」 卷1, 1926 ; 同人, 「古代日韓交涉史斷片考」, 創文社, 1956.

12) 李進熙, 앞의 책, 25쪽.

13) 大山誠一, 「聖德太子の誕生」, 吉川弘文館, 1999.

14) 자세히는 野澤政直. 「禁書 聖德太子五憲法」, 新人物往來社/東京, 1990.

15) 田鳳德, 新羅의 律令攷, 「韓國法制史硏究」, 서울大出版部. 1968, 257~ 316쪽.

16) 中田 薰. 支那に おける 律令法系の 發達について, 「法制史論集」 4, 岩波書店, 1064, 69頁.

17) 고려법에 관하여는 송두용, 「한국법제사고 ; 고려률의 연구」, 진명문화사, 1985 ; 한용근, 「고려진」, 서경문화사, 1999.

18) 일본중세법사에 관하여는 John Hall, Japanese Feudal Law, Yokoha ma, reprint 1979.

19) 자세히는 楊鴻烈, 「中國法律在東亞諸國之影響」, 商務印書館/上海 1937 ; Chongko Choi, The De velopmenf of East Asian Legal History until the End of 18th Century, 1999 참조. 崔鍾庫, 日木法と 韓國法の 交涉史, 「日本法と韓國法の Identityと交流」, 세미나 발표문, 立命館大 法學部, 2000.

20) 자세히는 M. Frederick Nelson, *Korea and the Old Orders in East A sia*, Louisiana State Univ. Press, 1946. 특히 86~106쪽에 서술된 東아시아 질서의 역사적, 철학적 이해 요약 참조. 그리고 John B. Henderson, *The Development and Decline of Chinese Cosmology*, Columbia Univ. Press, 1984.

21) 한글 번역본은 「海行摠載」(민족문화추진회간), 1권에 실려있고, 일본역은 田中建夫 譯註로 「海東諸國紀 ; 朝鮮人の 見た 中世の 日本と流球」 (岩波文庫 458－1), 1991로 출간되어 있다.

22) 자세히는 中村榮孝, 「日鮮關係史の 硏究」, 1965.

23) 崔鍾庫, 韓國 傳統社會에서의 法·道德·禮, 「韓國의 規範文化」, 韓國精神文化硏究院, 1982. 그리고 同人, 「韓國法思想史」, 서울大出版部, 1989.

24) 자세히는 Dan Henderson, Japanese Legal History of the Tokugawa Period ; Scholars and S ources, Univ. of Michigan Occ asional Papers, No. 7, 1957, 100~121쪽 ; Ishii Shiro, Re cht und Verf assung in Japan währe nd der To kugawa－Zeit, *Beiträge zur Wirtsch afts-und Sozialgeschichte ; FSf. Herbert Helbig zum 65. Geburtstag*, hrsg. von Knut Schultz, Köln 1976.

25) 통신사행에 관하여는 三宅英利/손승철 역, 「근세한일관계사연구」, 이론과 실천사, 1991 ; 中材榮孝외, 「朝鮮通信使」, 동호서관, 1982외에 金泰俊 외, 「韓日文化交流史」, 신문고, 1991에 실린 辛基秀, 通信使의 길에 비친 韓日交流. 李元植, 通信使가 남긴 文化, 金義煥, 釜山의 草徠倭館과 對日通信使外交 등 논문 참조. 그리고 Ronald Toby, *State and Diplom acy in Early Modern Japan*, Stanford Univ. Press, 1991.

26) 예컨대 1748년 鎌掛村의 분담은 金兩이었는데, "저희 마을은 전번에 멧돼지를 상납하였으니 이번의 할당은 牛으로 줄여주시기를 간청하나이다"라는 호소가 있었다. 자세히는 辛基秀, 通信使의 길에 비친 韓日交流, 위의 책, 334~336쪽.

27) Kate W. Nakai. *Shogun al Politics : Arai Haku seki and the Premises of Tokugawa Rule*, Har vard Univ. Press. 1988

28) 中井竹山은 오사카의 官許의 儒學塾인 懷德堂의 제4대 塾頭였는데, 1791년에 「草茅危言」 전5권을 지었다. 자세히는 葛本一雄, 朝鮮通信使の 廢絶と 中井竹山 : 德川中期に見る 日本的 華夷思想. 「東アジア研究」 21호, 1998, 25 ~40쪽 ; 加地伸行, 「中井竹山・中井履軒」(日本の法思想叢書) 24.

29) 자세히는 고병익, 조선통신사의 일본관, 「동아시아의 전통과 변용」, 문학과 지성사, 1996, 144~ 175쪽.

30) 慶七松. 「海槎錄」 下, 丁未 6月 11日.

31) 李石門, 「扶桑錄」, 1617.

32) 南龍翼, 「聞見制錄」, 1655.

33) 任守幹. 「東槎日記」, 1711.

34) 曺命采. 「奉使日本時 聞見錄」, 1748.

35) 자세히는 中村榮孝, 朝鮮初期の 受圖書倭人, 「日鮮關係史の 研究」 上, 吉川弘文館, 昭和 40, 517~572쪽.

36) 田川孝三, 大典詞訟類とその類書, 「東方學志」 23·24호, 연세대 국학연구원, 1980, 同人, 淸州刊經國大典註解について, 「朝鮮學報」 48, 1968 ; 任相赫, 「朝鮮前期 民事訴訟과 訴訟倫理의 展開」, 서울大 博士論文, 2000.

37) 大庭 脩, 「江戶時代における 唐船持渡書の 研究」, 關西大學出版部 1967 ; 奧野彦六, 「德川幕府と 中國法」, 創文社, 1979 ; Dan Henderson, Chinese Legal Studies in Early 18th Century Japan, *Journal of Asian Studies*, vol. 30, No. 1, 1970, 21~56쪽.

38) 大庭 脩, 德川吉宗と 大淸會典, 「法制史研究」 21券, 1971, 61~95쪽.

39) 조선에서의 大明律 受容에 관하여는 趙志晚, 朝鮮初期, 「大明律」의 受容過程에 관한 研究, 서울大 碩士, 1998.

40) 자세히는 小早川欣吾, 明律令の我近世法に及ぼせる影響, 「東亞人文學報」 4卷 2號, 京都大學 人文學研究所, 1927, 197~257쪽 ; 松下忠, 大明律研究に於ける紀州藩と護園學派, 「和歌山大學 學藝學部紀要」, 人文科學 Ⅲ, 1953 ; 松下忠, 「紀洲の藩學」, 鳳出版, 1934.

41) 자세히는 百瀨明治, 「德川吉宗」, 角川選書 260, 1965, 113~137쪽. 그리고 이 책에는 吉宗의 朝鮮人蔘의 輸入에 대하여도 자세히 언급하고 있다(138~156쪽).

42) 申維翰, 「海遊錄」, 한글역은 張相燮 역, 正音社, 1976이 있고, 姜在彦의 日譯도 있다.

43) 李元植, 朝鮮通信使と 深見玄岱, 「日本歷史」 384호, 1980, 49~67쪽.

44) 자세히는 阿部吉雄, 「日本朱子學と朝鮮」, 東京大出版部, 1965 및 同入, 「退溪와 日本儒學」(김석근역), 전통과 현대사, 1998 ; 渭川健三, 「日本と朝鮮における朱子學」, 同朋含出版, 1988.

45) 姜沆, 「看羊錄」, 민족문화추진회, 1974, 183쪽.

46) 姜沆, 「看羊錄」, 민족문화추진회, 1974, 140쪽.

47) 진본은 소재부명이고, 1927년 4월 3일 和歌山市에 사는 山口華城이 진본에서 모사한 사본이 現在 和歌山市 海善寺에 소장되어 있다. 建議文의 한글번역은 李相熙, 「波臣의 눈물」, 범우사, 1997, 135~153쪽에 수록.

48) 다만 泉澄一, 「對大馬宗家文庫史料に 見られる 紀伊德川家」라는 논문이 있는데, 1634년 이후부터 분석하고 있다.

49) 小早川欣吾의 앞의 논문, 211쪽. 그리고 Dan Hen derson, ibid, 33쪽에도 英譯되어 있다.

50) 濱田康三郞, 「父母狀の話」, 紀伊鄕土社, 1942, 11~12쪽.

51) 日本에서의 孝行에 관하여는 Charles Holcombe, Ritsuryo Confucianism, *Harvard Journal of A siatic Studies*, vol. 57, No. 2, 1997. 543~573쪽 ; 菅野則子, 「江戶時代の孝行者 : 孝義錄の世界」, 吉川弘文館, 1999.

52) 자세히는 李相熙, 「波臣의 눈물」(壬辰亂 때 捕虜가 되었던 李眞榮·李梅溪 父子 一代記), 汎友社, 1997, 246쪽.

53) 小林宏, 高塩博編, 高瀨喜朴著, 「大明律例譯解」, 創文社, 1988. 특히 同書 707~740쪽에 실린 논문, 大明律例譯義について와 同書 741~773쪽에 실린 논문, 熊本藩と大明律例譯義 참조.

54) 자세히는 奧野彦六, 「德川幕府と 中國法」, 創文社, 1979.

55) 李泰鎭, 經國大典의 德川幕府 流傳, 「三佛金元龍敎授停年退任記念論叢」, 一志社, 1987.

56) 「新井白石全集」 第4卷 수록 ; 三宅英利, 위 번역서, 293쪽에서 재인용.

57) 이진희, 兩森方洲의 韓國觀, 「韓國과 日本文化」, 을유문화사, 1982, 208~209쪽 ; 上田一雄, 朝鮮通信使와 아메노모리 호슈, 中村榮孝外. 「朝鮮通信使」, 東湖書館, 1982, 43~67쪽. 자세히는 上垣外憲一, 「兩森芳洲」, 中公新書, 1989 ; 水田紀文, 國際人 兩森芳洲, 「兩森芳洲關係資料調査報告書」(滋賀縣敎育委員會), 1994, 226~228쪽.

58) 泉澄一編, 「雨森芳洲全集」, 關西大學出版部, 1~4卷, 1982.

59) 芳洲는 玄德潤(錦谷)이 草梁 왜관의 건물을 개축했을 때 무의미한 美辭麗句로 이름 짖지 않고 「誠信堂」이라 명명한 것에 감동하여 63세인 1730년 8월 「誠信堂記」를 기술하여 보냈다. 「雨森芳洲全集」 3·4, 關西大學 出版部, 1982, 그리고 滋賀縣敎育委員會編, 「雨森芳洲關係資料調査資料集」, 1994.

60) 자세히는 한영우, 茶山 丁若鏞의 史論과 對外觀, 「김철준박사회갑기념사학논총」, 지식산업사, 1983 ; 강재언, 정다산의 일본관, 「정다산과 그 시대」, 민음사, 1986 ; 하우봉, 다산 정약용의 일본유학연구, 「한국문화」 9호, 1988, 211~263쪽.

61) 「여유당전서」 제1집 제2권, 경인문화사, 1981, 34쪽.

62) 「여유당전서」 제1집 제12권, 241쪽.

63) 「여유당전서」 제1집 제21권, 443쪽. 여기에 나오는 條本廉(1743~1809)이란 인물은 江戸초기의 유학자이며 그의 글은 1811년의 조선 使臣의 使行 때로 보여진다. 荻生에 관하여는 Maruyama Masao, *Studies in the Intellectual History of Tokugawa Japan*, Univ. of Tokyo Press. 1974 ; Charles Wing-Hoi Chan, On Ogyu Sorai's Critique of Chu Shi's Program of Learning to be a Sage. *Monu menta Serica: Journal of Oriental Studies*, vol, 46, 1998, 195~232쪽 ; 그리고 野口武彥, 「荻生徂徠」, 中公新書, 1993.

64) 茶山의 法思想에 관하여는 朴秉濠, 茶山의 法思想, 「丁茶山研究의 現況」, 민음사, 1985 ; 沈義基, 欽欽新書의 法學史的 解剖, 「영남대 사회과학논집」, 1985 ; 崔鍾庫, 「한국법사상사」, 서울대출판부 1989, 146~153쪽.

65) 자세히는 손승철, 「조선시대 한일관계사 연구」, 지성의 샘, 1994 ; 同人, 조선후기 脫中華의 교린체제, 「한일관계사」, 현음사, 1994, 354~357쪽.

66) 신숙주, 「해동제국기」(1471)에는 조선에 거주하는 일본인 호수는 60호 정도라 하였다. 삼포의 난 이후 일본인들은 주로 秀吉의 조선침략 당시에는 수십인의 일본인이 부산에 거주하고 있다가 전쟁소식을 듣고 미리 일본으로 귀국하였다. 또한 1627년에 後金軍(몽고)의 침입 즉 정묘호난이 발발 했을 때 동래부사는 난이 끝날 때까지 퇴거를 권고했지만 왜관측은 거부하였다. 「接待事目錄抄」 丁卯 正月.

67) 자세히는 James Lewis, 釜山倭館における 日朝交流 ; 賣春事件から 見た 權力文化の 相剋, 中村質編, 「鎖國と 國際關係」, 吉川弘文館, 1997, 269~ 294쪽. 그리고 同人, 근세조선인의 일본관 : 왜관에 있어서 공무역 접대의 비용을 예시로 하여, 「年報朝鮮學」 2호, 1992, 1~38쪽 ; James Lewis, Leaky Rooves and Another Matters : The Riot as

Japanese Negotiating Tactic ; The Pusan Japan House(Waegwan) and Chosun Korea—Modern Korean views of Japan through economic, political and social connections, Ph. D. Dissertation, Univ. of Hawaii, 1994.

68) 1613년 2월 일본使臣 柳川景直 일행이 왜관 밖의 물가에서 연회를 개최한 것을 방치했다고 訓導 朴彦瑞가 처벌되었다. 「光海君日記」 5年 2月條.

69) 1623년(仁祖 원년) 7월 4일에는 林素라는 자가 왜관을 통해 밀무역을 하여 7만兩의 私利를 취했다하여 사형시켜 梟示하였다. 「仁祖實錄」 元年 6月條.

70) 「倭人作拏謄錄」, 서울대 규장각 1296번, 31쪽. 이 자료 속에 밀무역을 기록한 부분에 관하여는 「한일연구」 1집, 1972, 239~245쪽에 수록되어 있다.

71) 「倭人作拏謄錄」, 4~5쪽.

72) 朴紳은 1689년 4월 19일에 동래부사에 임명되어 이 사건의 조사를 맡았다. 당시의 경상도관찰사는 吳始大였다. 「倭人作拏謄錄」 1960년 4월 12일의 보고, 8쪽.

73) 「同文彙考」 24, 附編, 約條條, 국사편찬위원회. 1978. 2220쪽.

74) 「비변사등록」 권44, 숙종 16년 6월 23일, 24일자 및 「승정원일기」 제341, 같은 일자.

75) 「숙종실록」 숙종 16(1690년) 10월 6일자.

76) 雨森芳洲, 「交隣提醒」, 泉澄一編, 70년.

77) 「倭人作拏謄錄」, 15쪽.

78) 「통신사등록」 2, 서울대 규장각 자료 총서, 1991. 404~405쪽.

79) 任守幹, 「동사일기」, 「해행총재」, 민족문화추진회. 1986. 96쪽.

80) 손승철, 「倭人作拏謄錄」를 통하여 본 왜관, 「港都 釜山」 10호, 1993, 36쪽.

81) H.&B. Compilers, Manners and Customs of the Japanese in the 19th Century, New York, 18 41, Reprint by Charles Tuttle Com., Tokyo, 1 973, 21ff쪽.

82) 「邊例集要」 권14, 숙종 34년 9월조.

83) 宗家記錄, 「裁判記錄」과 이에 대해 자세히는 田代和行, 對馬藩의 조선쌀 輸入과 倭館斗, 金泰俊外 「韓日文化交流史」, 민문고. 1991, 470~513쪽.

84) 雨森芳洲, 斛一件覺書, 「芳洲外交關係資料·書翰集」, 關西大出版部, 1982.

85) 첫 작품은 3년 후인 1767년 2월 28일에 개막한 나미끼 쇼죠(並木正三)작, 「세와료리 스즈끼 보초」(世和料理 鱸庖丁)이었다. 그 줄거리는 다음과 같다. 唐人을 접대하는 직책을 맡고 있는 관리가 요리집 접대부에게 빠져 놀다가 국가의 중요한 보물을 분실한다. 그것이 唐人들의 간계라는 것을 알아차린 下中의 한 사람인 쯔쯔키 덴시찌(續博七), 이름의 음

을 약간 바꾸어 놓았음)가 보물을 되찾으려다 당인을 살해하고 잘못해
서 한사람의 신하까지 죽여 버린다. 살해된 신하의 아들은 부친의 원수
를 갚기 위해 덴시찌가 숨어있는 절에 뛰어 들지만 주지의 애원때문에
일단 놓아주기는 하지만 끝내는 원수를 갚는다는 내용이다. 이틀만에
공연이 금지되었다. 그 후 명칭을 개작하여 일반적으로 「漢人韓文手管
始」, 「唐人殺害」라는 작품으로 오늘날까지도 알려져 있다. 자세히는 李
斗鉉, 演劇의 韓日交流, 金泰俊外, 「韓日文化交流史」, 민문고, 1991,
107～111쪽.

86) Min Tuki, The Identity and Prospects of East Asia ; A Historical
App roach, paper read at the 1996 International Sym－posium on
"East Asia and the University in the 21th Century", co－
mmemorating the 50th Anniversary of Seoul Na tional University,
Oct 16～17, 1996, 6쪽.

87) 동아시아의 미래에 관하여는 金容雲・陳舜臣, 「韓・中・日의 역사와 미
래를 말한다」, 문학사상사, 2000. 특히 東아시아 경제공동체에 관하여는
森鳩通夫, アジア經濟共同體, 「翰林日本學硏究」 제1집, 1996, 20～33쪽.

(제55회 발표, 2000년 9월 25일)

제4부

한일관계의 어제와 오늘

특수한 일본인의 특수한 역사의식

전여옥(KBS 기자)

1995년은 전후 꼭 50년이 되는 해이다. 지금 일본은 일본의 전후 50년을 다각도로 분석하고 의미부여를 하고 있다. 패전의 참담함을 딛고 일어선 일본인들은 지난 50년 동안 '경제대국'으로 멋지게 설욕했다는 승리감에 들떠있는 듯 하다. 세계 GNP의 20%를 차지하는 경제대국, 일본은 유엔 안전보장이사회의 상임이사국이 될 준비를 착실히 그리고 조직적으로 해나가고 있다.

일본의 전후 50년은 흔히 같은 전범국인 독일과 비교된다. 독일이 전쟁을 통해 저지른 죄악을 참회하고 다시는 그러한 일이 되풀이되지 않도록 후손에게 철저히 가르쳤지만 일본은 그들의 후손에게 아무것도 가르치지 않았다. 일본의 전후 50년은 과거를 잊어버리고 전쟁을 없던 일로 하는 기간이었다. 즉 일본이 전쟁에서 저지른 모든 일을 덮어버리기 위한 가해자에서 피해자로 자리옮김을 하는 기간이었다.

동시에 일본은 전범으로서의 과거를 덮기 위해 경제적인 힘을, 그들이 가장 큰 피해를 끼친 아시아인들 앞에서 과시했다. 한국과 중국 싱가포르를 비롯해 필리핀 등 아시아와의 관계를 일본은 여전히 '脫亞入歐'를 '侵亞入歐'의 현실로 만드는 역사를 전후에도 갖은 영토분쟁을 비롯해 되풀이하고 있다.

Ⅰ. 일본과 우리나라 : 역사적 얽힘

한국과 일본은 역사적으로 지리적으로 문화적으로 얽혀 있는 나라이다. 임진왜란과 36년에 걸친 식민지 지배라는 역사적인 사실로 미뤄볼 때 일본은 국내의 어려움이 발생할 때마다 한국을 침략함으로써 국민들의 관심을 외부로 돌려왔다. 일본인들에게 한국인들은 문명의 전달자로, 일본문화의 창달자로 착실한 '가정교사'의 역할을 해주었다. 일본은 중국으로부터 문명과 문물을 직수입했다. 온갖 모호함으로 가득 차 있는 일본서기 가운데 익명의 일본인들과 이른바 도래인들은 모두 한국인들이었다.

동시에 이러한 일본인들에게 한국인들은 '열등한 유사 일본인'이라고 할 수 있다. 일본인이 한국인에게 품고 있는 비하, 경멸, 차별의식은 일본인들 자체에 이른바 '힘없는 소수'에 대한 감정의 표현과 동일했다.

일본인이 한국인에게 품고 있는 복잡한 감정은 바로 이러한 역사적인 얽힘에 그 뿌리를 두고 있다. 특히 일제 36년 동안 한국을 지배했던 '식민지배'는 두 나라 국민사이에 꼬인 실타래가 그대로 엉켜있는 긴장상태로 남아있다. 말로는 우호와 친선을 다짐했지만 그것은 서로가 겉치레일 뿐 언제든지 서로 쌓인 감정의 응어리를 폭발시킬 준비가 되어있는 긴장상태가 계속되고 있는 것이다.

일제 36년을 경험했다는 사실은 우리 국민이 어느 나라 사람들보다도 일본과 일본인을 잘 알고 있다는 생각을 하게 했다. 이 말은 어느 정도 사실이기도 하다. 우리 민족이야말로 일본인의 잔학성과 일본인들의 독특한 사고방식, 그리고 일본인만의 독특한 문화적 유형을 가장 가까이서 접해보았다. 그러나 이러한 일제시대를 경험한 세대들의 일본관은 오히려 '일본을 잘 안다는 착각'아래 일본인의 속성을 모르고 진짜 일본인의 속마음을 알기 위한 노력을 게을리했다고 할 수 있다.

Ⅱ. 모순된 두개의 일본

실제로 내 자신의 3년여 일본에서의 생활은 우리가 알던 일본인과 일본땅에 살고 있는 현재의 일본인과의 차이를 발견해냈던 기간이었다. 일본에 가기 전에 생각했던 일본은 두 가지 모순된 이미지의 일본이었다. 우리를 침략하고 그 어느 나라보다도 잔혹한 식민정책을 편 나라 '일본'과 경제대국, 질서 있고 근면하고 정직한(?) 국민성을 지닌 우리가 본받고 배워야 할 '일본'이라는 두개의 얼굴을 가진 일본이었다.

해방이후 세대는 반일교육과 더불어 미국의 베이비 붐 세대와 마찬가지로 '강한 일본'을 보면서 성장했다. 석유위기를 비롯해 경제적 위기상황에서 오히려 힘을 얻는 '위기에 강한 일본'을 보아왔다. 우리 세대로 말한다면 교과서를 통해 일본이 저지른 수많은 죄악을 배웠으면서도 현실적으로는 '강하고 유능한 일본'을 배우면서 자랐다. 일본에 당하기만 한 우리 역사에 대해 결국은 힘이 결정하는 국제사회의 구조에서 당할 수밖에 없는 처지였다는 냉정한 의식을 가진 세대였다. 동시에 문화적으로 폐쇄된 일본과 경제적으로 대국이 되어가는 일본에 대한 동경과 질시 그리고 패배감도 지닐 수밖에 없었다. 그러므로 우리가 지닌 일본에 대한 인식은 '당했다는 인식'에서 오는 패배감은 '일본은 훌륭하다. 대단하다.'라는 과대평가를 하게했다고 생각한다.

우리가 일본에 살아보지 않고 일본인을 접촉해보지 않고 또 일본이라는 국가의 정책을 제대로 알아보지 않고 우리는 일본에 대한 피상적인, 일반적인 평가를 해왔다.

Ⅲ. 서구인, 일본의 이질성을 보다

일본인들은 일본인 나름대로의 규칙이 있다고 주장한다. 뇌물을 받아먹고 문제를 일으켜 의원직에서 쫓겨난 정치가가 만일 다음번 선거에서 이긴다면 그의 더러운 과거는 없던 일이 되어버리고 당선은 그의 면죄부가 된다. 또한 학교에서 아이들 사이에 한 아이가 따돌림을 당하면 지도 감독해야할 선생이 아이들의 이지메를 묵인하거나 동조한다.

일본인들은 외국인이 일본에 대해 잘 이해할 수 없는 '이상한 일본의 규칙'에 대해 이야기 하면 '일본은 다르다'라는 불명확한 대답을 하곤 한다.

외국인들이 일본에게 이해할 수 없는 것은 결국 일본인들이 어느 곳, 어느 시대에도 통용되는 '보편적인 틀'이나 '일반적인 사고'로서 이해될 수 없기 때문이다.

이러한 일본인들의 '그들만의 규칙'은 서구인들에게 '이상한 나라 일본'의 인식을 심어줬다. 영국의 언론인 에드 파워즈는 '일본은 일본만의 특수한 나라'라고 보았으며 네델란드의 언론인 월프렌은 '문제는 일본이다'로 출발해 '일본 이질론'으로 마무리하면서 일본과 미국의 무역마찰을 문화적마찰을 통해 풀어나갔다.

Ⅳ. 일본 이질론이란?

월프렌은 일본과 다른 나라(대표적으로 미국)의 경제마찰은 '일본이 문제'라고 주장했다. 일본은 경제대국이 되었다. 그러나 일본은 미국과 유럽으로부터 철저히 수입을 규제하고 수출은 여전히 '집중호우'와도 같이 세계 각국에 퍼붓고 있는 매우 비상식적인 무역관행을 보이고 있다. 그 이유를 월프렌은 첫째, 일본에는 최종적인 책임을 떠맡을 사람이 없기 때문이며 두 번째로는 일본은 유럽이나 미국처럼 자본주의적 자유시장을 가진 나라가 아니기 때문이라고 설명한다.

더 나아가 월프렌은 그의 저서 '일본 이질론'에서 무역불균형문제로 점점 더 심각해지는 미국과 일본의 문제는 가장 큰 이유가 '일본이 이질적인 나라'이기 때문이라고 설명한다. 즉 일본이라는 나라는 시장 메카

니즘이 움직이지 않는 사회이며 자본주의라고 하기보다는 신 중상주의 아래 있다고 표현한다.

일본은 서양을 비롯한 다른 나라들과 다른 게임을 벌이고 있다고 주장한다. 물론 그 '게임의 룰'도 다르다. 예를 들어 미국에서는 사람들의 전반적인 삶의 질을 향상시키는 데 이익을 사용하지만 일본은 그 이익을 '쉐어(Share)'확대를 위해 사용하고 있다는 것이다. 월프렌은 일본과 미국의 근본적인 갈등의 원인은 이 경제활동의 목적이 결정적으로 다른 데 있기 때문이라고 설명한다.

Ⅴ. 일본인의 특수성과 한일갈등

서구인들이 본 일본의 이질성이 서구와 일본의 경제적 마찰을 불러일으켜 왔다면 일본인이 지니고 있는 문화적 행위의 특수성은 한국과 일본 사이에 역사적 마찰을 불러일으켜 왔다고 볼 수 있다. 우리나라를 비롯한 아시아 지역과는 판이한 역사의식이 일본과 아시아각국과의 영원한 평행선을 만들었다.

기본적으로 섬나라 일본은 그들의 표현대로 섬나라기질(시마구니 곤죠오)이 있다. 조화를 이룬다는 '和'의 정신은 징벌의 현실을 은폐하고 있다. 즉 일본인 특유의 사회규칙과 더불어 다른 집단에 대해 폐쇄성, 집단주의와 궤를 같이 하였다. 이러한 일본의 화(和)를 내세운 배타주의는 이질집단과 결코 어울리지 않는 일본인 특유의 속성을 나타내준다.

결국 일본인들이 주장하는 '일본은 다르다' '일본인은 일본인 나름대로의 규칙이 있다'는 것은 일본인만의 이중구조, 이중적인 가치관을 대변하고 있다. 동시에 일본인의 행동과 사회의 '이중성'과 '모순'이 '일본인의 특수성'으로 포장되어 있음을 알 수 있다.

Ⅵ. 일본인의 특성 : 이중구조

옷깃만 스쳐도 '미안합니다' '죄송합니다'를 연발하는 일본인들, 그들은 예의를 차리고 사과를 하는 것이 입에 밴 민족이다. 그러나 이러한 일본인들은 '사과는 해도 사죄는 할 수 없는 민족'이라고 말했다. 작은 일에 사과해도 전범국가로서 과거는 사죄할 수 없다. 우리와 일본의 역사를 되돌이켜 볼 때 금방 수긍이 가는 말이다.

아시아를 비롯한 전 세계는 과거청산을 하지 않는 일본에 대해 비난을 하고 불신을 나타내고 있다. 거의 40여 년이란 세월을 전쟁에 광분했던 일본으로 인해 혹독한 피해를 겪은 아시아인들, 한국인들은 일본인들이 적어도 전쟁국가의 전범으로서 '죄의식'정도는 갖고 있으리라고 생각한다. 그러나 당사자인 일본인들은 전혀 전쟁에 대한 별다른 의식을 갖고 있지 않을 뿐만 아니라 거의 기억조차 못하고 있다. 전쟁을 경험한 일본인들은 '과거에 대한 기억상실'에 걸려 있고 전후세대는 전혀 아무것도 모르는 '무지상태'이다

패전 후 일종의 아노미현상을 거친 일본인들은 왜 전쟁이 일어났으며 누가 전쟁을 일으켰는지 이 전쟁을 어떻게 정리하고 청산해야 하는지 침묵하고 은폐한 채 오늘까지 왔다.

일본은 스스로 역사에 대한 청산이 없었기 때문에 일본이 아시아국가에 대한 전범국가로서 과거청산이 제대로 이루어지지 않았던 것은 당연한 일이다.

최근 하타 일본총리는 패전 40주년이 되는 내년까지 전후처리를 마무리 짓겠다고 밝혔다. 그의 전후 처리안은 일본군 성노예 문제, 대만주민들의 우편저금 문제, 국회에서의 不戰결의, 히로시마 원폭 돔을 세계유산조약에 의거해 세계 유산으로 추천하는 문제, 전후 50주년 기념사업 개최 그리고 패전일인 8월 15일을 휴일로 하겠다는 내용이다.

얼핏 살펴보아도 일본은 과거청산을 하겠다고 떠벌이는 '이벤트 성'

에 지나지 않는 내용이다. 일본군 성노예문제에 대해 실질적인 배상대책을 마련하지 않고 있을 뿐 아니라 재일동포 문제, 강제징용자, 한국인 전범, 원폭 희생자 등 정말로 일본이 전후처리를 하기 위한 실질적인 문제에 대해 아무런 언급이 없었다.

하타 총리가 이 전후문제의 정리의 속내는 나가노 망언으로 빚어진 연립정권안의 극우세력의 이미지를 바꾸는 동시에 사회당의 연립정권 복귀를 위한 정지작업에 목적이 있기 때문이다. 또 나아가서는 유엔 안전보장이사회의 상임이사국이 되려는 일본의 대외전시용 정책이라고 볼 수 있다.

Ⅶ. 일본인의 진정한 역사성 보여주는 일본군 성노예 문제

일본군 성노예문제는 역사에 대한 일본인의 의식을 가장 잘 보여주는 예이다. 일본의 중앙대학 요시미교수의 자료에 의해 일본군 성노예 문제가 일본 아사히 신문에 보도됐을 때 일본 사회에서는 대단한 충격으로 받아들여졌다. 그 당시 일본에 간지 일 년이 채 되지 않은 나는 왜 일본인이 이 사실을 몰랐는가? 왜 일본인들이 저렇게 놀라는 것인가가 놀라웠다. 이 일본군 성노예 문제는 비인간적이고 처참한 상황이 일본 매스컴의 흥미를 끌어 연일 보도되었다. 일본군 성노예에 대해 일본인들이 좋아하는 비정상적인 섹스의 행태와 강제성과 군이라는 강력한 집단, 그리고 변태적인 남성과 당하는 여성 등 그 모든 요소가 갖춰있었기 때문이다.

일본정부는 처음에는 강력히 부인했다. 정부와 아무런 관련이 없으면 민간업자가 한 일이라고 잡아뗐다. 그 후 일본 안에서 각종 자료가 나와 이 사실을 엎어버리자 일본 정부는 2년여의 부인 속에 몰리고 몰려 마침내 시인하기에 이르렀다.

그러나 정부의 이러한 변화와 달리 일본 내에서는 묘한 움직임이 일어났다. 이른바 우익계 인사들의 등장이었다. 일본군 성노예 문제를 계기로 '가슴속에 묻어둔 기막힌 사연'을 비로소 밝힌다는 여성들에 대해 '오래전부터 아시아에서는 가난한 집에서 여자아이를 파는 풍속이 있었는데 일본군 성노예는 그런 제도의 일부였고 기생 등 신분이 미천했던 여성들은 자발적으로 일본군 성노예 일을 했으며 당시 그 여성들의 국적은 일본이었으므로 아무런 보상을 할 필요가 없다. 또 모든 일은 1965년 한일조약으로 끝났다'고 주장했다.

이러한 주장을 한 대표적인 우파 지식인들은 다나카 아키라, 사토 가쓰미 등 이른바 친한파로 알려진 인사들이었다. 또 가미사카 후유코라는 한물간 르포작가나 소노 아야코 등 한국에도 꽤 알려진 작가들이었다. 특히 가미사카 후유코는 '일본군 성노예 소리만 들어도 화가 치민다'는 주장으로 지난해 산케이 신문이 주는 '정론상'을 받기까지 했다.

이 일본군 성노예 문제는 넓게 보면 그동안 일본인들이 한국에 대해 쌓였던 감정이 드러난 것이라고 불 수 있다. 한국의 대통령이 올 때마다 일본의 사과를 받아내면서 '이제 한일사이의 핵심적인 문제는 해결되었다.' '한국과 일본은 새로운 시대를 맞았다'면서 왜 그토록 고집스럽고 집요하게 과거문제를 꺼내고 또 집어내는가 하는 주장이다.

이들의 주장은 결국 일본은 한국에 대해 그렇게 사죄를 거듭할 만큼 나쁜 일을 하지 않았다는 데까지 이어진다. 또 이들의 뒤를 잇는 강경한 젊은 우파들은 이제 더 이상 한국과는 상대하지 말자, 한국과 국교를 단절하자는 주장까지 하고 있다.

결국 일본군 성노예 문제는 일본인들의 역사의식과 사고방식을 선명하게 이야기해주는 예라고 생각된다. 역사에 대한 반성이 불가능한 민족이 바로 일본인임을 잘 가르쳐주는 예이기도 한다.

Ⅷ. 착오와 실수로 점철된 한일관계

한일관계에 있어 역사를 살펴보면 우리는 많은 착오와 실수를 저질렀다고 생각된다. 물론 그 이유는 일본인들의 사고방식과 실체를 잘 파악하지 못해서라고 생각한다.

김영삼 대통령은 일본군 성노예 문제에 있어서 '금전적인 배상'을 포기하고 역사적인 진실규명을 요구했다. 약 1년 반전의 일이다. 김영삼 대통령의 이 발언은 일본군 성노예 문제에 대해 일본쪽에서 '돈을 바라고 일본군 성노예 문제를 지금에 와서 내놓고 있다'는 비난과 당시 상당히 경색됐던 한일 관계에 하나의 출구를 마련해보자는 인식도 있었을 것이라고 생각된다. 금전적인 보상을 요구하지 말자는 것은 당시 일본에 있었던 많은 한국인들이라면 한번쯤은 생각해본 방안이기도 했다. 돈을 뜯어내기 위한 무식한 할머니 집단으로 매도하는 일본인들을 대할 때 과연 금적적인 배상이 필요한 것인가 하는 의문을 갖고는 했다.

그러나 동시에 돈 이외에 무엇으로 사죄의 표시를 받을 것인가, 일본이 가장 꺼려하고 우려하는 것이 바로 '금전적 배상'인 점 역시 인식할 필요가 있었다.

그런 상황에서 김영삼 대통령이 금전적인 배상을 포기한다고 했을 때 뭔가 잘못 짚었다는 생각이 들었다. 내 느낌은 적중했다. 그 다음날 일본의 각 방송과 신문은 '한국이 일본군 성노예 문제를 증거부족으로 포기했으며 무역역조에 대한 유리한 입지를 위해 이러한 행동을 했다'는 요지의 해설기사로 가득 찼다.

돈은 필요없으니 진실을 밝히라는 요구를 아마 일본이 아닌 다른 나라에 했다면 그 나라는 상황이 더욱 어렵고 힘들어졌다고 판단할 것임에 틀림없다. 그러나 일본은 다르다. 일본국민에게 있어 돈을 포기한다는 것은 모든 것을 포기한다는 것과 같다. '돈'이 모든 가치척도의 기준이 되는 일본 국민들에게 있어서 한국이 돈을 포기한다는 것은 곧 한국

측에 일본군 성노예 문제에 대한 결정적인 증거가 없거나 나름대로 한
국측에 드러낼 수 없는 치명적인 약점이 있기 때문이라고 생각한다.

쥬네브 특파원을 5년 동안 지낸 일본의 한 신문기자는 일본군 성노예
문제에 대해 금전적인 배상을 포기한 것은 '한국정부의 최대의 전략 미
스'라고 표현했다. 부당한 일에 대한 사죄의 표시가 돈인데 돈을 포기했
다는 것은 아예 사죄할 필요가 없는 일로 일본인은 생각할 것이라고 덧
붙였다.

Ⅸ. 단선적인 일본의 역사의식

이러한 일본인들의 사고방식은 그들이 갖고 있는 단선(單線)적인 역
사관에서 나온 것이라고 볼 수 있다. 일본인들은 흔히 '과거의 일은 물
처럼 흘려버리고'라는 말을 즐겨 쓴다. 그들에게 역사의식이 있다면 '좋
지 않은 지난 일은 빨리 잊는다'는 것이다.

역사의 대물림을 하지 않는 일본의 독특한 역사관은 일본의 한계이기
도 하다. 과거청산문제는 물론이고 아무것도 제대로 가르치지 않은 일
본의 역사관은 두 가지로 집약된다.

역사는 세월과 더불어 잊혀지는 것이며 또 하나는 일본인은 가해자가
아니라 피해자라는 생각이다.

일단 보통 일본인들은 전후 세대에게 편안하고 즐겁고 평화롭게 잘
살고 있는데 왜 굳이 지난날의 괴롭고 어두운 과거를 알려줘 괴롭힐 필
요가 있냐고 되묻는다. 그 전쟁을 겪은 나도 잊고 싶은데 모르고 잘사는
내 자식들에게 굳이 일깨워 괴롭힐 필요가 있는가 하는 것이다.

일본군 성노예 무배상론으로 주가를 올린 가미사카 후유코는 '할아버
지가 가령 살인을 했다고 합시다. 그러면 그것은 할아버지세대에 끝날
일입니다. 그런데 그 아들과 손자들에게까지 너의 할아버지가 범한 죄
를 너도 갚아야 한다는 것은 말도 안 되는 일입니다. 왜 할아버지가 저

지른 일을 아무런 죄 없는 손자에게 씌웁니까? 종군위안부를 비롯해 한국이 일본에 대해 요구하는 과거청산은 이런 식입니다. 다 지나간 일입니다. 지금 아무것도 모르는 젊은 일본인들에게 계속 과거 운운하고 괴롭히는 것은 엄연한 인권유린입니다'라고 주장하고 있다.

일본군 성노예 문제에 대해 김영삼 대통령이 먼저 배상을 포기한 것은 한 마디로 큰 실수이다. 이것은 일본인의 진짜 모습을 제대로 이해하지 못했기 때문에 저지른 실수이다.

Ⅹ. 일본인의 역사의식의 근원

루스 베네딕트는 일본문화의 특징을 수치의 문화라고 규정했다. 그러나 동양인의 눈으로 볼 때 일본인의 문화에는 수치심도 없으며 죄의식도 없다. 오로지 그들에게는 '망각'이 있을 뿐이다.

일본인의 죄의식은 그리스도 문화에서 자란 서양인들과 비교할 때 극히 대조적이다. 일본의 전통종교인 신도(神道)에서 원죄라는 개념은 없다. 사람은 선하게 태어나고 설사 죄를 저질러도 목욕재계를 하면 모든 죄는 없어져 버린다.

그리스도교의 죄는 참회하고 빌 때 비로소 용서받으나 잊혀지는 것은 아니다. 그러나 일본인에게 잊어버리는 것, 잊혀지는 것은 용서하는 것이다. 일본인들은 특히 자신의 죄나 잘못을 스스로 망각함으로써 쉽게 용서한다. 따라서 일본인들에게 죄의식이 있을 리 없다. 잊어버린다면 용서된다는 결론도 나올 수 있는 것이다.

일본이외의 나라에서 이러한 인식은 있을 수 없지만 이러한 사실에 의식하는 일본인은 거의 없다. 다케시타총리는 '일본이 정말로 침략자였는가는 후대의 역사가가 결정할 일'이라고 했다. 아마도 일본의 역사가는 절대로 일본이 침략자였다고 결정하지 않을 것이다. 일본인은 그들에게 불필요한 역사는 그대로 잊어버리는 일본인만의 재주를 갖고 있기 때문이다.

XI. 한국이 실패한 이유?

우리는 이처럼 일본과의 외교, 교류에 있어 수많은 착오와 실수를 되풀이 해왔다. 그 원인은 첫째, 우리가 한국식 사고방식대로 일본을 평가했기 때문이다. 일본이라는 나라, 일본국민이 지닌 특수성을 객관적으로 보고 평가해 대응했다면 대일관계에서 끝없이 되풀이되는 과거사망언, 교과서 문제는 없었을 것이다.

두 번째는 우리의 역대 정권들이 일본과의 과거청산문제에 있어 눈앞의 이익을 챙기기에 급급해 단기적인 결판을 내려버린 것들이다. 일본왕의 어줍잖은 말 한마디를 얻어내기 위해 오히려 우리쪽이 남발한 약속들은 결과적으로 한계를 스스로 그은 꼴이 되었다.

즉 한국정부는 일본인의 특수한 사고방식에 대한 무지와 연구부족으로 지는 게임만을 해 왔다고 볼 수 있다.

XII. 한국과의 일본의 관계는?

일본인에게 역사적 참회나 과거사 사죄는 있을 수 없다. 전쟁의 피해자라는 피해의식으로 가득찬 일본인 뇌리속에 전쟁범, 전쟁의 가해자라는 사고는 들어갈 틈이 없다.

우리는 이러한 시점에서 몇 가지 근본적인 물음을 할 필요가 있다.

즉 일본의 과거는 청산할 수 있는 문제인가? 하는 것이다. 일본인들이 지니고 있는 특수한 역사의식은 일본인을 어제와 단절된 채 오늘만이 존재하고 있다. 우리는 이 시점에서 냉정하게 과연 일본에게 계속 전후처리를 요구할 필요가 있는가 하는 점이다. 일본에게 전후청산을 졸라대기보다는 지금과 같은 일본은 그대로 두는 것이 더 바람직하지 않을까 하는 질문이다.

전후처리문제에 있어 특수한 사고방식을 지닌 나름대로 특수한 규칙에 따라 움직이는 일본을 상대할 것이 아니라, 보편성과 상식이 통하는 국제무대를 통해서 일본의 전후처리를 여론화하고 부각시킬 필요가 있다고 본다. 일본군 성노예문제 처리는 유엔인권위원회를 통해 인도적인 죄를 물어 관련자 처벌과 금전적 배상을 요구하는 것이 좋은 방법이다. 동시에 아시아 국가들과 유대를 강화해 일본의 전후처리를 아시아 전체의 공동유대를 통해 풀어나가는 시도를 해야 될 것이다.

탈냉전시대를 맞아 경제대국 일본은 정치개혁을 서두르고 있다. 헌법개정 움직임, 유엔안보리 상임이사국 진출 등 일본의 역할에 커다란 변화가 올 것은 너무나도 당연한 일이다. 우리가 이러한 일본의 변화를 어떻게 맞을 것인가? 동북아에서 한국의 역할은 어떻게 변화할 것인가? 유사자본주의 경제에 불이 당겨진 중국은 엄청난 군비증강을 하고 있다. 일본은 국제사회에서 발언권을 넓히기 위해 군사, 정치, 외교적으로 팽창을 시도하고 있다. 이러한 상황에 대해 어떤 이는 구한말의 열강의 각축전과 유사하다는 말을 하기도 한다. 그러나 중국과 일본의 경쟁적인 팽창주의는 오히려 우리나라에 절대적인 기회로 작용할 수도 있다. 중국과 일본의 상호견제, 그리고 과거의 전력으로 인해 주변국가로부터 제약을 받고 있는 일본의 사정은 우리나가 국제적 상황만을 잘 이용한다면 중국과 일본의 중개자로서 한국이 훌륭한 역할을 해낼 수도 있다고 생각된다.

지금의 이 변화의 상황이야말로 우리는 판단이 절실히 요구되는 때이다. 우리가 일본을 어떻게 대응하느냐에 우리의 미래가 달려있다고 해도 지나친 말은 아니다. 특별한 일본인의 특별한 역사의식을 바탕으로 일본에 대한 전략정비가 시급한 상황이다.

(제31회 발표, 1994년 6월 16일)

역사속의 기억과 망각
― 한일관계: 어제와 오늘 ―

이상희(서울대학교 명예교수)

Ⅰ. 역사의 양면성

　'역사'란 시간의 축적이며, 또한 시간의 흐름이다. '흐름'은 물처럼 땅속에 스며들기도 하고 공기 속에서 증발하기도 한다. 어느 부분은 사라지고 또 어느 부분은 마지막까지 남아서 바다에 도달하기도 한다. '생활인'으로서의 개인적인 사건은 대부분 역사의 흐름 속에서 사라져 버리지만 민족적·국가적 규모의 사건은 그야말로 '역사'로서 기억되는 것이다. 물론, 개인적 사건이라 할지라도 그것이 일상다반사가 아니고 비범한 사태를 초래할 경우에는 역사적 사건으로서 기억된다. 그래서 역사는 기억과 망각의 양면성을 지닌다.

　역사는 사람과 사람사이의 삶의 현장이며, 그런 의미에서 인간은 역사의 창조주이다. 역사의 주체는 인간이다. 사람은 역사를 만들며 또한 역사를 개조할 수도 있다. 위대하고 빛나는 역사를 만드는가 하면 추하고 천한 역사도 만든다. 그리고 또한 역사속의 '過誤'를 청산함으로써 더럽혀진 역사를 깨끗이 씻을 수도 있는 것이다. 왜냐하면 인간은 역사의 주체이며, 창조주이기 때문이다.

Ⅱ. 민족적·언어적 친근성

　일본·일본인과 한국·한국인(조선·조선인)도 제각기 역사의 주체로서 역사를 창조해 왔다. 일본민족, 한국민족이 생을 영위하며 역사를 축적 해 나온 과정을 먼 옛날로 거슬러 올라가면 지금 이야기하는 '국가'라든지 '민족'이라든지 하는 개념이 희미해져 오는 것을 느낄 수 있다. 선사시대에 있어서 양민족은 어디까지 구분될 수 있었을까. 역사를 거슬러 올라가면 올라 갈수록 양민족의 역사적 윤곽은 오버랩 되어 온다.

　생물학 용어에 몽골리언·스팟이라는 것이 있다. 일본에서 말하는 '몽고반점'을 일컫는다. 일본인과 한국인에게는 이 몽골리언·스팟이 있다. 물론 몽고인이나 아메리칸·인디언에게도 있다. 그러나 예를 들어 중국의 한민족에게는 이 몽골리언·스팟이 없다.

　일본어와 한국어는 우랄·알타이어계의 언어이며 어순이 거의 같다. 세계속의 수많은 민족어 가운데 일본어와 한국어만큼 서로 닮은 언어는 거의 없을 것이다. 양민족 고대사 연구자들이 기술하는 바에 의하면 양측 사절단 가운데는 통역을 찾아 볼 수 없다고 한다. 그때 그때의 사절단 속에는 각 분야의 전문가가 포함되어 있으나 이상하리만큼 통역은 들어 있지 않았다는 것이다. 고대사 연구자가 말하기로는 각 지방의 방언정도로 서로 통했던 것이 아닌가 하고 ……. 즉 '구주사투리'와 '동북사투리'정도로 의사소통이 가능했을 것이라는 설명이다.

　일본민족과 한국민족은 생물학적 특징으로 보나 언어학적 특징으로 보나 매우 유사한 공통성과 친근성을 지니고 있음이 확실하다.

Ⅲ. 역사적·문화적 동질성

한국의 남해안, 가령 부산에서 바라보면 육안으로 대마도가 선명히 보인다. 고대인의 시력은 우리들 현대인보다도 좋았다고 하니까 그들로서는 바로 눈앞에 보이는 섬으로 건너가지 않을 수 없었으리라고 생각한다. 대마도에 건너가면 다시 눈앞에 壹岐가 보이고 그 다음은 九州이다. 즉 한반도와 九州와의 사이에는 징검돌이 두개 밖에 없었다. 홀짝홀짝 뛰어 건너면 九州인 것이다. 北方의 유목민들은 긴 역사의 흐름 속에서 남으로 남으로 흘러내러 오면서 목축보다는 벼 농사쪽을 생활방편으로 택했을 것이다.

北九州에서 벼 농사가 시작된 것은 기원전 3세기 경이라고 한다. 稻作文化가 九州로 흘러 들어온 경로는 세 가지 정도 생각되고 있다. 하나는 南方루－트로서 台灣일대로부터 兆九州로 들어온다. 다음은 중국남부에서 해로로 北九州에 들어온다. 세번째 루－트가 한반도로부터의 루－트이다. 항해술의 발달정도라든지 해류라든지 하는 여러 조건을 분석하여 연구하고 있는데 제3의 루－트, 즉 한반도로부터의 유입설이 가장 설득력을 가진다.

그것은 稻作文化를 단지 그 자체만으로 생각하는 것이 아니라 繩文文化로부터 彌生文化에로의 이행이라고 하는 역사적 과정에서 把握해야 하기 때문이다. 다시 말해 고대문화라는 것은 단순히 어떤 기술이 수입되면 그것으로 끝나는 것이 아니고 그 기술을 가진 인간집단까지도 동시에 이주해 오지 않으면 고대문화라는 것은 성립하지 않는 것이다. 繩文文化가 彌生文化로 이행하는 것은 稻作技術만이 아니고 한반도로부터 철기문화의 유입이 있었기 때문에 가능했던 것이다.

물질문화만이 아니라 사회적 제도나 생활풍습도 같이 들어온다. 북구주의 해안에는 소규모의 돌－멘이 남아 있다. 돌－멘이란 지석묘를 일컫지만 이것은 만주, 북한, 남한으로 남하함에 따라서 그 규모가 점점 작아진다. 이것이 九州에 오게 되면 가장 소규모가 된다. 이 돌－멘이라는 묘제는 이상하게도 중국의 한민족에게는 없다.

한반도에서 일본열도로의 집단적 유입은 선사시대부터 시작되는데 큰 물결은 대략 네 차례 정도이다. 첫 번째 물결은 彌生時代, 두 번째는 고분시대인 5세기 전후, 세번째는 5세기 후반에서 6세기 전반, 雄略天皇에서 繼體・欽明朝 頃이며, 네번째는 7세기 후반, 신라의 통일이후이다. 이들 집단적 도항인들은 그때 그때의 기술이나 문화를 일본열도로 가져갔다.

신나가 통일을 이룩한 것은 7세기 후반이지만 그때 신라는 당과 손잡고 백제를 공약한다. 大和의 齋明天皇은 2만7천명의 병사를 백제로 보낸다. 7세기 전반의 백제와 大和王朝는 혈연적으로도 밀접한 관계였다. 신라와 당의 연합군과 백제와 大和 연합군이 싸우게 되는데 결국 663년 백마강(白村江)전투에서 백제와 大和 연합군이 대패한다. 이 시기에 백제의 유민이 대거 大和로 유입해 들어간 것은 자연스러운 흐름이었다.

대화는 이즈음부터 국명을 일본으로 바꾼다. 국명을 바꾼다는 것은 대단한 의식의 전환이다. 그때까지는 한반도의 여러 나라들과 비교적 친밀한 관계에 있었으나 백제가 멸망한 뒤 大和王朝는 통일신라에 대해서 매우 반감을 가지게 되었다. ‘일본’이라는 국명은 통일신라에 대한 반감의 표출이기도 했다. 본래 太陽崇拜 신앙을 가졌던 大和사람들은 신라보다 그들이 ‘해가 뜨는 쪽(日元)’에 가깝다는 것을 강하게 표방한 것이다. 그래서 國名을 ‘日本’이라고 고쳤다(681). 이때쯤부터 한반도에 대한 반발과 독자성을 가지게 된다.

즉, 일본은 彌生時代의 초기부터 약 천년동안 주로 한반도로부터 문화를 받아들였다. 그 뒤로는 중국으로부터도 문화를 받아들이게 되며 이때부터 일본과 한반도의 관계는 소원하게 된다. 그리고 양국간의 관계에서 결정적인 부행은 풍신수길의 임진왜란과 명치이후의 조선침략이었다.

Ⅳ. '일본의 비극'·아시아의 비극

약 2천5백년에서 3천년에 걸친 양국간의 교류관계는 매우 밀접했으며 세계의 어느 나라 어느 민족보다도 깊은 관계였으나 긴 교류사에 비한다면 갈등의 시기는 짧았다. 그러나 우리들 양 민족의 목전에는 해결하지 않으면 안 되는 갈등이 잔존한다. 소위 식민통치에 대한 완전한 해결과 전후처리 문제가 그것이다.

1994년 7월, 조일신문은 일본인의 아시아관에 대해서 여론조사를 실시했다. 「일본의 식민지였던 나라의 국민들과 제2차 세계대전 중에 점령당했던 국민들에 대해서 일본은 충분한 보상을 했다고 생각하느냐 아니면 불충분하다고 생각하느냐」고 하는 질문에 대해, 충분했다고 답한 사람은 17%, 불충분 했다고 답한 사람은 72%에 이른다. 그리고 또 「일본은 아시아 제국으로부터 신뢰를 받고 있지 않다」고 답한 사람도 53%였다(조일신문, 1994.8.23).

이와 같은 여론조사 결과는 많은 일본인들이 식민지보상의 미해결을 아직까지도 마음속에 새겨두고 있다는 사실을 나타내 주고 있다. 하물며 피해자의 입장에서는 이러한 생각이 더욱 강렬하다고 할 수 있을 것이다.

그리고 또, 1995년 1월 1일의 조일신문은 아주 쇼킹한 보도를 하고 있다. 특히 廣島의 여러분에게는 대단히 충격적인 뉴―스였다고 생각한다. 그것은 다음과 같이 보도하고 있다. 「아시아인들은 원폭을 신의 구원이었다고 말하고 세계의 반수이상의 사람들이 그것을 기뻐하였다. 이것이 일본의 비극이다」라고.

세계유일의 피폭국으로서 세계에 원폭의 비극을 끊임없이 호소해 온 일본인으로서는 아시아인들이 원폭의 투하를 신의 도움이라고 생각한다는 것은 꿈에서도 상상할 수 없었을 지도 모른다. 이것이 일본의 비극이라고 조일신문은 쓰고 있는 것이다. 이것은 일본의 비극이며 아시아인의 비극인 동시에 한국인의 비극인 셈이다.

이 비극을 해결하는 길은 한가지 밖에 없다. 그것은 완전한 국가보상과 전후처리인 것이다. "국가보상"이란 "전시배상"과는 그 개념이 상당히 다르다. '배상'은 피해에 대한 금전, 물질, 노동 등의 물질적인 갚음이다. 그러나 '보상'은 독일어의 Wiedergutmachung에 해당한다. 이것은 물질적 변상은 물론이고 도덕적 속죄와 죄의 근절을 의미한다.

다시 말해 '국가보상'이라는 것은 물질적, 금전적 배상에 앞서 '과오'에 대한 자기 비판적 인식과 마음속으로부터의 사죄가 전제되어야만 한다. 그러나 일본의 경우, 이 점에 있어서 모자라는 점이 많다. 惠泉女子學園大學의 우쯔미 아이꼬(內海愛子) 교수는 「일본의 전후처리와 아시아의 보상요구」라는 논문에서 다음과 같이 기술하고 있다. 「일본정부는 사죄도 하고 가끔은 위로금이나 香燭代 등을 내놓기도 하지만 국가책임을 인정하는 사죄와 국가보상으로부터는 항상 피해나가려는 자세를 유지하려고 술책을 꿰해 왔다. 매번 문제는 해결되지 않고 앞으로 미루어지게 된다」고. 이와 같은 의견이 일본의 전후처리문제 전문가의 견해이다.

일본과는 달리 독일은 전후처리를 국가보상의 차원에서 자주적으로 처리한 경우가 많다. 독일은 나치의 '제3국가'가 소멸하여 동·서두개의 독일로 분열되었을 뿐만 아니라 제3제국과는 절연한 새로운 국가라는 점이 분명하였음에도 불구하고 '국가보상' 문제를 자주적으로 해결해 나갔다. '배상'의 차원과는 다른 '보상'의 필요성을 독일은 깨닫고 있었던 것이다. 독일은 스스로 충실하게 국가보상을 실행함으로써 서방제국의 일원이 되고 과거의 비극에서 해방될 수 있었다.

한사람 더 일본의 연구자의 의견을 소개하자. 사또오 다께오(佐藤健夫) 拓殖大學 교수는 다음과 같이 의견을 피력하였다.

「독일이 '배상'보다는 '보상'에 몰두한 것에 비해 일본은 전후처리 문제를 '배상'의 차원에서 취급하고 '보상'의 개념은 거의 가지지 않았다. 이러한 의식에는 최초부터 '부정', '불법' 이라든지 '범죄성'에 대한 인식이 결여되어 있다. 이 점이 독일과 일본의 차이이다」(일본과 독일의 전후

처리 비교).

1995년 元旦에 조일신문이 보도한 '일본의 비극'은 바로 이 점에 있다고 생각한다. 즉 일본의 경우 '부정', '불법', 그리고 '범죄'에 대해서 공적으로 인정하려 하지 않고 있는 것이다. 독일이 서방제국의 훌륭한 일원으로 받아들여졌던데 비해서 일본은 아직도 아시아 제국으로부터 비난의 표적이 되기도 하고 신뢰를 받지 못하고 있다면 그것은 전후처리, 국가보상 문제를 깨끗하게 해결하지 못했기 때문이다. 다시 말해 '과거의 극복'이 완전하지 못했음에 비극의 원인이 숨겨져 있는 것이다.

V. 독일의 경우

독일의 경우 '과거의 극복'은 세 가지 차원에서 이루어졌다. 첫 번째로 가해자에 대한 책임의 추구, 두 번째는 피해자에 대한 구제와 보상, 세 번째는 재발의 방지였다.

가해자에 대한 책임의 추구는 연합군에 의한 '뉴른베르크' 재판만은 아니었다. 오히려 독일인 자신들에 의한 책임추궁 쪽이 압도적이었다. 연합군에 의한 뉴른베르크 재판이외에 베네룩스 3국, 덴마크, 노르웨이, 폴란드, 유고, 체코, 이스라엘 (1962년의 아이히만 재판), 프랑스(1987년의 발비 재판), 이탈리아(최근의 프리푸케 재판) 등의 각지에서 범죄의 추궁이 행해졌다. 1945년 이내 유죄판결을 받은 독일인은 약 5만명에 달하는 것으로 추정되고 있다. 나치 범죄에 대한 추구는 법적시효를 철폐하여 영구추구(범죄인이 살아있는 한)하기로 독일인들 스스로가 결정했다.

두번째의 피해자에 대한 구원과 보상은 국적에 관계없이, 또는 군인과 민간인의 구별없이 똑같이 행해졌다. 이 점도 일본과는 발상이 다르다. 특히 보상의 문제는 물질적 차원보다는 부정, 부법, 범죄행위에 대한 사실을 인정하고 그것을 방지하려고 하는 것이 더욱 중요하다.

이와 같은 인식은 자연히 재발의 방지로 이어진다. 이것이 세번째이다. 독일의 경우, 특히 청소년 교육에 힘을 쏟고 있다. 교과서는 피해국과 공동으로 집필하는 노력을 진솔하게 실행하고 있다. 예를 들어 폴란드, 이스라엘, 프랑스 등과 공동으로 교과서를 만드는 것이다.

그 외에도 재발방지를 위해서 유적(아유슈뷔츠 수용소 등)의 보존, 기념관 등에서의 전쟁범죄의 기록공개 등 관연 행사를 벌이고 있다. 독일인은 이렇게 함으로써 두 번 다시 이웃나라에 대한 범죄를 야기하지 않도록 힘쓰고 있으며 그리고 또 그것이 범죄행위로부터의 해방이며 참된 '과거의 극복'이라고 믿고 있는 것이다.

「과거에 대해서 눈을 감는 자는 미래는 물론, 현재도 볼 수 없다」고 하는 말이 생각난다.

Ⅵ. '과거의 극복'을 지향하며

일본과 일본인, 한국과 한국인이 각각 적대적인 두 개의 진영으로 갈라져 있는 것은 아니다. 일본·일본인 중에서는 합리적이고 양심적인 사람들이 있는가 하면, 보수적, 국수주의적인 사람도 있다. 조일신문의 여론조사에서 나타난 것처럼 합리적이고 양심적인 쪽의 사람이 많다. 우리들은 특히 많은 지식인, 문화인들이 이 그룹에 속한다고 믿고 있다.

한국·한국인 중에도 마찬가지로 두개 그룹이 있다고 생각한다. 일본과 한국에 가로놓여 있는 전후처리 문제, 국가보상 문제는 양국의 합리적, 양심적 시민들이 해결해야 할 공동과제라고 본다. 그것을 성취하기 위해 다음과 같은 세 가지 제안을 한다.

1. 교과서를 양국의 전문가, 역사학자들 간의 공동작업으로 만들어야 한다. 이 점에 있어서 기본적 합의에는 도달했으나 실행에 옮기지 못하고 있다.
2. 양국의 매스미디어에 대해서 加一層의 노력을 요구하고 싶다. 양국의 매스미디어는 양국의 독자나 시청자가 가지고 있는 커뮤니케이션 갭이라든지 스테레오타입에 호소하는 경향이 크다. 이러한 경향은 양국민간에 편견과 반감을 증폭시켜 이를 더욱더 확대 재생산하게 된다. 이와 같은 행

동은 상호이해와 전후처리를 위한 커다란 장해물이다. 매스미디어의 경우도 양국간에 공동기획이나 공동제작 등을 활발히 추진할 필요가 있다.
3. 양국의 합리적, 양심적 시민 그룹의 주도로 상호이해와 친선을 위한 시민운동을 정력적, 조직적으로 전개해야 한다.

이러한 노력의 축적에 따라서 자연스럽게 전후처리 문제, 국가보상 문제도 점차 해결될 것으로 본다. '과거극복', '왜곡된 역사로부터의 해방'은 일본·일본인의 과제이며 동시에 우리 한국·한국인의 과제이기도 하다. 오히려 우리들에게 있어서야 말로 절실한 과제인 것이다. 왜냐하면 언제까지나 구겨진 역사 속의 사건을 하나하나 들추어내거나 말싸움의 씨로 삼는 것은 우리들에게는 그야말로 고통이기 때문이다. 결코 자랑이라고 할 수 없는 역사적 사건은 하루라도 빨리 잊어버리고 싶은 것이다. 잊어버리기 위해서는 '과거의 극복'이 국가 레벨에서 깨끗이 청산되어야 한다. 그리고 잊어버릴 만하면 터져 나오는 소위 문제발언(한국에서는 망언이라고 한다)은 없어져야 한다. 이러한 발언은 일본을 위해서도 아무런 도움이 되지 않기 때문이다.

우리들로서는 구겨진 과거의 역사는 하루라도 빨리 망각의 저편에 묻어버리고 싶다. 그러나 오늘 이 시점까지도 아직 거기에는 도규하지 못하고 있는 것이 현실이다. 과거 NHK의 연속드라마에 「그대의 이름은(君の名は)」이라는 것이 있었다. 이 작품은 기꾸다가즈오(菊田かずお)의 것이라고 생각한다. 이 드라마는 매회 다음과 같은 臺詞로 裝飾되어 있었다.

『망각이란 잊어버리는 것이다. 잊지 못하면서 망각을 맹서하는 마음의 서글픔이여』

(제43회 발표, 1997년 5월 2일)

* 이 글은 처음에 廣島에 있는 修道大學 주최로 1997년 3월 20일, 廣島 平
和公園 內國際公館에서 열렸던 "한·일국제 심포지움"에서 발표되었던 논
문이다. 이 때는 일본어로 원고가 작성되었으나, 한국에서 발표할 때 우리
말로 번역하였다.
청중은 연구자, 학생, 언론인, 일반시민 등 수백 명이었다. 따라서 청중을
고려한 다소 완곡한 표현이 들어있다.

한·일 전통사회의 비교

미야지마 히로시(宮嶋 博史,
성균관대학교 동아시아 학술원 교수)

Ⅰ. 간단한 연구 이력

저는 1967년 대학에 입학하고 학부 3학년 때부터 한국사의 공부를 시작했습니다. 따라서 30년 이상 한국사 공부를 계속 해왔던 셈입니다마는 그 사이에 연구대상도 몇 번 바뀌었습니다. 대학원 시절에는 주로 근대사, 즉 개항기부터 일제 식민지기에 이르는 역사를 공부했는데 그 이후 주로 조선시대를 공부하게 되었습니다. 먼저 왜 조선시대에 관심을 갖게 되었는가, 그 이야기부터 시작하겠습니다.

저는 일본의 한국사 연구자로서는 제3세대에 속합니다. 제1세대는 2차대전 이전에 연구를 시작하신 분들로서, 많은 경우는 일본의 한국지배를 긍정하는 입장에서 연구한 분들이라고 할 수 있겠습니다. 그러나 그 가운데 旗田 巍선생님 같이 식민지 지배에 비판적인 연구자도 소수나마 계셨는데 그 旗田선생님을 중심으로, 그리고 재일 교포의 연구자와 제2세대의 연구자가 모여서 1959년에 조선사연구회라는 학회가 창립되었습니다. 여기서 제2세대라고 하는 분들은 2차대전 후에 대학에 다니면서 한국사연구를 시작하신 선배들입니다. 근대사의 梶村秀樹, 宮田節子의 두 분과 고대사의 武田幸男선생님이 그 대표적인 분들입니다. 조선사연구회는 일제시기의 일본인에 의한 한국사연구를 비판하는 것이 주요한 목적 중의 하나로서 창립된 학회입니다. 아시다시피 식민지시기 일본인의 한국사연구는 한국사의 정체성(停滯性), 타율성(他律性)을 강조하면서 일본의 한국지배를 합리화하려고 하는 경향이 강했습니다. 그러한 연구를 비판하는 일이 조선사연구회의 역할이라고 생각되었던 것입니다. 따라서 조선사연구회를 중심으로 일본의 한국지배의 실태를 밝히고 일본제국주의를 비판하는 연구가 활발히 진행되게 되었습니다만 제가 한국사의 공부를 시작했을 때의 상황은 대체로 이러한 것이었습니다. 그래서 저도 자연스럽게 근대사, 특히 개항기에서 식민지 초기에 걸친 시기의 경제사부터 공부를 시작했던 셈입니다.

그런데 그렇게 해서 일본의 침략과정을 공부하는 가운데 한 가지 의문이 생기게 되었습니다. 무슨 의문인가 하면 일본의 침략과정을 밝히는 연구 자체는 큰 의미가 있지만 그것만으로는 한국에 대한 동정심, 일본에 대한 혐오감이 커져갈 뿐이 아닌가라는 의문이었습니다. 바꿔 말하면 한국, 한국인에 대한 친근감이나 한국의 역사, 문화에 대한 존경심 같은 것은 생기기가 어렵다는 것입니다. 일본의 대학에서 한국사의 수업을 담당한 경험이 있는 사람이라면 다 느끼는 현상입니다만 수업에서 한국근대사의 이야기는 정말 인기가 없습니다. 학생들의 인상은 한마디로 하면 어둡다는 것인데, 저는 일리가 있는 현상이라고 생각했습니다. 그리고 근대 이후의 침략사를 연구할 때도 그 이전의 한국의 역사, 문화를 모른다면 일본에 의한 침략과 그것에 대한 한국인의 저항의 의미도 제대로 이해할 수 없는 게 아닌가, 그렇게도 생각하게 되었습니다.

예를 들어 일제가 1930년대 말부터 시작한 이른바 창씨개명 정책도 이 정책이 얼마나 무모한 짓이었고 한국 사람들의 저항이 얼마나 컸었는지 어느 정도는 이해가 갑니다마는 한국인에 있어서 성명이라는 것이 가진 의미, 그 역사(이 문제에 대해서는 오늘의 주제와 관련해서 나중에 다시 말씀드리겠습니다)를 모르면 그 의미를 충분히 이해할 수 없다는 이야기입니다.

따라서 저의 관심은 점점 근대 이전의 한국사로 옮기게 되었는데, 처음에는 조선시대의 경제사, 농업사부터 시작해서 서서히 사회사, 사상사, 양반에 관한 연구 등, 분야를 넓히면서 지금까지 공부를 계속 해왔습니다. 이상으로 간단한 저의 연구 이력을 마치고 본론에 들어가겠습니다.

Ⅱ. 한·일 전통사회의 비교
— 족보의 비교를 중심으로

1. 일본인 연구자의 입장

저는 지금은 한국에서 살고 있습니다만 지금까지도 또한 앞으로도 일본인으로서 한국사를 공부해왔고, 공부해 나갈 겁니다. 즉 한국사는 저에게는 어디까지나 외국사이고 그럴 수 밖에 없다는 말입니다. 그래서 당연히 한국인 연구자와는 다른 입장에서, 다른 각도에서 한국사를 연구한다는 말이 되겠습니다만 한국의 대학에서 제가 할 수 있는 역할도 거기에 있다고 확신하는 바입니다. 바꿔 말하면 제가 한국사를 공부하는 최종적인 목표는 일본의 역사, 문화를 더욱 잘 이해하는데 있다는 것입니다.

그런데 그러한 저의 입장에서 볼 때 제일 큰 문제가 되는 것은 일본사 연구, 일본 문화의 연구에 있어서 지금까지 한국에 대한 관심이 거의 없었다(한국 고대사에 대한 관심은 예외적입니다만)는 현상입니다. 이러한 현상은 근대 이후 일본 학계의 기본적인 경향이 이른바 탈아입구(脫亞入歐)적인 경향, 즉 일본은 주변의 중국이나 한국과는 전혀 다른 역사, 문화를 가진 존재로서, 오히려 유럽과 가깝다는 사고방식과 깊은 관계가 있습니다.

제가 한국사를 연구하는 목적은 이러한 일본의 지적 풍토를 비판해서 한국사, 한국 문화와 비교함으로써 일본의 역사, 문화를 새로운 시각에서 파악하려고 하는데 있습니다. 오늘은 이러한 입장에서 전통시대 한국과 일본을 비교하면 어떤 이야기를 할 수 있는지, 요새 생각하고 있는 문제에 대해 말씀드리고자 합니다.

2. 한국의 족보와 일본의 족보

양국의 전통사회의 특색을 비교하기 위해 여러분도 잘 아시는 족보의 비교부터 시작할까 합니다. 족보는 중국・송(宋)대부터 만들어지기 시작되면서 주변의 지역, 즉 한국, 베트남, 류큐(琉球, 현재의 오키나와), 그리고 일본까지 보급이 되었습니다. 그런데 중국 주변지역에서 만들어진 족보는 각각 독자적인 성격을 갖게 되었는데, 예를 들어 이름도 한국에서는 세보(世譜)라는 이름이 가장 일반적인 데 대해, 베트남이나 류큐, 그리고 일본에서는 가보(家譜)라는 이름으로 편찬된 것이 많습니다. 중국에서는 종보(宗譜)라는 이름이 제일 많은데도 왜 지역마다 다른 이름으로 만들게 되었는지, 이것도 재미있는 문제입니다만 오늘은 생략하겠습니다.

내용적으로 보면 중국, 한국, 베트남의 족보가 기본적으로 비슷한 성격을 갖고 있는데 대해 류큐와 일본의 족보는 상당히 다른 성격을 갖고 있다고 할 수 있겠습니다.

세계에서는 여러 가지 다양한 가계기록이 존재합니다만 중국에서 만들어지게 된 족보는 아주 특이한 가계기록입니다. 그 특징은 먼저 양이 방대하다는 겁니다. 한국의 족보도 흔히 볼 수 있습니다. 중국이나 한국의 족보가 이렇게 방대한 이유는 시조부터 시작해서 그 모든 후손들을 다 수록하는 것을 원칙으로 하기 때문입니다. 그에 대해 일본, 류큐의 족보는 그렇게 큰 족보는 존재하지 않는데, 실물을 보면서 설명 해드리겠습니다.

일본, 류큐의 족보가 간략한 이유는 방계(傍系)후손들이 족보에 나타나지 않기 때문입니다. 즉 일본의 경우는 원칙적으로 각 세대마다 한 사람만 나오고 류큐 경우는 각 세대에 복수의 인물이 나옵니다만 손자까지 나오는 사람은 각 세대 한 사람만이기 때문에 수록인원이 많지 않은 것입니다. 세계적으로 볼 때 대부분의 가계기록은 일본이나 류큐같은 유형이 오히려 일반적이고 중국이나 한국 같은 예가 소수라고 할 수 있습니다.

그러면 중국에서는 왜 이러한 형식의 족보가 만들어졌는가, 문제는 여기에 있습니다. 그 이유는 송나라 시대 이후의 중국에서는 과거제도가 정착하면서 기본적으로 신분이라는 것이 의미를 가지지 않게 되었기 때문이라고 생각됩니다. 아시다시피 과거제도라는 것은 신분이나 가문을 불문하고 개인의 능력만을 시험해서 합격한 사람을 관료로 등용하는 제도입니다. 중국에서는 송나라 시대에 과거제도가 확립되었는데 그에 따라서 사대부라는 독특한 지배엘리트가 등장하게 되었습니다. 지배엘리트로서 사대부의 특색은 그 지위를 후손에게 계승할 수 없다는 데에 있습니다. 즉 사대부라는 지위는 세습할 수가 없는 것으로서, 따라서 중국 사람들은 종족(宗族)이라는 친족집단을 조직해서 그 종족 구성원에서 계속 과거 합격자가 나올 수 있도록 한 것이었습니다. 족보는 이러한 종족의 구성원을 확인하고 그 결속을 강화할 목적으로 작성되게 된 것인데 방계 후손까지 포함해서 모든 후손을 수록한 이유도 여기에 있었습니다.

그에 비해 일본이나 류큐의 가보에서 방계 후손들이 수록되지 않은 이유는 신분제가 강한 이들 지역에서는 아버지의 지위를 이어받을 수 있는 사람은 단 하나뿐이기 때문에 아버지의 지위를 계승하지 못했던 사람의 후손은 가보에 수록되지 않은 겁니다. 따라서 중국의 족보와 일본, 류큐의 족보의 차이는 신분제가 거의 없는 중국사회와 신분제가 강한 일본, 류큐사회의 차이를 반영한 것으로 이해할 수 있을 겁니다.

3. 한국의 족보

이렇게 볼 수 있다면 아주 흥미로운 것은 조선시대 한국의 족보입니다. 한국에서는 15세기에 와서 족보가 작성되기 시작했습니다. 그 가운데 현재 남아있는 족보로서 가장 오래된 것은 1476년에 편찬된 안동권씨의 족보이고 보통 성화(成化)보라고 부릅니다. 여기서 한국 족보의 역사를 간략하게 말한다면 한국의 족보는 16세기까지의 족보와 18세기 이후의 족보 사이에 큰 변화가 생겼습니다 예를 들어 안동권씨 성화보를 보면 시조인 권행 이하 후손들이 내손과 외손의 구별 없이 다 나옵니다. 외손들은 당연히 권씨 이외의 성을 가진 사람들인데 그렇게 다른 성을 가진 사람들이 성화보에는 많이 등장한다는 이야기가 되겠습니다. 이러한 족보의 내용은 그 당시까지만 해도 한국에서는 남성계, 여성계를 구별하지 않는 혈연관념이 일반적이었다는 것을 나타내는 것으로 해석할 수 있습니다.

그러다가 17세기를 과도기로 18세기 이후가 되면 족보에서 외손들이 빠지게 되고 형식적으로는 중국의 족보와 같은 것이 됩니다. 여기서 한 가지 의문이 생깁니다. 앞에서 말씀드린 대로 중국의 족보는 신분의 계승이라는 문제가 없기 때문에 방계 후손들도 다 수록되게 되었던 것입니다. 그런데 조선시대의 한국사회는 보통 엄격한 신분제 사회였다고 여겨져 왔습니다. 그러면 그러한 한국 사회에서 왜 중국과 같은 형식의 족보가 만들어지게 되었는가, 이런 의문이 제기된다는 말입니다. 지금까지 한국의 학계에서 이러한 의문 자체가 제기된 적이 없는 것 같습니다마는 저의 이 의문점을 생각함으로써 한국 전통사회의 아주 중요한 특색을 파악할 수 있으리라 믿고 있습니다.

이 의문을 풀기 위해서는 중국과 한국의 족보를 비교해야 됩니다. 양국의 족보는 기본적인 형식은 흡사합니다만 자세히 보면 여러 가지 차이점을 발견할 수 있습니다. 그 중국의 가장 중요한 차이점은 한국의 족보는 결혼관계에 관한 기재가 중국의 족보보다 훨씬 자세하다는 점입니다. 한국의 족보에는 배우자, 즉 사위의 성명과 본관도 나옵니다. 그에 비해 중국의 족보는 결혼관계에 관한 기재가 대단히 소홀해서 배우자의 기재에 있어서도 성 만, 혹은 공백으로 나올 경우를 흔히 발견할 수 있는 겁니다. 그런데 한국의 족보에 나오는 장인이나 사위는 말할 것도 없이 타성(他姓)의 사람들입니다. 그러니까 16세기까지의 족보에서는 타성을 가진 사람들이 많이 등장한다고 했습니다만 18세기 이후의 족보에서도 역시 타성의 사람이 많이 나온다는 이야기가 됩니다.

그러면 한국의 족보에서는 왜 결혼관계에 대한 기재가 풍부한 것일까요? 그것은 어떤 집안과 혼인을 맺고 있는지가 그 집안의 가격(家格)을 판단할 때 중요한 기준이 되었기 때문입니다. 아시다시피 한국에서 족보는 원래 양반 계층의 사람만 만들 수 있는 것이었습니다. 그리고 양반들은 그 지위를 지키기 위해서는 같은 양반끼리 결혼을 해야 되었는데 그 때문에 족보에 장인, 사위가 어떤 집안의 사람인지를 기재했다고 생각되는 겁니다. 원래 중국에서는 신분이라는 것이 사회적 의미를 가지지 않기 때문에 족보 같은 형식의 가계기록이 생겼는데도 한국에서는 족보가 거꾸로 양반 신분을 과시하기 위한 역할을 담당했다고 말할 수 있겠습니다.

4. 일본과의 비교

그러나 조선시대의 양반이라는 신분은 일본이나 류큐의 신분과 비교하면 많은 면에서 달랐습니다. 일본과 류큐에서는 아버지의 지위를 이어받을 수 있는 사람은 아들 중에서 단 하나뿐이었지만 그 아들은 아버지의 지위, 수입 등을 그대로 상속할 수가 있었습니다. 족보에 그러한 후계자만 나오고 방계후손이 기재되지 않았던 이유도 그런 사람들은 무사(武士)신분을 상실했기 때문입니다. 그러나 양반은 그렇지 않습니다. 아버지가 영의정 같은 높은 지위에 있었다고 해서 아들들은 그 지위를 이어받을 수는 없었습니다(蔭職이라는 제도는 있었습니다만). 즉 양반은 아버지의 지위, 수입 등을 자동적으로 상속할 수 있는, 그러한 특권을 향유하는 존재가 아니었던 것입니다. 다만 양반으로서의 사회적인 대우를 받고 양반 이외의 사람들이 부담해야 했던 신역(身役)을 면제받을 수 있는 특권만 가진 존재였습니다. 그런 의미에서는 양반은 그토록 큰 특권을 가지지 못했기 때문에 오히려 아버지가 양반이라면 그 후손들이 다 (이주라던가 다른 신분과의 결혼이라던가, 그러한 특별한 이유가 없는 한) 양반으로서의 지위를 이어받을 수가 이었다고 생각되는 바입니다. 한국의 족보가 방계후손까지 포함한, 중국과 같은 형식으로 만들어지게 된 이유도 여기에 있었다고 생각할 수 있습니다.

이상과 같이 양반이라는 것은 신분적인 개념이면서도 일본이나 류큐의 무사 신분과 비교하면 그렇게 엄격한 신분이라고 할 수 없는 면을 가진, 독특한 존재였다고 여겨지는데, 그 때문에 여러 가지 재미있는 현상이 생기게 됩니다. 제가 지금 근무하고 있는 성대 동아시아학술원에서는 조선시대 호적대장의 Data Base화 작업을 계속 하고 있습니다만 19세기의 호적대장에는 주민의 대부분이 양반 같은 신분, 구체적으로 말하면 유학(幼學)이라는 신분의 보유자로서 등장합니다. 그리고 이것도 역시 19세기 이후 나타나는 현상입니다만 원래 양반만 작성해왔던 족보가 양반 이외의 사람들에 의해 만들어지게 됩니다. 이러한 현상을 연구자는 "양반화"현상이라고 부릅니다만 양반이라는 신분이 그렇게 엄밀한 것이 아니었기에 가능한 현상이었다고 생각됩니다.

이름의 문제도 그렇습니다. 17, 18세기의 호적대장을 보면 성이 없는 사람들이 많이 나타납니다. 그리고 이름도 '介同'이, '江牙之'같이 이름만 보아도 그 사람의 신분을 알 수 있는 경우, 그리고 아버지나 할아버지의 이름이 '夫之'라고 나오는 경우 등이 많이 있는데 이런 것도 19세기에 들어오면서 급속히 사라지게 됩니다. 그 결과 모든 사람이 양반 같은 성과 이름을 가지게 된 겁니다.

앞에서 창씨개명에 대해 언급했습니다만 많은 한국 사람에 있어서 성명은 19세기에 와서 양반화 현상이 일어나면서 획득되게 된 아주 소중한 것으로서, 그만큼 일본의 창씨개명 정책에 대한 저항도 커질 수밖에 없는 것이었습니다.

이상 말씀드린 대로 조선시대의 한국사회는 족보가 상징하듯이 중국에서 많은 것을 받아들이면서도 그것을 한국적으로 변용시켜서 수용했다고 말할 수 있을 겁니다. 그리고 신분문제를 보아도 알 수 있듯이 중국 같이 신분제가 거의 없는 사회도 아니고 일본 같이 아주 엄격한 신분제가 존재하는 사회도 아닌, 독특한 신분제 사회를 형성했습니다. 이것은 제 생각으로는 중국의 경우는 신분제가 별로 의미가 없기 때문에 대단히 유동적인 반면에 사회가 불안정해질 가능성이 크고, 반대로 일본의 경우 사회는 안정적이지만 한편에서는 사회의 유연성이 모자라다는 문제, 즉 사회의 유동성과 안정성이라는 모순된 양면을 어떻게 확보할 수 있는가, 이런 문제에 대한 훌륭한 하나의 대답이라고 해석할 수 있습니다.

일본에서는 중국에 대해서는 관심도 많고 연구도 많이 있었습니다. 그리고 일본과 중국을 비교하면 양국의 차이점만 많이 발견되고 그 결과 탈아적인 일본인식이 확산되었다고 할 수 있을 겁니다. 그러나 중국과 일본 사이에 한국을 둔다면 일본의 역사, 문화가 다르게 보입니다. 특히 가족, 친족 제도의 경우는 한국과 일본은 공통점을 많이 갖고 있습니다. 그런 의미에서 저는 일본을 한층 더 잘 이해하기 위해 한국의 역사를 공부해왔고 앞으로도 계속 공부할 생각입니다. 감사합니다.

(제69회 발표, 2004년 10월 15일)

〈별첨 1〉

〈별첨 2〉

寛政重修諸家譜卷第一
清和源氏總括

貞純親王　中務卿　四品　號桃園親王
經基　鎮守府將軍　正四位上　號六孫王
清和天皇第六の皇子
天德五年六月十五日源朝臣の姓をたまふ。
滿仲　左馬權頭　鎮守府將軍　正四位下
滿政　陸奧守　鎮守府將軍　從四位下　號八島或村岡大夫
滿季　武藏守　從四位上
滿快　下野守　從五位上
賴光　攝津守　正四位下
賴親　大和守　正四位下
賴信　河內守　鎮守府將軍　從四位上
賴義　伊豫守　鎮守府將軍　正四位下
賴清　肥後守　從四位下

卷第一　清和源氏總括　清和源氏諸流略圖

清和源氏諸流略圖
義家流
流新田

賴季　乙葉三郎　井上掃部助　從五位下
義家　八幡太郎　陸奧守　正四位下
義光　新羅三郎　甲斐守　從五位下　鎮守府將軍
義國　加賀介　從五位下　號足利式部大掃
爲義　伊豫河內相模下野等守　號六條判官　後五位下
義時　石川左兵衛尉
義隆　森冠者
義家　陸奧守
義國　加賀介
義重　新田大炊助　從五位下　贈鎮守府將軍
義康　足利諸流の祖　從五位下　足利陸奧判官
義範　山名の祖　新田太郎三郎　山名三郎　伊豆守　從五位下

義家流
流足利

義俊　新田太郎　號里見或竹林或大新田
義成　或里見　里見冠者　伊賀守
義清　田中の祖　田中五郎
義繼　大島の祖　大島藏人
義基　里見太郎　里見の嫡統なり。
義兼　或義兼　新田三郎　大炊助　號小新田
時成　鳥山の祖　鳥山三郎
義季　得川四郎　得川三郎　新田、得川、松平正統ならびに諸流の祖なり。
義康　足利陸奧判官
義清　足利太郎　矢田判官代
義實　廣澤判官代
義國　仁木太郎

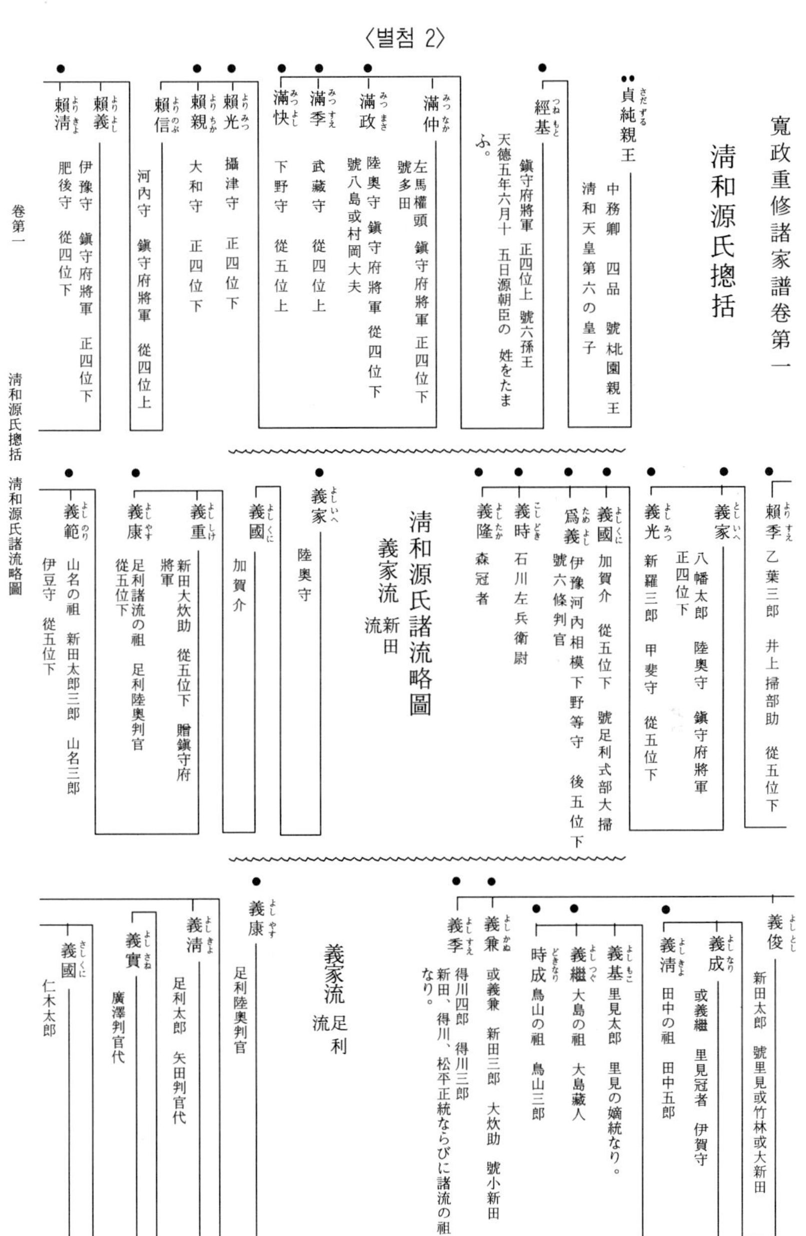

<h1 style="text-align:center">찾 아 보 기</h1>

나

다

한일문화강좌 개최일람

제1회 日本改新敎會의 한국침투와 維新會事件: 1987.4.24
    (발표: 서강대교수 李光麟, 사회: 한림대교수 高柄翊)

제2회 일본의 再軍備－그 實像과 意圖에 대한 하나의 分析: 1987.6.30
    (발표: 조선일보론설위원 李度珩, 사회: 서강대교수 李相禹)

제3회 일본인의 原形과 企業意識: 1987.9.16
    (발표: 한양대교수 金容雲, 사회: 방송문화연구소소장 李旺世)

제4회 일본의 敎科書 歪曲是非에 부치는 旁註－ 독일 現代史에 관한
論議를 中心으로: 1987.11.12
    (발표: 연세대교수 崔禎鎬, 사회: 작가 徐基源)

제5회 일본의 近代化를 생각한다: 1987.12.14
    (발표: 고려대교수 崔相龍, 사회: 성신여대교수 柳根鎬)

제6회 일본의 企業經營과 勞使關係: 1988.4.28
    (발표: 전경련전무 曺圭河, 사회: 외국어대교수 李鍾允)

제7회 春香傳과 忠臣藏을 통해서 본 韓日文化의 比較: 1988. 6.28
    (발표: 이화여대교수 李御寧, 사회: 동국대교수 金泰俊)

제8회 한국과 일본의 古代音樂: 1988.11.8
    (발표: 서울대교수 韓萬榮, 사회: 이화여대교수 黃秉冀)

418

제9회 「群倭」와 琪花瑤草 - 朝鮮通信使의 日本觀 -: 1989.2.23
    (발표: 한림대교수 高柄翊, 사회: 서강대교수 李光麟)

제10회 재일 한국·조선인 문제와 세가지 視點: 1989.3.30
    (발표: 일본애지현립대교수 田中 宏, 사회: 외교안보연교수 韓英鳩)

제11회 한일문화의 範型比較 -佛敎를 주축으로-: 1989.6.8
    (발표: 서울대교수 沈在龍, 사회: 서울대교수 崔柄憲)

제12회 日本古典 萬葉集은 우리말 노래: 1989.11.2
    (발표: 한국여류문학인회長 李寧熙, 사회: 수원대교수 具仲書)

제13회 韓國人의 對日觀: 韓日關係를 中心으로: 1990.4.30
    (발표: 고려대교수 吳澤燮, 사회: 서강대교수 劉載天)

제14회 지는법을 몰랐던 日本: 1990.8.28
    (발표: 일본동해대교수 林 建彦, 사회: 조선일보논설위원 李度珩)

제15회 나에게 있어서의 母國과 일본: 1990.10.23
    (발표: 재일동포작가 李良枝, 사회: 서강대교수 李根三)

제16회 다시 일본과 독일과 그리고 우리: 1991.4.11
    (발표: 연세대교수 崔禎鎬, 사회: 서강대교수 劉載天)

제17회 앞으로의 韓日關係에 바란다: 1991.5.16
    (발표: 일본여류작가 角田 房子, 사회: 서강대교수 李光麟)

제18회 일본말의 뿌리는 우리말이다: 1991.6.5
    (발표: 일본島根綜合硏究所 객원연구위원 朴炳植,
     사회: 한양대교수 金容雲)

제19회 東아시아地域에 있어서의 영토분쟁의 특징
   －日蘇北方領土를 中心으로－: 1991.11.13
   (발표: 고려대교수 朴椿浩, 사회: 국제법학회이사 池槇日)

제20회 8.15이후 일본에서의 韓國文學受容의 발자취: 1992.3.17
   (발표: 재일동포문학평론가 安宇植, 사회: 문학과 지성사 대표 金炳翼)

제21－1회 일본국 국보 '스다하치만 신사(隅田八幡神社) 소장 인물화상
   경(人物畵像鏡)'의 명문(銘文)을 보고: 1992.5.8
   (발표: 원광대교수 蘇鎭轍, 사회: 국제교과서연구소장 李泰永)

제21－2회 『일본서기』의 '천황 붕(崩)' '백제왕 훙(薨)'은 날조
   －무녕왕의 서거는 대왕의 죽음: '붕(崩)': 1992.5.8
   (발표: 원광대교수 蘇鎭轍, 사회: 국제교과서연구소장 李泰永)

제22회 한국음악과 일본음악: 1992.9.4
   (발표: 서울대교수 徐友錫, 사회: 한양대교수 權五聖)

제23회 일본의 戰後補償處理와 전후처리를 생각한다: 1992.11.5
   (발표: 日本愛知縣立大敎授 田中 宏, 사회: 외교안보연구원교수 韓英鳩)

제24회 미점령당국의 언론정책과 전후 일본의 정치발전: 1992.12.4
   (발표: 외국어대교수 金政起, 사회: 서강대교수 劉載天)

제25회 純宗勅令僞造手決 발견경위와 그 의의: 1993.3.23
   (발표: 서울대교수 李泰鎭, 사회: 서울대교수 白忠鉉)

제26회 또 다른 얼굴, 內向化하는 日本: 1993.6.16
   (발표: 작가 韓水山, 사회: 문학평론가 金炳翼)

420

제27회 조선조후반기의 韓日關係 －새로운 선린관계 구축을 위해－: 1993.8.31
  (발표: 재일사학자 李進熙, 사회: 숭실대교수 林炳泰)

제28회 日本은 변하지 않는다: 1993.11.25
  (발표: 한국논단발행인 李度珩, 사회: 國民大敎授 韓相一)

제29회 어떤 日本知識人의 對韓觀: 1994.2.25
  (발표: 국민대교수 韓相一, 사회: 창원대강사 朴明欽)

제30－1회 七支刀 명문의 새로운 해석 －倭王 旨는 百濟「骨族」－: 1994.4.15
  (발표: 원광대교수 蘇鎭轍, 사회: 국제교과서연구소장 李泰永)

제30－2회 倭王 武의 上表文(478년)을 보고
  －雄略天皇의 倭王 武 比定은 成立되지 않는다－: 1994.4.15
  (발표: 원광대교수 蘇鎭轍, 사회: 국제교과서연구소장 李泰永)

제31회 특별한 日本人의 특별한 역사의식: 1994.6.16
  (발표: KBS기자 田麗玉, 사회: 서울대교수 金容德)

제32회 미래사회와 지역문화정책: 1994.11.8
  (발표: 서울대교수 金文煥, 사회: 서강대교수 李相禹)

제33회 세기말의 現代日本文學: 1995.5.3
  (발표: 한양대교수 윤상인, 사회: 문학평론가 우찬제)

제34회 한국대중가요의 발생과 변천
  －일본대중가요와의 관계를 중심으로: 1995.6.28
  (발표: 한국예술종합학교 한국예술연구소 연구위원 閔庚燦,
  사회: 서울대 강사 홍승찬)

제35회 우리나라 洋畵導入過程에 미친 일본의 영향: 1995.9.14
　　　(발표: 서울여대교수 崔景漢, 사회: 서양화가 李滿益)

제36회 한일만화비교론: 1995.11.1
　　　(발표: 덕성여대교수 李元馥, 사회: 인하대교수 成完慶)

제37회 일본에 건너간 우리 음식문화: 1995.11.22
　　　(발표: 인하대교수 金光彦, 사회: 정신문화연구원교수 張哲秀)

제38회 일본을 어떻게 볼 것인가?: 1996.3.21
　　　(발표: 고려대교수 崔相龍, 사회: 성신여대교수 柳根鎬)

제39회 일본의 高等學校 敎育改革에 관하여: 1996.5.22
　　　(발표: 양정고등학교장 嚴圭白, 사회: 덕성여대교수 李容淑)

제40회 일본의 國際化와 내셔널리즘 ―한일간의 비교시각에서―:
1996.9.24
　　　(발표: 이화여대교수 金龍瑞, 사회: 이화여대교수 魚秀永)

제41회 한일정치체제 비교: 1996.12.3
　　　(발표: 한림대교수 金永明, 사회: 세종연구소연구위원 陳昌洙)

제42회 일본의 대한문화정책과 일본문화의 유입: 1997.3.28
　　　(발표: 한림대교수 劉載天, 사회: 서울대명예교수 李相禧)

제43회 역사속의 기억과 망각 ―한일관계: 어제와 오늘―: 1997.5.2
　　　(발표: 서울대명예교수 李相禧, 사회: 한림대교수 劉載天)

제44회 미·일 신안보공동선언과 방위협력지침: 1997.6.17
　　　(발표: 한국국방연구원일본연구실장 宋永仙,
　　　 사회: 신아연 외교안보연구실장 金泰孝)

제45회 韓國抒情詩人들과 나: 1997.9.9
    (발표: 동경대명예교수 今道 友信, 사회: 전서울대총장 高柄翊)

제46회 在日朝總聯의 過去, 現在, 未來: 1997.11.12
    (발표: 연합통신동북아정보문화센터所長 李旺世,
    사회: 경기대교수 鄭光爕)

제47회 동아시아 경제위기와 일본의 역할: 1998.4.2
    (발표: 중앙대국제대학원장 安忠榮, 사회: 고려대교수 金完淳)

제48회 文化로 본 한일관계: 1998.5.13
    (발표: 한림대일본학연구소장 池明觀, 사회: 동국대교수 金泰俊)

제49회 근대일본에 있어서 대외적 자립의 수준과 위기의식: 1998.9.25
    (발표: 서울대교수 金容德, 사회: 서울대교수 張寅性)

제50회 親子唄(오야코우타)와 경상도 모노래: 1999.3.25
    (발표: 문화재관리국전문위원 李素羅, 사회: 중앙대교수 全仁平)

제51회 韓日映畵의 이해: 1999.5.14
    (발표: 영화감독 李長鎬, 사회: 시나리오작가 趙宰弘)

제52회 한국민요와 관련되는 일본민요에 대하여: 1999.11.9
    (발표: 일본민요연구·평론가 山田 親弘,
    사회: 문화재관리국 전문위원 李素羅)

제53회 韓日파트너십 어떻게 전개될 건인가?: 2000.4.11
    (발표: 동국대 일본학연구소장 孔魯明, 사회: 한국체육대 교수 趙昌化)

제54회 한일관계의 현황과 바람직한 방향: 2000.6.19
    (발표: 외교통상부 본부대사 金奭圭, 사회: 한국체육대 교수 趙昌化)

제55회 近世韓日法律交流史: 2000.9.25
　　　　(발표: 서울대법과대학 교수 崔鍾庫, 사회: 중부대 상임이사 韓英鳩)

제56회 일본의 교육개혁 －한일비교의 관점에서－: 2000.11.28
　　　　(발표: 名古屋大學 敎授 馬越 徹, 사회: 한국고등교육학회 회장 李大淳)

제57회 韓日語의 차등화법: 2001.3.27
　　　　(발표: 문화재위원회 위원장 高柄翊, 사회: 학술원 회원 鄭明煥)

제58회 일본의 침략주의적 歷史敎科書를 비판한다: 2001.5.3
　　　　(발표: 東京學藝大學敎育學部 敎授 君島 和彦,
　　　　 사회: 강원대학교 교수 孫承喆)

제59회 朝鮮通信使와 21세기 한일관계: 2001.9.28
　　　　(발표: 강원대학교 교수 孫承喆, 사회: 세종대학교 교수 吳 星)

제60회 日本出版漫畵・애니메이션의 문화비즈니스전략: 2002.4.30
　　　　(발표: 청강문화산업대학 교수 朴仁河, 사회: 경기대학교 교수 崔 日)

제61회 日本朱子學과 朝鮮의 儒學: 2002.5.31
　　　　(발표: 한림대학교 교수 梁一模, 사회: 仁河大學校 교수 李俸珪)

제62회 『海東諸國紀』에 나타난 中世 朝日間의 상호이해: 2002.9.18
　　　　(발표: 東京大學 敎授 村井 章介, 사회: 강원대학교 교수 孫承喆)

제63회 朝鮮後期 韓日關係와 人蔘: 2002.11.27
　　　　(발표: 세종대학교 교수 吳 星, 사회: 동국대학교 교수 韓哲昊)

제64회 일본과 이슬람세계와의 만남: 2003.4.18
　　　　(발표: 고려대학교 강사 鄭守一,
　　　　 사회: 부산외대 국제통상지역원 교수 金鮮浩)

424

제65회 함께 살아가는 아름다움 －일본 組合住宅의 실례: 2003.6.5
　　(발표: 경동대학교 교수 李允熙, 사회: 전주대학교 겸임교수 朱榮正)

제66회 동북아 경제통합과 한일FTA: 2003.11.18
　　(발표: 대외경제정책연구원 원장 安忠榮,
　　사회: 중앙일보 국제문제 대기자 金永熙)

제67회 조선사료 속의 東아시아 해역세계: 2004.4.29
　　(발표: 나고야대학대학원교수 高橋 公明, 사회: 강원대학교 교수 孫承喆)

제68회 문호 나쓰메 소세키와 근대일본: 2004.6.11
　　(발표: 세종대학교 교수 朴裕河, 사회: 연세대학교 교수 金 哲)

제69회 한・일 전통사회의 비교－일본인 한국사 연구자의 입장에서－:
2004.10.15
　　(발표: 성균관대학교 동아시아학술원 교수 宮嶋 博史,
　　사회: 세종대학교 교수 吳 星)

제70회 고려와 일본의 상호인식－몽골의 일본 침략과 관련하여－:
 2004.12.3
　　(발표: 한림대학교 교수 南基鶴, 사회:서강대학교 교수 尹炳男)

제71회 외교와 문화교류: 2005.4.28
　　(발표: 와세다대학정경학부 교수 平野 健一郎,
　　사회: 서울대학교 국제대학원장 김용덕)

제72회 “神國”사상, 군사주의, 그리고 히데요시의 조선침략: 2005.6.28
　　(발표: 브리티시 콜럼비아대학교수 허남린, 사회: 청주대학교 교수 민덕기)

편집후기(Ⅰ)

    한일문화강좌의 歷程은 韓日文化交流基金의 역사와 그 軌를 같이 한다. 일반시민들의 올바른 日本理解에 도움이 되기위해 본 기금의 초대 理事長이셨던 故李漢基博士님의 제안으로 이 講座의 첫걸음을 내딛기 시작하여 현재까지 72차례, 거의 20년 가까운 연륜을 헤아리게 되었다.

    87년 4월 24일 당시 서강대학교의 이광린 교수님을 모시고 첫 번째 발표회를 가졌던 것이 엊그제 같은데, 이날 사회를 보셨던 고병익 박사님은 이미 故人이 되셨다. 그동안 이 강좌에서 좋은 글을 직접 발표해주셨던 분들 그리고 사회로 강좌 진행을 도와주셨던 분들, 또 매번 참석하여 토론에 참여해주신 모든 분들께 깊이 감사드린다. 그 가운데 몇분은 이미 作故하셨다. 문화강좌의 출간을 기해 다시 한번 조용히 그 분들의 명복을 빈다.

    이번에 發刊된 세 권의 책에는 70次까지의 발표문만 실었는데 발표자의 직책은 발표당시의 것이며 그리고 사정상 수록하지 못한 次數도 여럿 있음을 밝혀둔다.

    이 책들이 發刊되기까지 제반수고를 마다하지 않으신 江原大學의 孫承喆교수님(본 기금 운영위원)께 특히 감사의 말씀을 전하고 싶다.

    앞으로도 이 강좌가 100회 200회로 이어지고 발표문을 묶은 단행본의 발간도 계속되어 우리나라에서 한일관계에 관한 한 최고권위의 발표와 토론의 장으로 발전하길 간절히 바라며 이 강좌를 뒷바라지해 온 사람으로서 깊은 감회와 더불어 보람도 함께 느낀다

한일문화교류기금 상임이사

金 秀 雄

편집후기(Ⅱ)

지난해, 한일문화교류기금 이사 및 운영위원 모임에서 20주년 기념사업의 일환으로, 그동안 70여차례나 진행된 '한일문화강좌'의 단행본 출판을 제안했다. 기금에서 진행하는 여러사업 중 일반시민에게 가장 사랑받고 있는 프로그램이며, 강좌내용 또한 그냥 사장해 버리기에는 너무 아까운 것들이 많았기 때문에, 이 기회를 통해 널리 알리고 싶었다.

특히 2005년은 한일양국 모두가 지난 20세기 100년간의 상처와 갈등을 씻어버리고, 21세기 새로운 한일시대를 맞이 해보자는 의미에서 '한일우정의 해'로 정한 해이다. 그러나 년초부터 독도나 교과서왜곡문제로 양국 관계가 매우 시끄럽다. 이러한 상황에서 이 책의 발간은 더욱 의미가 있다고 생각한다. 한일관계의 여러 문제들을 해당분야의 전문가들이 심도있게 다루었으며, 일정 부분에서는 당면한 문제들에 대해 문제해결의 실마리를 제공해 줄 것이다.

책의 발간을 제안한 책임 때문에 제자들이 고생을 했다. 발표된 원고를 다시 타이핑을 하고, 그리고 몇 번씩 교정을 보았다. 강원대학교 대학원 박사과정생인 황은영, 정지연, 한성주에게 감사한다. 또 이 책의 출판을 선뜻 받아들여 준, 한정희 사장님, 신학태 부장, 권성순님께도 감사한다. 더구나 이 '한일문화강좌' 발간을 계기로 '한일관계 연구총서'가 시작되는 것을 축하한다. 5년쯤 후에 '한일관계 연구총서' 100번째 책이 나오는 날, 경인문화사는 한국학뿐이 아니라 한일관계연구서 출판의 메카가 될 것이다.

한일문화교류기금 운영위원, 강원대 교수

孫 承 喆

◇ 한일문화교류기금

(우) 150-871
서울특별시 영등포구 여의도동 14-2
동아빌딩 3층

일반전화: 02-784-1023
　　　Fax: 02-784-1024
홈페이지: http://www.kjcf.org

되돌아 본 한일관계사　　　　　정가: 22,000원

2005년 8월 30일 초판 인쇄
2005년 9월　9일 초판 발행

편　　자 : 한일문화교류기금
발행인 : 한 정 희
편　집 : 권 성 순
발행처 : 경인문화사
주　소 : 서울시 마포구 마포동 324-3
전　화 : 02-718-4831 팩스: 02-703-9711
E-mail : kyunginp@chollian.net
등록번호 : 제10-18호(1973.11.8)

ISBN: 89-499-0328-8 93900

*파본 및 훼손된 책은 교환해 드립니다.